통일운동가 · 수학자 안재구의 '어떤 현대사'

《끝나지 않은 길》

제2권 · 찢어진 산하

통일운동가 · 수학자 안재구의 '어떤 현대사'
《끝나지 않은 길》
제2권 · 찢어진 산하

초판 1쇄 발행   2013년 11월 20일
초판 2쇄 발행   2014년 4월 20일

지은이   안재구
펴낸이   김완중
펴낸곳   내일을여는책

기 획   안영미
편 집   정병인
디자인   정면
관 리   전현아
인 쇄   예림인쇄
제 책   바다제책

출판등록   1993년 1월 6일 (등록번호 제 475-9301호)
주 소   597-805 전라북도 장수군 장수읍 송학로 93-9 19호
전 화   (063)353-2289 | **팩스**   (063)353-2290
전자우편   wan-doll@hanmail.net
블로그   http://blog.naver.com/dddoll

ISBN 978-89-7746-042-3 04340
       978-89-7746-040-9 (전 2권)

통일운동가·수학자 안재구의 '어떤 현대사'

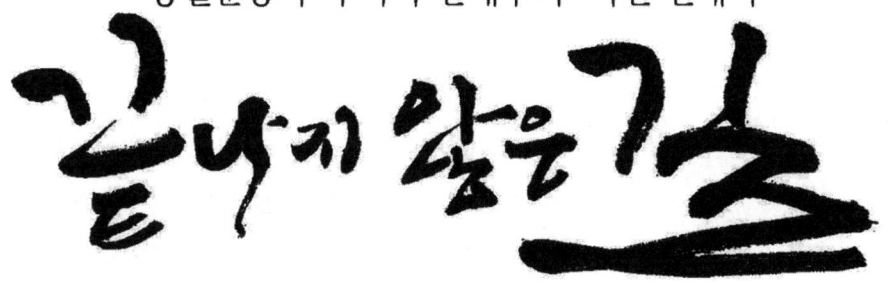

제2권

찢어진
산하

내일을 여는 책

여는 글

여덟 — 밀양의 2·7 구국투쟁

"안재구, 나오라! 안재구 손들고 나오라!"
사뭇 야단이다. 당장 나는 '여기에 따라 나가면 안 된다.
그러면 영 못 나간다. 이래저래 당할 바에야 끝까지 가는 거다' 라고
마음을 굳혔다. 곁에 피탈을 하고 누운 청년 곁에 가서 내 얼굴을
그 얼굴에 마구 비비고, 피를 손바닥에 묻혀 얼굴 전체가
피탈이 되도록 했다. 그러고는 얼굴을 가리고 누웠다.

다시
밀양으로 가자

마침내 강성호로부터 연락이 왔다. 외할아버지가 입원하고 다음날 전보를 보내 왔다.

'입학 결정 31일 속래.'

입학 결정은 투쟁의 결정을 말하고, 31일은 성호와 접선하는 날짜다.

할아버지와 손주헌 선생이 정월 하순에 접어들자 누구를 만나야 한다며 떠나셨는데 아마 이번 투쟁의 조직 때문인 것 같았다.

그 날짜까지는 아직 닷새나 남아 있다. 나는 그동안 무엇을 할 것인지 생각해 보았다. 어쩌면 나와 부모형제, 가족과는 마지막이 될는지도 모른다. 그래도 떠나는 이유를 말할 수는 없다. 그래서 그날과 그 이튿날까지 온종일 무슨 핑계를 댈까 하고 생각해 보았다.

결국 밀양고등공민학교에 입학해 공부하겠다고 핑계를 대기로 했다. 구지중학은 이번에 신설해서 1학년만 있지만 밀양고등공민학교는 2학년이 있으니 거기에서 공부하겠다는 것이다. 얼마 전까지 그런 이유로 구지중학에서 공부를 안 하겠다고 고집했던 일도 있고 해서 아버지와 어머니를 설득할 수 있다고 생각했다. 그것도 겨울방학이 끝나는 2월 초까지는 가능하다고 못을 박아 재촉했다. 나를 2학년이 있는 정식 중학교에 못 보낸 것이 마음에 걸려 있던 아버지와 어머니는 쉽게 납득해서 허락해 주었다.

밀양으로 가기로 한 다음날부터 나는 집안일을 열심히 거들었다. 27일에는 장에 가서 장작을 두어 짐 사다가 온종일 패서 마루 밑에 가득히 쌓아 넣었다. 또 곳곳에 손이 못 가서 수북이 쌓인 쓰레기를 쓸어 바깥마당에 내다가 불을 지펴 태웠다. 이 방 저 방 쓸고 닦고 해서 훤하게 해놓고, 좀 씻자고 하면 내빼는 용아를 잡아다가 더운 물에 벗겨놓고 목욕을 시켰다.

어쩌면 이것이 마지막인가 하는 생각이 들자 나도 모르게 눈물이 났다. 하지만 고개를 하늘에 돌리고 참았다. 좀 더 있다가 31일쯤에나 출발하려고도 생각했지만, 혹 내 태도를 보고 어머니 아버지가 내가 영영 떠날 채비로 그러는 것을 알게 될지도 모른다는 생각이 들었다. 하루라도 일찍 떠나야 했다. 그래서 27일 저녁에 아버지께 말씀드렸다.

"아버지, 내일 28일에 대구에 가서 이모 집에서 자고 외할아버지 병문안도 하고 밀양으로 내려가겠습니다."

"그래, 그럼 내일 좀 늦게 출발해라. 학교 서무에 말해서 노잣돈이라도 챙겨주마."

이튿날 아침 늦게 떠날 채비를 갖추고 어머니께 하직 인사를 드린 뒤, 용아를 번쩍 안아 올렸다.

"형아가 방학이 되면 너 보러 올게. 엄마 말 잘 듣고 잘 놀아."

"응, 잘 다녀와."

재두도 향아도 안아주고 나왔다. 학교에 가서 아버지께 인사를 드리니 아버지는 봉투를 하나 주셨다.

"입학금은 없다고 하지만 책도 사야 하고 학용품도 사야 할 것 같아 좀 넣어두었다. 요긴하게 써라."

"예, 알겠습니다."

대답은 했지만 목이 막혀 말이 잘 나오지 않았다. 일부러 기침을 해서 가슴에 맺힌 서러움을 감추었다. 그러곤 아랫담에 내려갔다. 치선이 형이 나를 따라 나왔다. 둘은 함께 면장 사택으로 갔다.

"할매, 내 왔다. 정업이 아재 있나?"

내가 들어가면서 소리쳤더니 정업이 아재가 나왔다.

"벌써 갈라꼬?"

"응."

인기척을 듣고 서외조모도 나오셨다.

"우리 재구가 밀양 가서 공부한다고?"

"응."

"갈 때 대구에 들러 할배 병문안 안 가나?"

"가야지. 뭐 전할 말이나 전할 것이나 있으면 가지고 갈게."

"재구가 간다고 해서 찬거리를 좀 장만했으니 가지고 가도록 해라."

"응, 알았어. 할매가 보고 싶어 하더라는 말도 전할게."

그러자 할매는 깔깔 웃으면서 나의 등을 때린다.

"얘가 정말."

정업이 아재, 치선이 형과 더불어 넷이 한바탕 웃었다. 나는 웃으면서 말했다.

"그건 거짓말이 아니야. 그 말이 할매가 제일 하고픈 말이고, 할배가 제일 듣고픈 말이제."

말이 이쯤 나오자 이제는 모두 다 허리를 굽혀 웃어젖혔다.

책가방에다 할매가 부탁한 찬합 보따리를 들고 아랫담 버스정류소로 갔다. 대구 · 진주행 버스의 정류소다. 좀 기다렸더니 버스가 왔다. 버스는 만원이기는 하나 그리 비좁지는 않았다. 나는 두 사람에게 인사를 하고 버스에 탔다. 속 모르는 둘은 방학 때 만나자면서 손을 흔들었다. 1시쯤 대구에 도착하자마자 곧장 동인동 상업은행 사택에 사는 이모 집에 들어섰다. 이모는 나를 보자 반가워했다. 나는 밀양으로 가게 된 전말을 설명했다. 그러나 이모는 별로 달가워하지 않으셨다.

"그 몸서리나는 밀양에는 뭐 할라꼬 가나! 세상은 더욱 험하게 돼가고 있는데 또 거기에 휩쓸릴라꼬 그러나! 나는 너그 집 일에 영 마음이 놓이지 않구나."

나는 웃으면서 말했다.

"아지매 걱정이 뭔지 잘 안다. 내게 위태로운 일이 생길까 봐 그러는 것 같은데 걱정 말거라. 그건 그렇고 모두 어디 갔노? 방학인데 형아도 없고 누나도 없고 영아도 없고. 모두 어디 가고 없노?"

"모두 개실 저그 할배 할매한테 갔다. 며칠 됐는데 한참 잘 놀고 있을 거다. 내일쯤 오지 싶은데. 너는 언제 갈래? 좀 있다가 외할배 계신 병원에 가봐야지."

"안 그래도 외할배한테 가볼라꼬."

"그런데 네가 어째 그리 추워 보이노. 내복이나 입었나?"

이모는 내 허리맡에 손을 대본다. 그러고선 깜짝 놀란 듯이 나의 얼굴을 쳐다보았다.

"이게 내복이라고 입은 거가? 이 추위에! 이래서야 감기 안 걸리나. 너도 참!"

이모는 어처구니없는 얼굴을 했다. 그러고 보니 정말 추웠다. 요즘은 영하 4, 5도만 되어도 춥다고 하는데 그 시절은 삼한일 때는 영하 10도는 예사였다. 대구도 좀 추울 때는 영하 15~17도까지 내려갔다. 서울도 한강에는 소달구지가 등빙할 정도로 겨울 내내 얼었다가 우수 절기쯤 되어서야 강이 풀렸다. 그날도 대한이 지난 지 일주일이나 지났는데도 한낮의 기온

이 영하 7, 8도 정도는 되었을 것이다.

"안 되겠다."

이모는 방으로 들어가더니 형아가 입던 내복을 한 아름 안고 나왔다.

"형아 내복을 그리 몽땅 가지고 오면 어쩌나. 형아는 뭐 입고!"

"괜찮다. 이건 형아에겐 작아서 못 입는 거다. 마침 잘됐네. 네겐 맞을 거다. 입어봐라."

나는 그것을 안고 옆방에 가서 입어보았다. 내게 잘 맞아 몸이 따뜻하고 좋았다. 털실로 짠 스웨터도 있었다. 아지매는 또 방에 들어가더니 형아가 입었던 학생복을 내왔다.

"네가 입은 것보다 훨씬 좋은 옷감이고 아직도 말짱하다. 이번에 네가 참 잘 왔다. 이참에 형아에게 작은 옷은 모두 가지고 가거라. 학생 외투도 있다. 그것도 입고 가거라."

나는 옷을 보니 이제 가면 어디에서 잘지도 모르고 한데서 살아야 할지도 모른다는 생각이 들었다. 이모가 나를 이렇게 생각해 주니 눈물샘이 찡하게 아파왔다. 그날은 이모가 차려준 점심을 먹고 데워준 목욕물로 목욕을 했다. 형아 옷으로 치장시키고선 이모는 나를 데리고 대구의 가장 번화가인 중앙로로 나갔다. '키네마' (지금의 한일영화관)를 지나 왼쪽으로 굽어드니 여남은 넘는 가게가 잇대어 있는 상가가 나왔다. 그 가운데 한 두어 집 지나서 '평화당' 이라는 간판이 붙은 한 점포에 들어갔다. 그러자 나보다 두어 살 많은 다리를 저는 총각이 나오더니 정중하게 인사를 했다.

"누님께서 오늘은 어찌……."

"이 집 주인은 있나?"

이모가 물었다. 그러자 가게 안에서 서른 살쯤 되는 깔끔한 장년이 나왔다.

"재구야, 이 아재에게 인사해라. 내하고 재종이다. 태섭아, 이 아이는 밀양 누이의 큰아들이다."

나는 정중히 인사를 드렸다. 태섭이 아재는 아주 반가운 얼굴로 나를 바라보더니 와락 끌어안았다.

"아이구, 매방에서 보고 처음이구나. 그때는 돌도 안 됐지. 그 아이가 이렇게나 자랐구나. 안 되겠다. 누님, 집에 갑시다."

아재는 윗옷을 입고 급히 나왔다. 다리를 저는 총각은 아재의 생질이라 했다. 우리 둘은 나중에 인사를 텄다. 남북으로 뻗은 중앙로를 사이에 두고 동쪽은 남일동(南一洞), 서쪽은 사일동(射一洞)이다. 중앙로를 건너 꼬불꼬불 골목길을 파고들어 갔더니 아주 나지막한 집이 나왔다. 그러나 마당에 들 어섰더니 방이 여러 개가 붙어 있어 전체적으로는 제법 큰 초가집이었다. 아재는 대문을 열고 들어서면서 큰 소리로 외쳤다.

"엄마, 동인동 개실 누님이 아주 반가운 조카를 데리고 왔습니다."

그러자 이 방 저 방에서 문을 열고 얼굴을 내밀었다. 나를 보는데, 모두 여자였다. 네 사람이 한목소리로 외쳤다.

"누군데?"

이모는 모든 걸 아재에게 맡기고 그냥 할머니 방으로 들어갔다. 아재는 큰 소리로 모두에게 말했다.

"밀양 누님의 큰아들이다. 이름이…… 앗다, 이름을 안 물었네."

나는 이름을 말하며 인사를 했다.

"아지매들, 나는 성이 안가고 이름은 재구라고 하지. 오늘 이모가 여길 데리고 와서 한 무더기 아지매를 만나게 되어 정말 반갑네……요."

나의 자기소개가 우스운지 모두 깔깔거리면서 웃음꽃이 피었다. 이모 가 들어간 방으로 들어갔다. 환갑이 다 되어가는 안노인이 계셨다. 그분께 큰절을 올렸다. 이모는 할머니에게 나를 소개했다. 그러곤 내게도 할머니를 소개했다.

"이 할머니가 이 집 평화당 아재의 어머니다. 매원 할매라고 한다. 모두 반가운 외갓집 사람들이다."

이렇게 할매에게 나를 소개하고 있는 가운데 아지매 셋이 방에 들어왔다. 가장 나이가 많은 아지매가 다섯 살쯤 되는 딸아기를 손잡고 데리고 들어왔다. 그 아지매는 김천시의 초등학교 교장에게 재취로 시집을 갔는데, 전처는 아들을 하나 두고 세상을 떠났다고 한다. 나중에 안 사실이지만 다리를 저는 평화당 옷가게의 청소년이 바로 그 전처의 소생이었다. 나중에 이 아들하고 나는 의기투합해서 친구가 되었다. 하지만 지금은 그의 생사를 모른다. 이 아지매도 나를 참 좋아했다. 살이 많이 쪘지만 그만큼 인정도 많았다.

그 다음 아지매는 이 집 안주인이다. 친정이 김천의 성산 이씨 집으로 '상정' 이라고 부르는 양반 동네라서 우리들에겐 '상정 아지매' 로 통한다. 까다로운 시어머니인 매원 할매 밑에서 고된 시집살이를 지냈다. 그때는 딸 하나를 두었는데 몇 해 후에 아들을 낳았다.

가장 나이가 적은 아지매는 이름이 태야라 했고, 아재의 누이동생으로 시집 안 간 처녀 아지매다. 그 당시만 해도 여자는 여간해서 중학교에 보내지 않았다. 이런 봉건풍속으로 진학을 못한 한을 안고 있었다. 인물도 예쁘고 책을 많이 읽어서 지성미도 있으며 시 짓기를 좋아하는 문학소녀다. 그리고 이 집에서 가장 어른이신 매원 할배는 가야산 허리에 있는 백운동이라는 동네의 큰집에 가셨다고 했다. 그날 저녁은 그 집에서 청요리를 시켜 대접을 받았다. 저녁을 먹은 다음 이모는 이 집 대주인 태섭이 아재에게 부탁이 있다고 했다.

"네 누나 집이 밀양에서 구지로 이사한 데다가 아버지의 입원으로 정신이 없어서인지 재구가 겨울차림도 못한 채 밀양으로 가려고 하네. 내복이나 겉옷은 제 형한테 작아진 것으로 입히면 되지만 장갑, 양말, 목도리, 신발, 귀마개, 방한모가 있어야 해서 데리고 왔다. 네가 가게에 가서 일습을 차려 가지고 오느라. 돈을 내가 줄 테니."

그러자 아재는 허허 웃으면서 누이인 '태야' 아지매에게 말했다.

"누님 알았다. 태야 네가 가서 필요한 것을 모두 가려서 가지고 오너라. 그리고 개실 누님이 돈을 주신다고 하니 영수증도 단단히 만들어서 가지고 오고."

영수증 소리에 모두 한바탕 웃음이 나왔다.

"돈도 안 받고 영수증부터 줄라꼬?"

"영수증부터 먼저 줘야 나중에 돈도 안 줄 것 아닌가베. 영수증을 받았는데 어떤 바보가 돈을 줄라꼬."

"앗다, 그게 돈 안 받겠다는 말 아닌가."

"그게 그렇게 되나?"

"태섭아, 그런 장사로 너는 뭐 먹고 살래!"

모두들 유쾌하게 웃으며 대화를 나눴다. 그 덕분에 나는 먼 길 떠나며 겨울 채비를 단단히 할 수 있었다.

갈등을 접고 감상을 버리고

이모와 나는 초저녁에 태섭이 아재 집에서 나왔다. 그리고 왔던 길을 되짚어 외할아버지가 입원하고 있는 동성로 '정내과의원' 입원실로 찾아들었다. 거기에는 복란이 아지매가 있었다. 시청 새아재는 좀 전에 집으로 가셨다고 한다.

좀 전에 저녁 진지를 잡수신 외할아버지는 복란이 아지매가 사과를 깎아 담아 드린 소반을 침상에 두고 아지매가 나무 이쑤시개로 찍어 드리는 것을 받아 자시고 계셨다. 나는 할아버지 곁에 가서 인사를 드렸다.

"할아버지, 입원하시니 신관이 좀 나은 듯합니다. 빨리 회춘하셔서 하시던 일을 하셔야지요."

그런데 나를 보시는 안색이 평소와 좀 달라 보였다. 할아버지는 나를 힐끗 한 번 보시고 아무 말도 없이 그냥 사과만 잡숫고 계신다. 그래도 나는 별생각 없이 말씀을 드렸다.

"할아버지, 저는 내일 밀양으로 돌아갑니다."

그러자 할아버지는 잡숫던 사과 조각을 접시에 두고 매우 언짢으신 표정을 지으셨다.

"밀양은 왜?"

"예, 겨울방학을 마치고 2월부터 학교를 밀양고등공민학교에 다니려고 그럽니다. 거기는 2학년이 있어서 제가 학년을 제자리로 찾아 공부할 수 있어서 그럽니다."

그러자 할아버지의 언성이 좀 높아지셨다.

"그래 이눔아, 그럴 걸 왜 구지에 와서 1학년에 들었느냐. 이제 너그 식구를 구지에 모두 와 맡겨주고 있으니, 너는 밀양에 되돌아가 네 마음대로 설치려고 그러냐! 네 할애비가 밀양에 갔다고 너도 따라가느냐!"

점점 목소리가 커졌다. 나는 몹시 당황했다. 두 이모는 '이게 어쩐 일이냐'는 듯 할아버지와 나의 얼굴을 번갈아 보고 할 말을 잊고 있다. 어른의 말씀이기도 하고 더구나 절대 안정을 하셔야 하는 할아버지인지라 나도 어쩔 줄 몰랐다. 나는 황급히 말씀을 여쭈었다.

"할아버지, 할아버지 말씀대로 밀양에 안 가겠습니다. 내일 구지로 되돌아가겠습니다."

할아버지의 흥분을 다독거리려고 한 이 말이 더욱 부채질하는 꼴이 되고 말았다.

"허, 이놈이 면종복배까지 할 줄 아는가뵈."

들으니 정말 기가 찼다. 나는 일단 병실로 나오는 수밖에 딴 도리가 없었다. 나는 밖으로 나와 간호사실로 가서 담당 간호사에게 말했다.

"간호사 선생, 00호실인데요, 저의 할아버지가 저 때문에 화를 내시고 있는데 겁이 납니다. 빨리 안정하시도록 해주이소."

간호사 선생은 빠른 걸음으로 병실로 들어갔다. 병실에서 나온 이모가 황당한 얼굴을 하고서 나를 찾았다. 나는 이모를 보자 왈칵 눈물이 나왔다. 이모를 붙잡고 줄줄 흐르는 눈물을 감당할 수 없었다. 그냥 흑흑거리고 울고만 있었다. 이모는 나를 안고 등을 다독거리면서 말했다.

"재구야, 할아버지가 아무래도 오래 살지 못하실 것 같구나. 사람은 죽을 때가 되면 가장 정을 들였던 손아래에게 화를 내고 어처구니없는 말로 싸움을 건다는구나. 그렇게 해서 정을 떼고 가려는 거지. 할아버지가 평소 너에게 얼마나 많은 정을 두고 있는지 내가 잘 알지. 그 정을 떼버리고 훨훨 털고 가시려나 보다."

나는 이 소리를 듣자 참았던 울음이 통곡이 되었다. 이제 이 길이 외할아버지와 마지막 길이 되는가 하는 생각이 들자 나의 눈물은 멈출 도리가 없었다. 실제로 이 만남이 외할아버지와는 마지막이었다. 외할아버지는 그해, 1948년 7월 7일 장대같이 비가 쏟아지는 날 새벽에 구지면장의 사택에서 돌아가셨다. 나는 이때 밀양군당 조직의 신경이라 할 수 있는 연락원으로 생사를 내걸고 있었다. 지금의 밀양시 상동면 도곡동 아지트에서 당시

'통일정부 최고인민회의' 대의원 선거를 위한 연판장 투쟁의 성과물을 모아 조직선으로 연결하는 일에 밤낮을 기다리지 않고 열중하고 있을 때였다.

병실에 들어갔던 이모가 한참 만에 다시 나왔다. 그러고는 밝은 얼굴로 내게 말했다.

"할아버지도 편찮으시니 영판 어린아이 같네. 간호사가 들어와서 주사를 하나 놓아드렸더니 흥분이 가라앉으시는지 잠이 드셨다."

나도 웃으며 말했다.

"그럼 우리 할아버지 잠든 얼굴이나 잠시 보고 가자."

"그래, 들어가자. 복란이 아지매도 보고 가야지."

나와 이모는 문을 살짝 열고 병실로 들어갔다. 복란이 아지매는 나를 보고 방그레 웃는다. 언제나 말없이 방그레 웃는 미소로 마음을 전하는 우리 막내 이모. 할아버지는 숨소리도 고르게 잠드셨다. 아까와는 달리 평화로운 얼굴이었다. 이모와 나는 복란이 이모에게 말했다.

"재구가 거창댁이 보낸 찬을 가지고 왔는데, 내일 내가 올 때 가지고 올게. 그러면 우리는 간다."

아마 이모 둘은 서로 교대로 할아버지 병수발을 하시는 것 같다.

이제 다시는 못 뵙게 될지도 모르니 시청 새아재를 꼭 뵙고 가야 했다. 그래서 복란이 아지매에게 말했다.

"아지매, 내일 아침 일찍 새아재 뵈러 갈게. 출근 전에."

"그래. 우리 집에 와서 새아재하고 아침을 함께 먹자. 같이 차릴게."

동인동 이모 집으로 돌아왔더니 큰이모부가 계셨다. 나는 방에 들어가 절을 하고 밀양으로 돌아가게 된 연유를 말씀드렸다. 곁에서 이모가 차려주는 다과를 먹으면서 라디오를 듣는데 '남조선 단독선거를 한다'는 맨 그 소리였다. 새아재도 듣기 싫은지 라디오를 껐다.

얼마 안 되어 통행금지 예비 사이렌이 울렸다. 나는 이층 형아 공부방으로 올라갔다. 이모의 양딸인 삼순이가 요이불을 가지고 올라왔다. 그리고 좀 있자 더운 물을 담은 탕파(湯婆)를 수건에 싸가지고 다시 들어왔다. 나는 그것을 받아 잠자리 발쪽에 넣고 보던 책을 계속 보았다. 내일 아침 일찍 시청 새아재 집으로 갈 양이라 1시쯤 잠자리에 들었다.

아침 6시쯤 일어나 세수를 하고 신암동 다리를 건너 신암동 파출소 옆 가스탱크로 가는 길로 들어갔다. 거기서 오른편으로 굽어드니 바로 복란이 아지매 내외가 의좋게 사는 살림집이 나왔다. 대문에 붙은 요령을 흔들자 새아재가 마루 미닫이 유리문을 열고 나왔다. 대문을 열어주고 반가운 얼굴로 나의 인사를 받으신다.

"새아재, 그사이 안녕하셨습니까?"

"오냐, 너도 건강하냐?"

"예, 이처럼 힘이 넘칩니다."

"허허, 이 사람 갈수록 주접이 느는구나."

이렇게 농으로 인사를 대신하고 아침을 차리는 아지매에게 갔다.

"배고프제? 다 되었다."

집은 가운데 마룻방을 두고 양쪽에 방이 있다. 양쪽 두 방은 원래는 다다미방인 것을 온돌방으로 만들었고, 거실인 마룻방 가운데 화덕을 둔 일본식 집이나. 가운데 마룻방은 겨울에는 쓰지 않고 이런저런 살림도구를 두고 있다. 원래는 그 곁에 있는 가스탱크 회사 직원 사택인데 8·15 해방 후 적산으로 되어 적산관리청에서 약간의 집세를 받고 내주고 있다는 것이다. 아지매가 주방에서 상을 차리는 동안 틈을 보아 나는 새아재에게 말했다.

"이번에 밀양고등공민학교로 공부하러 간다는 것은 좀 더 높은 수준의 공부를 하려는 것입니다. 또 언제 뵈올지 몰라서 인사드리러 왔습니다."

"알았다. 매사 조심하고. 우리가 할 말은 이밖에 더는 없지만, 만 마디의 말보다 더 많은 말이 되는 게지."

새아재는 나를 지그시 응시하고 손을 내밀어 악수를 청했다.

아지매가 상을 차려 나왔다. 좀 널찍한 상에 새아재와 내가 마주 보고, 아지매는 그 옆에 밥그릇 국그릇을 올려두고 셋이 둘러앉아 먹었다. 찬은 도축장 '장' 답게 소갈비에다 소머릿국이다. 또 복란이 아지매답게 새큼한 동치미에 겨울초(겨울 시금치)나물, 그리고 푹 삭은 김장김치에다 자잘하지만 깔끔한 밑반찬이 나왔다.

아침식사 후 새아재가 출근 차림을 차리고 나오자 대문에 붙은 요령 소리가 나고 몸이 튼실한 청년이 들어왔다. 출근길을 모실 지프차 운전기사다. 그 청년은 나를 보고 의아한 듯 이모를 봤다. 이모는 이질이라고 했다. 나는 눈인사를 하고 그 청년은 고개를 끄덕이며 알았다는 듯 미소를 보낸다. 아마 새아재가 나에 대한 이야기를 이미 하신 것 같았다.

새아재가 출근하고 난 다음 아지매가 깎아주는 배와 사과를 좀 먹고 집을 나서려고 하자 아지매도 병원으로 간다면서 따라 나왔다. 동인동 로터리에서 나는 바로 동인동 이모 집으로, 아지매는 동성로 병원으로 갔다.

나는 외할아버지를 한 번 더 뵙고 싶었으나 어제 일을 생각하고 발길을 멈추었다. 좀 섰다가 아지매에게 그냥 가라는 눈짓을 하고 얼굴을 돌렸다. 눈치 빠른 아지매는 무슨 짐작이 났던지 저만큼 가다가 되돌아보고 "재구야!"라고 불렀다. 나는 뒤돌아보고 손을 들어 흔들었다.

"재구야! 조심하거라."

"응!"

동인동 은행 지점장 사택에 도착해 초인종을 눌렀더니 곧바로 삼순이가 나왔다.

"오빠 오나. 아침은?"

"신암동에서 먹었다."

나는 물었다.

"아지매는?"

"병원에 가셨다."

안으로 들어가서 이층으로 올라가는데 삼순이가 말했다.

"아까, 아침에 고령에서 전화가 왔는데, 개실에 간 언니, 오빠들 오늘 일찍 온다더라."

"그래?"

"오빠, 시킬 일 있으면 이야기해."

"응."

나는 이층의 형아 공부방에 들어갔다. 이불이 그냥 깔려 있다. 손을 넣어보았더니 따뜻했다. 아마 삼순이가 탕파에 더운 물을 새로 갈아 넣은 것 같다. 나는 속으로 '삼순아, 고맙다'라고 말하면서 형의 책장에서 책을 한 권 꺼냈다. 만사를 잊고 책 속에 빨려들었다. 스탈린이 쓴 《민족 문제와 레닌주의》이다. 이제는 이런 책도 마음대로 가지고 다닐 수 없는 세상이다.

당시 톨스토이가 쓴 책으로 유명한 《전쟁과 평화》라는 소설책이 그 표지가 붉은색이었다. 어떤 친구가 그 책을 들고 버스를 타고 가다가 경찰지서 앞에서 검문에 걸렸다.

경찰 왈, "이거 빨갱이 책이구나. 너 빨갱이지!"

친구 왈, "아니요. 그 책은 러시아의 대소설가 톨스토이가 쓴 유명한 책입니다."

경찰 왈, "야, 러시아에다, 토머스가 아니라 톨스…… 뭔가 하는 거 보니 미국 책은 아니고 틀림없이 빨갱이 책이다. 이 자석아, 이리 내려와!"

세상이 이처럼 변했다. 형에게 빌려달라고 할까 생각하다가 그만두기로 하고 읽기만 했다. 내일 오전까지는 다 읽을 수 있겠다 싶었다.

정오 사이렌이 불고 한동안 지났는데 삼순이가 올라왔다.

"오빠, 배고프지? 점심 차릴까?"

"아니, 모두 온다는데. 오거든 같이 먹지."

그리고 반 식경이 못 되어 대문 쪽에 부산한 소리가 들리고 복도를 쿵쾅하는 소리가 들렸다. 나도 보고 있던 책을 엎어두고 계단을 쿵쾅거리며 내려갔다. 제일 먼저 눈이 동글동글한 작은 누이 영아다. 나를 보고 "재야 오빠!" 하고 안겨든다.

"아이구, 우리 영아."

이때 영아는 4학년이었다. 내게 막 매달린다. 그리고 누나, 형과 아우 병성이다. 대번에 집이 시끌벅적해졌다.

누나가 주방에 들어가고 점심 준비를 한다. 개실에서 가져온 찬거리와 우거지를 넣은 북어국으로 점심상이 차려졌다. 모두 두리반에 둘러앉게 되자 그 시끌벅적하던 분위기가 조용해졌다. 다들 먹기에만 바쁘다. 아마 좀 늦은 점심이라서 배가 고팠는가 보다.

형과 누나는 점심을 마친 다음 내가 책을 읽고 있는 공부방에 들어와 좀 서성이다가 다녀올 데가 있다면서 나갔다. '곧 개학이라서 그 준비도 해야겠지'라는 생각이 들었지만, '이제 나와는 사는 세계가 다르구나'라는 생각도 났다. 그러자 나의 가슴 한쪽에서 무언가 축축한 것이 스며 왔다. 어제 할아버지와 있었던 일도 겹쳐, 그것이 물로 응결되는 듯 나의 눈가에 번져 나왔다. 그러나 나는 다시 다짐을 했다.

'아니야, 나는 지금 아무도 못 하는 일을 하기 위해, 그 모든 것을 접고 버리고 가는 거야! 정신 차려! 민족 앞에 그 무슨 감상인가!'

얼음 구덩이에
들어가도 살겠다

형과 누나가 나가고 영아와 병성이도 집에서 개학 준비로 숙제 정리를 한다고 제들 방에 틀어박혀 있다. 평소 늘 쿵쾅거리는 소동이 없어 갑자기 온 집안이 조용해졌다. 나도 이층에 틀어박혀 어제 형아 책장에서 뽑아 읽던 책, 스탈린의 《민족 문제와 레닌주의》를 읽던 갈피를 찾아 펴고서 읽었다.

이 책은 식민지 민족 문제가 크게 대두되고 있는 제국주의 시대에서, 경제에서 착취 관계로 이루어지는 계급 관계를 중심에 놓고 그 안에서 영토와 언어, 문화, 심리상태의 공통성으로 민족을 보고 있었다. 이처럼 비록 선후가 바뀐 것이기는 하지만 그래도 민족의 범주를 올바르게 확립하려는 시도로 당시 어린 나의 시각을 상당히 넓혀주었다.

아래층에서 재봉틀을 돌리는 소리가 들린다. 아마 이모가 아이들의 개학을 맞아 옷가지를 정리하고 있으려니 했는데, 삼순이가 와서 이모가 나더러 내려오란다고 했다. 그러면서 입고 온 나의 학생복을 가지고 오라는 것이다. 나는 의아했지만 웃옷을 들고 내려갔다.

이모의 재봉틀 소리는 형아의 학생복을 내게 입히려고 손질을 하던 소리였다. 이모는 나의 학생복에서 단추를 떼어 손을 본 형아의 웃옷에 달았다. 그 단추는 형아가 다니는 대구농림중학교 학생복 단추였다. 그냥 입고 갔다간 속절없이 대구농림의 가짜 학생이 될 뻔했다.

"아지매, 내가 추울까 봐 옷을 챙기고 있었구나. 그냥 입고 가도 되는데 괜히 수고스럽게……."

천연스레 말했지만 내 가슴속은 물기로 가득했다. 이모가 하루 더 있다 가라고 했지만 오래 있다간 나의 작심이 들킬 것 같았다. 내일 아침에 일찍 가야겠다는 마음이 생겼다. 내 교복에서 단추를 땄더니 5개밖에 없다. 이모는 나더러 중앙통에 나가서 중자 단추를 아무거나 사 오란다. 나는 잘됐다 싶었다.

"나간 김에 평화당에 가서 어제 그 아재 생질하고 좀 놀다가 와도 되지러?"

"그래. 바람도 좀 쏘이고 나간 김에 영화도 좀 보고 그래라."

"응, 책방에도 좀 가보고."

"그래, 돈 좀 줄까?"

"아니, 아버지가 돈을 많이 주셨다."

그래도 기어이 내 호주머니에 제법 많은 돈을 넣어주셨다. 평화당으로 가다 보니 키네마 극장 모퉁이에 군고구마 가게가 있었다. 뜨끈뜨끈한 고구마를 두 봉지 샀다. 장갑 낀 손으로 받았는데도 손바닥이 뜨거웠다. 평화당에 들어갔더니 김씨 성을 가진 그 형이 있었다. 그리고 태섭이 아재는 가게 구석에 담요를 깐 판때기 침상 위에서 아주 코까지 골면서 잠이 들어 있다.

"형, 동인동에서 혼자 책만 보고 있었더니 아지매가 바람 쐬다 오라고 해서 이리 왔는데, 좀 놀다 가도 되지러?"

"되고말고. 나도 이때쯤은 손도 없고 심심한데 잘됐네."

"오다가 군고구마가 맛있어 보이기에 사왔는데 좋아할란가?"

"아이구, 좋고말고. 입도 심심한데 잘됐네. 그래, 이름이 재구라 했나?"

"응. 아니, 내가 형보고 말을 함부로……."

"아니 십 년까지는 허유하는 게 우리 풍습 아닌가? 그만 우리 말 놓기로 하자꾸나."

"허허, 우리 이참에 좋은 친구 얻었네."

이렇게 수다를 떨며 뜨거운 고구마를 호호 불면서 먹고 있는데 안쪽에서 소리가 났다.

"누가 왔노?"

"아재, 저 왔습니다. 재구가요."

"네가 웬일고?",

"놀러 왔습니다. 촌놈이 어디 알아야 딴 데나 가지요. 아는 게 동인동 이모 집 아니면, 신암동 복란이 아지매 집뿐인데……. 이제 평화당 한 군데 더 늘었네. 오다가 군고구마가 맛있어 보이기에 사 왔는데 잡숴보이소."

"그래, 너그들이나 먹어라."

"재구, 아재는 안 자신다. 잡수면 신트림 난다고. 술이라면 모를까."

이 형은 성이 안동 김씨인데 이름은 그만 애석하게도 기억에 없다. 아무리 알아보려 해도 평화당 아재도 그 주변도 모두가 다 세상을 떠나 알 도리가 없다.

내가 그 형을 놀리면서 서울 장동의 안동 김씨라고 하자, 형은 그 인간들과 다르다고 단언했다. 경북 북부지역의 문벌인데 병자대청전쟁을 주장한 청음(淸陰) 김상헌(金尙憲) 선생의 후손들이다. 그들 중에는 이 선조에게 부끄럽지 않도록 지조를 지키려는 사람들이 많다.

나는 거기에서 한참 놀다가 아재가 시켜주는 자장면을 맛있게 먹었다. 그리고 좀 일찍이 나와 대구역 쪽으로 올라가서 책방 계몽사에 들렀다. 하지만 얼마 전까지만 해도 그 많던 사회과학 책이 거의 안 보인다. 탄압은 책방 문까지도 넘어온 것이다. 그래서 수학 책을 찾았으나 읽을 만한 책이 없었다. 다시 거기에서 한 두어 집 건너에 있는 문진당(文進堂)이라는 고서점에 들렀다. 이 책 저 책을 빼내 보다가 약 500페이지나 되는 두터운 일본 구제 고등학교 입학시험 문제집 한 권과 후지하라(藤原良三郎)의 《삼각법》, 《해석기하학》 등 몇 가지 책을 샀다.

그리고 대구역까지 내려갔다가 오른편으로 굽어서 좀 좁은 도로(지금의 동성로)로 들어갔다. 왼편에 자동차 한 대가 지날 수 있을 만한 거리에 박작거리는 시장이 있었다. 안으로 조금 들어갔더니 서로 어깨가 부딪히는 좁은 곳이 나왔다. 주로 미군에서 흘러나오는 물건을 파는 암시장이었다. 아마 부산의 '도때기시장'과 같은 곳인가 보다 하고 생각했다. 겁이 나서 그만 나오고 말았다. 바로 지금의 교동시장이다. 돌아와서 물었더니 영아가 '양키 시장'이라고 했다.

당시 동성로는 키네마 극장까지는 주로 고급 라디오와 전축 등 요즘의 전파사 가게들이 차지하고 있었다. 키네마 앞 네거리를 건너면 거기는 꽃가게와 양과자, 그리고 빵집과 만두 가게가 나란히 있었다. 15~16세쯤 되는 내 나이 또래의 남녀 학생이 교복을 입고 들랑날랑하는데 여학생은 남학생의 뒤에 서너 걸음쯤 떨어져 따라가고 있었다.

거리 구경을 한바탕 하고 이모가 주신 돈에서 얼마를 내어 양과자 한 상자와 빵, 그리고 만두와 찐빵을 좀 많이 샀다. 가게에서 주는 그물주머니에 봉지를 넣어 식기 전에 빠른 걸음으로 집으로 돌아왔다. 시간은 8시쯤 되었다. 간식 생각이 날 때도 된 것이다. 한 보따리 싸 들고 들어갔더니 형과 누나는 그냥 웃고, 어린 동생들이 좋다고 손뼉을 쳤다. 이모부도 퇴근해 계셨다.

내일은 모두 개학 전 대청소란다. 걸레 준비, 빗자루 준비 등을 하고 있었다. 그 모습을 보며 나도 내일은 밀양으로 가야겠다 싶었다. 이모 내외분께 내일 밀양으로 가겠다고 하니까 좀 걱정스러운 얼굴이다. 거기에서 그런 친구들과 어울려 한바탕 하는 건 아닐까, 내심 걱정인 것이다. 그래도 가야 한다고 마음을 다졌다.

"그나저나 아지매, 내일 밀양에 가기 전에 병원에 들러 외할아버지를 한 번 더 뵙고 가고 싶은데……."

"그만 그냥 가거라. 할아버지는 그날 그렇게 보내고 안되어 하셨지만, 병심이라 보면 또 화가 나실지도 모른다. 그냥 노인이라도 화내는 게 힘든데 병도 보통 병이라야지. 야야. 그만 가거라. 내가 말씀 잘 해드릴게."

나는 속으로 생각했다.

'그냥 주무시는 모습이라도, 한 번만이라도……'

모두들 간식으로 사 온 만두와 빵을 조금씩 들고 9시쯤 제각기 방으로 갔다. 나는 삼순이가 데워준 탕파를 안고 이층으로 갔다. 자리에 누웠더니 이리저리 생각도 많았다. 안 되겠다. 이때는 수학 문제를 푸는 게 제일이다. 만사를 다 잊고 생각하는 데 매달리는 거다. 자리에서 일어나 책상에 세워둔 조그만 전구가 달린 스탠드의 불을 켰다. 문제집을 내놓고 종이와 연필을 쥐고 풀어나갔다. 인수분해 문제다. 복잡하고 어려운 문제들만 모았는지 시간이 금세 흘렀다.

얼마 안 있어 통금 예비 사이렌이 울고 곧 통금 사이렌이 울었다. 창문으로 거리를 내다보니 개미새끼 한 마리도 없다. 그런데 저 멀리서 호각 소리가 울리고 더러는 다급한 발자국 소리도 들렸다. 시간이 지나자 온 세상은 죽은 듯이 고요했다.

이튿날 아침, 영아가 쿵쾅거리면서 올라오는 계단 소리에 잠을 깼다. 문이 확 열리더니 영아의 큰 소리가 방 안에 울렸다.

"재야 오빠, 아직 자나?"

나는 자는 체했다. 그랬더니 그냥 이불 속으로 쏙 들어온다. 나는 들어오는 영아를 불끈 안았다.

"깔깔깔."

쟁반에 구슬이 굴러가는 소리 같다.

"아이고 갑갑다. 그만 놓아줘."

내가 힘을 빼자 어느새 쑥 빠져나와 혀를 내민다. 나도 일어났다. 그리고 옷을 챙기고 아래로 내려갔다. 가운데 큰방에서 상을 펴고 찬을 차리고 부산하다. 상차림이 끝나자 새아재는 커다란 두리상 한가운데에 앉으시고 그 옆에 나를 앉으라고 이끄셨다. 맞은편에는 형이, 그 양옆에는 누나와 영아, 또 새아재의 한 옆에는 병성이, 내 옆에는 병조. 삼순이는 자그마한 낮은 상에 맹이와 병숙이를 데리고 이모와 함께 밥을 먹이고 있다. 모두 열한 식구다. 대가족이다.

새아재의 가족은 위로 부모 내외에다 형제는 아우 세 분, 누이 한 분이 있다. 그래서 그 아랫대, 곧 형아의 사촌들이 엄청 많다. 새아재는 이들 가족의 생활 전체를 책임지고 있었다. 옛날 우리 사회의 가족제도는 이처럼 한 사람의 어깨에 주렁주렁 매달리고 있었다. 이는 새아재 집만도 아니다.

아침식사가 끝나자 모두 제 방에 들어가서 학교 갈 채비를 한다. 새아재는 은행 지점에서 차가 온다. 학교 갈 아이들은 제가끔 현관에 나와 모두 똑같은 목소리로 "학교 갔다 오겠습니다" 하고는 내뺀다. 이윽고 대문이 열리고 운전기사가 들어왔다. 새아재가 출근 준비를 하고 나오시자 그 뒤를 조무래기 맹이와 숙이가 나와 이모와 더불어 전송한다.

"아빠, 잘 다녀오세요."

새아재는 기분이 좋으신 것 같다. 온 얼굴에 미소가 번지고 있다.

"재구, 오늘 밀양에 가지? 매사에 조심하고."

"예, 새아재. 늘 기체 만안하십시오."

나는 고개를 깊이 숙였다. 나중에 내가 야산대에 갔다는 소식을 들으시고, 새아재는 "그날 그 아이가 유달리 고개를 깊이 숙이고 절하더니 그렇게 떠나려고 그랬나 보다" 하고 눈시울을 적셨다는 말을 들었다.

나는 그날 아침에 이모가 손을 본 형아의 학생복과 내복, 그리고 털실 스웨터에다 외투까지 걸치고 이모의 전송을 받으며 이모 집을 나섰다. 손에는 여분의 내복을 넣은 가방을 들고.

"아지매, 늘 고마워. 그럼 간다."

"오냐. 잘 가거라, 내 새끼야!"

돌아서는 내 눈에는 눈물이 글썽였다. 나는 뒤돌아보지도 못하고 그냥 대문을 나섰다.

형아가 입던 두터운 옷을 입어선지 쌀쌀한 날씨에도 몸이 훈훈하다. 게다가 방한모, 털실 양말, 방한화, 털실 목도리, 장갑까지 갖췄다. 얼음 구덩이에 들어가도 살겠다.

똑같은 인식에서 똑같은 결의로

밀양역에 도착한 것은 오전 11시 무렵이었다. 강성호와 만나기로 한 날은 1월 31일이었지만 구태여 하루를 더 기다릴 일도 없고 해서 집에 들기에 앞서 강성호를 만나러 갔다. 학교에 있을 것 같아서 밀양고등공민학교로 바로 갔다.

밀양고등공민학교의 교사는 내이동 사람들이 '동사(洞舍)'라고 부르는 집이다. 작은 사무실이 두 개 있고, 회의실로 쓸 수 있는 널찍한 방이 둘이나 있다. 일제시대에 동민들이 모여 회의도 하고 각종 친목회 사무소로, 청년단체 사무소 등으로 쓰기 위해 동민들이 자발적으로 모금해 지은 건물이다. 벽체는 알매 친 벽이고, 벽을 빗물로부터 보호하기 위해 송판으로 둘러친 건물이다. 양철 지붕과 함께 건물 전체를 청회색으로 페인트칠한, 당시에는 흔한 관청식 건물이었다.

1930년대까지는 야학도 했고 문화적인 활동에도 이용했지만, 일제의 대륙침략 정책으로 이른바 무슨 애국봉사 운동 따위를 하는 시기에는 각종 친일단체의 말단 동사무소가 우글거리고 있었다.

8·15 해방을 만나 그 동사는 원래의 목적을 되찾았지만 곧 미 군정으로 되자 군정 협조 단체들의 하부 동조직의 사무소로 사용되었다. 그러던 것을 밀양의 황용주(黃龍珠) 선생이 여기에다 밀양고등공민학교를 설립했다. 이것이 지금 밀양의 세종중고등학교의 전신이다.

동사의 정문은 바로 골목길에 난 현관이다. 뒤꼍에 탁구대를 둘 수 있을 정도의 뜰은 있지만 학생들이 모여 조회나 무슨 행사를 할 수는 없었다. 이런 장소로 쓸 수 있는 곳으로는 동사 현관 앞에서 옛 밀양성의 해자였던 개천으로 가는 길 옆에 200~300평쯤 되는 동사에 속한 터가 있어 그럭저럭 운동장 역할을 할 수 있었다. 그곳에서 우리 집 연계소는 50~60미터도 안 되었다. 그런데도 나는 집보다 강성호를 만나는 일이 급했다. 내가 밀양을 떠나 있어서 나의 정세파악이 조직의 정세파악에서 멀어져 있기 때문이다.

학교에 갔더니 마침 수업이 쉬는 시간이라 바로 성호를 만날 수 있었다. 강성호뿐만 아니라 함께 퇴학당한 친구들도 있을 법한데 한둘 말고는 보이지 않았다. 나중에 알고 보니 거의 모두 부산으로, 마산으로 전학했다고 한다. 내가 동사 현관 앞 골목에까지 들어가자 학생들이 메우고 있는 골목에 강성호가 있었다. 내가 "성호야!" 하고 소리치자 성호는 나를 보더니 웬일이냐는 듯 온 얼굴에 웃음을 가득 띠고 쫓아왔다. 둘은 서로 손을 잡고 반가워했다.

"내일 만나기로 했는데 어인 일고?"

"꼭 내일이라야 하는 건 아니잖아. 그럼 도로 가서 내일 올까?"

"이건 만나자마자 시비야."

이렇게 수선을 한바탕 떨고 우리는 골목길을 빠져나와 신작로로 들어 영남루로 올라갔다. 영남루 마당에서 영남루를 향해 왼쪽으로 시멘트로 만든 계단이 있다. 그 길이가 50~60미터나 된다. 이 계단은 왜놈의 조상신이라는 '아마데라스오미카미(天照大神)'를 모신 신사로 올라가는 길이다. 일제 때 무슨 일이 있으면 거기에 모두 끌고 가서 손바닥을 두드리고 절하면서 비는 곳이다.

우리는 그곳으로 올라갔다. 거기는 그 당시 밀양 사람들은 잘 안 가는 곳이다. 그래서 우리들이 밀담을 나누기에는 안성맞춤이었다. 그처럼 조용해도 왜놈 귀신 때문인지 아베크족도 안 가는 곳이다. 아마 재수 없는 왜놈 귀신이 잡아갈까 봐 그랬을까.

신사 건물 뒤편으로 좀 더 올라가면 무슨 돌무덤 같은 곳이 있다. 거기에는 걸터앉을 수 있는 곳이 많아 우리들이 이야기하기에는 십상이었다. 마음 놓고 이야기를 하려는데 성호가 좀 추워 보였다. 그래서 나는 모직 천으로 된 외투를 벗어 성호 어깨에 걸쳐주었다.

"이 사람, 이번에는 아주 부잣집 학생 같네. 너는 어쩌고?"

나는 웃으며 웃옷 안에 있는 두터운 털실 스웨터를 내보였다.

"나는 이 안에 따뜻한 내복도 입고 있어 이마에 땀이 날 지경이다. 대구에서 이모가 형아에게는 작아져서 나 입으라고 몽땅 주셨다네."

"허, 이 사람 횡재했네."

그곳에서 나는 그동안 성호가 받아온 조직 내의 정세분석을 전해 받았다. 또 이에 대해 장시간 토론도 했다. 성호와의 토론에서는 당시 세계정세와 거기에 따른 미제의 남조선 영구분단 음모에 관한 정세가 주로 오갔다. 정리하면 대략 다음과 같다.

제2차 세계대전에서 미·영·소·불·중 등이 승리해서 전승국으로 되었으나, 진짜 전승국으로서 패권을 독차지한 나라는 미국뿐이다. 전쟁이 끝나자 제국주의 나라는 패전국 일 · 독 · 이 3개국은 물론이고 전승국일지라도 미국을 제외한 전승국은 전쟁으로 국내의 본질적인 모순을 우선은 덮을 수 있었지만 이 모순과 전쟁으로 피폐한 경제를 복구하는 일과 겹쳐 오는 식민지 문제로 온 힘을 빼야 할 지경으로 되고 있다.

미제는 이번 전쟁으로 군수경기에 의한 자본 축적이 이루어졌고, 이를 바탕으로 해서 제국주의 여러 나라에서 패권을 독차지하게 되었다. 미제는 이를 기회로 패전국과 전승국이 차지하고 있는 식민지의 재분할을 요구하게 될 것이다. 또 제국주의 나라들이 가지고 있던 식민지에서는 전쟁 중 식민지 민중의 각성으로 식민지 해방운동이 일어날 것이다. 이로써 생긴 신생 독립국의 얼굴은 새로이 패권으로 등장하는 미제로만 향하게 될 것이다.

이런 정세를 맞아 미제는 자본수출과 경제원조로 이들 신생 독립국을 예속시키고 있다. 이들 신생 독립국은 지난날의 식민지와는 별반 다를 것 없는 허울뿐인 독립국이다. 오히려 새로운 형태의 식민지로, 미제에 예속된 나라로 되고 있다. 지금 그러한 현상은 국제연합(UN)이라는 곳에서 그 회원국들이 미제의 거수기 노릇을 충실히 하고 있는 데서도 똑똑히 보고 있다. 뿐만 아니라 전승국이라 할지라도 미제의 원조와 자본수입 없이는 전후 복구를 할 꿈을 버려야 할 처지다. 이러한 현상을 이용해 미제는 '마셜 계획'이라는 것을 내세워 유럽 제국주의 나라를, 패전국은 물론 전승국마저도 미제의 패권 안으로 끌어들이고 있다. 이들 또한 식민지와 다름없는 패권국 미제에 종속되고 말 것이다.

사회주의 나라인 소비에트연방은 비록 전승국이기는 하지만 전쟁으로 엄청난 인적 손실과 경제적 손실이 겹쳐 있다. 이를 복구하는 동안 소련 자신과 소련의 전승으로 해방된 나라를 수호하는 일만으로도 벅찰 것이고,

그 밖의 여력은 없을 것이다.

이렇게 조성된 세계정세에서 미제는 일본군의 항복을 받는다는 명목으로 북위38도선 이남에 들어왔지만 그들에게 수여된 과업을 마쳤다고 해서 그냥 물러가지는 않을 것이다. 얼토당토않은 신탁통치 문제를 내걸어 미군이 계속 주둔할 명분으로 삼고 있다. 이것이 먹혀들지 않자 신탁통치의 명분인 모스크바 3상회의의 결정을 짓밟아버린 다음, 이제는 남조선 단독정권을 만들어 남조선을 허울뿐인 독립국가로 만들려 하고 있다.

미제는 모스크바 3상회의 결정이 파탄나자 소련이 제안한 '미·소 양군 동시 철수안'을 못 본 체하고 기어이 조선 문제를, 그 헌장을 위배하면서까지 하고 UN에 가지고 갔다. 그래서 남조선 단독선거를 결의하고 '국제연합 임시조선위원단(UNTCOK)'을 구성해 지금 서울에 들어와서 장차 실시할 남조선 단독선거를 감시한다고 설치고 있다.

이는 국제연합 임시조선위원단 내 한 성원국인 오스트레일리아 주일 사절단의 쇼우가 1947년 11월 11일, 본국 정부에 다음과 같이 보고를 한 것에서도 명백히 알 수 있다.

'실권이 잔인한 경찰의 손에 있다는 것은 명백하다. 한국의 감옥은 지금 일본 통치시대보다 더 정치범으로 넘쳐나고 있다. 극우단체에 의해 정적에 대한 고문, 살육은 일상다반사로 일어나고 있으며, 이와 같은 불법행위는 널리 공인되고 있다. 미군의 G-2(정보부)는 좌익을 억압하는 데만 열심이고, 그들의 한국인 앞잡이들이 어떤 수단을 취하건 단속할 생각은 없다.'

이와 같이 우리 두 사람은 나름대로 일치된 정세분석을 했다. 또 지금 우리들에게 제기되는 과업도 토론했다. 그것은 한마디로 해서 '미제에 의해 조성된 남조선 단독선거를 반드시 파탄시켜야 한다'는 것이다. 이것은 구호가 아니라 실제로, 모든 방법을 동원한 실력행사로 이루어내야 할 일이라는 것이다. 우리 둘은 동일한 정세관과 그에 토대한 결의를 일치시켰다. 그 다짐으로 굳은 악수로써 동지적 일치를 확인했다. 이런 결의를 하고서 강성호는 말했다.

"우리의 결의는 당과 민애청의 조직적 결의와 일치한다. 그러므로 우리의 행동은 조직적 실천과도 일치해야 한다. 따라서 모든 행동은 조직의 지시에 따라 집행할 것이고, 결과 또한 조직에 보고되어야 한다. 오늘 우리 둘의 회합 결과는 조직에 보고될 것이며 비준받을 것이다. 그런데 이 일을 조직하고 실천하기 위해 대중과 결합할 방도를 마련해야 한다. 이를 위해 재구, 자네가 밀양고등공민학교에 편입하기로 하자는 것이다. 자네가 31일에 오면 그 이튿날인 2월 1일에 황용주 교장 선생을 만나 입학을 허락받고 이 학교의 조직 핵심에서 일하기로 계획했다. 31일이 토요일이고 2월 1일은 일요일이니 아예 바로 내일 교장 선생을 만나기로 하자. 내일 아침 일찍 말이다."

나는 성호의 말을 무조건 수용했다. 우리는 일을 이와 같이 결속하고 그곳을 내려왔다. 신작로로 내려오자 곧 버스정류소까지 왔다. 그 근처에 밀양에서 제법 이름 있는 중국음식점이 있었다. 나는 성호를 데리고 들어갔다.

"성호야, 이번에 밀양에 올 때 아버지한테서, 또 대구에서는 이모한테서 돈 좀 얻어왔다. 우리 마음 놓고 한판 먹자."

"그래, 어째 네게서 돈 냄새가 나더라니. 옛날부터 네 포켓에 돈 있으면 당장 표가 안 나. 네야 원래 대식가라서 나완 다르지만 나는 소식이라서 자장면 한 그릇이면 그만이다."

"많이 먹는 놈하고 먹어야 먹는 재미가 나지. 개병쟁이처럼."

'개병쟁이'는 나의 초등학교 동기동창이다. 학교 다닐 때 하도 설쳐서 생긴 별명이다. 나는 하도 시끄럽게 떠들어서 '개뚜뱅이'였다. '개뚜뱅이'

는 놋양푼 뚜껑을 말하는 우리 고향 사투리다. 이 뚜껑은 아무 그릇에 두루 쓰이는 뚜껑이다. 이 그릇 저 그릇 두루 쓰이다 보니 이리저리 부딪쳐서 늘 젱그렁거리며 소리가 난다.

성호와 헤어진 뒤 나는 바로 곁에 있는 연계소 고향집으로 갔다. 시간은 2시가 좀 넘었다. 대문을 열고, "할매!"라고 부르며 축담에 올라서니 할머니가 안방에서 뛰쳐나오셨다.

"네가 웬일고!"

"지금 막 대구에서 왔다."

"그래, 그쪽 식구는 모두 탈 없제?"

"응. 할배는?"

"응. 잘 계시는가 보더라. 너그 할배는 밀양이 모두 자기 집이지."

"편찮으신 데는 없고."

할머니는 그저 '응' 할 뿐인데, 말소리에 힘이 없다.

"할매, 무슨 일 있나? 목소리에 와 그리 힘이 없노?"

"괜찮다. 내가 무슨 힘이 있을 거고? 네 아재비하고 둘만 사는데. 내사 너그한테 가서 죽이면 죽, 밥이면 밥, 생기는 대로 먹고 너그 보고 살고 싶다."

할머니의 이 말을 듣자 나는 눈시울이 젖어온다. 8 · 15 해방 직후, 할매는 많은 손님들의 치다꺼리에도 신명이 나서 생기가 펄펄했다. 하지만 이제는 힘이 빠진 할매를 보니 서글픈 내 조국을 보는 것 같다. 그래 맞다. 조국이 힘이 나야 그 품에서 살아온 할머니, 할아버지가 힘이 날 거 아닌가.

"할매, 내가 할매캉 살라고 왔다 아이가."

"네사 와도 일 생길까 봐 걱정만 생기지. 그래도 반가운데 우짜겠노. 그래, 점심은 먹었나. 밥 차려주까?"

"괜찮다. 좀 전에 친구하고 점심 먹었다."

그 이튿날, 9시쯤 해서 나는 밀양고등공민학교로 갔다. 강성호가 기다리고 있었다. 성호는 어제 헤어지고 바로 학교에 와서 교장 선생에게 내 문제를 말씀드렸다고 했다. 나는 성호를 따라 한 별실로 들어갔다. 거기가 교장실로 사용하는 것 같다.

교장이신 황용주 선생은 나의 소학교 같은 반 동무인 황종진의 삼촌이다. 황용주 선생도 내가 조카와 단짝친구라는 것을 알고 있었다. 그러나 8·15 이후에는 처음 만났다. 교장 선생은 나를 보더니 무척 반가워하셨다.

"옛 어릴 때 모습보다 훨씬 좋은데. 인자 헌헌장부가 다 됐네. 그래, 밀양중학교에 다니다가 퇴학당했다고 들었네."

그러면서 곁에 앉은 나의 손을 잡았다.

"어른들이 신통찮아서……. 공부하는 아이들에게 퇴학이라니. 맹자의 말씀에 이런 말이 있다. '하늘은 장차 크게 쓰려는 사람에게 어려움을 주어 단련하신다.' 자네를 크게 쓰려고 하는 것이니 기죽지 말고 공부 열심히 하게."

그것은 《맹자》에 있는 말이다. 이 말이 황 선생의 말소리와 더불어 지금도 때때로 회상된다. 나는 밀양고등공민학교에 편입했고, '2·7 구국투쟁'으로 꼭 일주일을 다니고 그만두게 되었다.

밀양고등공민학교에 편입하다

황용주 교장 선생으로부터 입학 허가를 받고, 나는 강성호와 교무실로 가서 입학 수속을 했다. 입학원서를 쓰고 학업에 열심하겠다는 취지의 서약서는 집에 가지고 가서 작성한 뒤 월요일 학교에 등교할 때 가지고 오라고 했다. 거기에는 학부형의 서명도 들어가야 했기 때문이다. 입학금은 없고 수업료는 매달 10일에 내기로 되어 있다. 그래서 나의 입학 수속은 입학원서 제출로 끝났다.

교실로 들어가려고 했더니 2학년 교실이 수업 중이었다. 밖에서 수업이 끝나기를 기다리기로 하고 성호와 나는 운동장으로 쓰는 동사 바깥마당으로 나갔다. 그 마당의 입구는 문도 없이 지름이 한 자쯤 되는 나무기둥만 두 개 박아놓고, 사방을 어른 어깨높이쯤 되는 주먹돌을 박은 흙담으로 가리고 있었다. 그래서 담 밖에서 까치발만 하면 담 안, 곧 운동장 안을 훤히 들여다볼 수 있다.

이곳은 일제시대 때 내이동에 사는 농민이 벼 · 보리를 공출할 때, 면화(棉花) 수매, 고치 수매를 할 때 모이는 곳이었다. 또 부역동원이 있을 때는 부역 나온 동민이 모이는 곳이기도 했다. 이도저도 없을 때는 동네 어린이들이 놀이터로 삼아 주로 자치기, 진볼, 열발뛰기, 제기차기 등으로 무럭무럭 자라는 곳이었다. 그랬던 곳이 이제는 비록 좁지만 고등공민학교의 운동장도 되고 조회장도 되며, 학생들의 행사 때 집합장도 되고 있었다.

우리는 그 안으로 들어가 북쪽 바람을 가려주는 담 밑에 쪼그리고 앉아 따뜻한 햇볕을 쪼였다.

"재구, 어제 너와 헤어지고 마침 연락원이 왔기에 너와 만난 일과 오늘 고등공민학교 입학도 보고했다."

"응, 빠르기도 하다. 그 밖에 무슨 말은 없고?"

"정세가 엄중하니, 조직 외적 행동이나 발언은 절대 금지하라는 것이다."

"지금 우리 둘이 만나 정세 이야기하는 것도 안 되나?"

"아니, 그것까지야."

나는 말했다.

"이제 갈 데까지 다 갔는갑다. 미국 놈도 '유엔 위원단'인가 뭔가 하는 걸 시켜 이북으로 가겠다고 했는데, 이건 안 될 줄 뻔히 알면서 찔러본 것 아이가."

"그건 확실히 거절당했다는 걸 확인받아 보겠다는 것이겠지."

1948년 1월 8일, 유엔 임시조선위원단이 서울에 들어와서 첫 번째 한 일이, '남과 북의 선거 감시의 임무'를 수행하기 위해 이북에 있는 소비에트 주둔군 사령부에 방문과 면담을 요청한 일이다. 소비에트 주둔군 당국은 당장 거부했다. 22일 유엔 소비에트 대표 그로미코는 "이른바 유엔 임시조선위원단의 38선 월경을 정식으로 거부한다"고 했다.

"일이 그렇게 되자 이승만이 기다렸다는 듯이 1월 25일 유엔 임시조선위원단에 나가서는 한술 더 떠 '소련이 북에 있는 이상 남북 선거는 불가능하고, 이남만 선거를 하자'고 했지. 또 '이남에 단독정권을 세우게 되더라도 치안 확보는 미국이 나가지 말고 맡아달라'고도 했지. 이건 도대체 이남 땅에다 아예 미국의 주 정부를 세우자는 것과 하나도 다를 게 없다니까."

성호의 얼굴이 당장 붉어졌다. 나도 격분했다.

"상해 임정의 김구 선생이 민족의 편으로 돌아오시자, 이승만 다음 자리는 자기에게 벌써 돌아온 것으로 생각하는지 김성수란 자도 날뛰고 있네. 유엔 임시조선위원단이 짐을 풀고 덕수궁에서 첫 회의를 열자 김성수가 거기에 나와, '이북이 선거를 보이콧해도 유엔 임시조선위원단이 수립하는 정부가 사실상 남북통일 중앙정부'라고, 참새처럼 기뻐 작약(雀躍)했다지. 그래, 일제 때 친일반역이 이제는 친미 민족반역까지 하고 있네. 개가 개노릇 하는 건 당연지사라, 어디 실컷 해보아라."

어느덧 내 얼굴도 붉어졌다. 두 사람이 격분해서 붉어진 얼굴을 서로 보고 어처구니없이 씩 웃자 수업을 마치는 종이 울렸다.

우리는 교실을 향해 뛰었다. 나는 성호를 따라 2학년 교실로 들어갔다. 성호는 이 학교의 학생자치회 회장을 맡고 있었다. 나는 교실에 들어가 반 학생들을 둘러보았다. 분위기가 밀양중학교의 분위기하고는 영판 달랐다. 마치 전날 초등학교를 밀성학교에 다니다가 내 고향 마을의 초등학교인 초동학교로 전학 갔을 때 느낀, 와작한 데서 고요한 데로 갑자기 옮아간 느낌이랄까, 읍내 연계소에서 두암 윗집에 갔을 때의 흙냄새 나고 두엄냄새 나는 묘한 아늑함이라 할까, 아무튼 반가운 느낌이었다.

오전 4시간 수업 중 셋째 시간을 막 마쳤다. 이상하게도 이때, 여태껏 태도와 행동으로 거침없었던 내가 오히려 주눅이 들었다. 나는 원래 이런 주눅이 있었다. 상대가 번드레하면 내가 좀 추레하더라도 주저 없이 나가는데, 상대가 추레하고 내 차림이 번드레하면 오히려 내가 그만 주눅이 든다.

밀양중학교에 다닐 때 많은 학생들은 무명베 옷을 입었는데, 기지 옷을 입은 학생들도 상당히 있었다. 그런데 이곳 고등공민학교 학생들은 모두 무명베 학생복이었다. 그런데 내가 이종형으로부터 물려받아 온 옷은 무명베가 아니라 상당히 고급스런 기지 천이었다. 그러니 내가 주눅 들 수밖에 없었던 것이다.

내가 주뼛주뼛 교탁 앞으로 나가자 성호는 이상한 얼굴을 하고 내 손을 잡아당겨 교탁 앞에 세웠다. 성호가 나를 어떻게 소개했는지 내가 무슨 말을 했는지 기억하지 못한다. 아마 입속으로 우물우물했을 것이고, 학생들은 공부 잘한다고 소문났지만 별것 아니라고 생각했을 것이다. 그러나 월요일부터 등교해서는 그런 '주뼛주뼛증'은 싹 가셨다. 그 이유는 그 멋진 세루 양복을 벗고 내가 구지에서 대구로 갈 때 엄마가 다려주신 무명베 학생옷으로 갈아입었기 때문이다.

하학 후 나는 성호와 함께 어디 가서 이야기를 좀 하려 했다. 하지만 우리들이 잘 가는 영남루나 무봉암 쪽으로 가기엔 아직 봄이 멀었다. 아무리 생각해도 아까 둘이 만나 이야기했던 장소보다 나은 곳은 없을 듯했다. 그래서 우리 둘은 햇볕이 잘 쪼이는 시간을 고려해서 2시에 만나기로 하고 일단 헤어졌다.

나는 집에 가서 할매가 차려주신 따끈따끈한 김치국밥을 맛있게 먹고 점심끼니를 챙겼다. 그리고 무명베 학생복으로 갈아입자 할매는 물었다.

"그 옷이 좋은데 와 바꿔 입노?"

"다 무명베 옷인데 나만 기지 옷이잖아."

"그놈의 주눅이 또 들더나? 그럴 끼다. 그 학교는 밀양중학교하곤 갖다 댈 수 없지. 그래, 남되도록(남처럼) 사는 게 낳지. 그런데 너그 할배하고 니하고는 와 그렇노? 그런 데는 남되도록 살라카고 다른 데는 남되도록 안 살고!"

할매의 이 말씀에 할매가 살아온 그 고생이 생각났다.

"할매, 인자 좀 있으면 모두가 다 같이 남되도록 사는 날이 올 끼다."

"아이구, 그놈의 소리. 옛날 너그 할배도 늘 그런 날이 올 끼다, 올 끼다 소리 했제. 그래, 그런 마음이 없었다면 어찌 이때까지 우리 명줄을 지켜왔겠노."

나는 그 이상 말을 할 수가 없었다. 더 말하다가는 할매를 붙잡고 울 것 같았다.

"할매, 나 좀 다녀올게."

그러곤 내빼듯이 나왔다. 2시 정각에 성호와 나는 그 약속 장소에서 만났다. 나는 성호에게 먼저 우리 둘 사이의 조직적 관계부터 분명히 하자고 제기했다.

"성호 동무, 나는 오늘 이 학교에 입학했는데, 아직 이 학교의 학생대

중이라는 마당에 익숙지 않다. 그래서 나의 핵심이 꾸려지고 있지 않으니, 일차 성호 동무가 꾸린 핵심의 분자로 들어가야 할 것이야. 그래야 내가 조직에서 일을 받고 일을 할 수 있지 않겠나."

"그래, 그게 일의 순서이지. 그러나 나도 한 핵심성원의 일인이니 재구 동무와 나의 조직적 관계는 핵심의 결정에 따라야 한다네. 우리 둘이 결정해서 내가 그냥 집행할 수는 없지 않겠나."

"알았어. 성호 동무가 조직에다 나의 입장을 보고해 주게. 그래서 내게도 조직적 과업이 올 수 있도록 해주게."

그러자 성호가 말했다.

"지금 정세로는 아주 큰 과업이 우리에게 조직적으로 주어질 때, 바로 그때가 다 되었다네. 미제와 그 추종자들이 단선을 하고 단정을 세워 조국의 영구분단을 획책하고 있어. 이처럼 도저히 그냥 넘길 수 없는 정세로 빠지고 있지. 앞으로의 모든 투쟁역량을 분단 저지, 통일정부 쟁취에 집중할 게야. 우리들의 모든 조직적 관계는 이 투쟁을 승리적으로 안아오도록 하는 데 맞추어져야 한다는 것이지."

"성호 동무, 잘 알았어. 동무가 이미 나의 도착을 보고했다니까 조만간 결정해서 보내겠지. 기다릴게."

이쯤에서 대강 둘 사이의 조직적 관계 문제를 결속했을 때, 담 위에 얼굴이 하나 나타났다.

"재구, 너 언제 왔노? 너그 외가 동네로 갔다더니."

우리 둘은 그야말로 간이 빠지도록 놀랐다. 손경수였다. 나는 반가운 얼굴을 하고 말했다.

"경수야, 나는 도로 밀양으로 왔다 아이가. 그래, 바로 요 밑이 너그 집 이제. 아직도 거기 사나?"

손경수는 나와 밀성국민학교 동기동창이다. 옛날에는(옛날이라 했자 3, 4년 전이지만) 말을 많이 더듬었는데 지금은 멀쩡하다. 말을 많이 더듬어 아이들에게 놀림을 많이 받았다. 그의 집은 바로 동사 앞 골목에서 아래로 약 50미터쯤 내려가면 나온다. 초가집이지만 기둥도 굵고 집도 크다. 아버지가 농사에다 장사도 해서 잘사는 집이다.

말을 더듬는다고, 반에서 이런 걸 놀려서 말썽을 피우는 아이가 있었다. 이놈이 경수를 놀리는 걸 내가 좀 패주고, 다음에 한 번 더 놀리면 네 입을 찢어주겠다고 혼을 내준 일이 있었다. 그 후로 경수는 나와 친하게 지냈다. 경수는 성호를 보자 또 반갑게 말했다.

"성호 아니가? 너는 몸도 성찮은데 추운 데서 뭐 하노? 아마 둘이 이야기가 많은 것 같은데, 가자. 우리 집에 가자."

나는 손사래를 쳤다.

"경수야, 우리 이야기 다 끝났다. 됐다."

"내 다 안다. 걱정 말거라. 이제부터 너그 이야기할 거 있으면 우리 사랑채 뒤에 후미진 데 있는 방을 써라. 너그 이야기하는 데 안성맞춤이다. 거기에서 자도 되고. 며칠씩 있어도 괜않다."

"경수야, 고맙다. 그렇지만……."

"그만 우리 집에 가자. 너그들 모두 오랜만인데 우리 집에서 좀 놀다 가거라."

우리 둘은 이야기도 다 끝났고, 아닌 게 아니라 좀 추워서 몸이 오싹하기도 했다. 게다가 성호 건강이 걱정스럽기도 해서 경수 집으로 가기로 했다. 경수의 집에 들어가니 사랑채 뒤편에 으쓱한 골목 같은 게 있고 거기에 자그마한 방이 2개가 있다. 방문을 열고 들여다보니 우리들이 회합할 곳으로는 그야말로 땡이다. 성호와 나는 서로 쳐다보고 함께 고개를 끄덕였다.

경수가 우리를 데리고 나오자 마침 경수 어머니가 마당에 나오신다. 나는 어머니에게 정중하게 인사를 드렸다.

"어무이요. 그사이 잘 계셨는교?"

어머니는 나를 알아보고 반갑게 말했다.

"아이구, 우리 연계소댁 재구 대렴(도련님) 아이가?"

"예, 아버지도 편하시고요? 지금 댁에 계신지요?"

"어디 영감이 집에 붙어 있는 거 봤나!"

경수 아버지는 항상 사업하느라고 많이 다니시는 분이다.

경수의 권으로 우리는 모두 사랑방으로 들어갔다. 경수는 뒤편 작은방을 우리들이 일하는 데 쓰라고 했다. 아무 걱정 말고 쓰라고 했다. 아버지가 경찰서에 늘 집어주고 있으니 아무 일 없다는 것이다. 그리고 집에 일하는 큰애기에게 우리가 오거든 언제든지 군불을 때라고 일러두겠다는 것이다. 그의 표정에는 진심이 어려 있었다.

할머니의 젖가슴

우리 둘은 경수 집에서 나와 경수에게 고맙다는 인사를 했다. 강성호는 경수에게 말했다.

"안 그래도 조용한 방이 있었으면 하던 중인데 정말 생광스럽네. 그런데 만약 우리에게 무슨 일이 일어나면 그 불똥이 자네나 자네 집에게 미칠까 봐 걱정되네."

경수는 손사래를 치면서 말했다.

"이 사람, 그런 말은 하지 말게나. 자네들 일에 함께 못하는 것이 미안한데, 혹시나 하는 것까지 염려해서야. 내가 그런 일에 서툴러서 그렇지 마음까지 없어서야 사람도 아니지. 걱정 말게나. 그건 그렇고, 무슨 일이든지 필요한 게 있으면 내게 말하게. 내가 다 할 테니."

나는 경수의 손을 잡았다. 그리고 진심으로 고마움을 표시했다.

"고맙네. 아무튼 필요한 일이라고 생각되는 게 있으면 언제라도 말하겠네."

나와 성호는 경수 집에서 나와 학교 쪽과 반대되는 쪽으로 나갔다. 둘은 서로 바라보면서 웃었다.

"재구 이 사람, 나하고 척척 맞구먼. 전에 밀양중학교 투쟁 때 우리 구정식 선생님께 배웠지. 들어가는 길로 나가지 않고 다른 길로 가기."

"그래, 지금 구정식 선생님은 어디 계시는고?"

"요즘 대부분이 비합으로 들어가서 알 수 없다네. 아무튼 일하다 보면 만나게 될 거야."

그러면서 성호의 눈은 구정식 선생님이 그리운지 먼 곳을 보고 있다.

"성호, 빨리 집으로 들어가거라. 오랜만인데 자네와는 몇 시간을 함께 해도 시간이 부족하지만……."

우리는 무안으로 가는 신작로로 나오자 왼쪽 해천다리 쪽으로 틀었다. 걸으면서 우리는 경수의 집을 아지트로 할 것인가, 그러면 문제점은 무엇인가, 경수에게 부탁할 일은 무엇인가, 그 집을 출입할 때 주의해야 할 점은 무엇인가, 4가지를 생각해서 월요일 방과 후 경수 집에 가서 토론하기로 하고 팔만상점 앞에서 헤어졌다.

집에 돌아오니 아직 저녁밥 때는 멀었다. 할매는 어디 가셨는지 안 계셨다. 나는 방에 들어오자 골방에 넣어둔 키슬링을 꺼내 짐 정리를 다시 했다. 이 키슬링 륙색 안에 앞으로 있을지 모르는 비상시에 필요한 모든 것을 준비해 넣어두고 언제라도 들고 갈 수 있도록 해야 했다. 우선 점검을 해보니 식기류, 과도(비상시에 호신용으로 예리한 것), 필기구와 잡기장 등이 있어야 했다. 호주머니에 있는 잡기장에 이를 기록해 두었다. 보충해야 할 물건을 넣을 곳을 비워두고는 모든 것을 키슬링에 차곡차곡 채워 넣었다. 때맞춰 할매가 들어오셨다. 축담에 벗어놓은 내 미군 신발을 보고 내가 집에 있는 것을 알았다.

"재구가 왔네? 좀 있거라. 내 곧 저녁 준비할게."

당시 미군 신발이나 군복은 미군 물품을 파는 시장에 가면 얼마든지 살 수 있었다. 이는 물론 불법이다. 그래서 종종 단속을 하는데, 거기에 대비해서 일부 변형을 하거나 염색해 색깔을 바꾸면 압수를 피할 수 있었다. 나는 대구 교동에 있는 양키 시장에서 미군 구두를 사서 그 긴 목을 약 2치가량 가위로 베어 줄였다.

나는 방문을 열고 할매 마중을 나갔다. 할매는 이미 살강에 저녁끼니 쌀을 담아놓은 옹기대접을 들고 마당가 담 밑에 있는 수도로 나왔다. 나는 풍로에 불을 피우기 시작했다. 당시 밀양의 우리 집의 땔감은 주로 피목과 톱밥을 썼다. 피목이란 피죽이라고도 했는데, 어느 것이나 사전에 나오는 말과는 뜻이 다르다. 여기에서 쓰는 말로는 제재소에서 제재를 하고 남은, 화목으로만 쓰는 나무의 쓰레기를 말한다. 톱밥은 주로 조리용으로 쓰고 피죽 또는 피목이라 부르는 나무 쓰레기는 군불 때는 데 썼다.

할매가 쌀을 닦는 동안 나는 주먹 안에 들기보다 좀 더 굵은 나무 막대기를 찾아 흙풍로 안에 세워놓았다. 톱밥을 눌러 채워서 막대를 빼고, 풍로의 바람구멍을 후벼 막대를 뺀 구멍과 맞구멍이 되도록 했다. 이래 놓고 풍로의 바람구멍으로 성냥불을 갖다 대면 톱밥에 불이 붙는데 불땀이 상당히 세다. 한 번 풍로에 채워서 밥도, 국도, 찌개도 다 끓일 수 있고, 석쇠에 생선을 얹어 구울 수도 있다.

우리 집에서 서문다리로 가는 신작로로 그 3분의 2 정도 나가면 나와 초등학교 한 반에서 늘 함께 공부한 하정수의 아버지가 하는 제재소가 있었다. 정수의 아버지는 8·15 해방 이튿날 나의 할아버지가 화악산에 있던 청년들이 어깨를 결어 만든 기마에 태워져 성내로 들어오시는 것을 보고, 그 후부터는 늘 우리 집의 화목을 이 제재소의 피목과 톱밥으로 해결하도록 해주셨다.

할매가 차려주신 밥상을 들고 방에 들어와 할매가 들어오실 때까지 기다렸다. 할매는 아마 방에 군불을 때는 것 같다. 나는 부엌 쪽 문을 열고 할매를 불렀다.

"쭈그러진 키다리 할매라도 우리 할매 없인 밥맛이 나야제, 얼른 안 들어오고 뭐 하노?"

할매는 그제야 자기 밥그릇을 들고 부엌에서 나오신다. 할매가 들어오자 나는 할매 밥그릇을 빼앗다시피 밥상 위에 올려놓고 겸상을 했다. 할매는 내가 이렇게 안 하면 늘 자기 밥은 방바닥에 놓은 소반 위에다 놓고 잡수신다. 아마 이것이 옛 봉건시대에 생긴 우리 조선 여자의 마음인가 보다. 당시 새 나라가 서면 이런 유습은 송두리째 뿌리부터 뽑아 없애버려야 한다고 마음 다짐했는데……

저녁 끼니를 챙기고 나면 별로 할 일이 없다. 할매는 또 당시 여자의 일로 남정네들의 양말을 깁는 일을 시작했다. 당시 양말은 면직 아니면 모직이라서 잘 해졌다. 그래서 그 해진 양말을 깁는 일이 모두 다 집안 여자들의 일이었다. 불심이 나간 전구를 받치고 해진 양말의 성한 곳을 잘라 받쳐 깁는데 할매의 꼼꼼한 솜씨는 새 양말 못지않게 깁는다. 그러는 중 9시 반의 통행금지 예비 사이렌이 불었고, 30분 더 지나서 통행금지 본사이렌마저 불었다. 바깥은 인적이 없고 싸늘한 공기만 있는 것 같다. 할매는 두 번

사이렌이 다 불어도 양말을 깁고, 내복을 깁고 있었다.

밤도 깊어지자 나는 보던 책을 덮었다. 나중에 잠이 깨면 그때 다시 보기로 하고, 할매를 재우기 위해서라도 잠자리에 들었다. 아직 안 자겠다는 할매에게 나는 잠이 온다고 일부러 보채면서 자리를 펴도록 했다.

할매는 잠자리에 들면 5분 안에 잠이 든다. 나도 이처럼 잠이 빨리 든다. 아마 할매를 닮은 것 같다. 군불을 많이 때서인지 불목쯤엔 뜨끈뜨끈하다. 그 덕분에 나도 그만 잠이 들었다.

언제나 똑깍똑깍 같은 리듬으로 시간을 보내고 있는 대청의 기둥시계가 치이일 하는 예비 소리를 내더니 바로 뎅뎅뎅, 3점을 친다. 이 소리에 나는 잠을 깼다. 땐 군불이 식었는지 불목 쪽의 온기가 식었다. 그래서 한 이불을 덮고 자는 할매 쪽으로 바싹 다가들었다. 가슴에 손을 얹었더니 갈비뼈만 앙상하고 젖가슴은 허물허물 가죽만 남아 있다.

나는 눈이 찡 아파왔다. 이 젖으로 아들 둘, 딸 둘을 먹여 키웠다는데 이제는 속은 없고 껍질만 남아 있다. 할매는 우리 집으로 시집와서, 껍데기만 남은 양반집 종부에다, 사회주의자로 언제나 감옥 문을 달고 다니는 남편의 감옥수발로 일제 식민지 시대의 청춘을 다 보냈다. 그러다가 8·15 해방을 맞아 그 억울한 세월이 지나가고 영광의 시대를 볼 줄 알았는데, 다시 집안 대주인 남편은 집에 들어오지도 못하는 세월이 되고 말았다. 게다가 땅에 닿을세라 손에 떠나지 않을 장손마저 위태로운 일에 빠지고 있는 듯 험한 세월로 살아야 하니, 그 속이 새까맣게 타서 가슴마저 몽땅 꺼져버렸는가, 우리 할매야!

안 되겠다, 아무래도 일어나야겠다. 아재가 쓰는 책상에 앉았다. 언제나 깔끔하게 정리되어 있는 아재 책상, 내가 하나라도 만지기가 망실거리는 책상이다. 거기에는 밀양중학교 1학년 때 배운 《국어독본》이 있고, 최현배 선생이 쓰신 《조선말본》도 있다. 먼저 《국어독본》을 펴보았다. 카프의 시인 임화(林和)의 〈우리 오빠와 화로〉라는 시가 나왔다. 이 시를 가르치던 하성호(河聖護) 선생님의 목소리가 들리는 듯했다. 특히 힘주어 외치시던 대목이 있다.

'화로는 깨어져도 화젓가락은 깃대처럼 남지 않았어요. 우리 오빠는 가셨어도 귀여운 '피오닐' 영남이가 있고 그리고 모든 '피오닐'의 따뜻한 누이 품 제 가슴이 아직도 더웁습니다.'

하성호 선생님은 감옥 간 오빠가 밀고 가던 역사의 수레를, 누이와 동생 영남이가 그것을 피오닐의 이상으로서 이어 밀고 나가겠다는 것이 바로 역사의 참다운 뜻이라고 말씀하셨다. 그리고 《우리말본》에서 최현배 선생님의 그 고독하신 연구에 다시금 머리가 숙여지고, 우리말을 그 압제 속에서 지켜주셔서 그 연구가 이어질 수 있었다고 하신 하성호 선생님의 말씀 또한 들리는 듯했다.

이 책 저 책 뒤지는 중, 어느새 통행금지 해제 사이렌이 울렸다. 오전 6시다. 이 사이렌 소리에 할매도 잠을 깼다. 나는 할매 곁에 파고들었다.

"할매, 오늘 공일 아이가. 우리 아침하고 점심하고 오늘은 합치뿌자."

"아이구, 내 새끼. 이제 너무 커서 못 안겠다."

조손간의 한때의 평화였다.

그날은 온종일 일본 고등학교 입학시험 문제집을 가지고 문제 푸는 데 시간을 보냈다. 저녁에 잠자리에 들기 전에 손경수 집의 '아지트' 문제를 떠올렸다. 일단 어떤 일이 일어나도 손경수 집에 피해가 가는 일을 절대불가의 원칙으로 해야 한다고 생각했다.

봉기는
코앞까지 왔다

월요일 아침, 밀양고등공민학교에 입학하고 첫 등교다. 학교에 갔더니 같은 반 학생들이 나를 둘러싸고 반가워했다. 반수가량은 잘 아는 소년들이다. 낯선 학생들도 어디에서 나에 관한 이야기를 많이 들어서인지 나를 대하는 태도가 낯설지 않았다. 나를 둘러싸고 이런저런 잡담을 하는 사이 강성호가 교실에 들어왔다. 성호는 나를 보자 손을 들고 인사를 했다. 그의 곁으로 가서 눈치를 살폈다. 성호는 좀 긴장한 얼굴을 하고 "나중에 이야기하자"고 살짝 귀띔을 해주었다. 무슨 일인지 궁금하지만 기다릴 수밖에 없었다.

첫 시간이 되었다. 선생님이 들어와 수업을 하는데, 나는 이런 수업에 이미 단련이 되어서 그냥 듣고만 있었다. 그러다가 알맹이 있는 부분이 있으면 용케 머릿속에 들이고 그 밖의 것은 흘려버렸다. 이미 책을 보고 공부를 다 한 내용이라서 그냥 한 번 더 듣는 것으로 시간을 보내는 것이다. 이런 수업 태도는 초등학교 때부터 이미 몸에 익어 있었다.

그럭저럭 오전 수업을 마치고 점심시간이 되었다. 나는 즉시 성호 곁에 가서 '무슨 일인가?' 라는 눈치를 주었다. 성호는 나를 밖으로 데리고 갔다. 내가 바싹 뒤따르자, 성호는 작은 소리로 "오늘 아침에 '비상' 지시가 떨어졌다"고 했다. 그리고 하학 후 경수 집에서 만나자는 것이다.

점심시간 때 나는 동사 골목에서 동가리 신작로로 빠져나와 우리 집 연계소로 들어왔다. 수돗가에서 무엇인가 빨고 있던 할매가 나를 반겼다.

"벌써 점심때구나. 들어가자. 점심 차려줄게. 겨울 점심은 '밥국'[1]이

---

[1] 우리 고향 사투리로 국밥을 말하는데, 구태여 구별한다면 국밥은 저자 가게에서 파는 고깃국에 밥을 만 것이고, '밥국'은 주로 김치를 썰어 넣고 마른 멸치 예닐곱 마리에다 대파를 썰어 넣어 얼근하게 끓인 김칫국에 밥을 만 것을 말한다. 여기에다 달걀을 하나 깨서 넣거나 또는 귀한 참기름 몇 방울 넣으면 '밥국'이 아니라 국밥으로 승격될까.

제일이지. 너 좋아하잖아."

할매는 귀여운 손자 점심으로 이미 국밥거리를 준비해 놓았다. 5분도 안 돼 퇴청에 밥상이 올라왔다. 옆집 수식이네 집에서 달걀을 몇 개 샀는지 국밥 위에 익은 달걀이 떠 있다. 게눈 감추듯이 후딱 먹고 상을 퇴청에 놓고 바로 나가려다가 부엌 풍로 위에 얹혀 있는 냄비 뚜껑을 열어보았다. 겨우 몇 술이 냄비 밑바닥에 있을 뿐이다. 그래서 나는 짜증스러운 말투로 소리를 꽥 질렀다.

"할매, 또 점심 안 자시면 안 돼!"

그러고는 눈을 흘기고 나갔다.

오후 수업도 그저 그렇게 지냈다. 음악 시간에는 참 반가운 선생님이 오셨다. 이름은 지금 기억이 안 나고 성만 강(姜)씨로 남아 있다. 해방되고 성만 동네에서 읍으로 와서 다시 밀성국민학교로 전학 왔을 때, 해방 후 처음으로 학예회를 했다. 그때 강 선생님은 〈봄노래〉를 작사, 작곡하셨다. 그 곡이 아름답고 가사가 새봄이 오는 것을 새 세상이 오는 것과 대비하면서 지었는데, 참 좋았다. 우리들은 그때 그 노래를 3부 윤창으로 했다.

선생님은 바이올린을 잘 켜시었다. 눈빛이 유달리 맑고 얼굴이 희어서 여자같이 고왔다. 그처럼 고운 선생님 가슴에도 애국의 정열이 불처럼 끓었는지 유격대에 들어가서 싸우다가 전사하셨다는 소문만 나중에 들었다. 그날 우리는 국어 책에 나오는 김소월(金素月)의 시 〈산유화〉를 배웠다. 작곡은 김순남(金順南) 선생의 것이다. 김소월의 〈산유화〉는 모두 잘 아는 시이고, 강 선생님의 〈봄노래〉의 가사만 소개한다.

시냇물은 쫄쫄쫄 흘러내리고
봄철이 왔다고 봄바람 불어오는 마을에

범나비 춤을 추고 꾀꼬리는 꾀꼴꾀꼴

꾀꾀꾀 꾀꾀꾀 꾀꼴

봄, 봄이 왔네 아름다운 우리 마을 우리 고향에

봄이 왔네

참새들은 펄펄펄 날아다니고

봄철이 왔다고 버드나무 잎 피는 마을에

범나비 춤을 추고 버드나무 출렁출렁

출출출 출출출 출렁

봄, 봄이 왔네 아름다운 우리 강산 우리나라에

봄이 왔네

마침내 하학 시간이 되었다. 강성호와 나는 서로 눈짓을 하면서 서문 해자수로의 다리를 건너 오른쪽으로 굽어 해천다리 쪽으로 나왔다. 거기에서 무안으로 가는 신작로를 슬슬 걸으면서 경수 집으로 들어가는 일부터 의논했다. 경수 집에는 내가 먼저 들어가서 경수나 경수 집 식구에게 인사를 하고, 사랑채 뒤쪽의 방으로 일단 들어간 뒤 사랑채 바깥마당으로 나와 성호를 기다리기로 했다.

내가 그대로 경수 집을 찾아 대문에 들어가면서 경수를 불렀다.

"경수야, 집에 있나?"

곧바로 사랑방 미닫이가 '드르륵' 하고 열리더니 경수의 얼굴이 나왔다.

"아니, 벌써 집에 왔던가뵈."

"오늘 첫날이라서 자네들이 서먹서먹할까 봐 먼저 온다고 왔네만, 나도 좀 전에 막 들어왔다네. 아직 한 시간 더 남았는데 그만 땡땡이 치고 말이야."

경수는 농잠학교에 다녔다. 그 말에 웃음이 나왔다.

"그 땡땡이 버릇은 중학교 가서도 여전한가뵈."

그러자 벌써 성호가 대문으로 들어왔다.

"아니, 데리러 간다고 했는데 그사이를 못 참아 따라왔나?"

성호는 웃으면서 말했다.

"재구 자네하고는 죽어나 사나 같이 가야지. 그래, 저승이라 해도 너하고 함께라면 안 무섭지."

우리 둘은 바로 뒤쪽의 방으로 찾아갔다. 경수가 따라 나오면서 말했다.

"자네들 먼저 가게. 나는 좀 있다가 갈게."

"경수야, 우리가 방만 빌리자고 했지 다른 폐는 끼치고 싶지 않으니 그렇게 알게나."

"응, 무슨 말인지 알겠다."

경수는 대답하고 안채로 들어갔다. 우리 둘은 뒤쪽 두 방 중 안쪽 방으로 들어갔다. 방 안에는 방석도 깔려 있고, 전에는 못 보던 앉은탁자도 놓여 있었다. 4~6명 정도는 충분히 둘러앉을 수 있었다. 성호는 나와 탁자에 마주 앉자 가장 바쁜 이야기, '비상 지시'에 관한 이야기부터 내놓았다.

"오늘 아침, 연락원으로부터 받은 지시문이네. 세 가지인데 그대로 말할게. 1, 모든 역량을 봉기 준비를 위하여 집결 집중할 것. 2, 차후 조직은 단선으로만 연결하고 횡선은 절대 금지할 것. 3, 비합 보장을 확보할 것. 1은 역량을 살펴 항상 봉기에 응하도록 조직하고 있어야 하겠고, 2는 우리의 경우 다른 학교 조직 핵심과는 선을 만들지 않으면 되겠고, 3은 때맞춰 아지트를 확보했으니 우리는 지시 수행을 완료한 셈이네."

"그래, 다음 선에서 완료 보고하기로 하지."

"찬성."

강성호는 다음 토의에 들어가자고 했다. 그것은 '아지트 관리규칙' 이다. 먼저 항목부터 정하자고 합의했다. 우선 세 가지 항목을 정했다. 첫째는 출입 문제이고, 둘째는 내적관계 문제이며, 셋째는 외적관계 문제이다.

첫째 출입 문제는, 출입자는 성호와 나 두 사람이므로 서로 목소리로 확인 가능하다. 구태여 암호까지 정할 필요는 없다. 암호를 사용하면 오히려 그게 이 집 가족 보기에 이상하고 잘못하면 공포심을 줄 수 있다. 그것이 필요하다면 암호로 인식되지 않는 방법을 써야 한다고 결정했다.

둘째 문제는, 경수 집 가족과 우리 둘 사이의 관계를 확실히 해두어야 한다. 우리 둘은 단지 공부방이 필요했고, 경수와 친구 관계로 방을 빌리고 있는 것으로 정리했다. 경수로 하여금 그들 가족에게 그렇게 인식시켜 주도록 당부하자고 했다.

셋째 문제는, 경수 집과 전혀 관계가 없는 외부 사람들과의 문제다. 처음에는 우리가 출입할 때에만 조심하면 될 것이라고 생각했으나 이 집에서 일하는 사람들이나 자주 오는 사람들이 문제가 됐다. 이 집은 늘 그런 사람들의 출입이 많았다. 이들을 늘 경계하면서, 공부만 하는 학생으로서 조용한 곳을 찾아온 것으로 보이게 하자고 했다.

마지막으로, 이 집에 출입할 때 휴대품에 관한 문제도 토의했다. 불시에 수색에 걸릴 수도 있다는 것을 늘 생각하고 처신해야 한다는 것을 기본 원칙으로 세웠다. 그리고 사상 관계 서적은 꼭 필요한 것 이외는 가지고 다니지 말고, 부득이한 경우 적어도 방 안에는 두지 말고 바깥 담벼락이나 헛간 구석에 묻어두기로 했다.

일단 이러한 규칙을 정해 두고 실천하기로 결정하고 회의를 결속지었다. 봉기는 점점 가까이 오고 있었다. 피부에까지 느껴왔고, 바로 코앞까지 왔다.

빈틈없는
투쟁 준비

밀양고등공민학교에 등교한 지 이틀째, 오전에 한 교실에서 공부를 하고 있던 강성호가 오후에는 어디를 갔는지 보이지 않는다. 무슨 일일까, 나중 저녁때 경수 집에서 만날 수 있겠지, 그렇게 생각하면서 시간이 빨리 지나기를 기다렸다. 다 같은 시간이지만 기다리는 시간만은 유독 길게 느껴진다. 수업을 마치고 집으로 가려다가 어쩐지 무슨 일정이라도 잡힌 것 같았다. 경수 집에서 성호를 꼭 만나야 할 것 같은 느낌이 들었다. 내가 먼저 거기에 가서 그 기다림의 실마리를 잇기로 했다.

이런 시간에는 꼭 수학 문제집을 놓고 거기에 파묻혀 지냈는데, 그날은 그럴 기분도 아니었다. 방 안은 좀 응달이 져서 일찍 어두워졌다. 방 안의 전등을 켜지 않아 밖에서는 아무도 없는 것 같아 보였는지 누구 하나 기척도 없다.

'이제는 집에 가야지' 하고 일어섰지만 '그래도 조금만 더' 이렇게 하기를 세 번쯤 했을까. 밖에서 이쪽으로 오는 기척이 났다. 나는 급히 일어나 전등을 켰다.

"이 사람 있는가?"

성호의 목소리였다. 나는 반가워서 문을 활짝 열며 말했다.

"어이, 이제 오는가?"

"저녁은 어쨌나? 집에서 저녁 먹고 왔나?"

"아니야, 밥은 집에 가면 먹을 수 있으니 그런 걱정은 말고 무슨 일인지 어서 이야기보따리부터 끌러보게."

"응, 자네 기다림이 헛것은 아니지. 방 안에 들어가서 얘기할게. 그리고 경수가 집에 있을까?"

"왜, 경수도 할 일이 있는가?"

"아니야. 우리 이야기하고 있는데 불쑥 들어오면 우짜노."

"인기척은 내겠지. 얼른 보따리나 끌러!"

그러자 정말 인기척이 났다. 경수였다.

"너그 밥은 먹었나?"

"나는 먹었는데 이 사람은 저녁 전인 것 같네."

성호가 대답했다. 내가 내 걱정일랑 말라고 하자, 경수가 말했다.

"밥은 집에 가서 먹고, 우리 집에 찰떡이 있는데 우선 그것 가지고 올게."

좀 있으니 늘 생긋거리고 웃는 이 집 먼촌 누이가 인절미와 찹쌀전을 소반에 받쳐 가지고 왔다. 경수는 공기 밥그릇 2개에다 주전자를 들고 방에 들어와서 그 누이로부터 소반을 받았다. 그 주전자에는 단술이 가득 들어 있었다.

"그럼 이야기들 하게."

경수는 우리들의 이야기에 방해될까 서둘러 나갔다. 나는 마침 배도 좀 출출해서 잘 먹었다. 성호도 인절미와 단술을 조금 들었다. 우리 둘은 어지간히 먹고 상을 한쪽 구석에 밀어두고 이야기를 시작했다.

"안 동무, 봉기는 2월 7일 토요일로 잡혔네. 아마 전국이 들끓을 것이야. 그것도 한꺼번에. 시위, 데모의 수준을 넘어 '적의 폭력에 대해 폭력으로'라는 원칙으로 투쟁을 한 단계 높인다고 하더구만. 그중 우리가 할 일은 밀양읍 서너 곳의 주요 장소에서 시위와 아지프로를 하는 일일세. 이번은 한데 모여서 대회를 하는 것이 아니네. 각 부문이 따로따로 하되, 지도부의 통일적 계획에 따라 집행함으로써 노농청학 4자가 연합한다는 거야. 그래서 기밀 유지가 절대적이라네. 자기 일은 책임적으로 완수하되 시간과 장소는 꼭 지켜야 한다네. 시간과 장소는 결행 시까지 알리지 말고 각 소조책의 지시에 따라 움직이도록 한다는 것이야."

다음 또 한 가지는 각 부분에서 이번 봉기에서 외칠 구호로 전단을 준비하라는 것이다.

"구호는 이 문건에 있네."

성호가 문건 한 장을 내놓았다. 구호는 모두 9가지였다.[2]

1. 조선의 분할침략 계획을 실시하는 유엔 임시조선위원단을 반대한다.
2. 남조선 단독정부 수립을 반대한다.
3. 양군 동시 철퇴로 조선 통일민주주의 정부 수립을 우리 조선인에게 맡겨라.
4. 국제 제국주의의 앞잡이 이승만, 김성수 등 친일파를 타도하라.
5. 노동자, 사무원을 보호하는 노동법과 사회보험제를 즉시 실시하라.
6. 노동임금을 배로 올려라.
7. 정권을 인민위원회로 넘겨라.
8. 지주의 토지를 몰수하여 농민에게 무상으로 나누어주라.
9. 조선민주주의인민공화국 만세.

여기에 우리 학생들은 한 가지를 더 보태 10가지 구호로 했다.

10. 학생 두발의 삭발 제도를 폐지하고 두발의 자유를 달라.

전단에 들어갈 글은 바로 이 10개의 구호였다. 전단 제작은 우리 소조,

---

2) 학생 두발 자유를 포함해서 10가지 구호라는 것은 기억하고 있었지만, 그 구호의 구체적 내용은 기억하고 있지 못했는데 김남식 저 《南勞黨研究》 307쪽에 나온 내용을 보고 그 구호가 회상되었고, 그대로 옮겼다.

즉 밀양고등공민학교 소조에서 맡아야 했다. 이에 대해 강성호 동지는 인쇄할 등사 도구는 밀양고등공민학교의 것을 몰래 빌려다가 쓰자고 했다. 그리고 용지 확보를 비롯해서 모든 준비는 자기가 하고, 내게는 필경과 인쇄를 맡으라고 했다. 제작 장소는 바로 여기 우리 아지트로 했다.

우리는 특히 등사 도구와 용지 확보 문제에 대해 구체적으로 토의했다. 당시 경찰은 전단 살포와 벽보 첨부를 방지하기 위해 학교와 각 관공소의 등사판과 등사잉크를 등록해 두고 이를 감시했다. 그 책임을 숙직 직원에게 지우고 있었다. 그래서 전단을 만들기 위해 등사판을 빌리기가 큰 문제였다. 그리고 용지도, 각 문방구점에서 시험지 100매를 초과해서 구매할 경우 구매자의 주소 성명을 기재하라고 요구했다. 만일 밀양 읍내에서 삐라 사건이 생기면 100매를 넘어 사 간 고객은 문초를 받아야 했다. 그래서 문방구점에서는 100매 이상은 아예 팔지를 않았다.

그런데 성호 동지가 이 두 문제의 해결을 맡겠다는 것이다. 등사판 문제는 학교 사환이 나이도 좀 있고 성호 동지하고는 서로 무슨 일이라도 해주는 단짝이라는 것이다. 요즘 말로 그야말로 '팬'이라는 것이다. 그래서 고등공민학교의 등사판을 밤에 몰래 아지트에 옮겨다 쓰고 새벽 날이 밝기 전에 도로 갖다 두면 된다는 것이다. 용지 문제도 성호 동지가 잘 아는 학생 5, 6명에게 부탁해 읍내 문방구점에서 시험지를 70~80장씩 사 모으면 된다는 것이다.

그래서 이 두 가지 문제는 성호 동지가 맡아서 해결하기로 결정을 보았다. 내일, 즉 4일 낮에 용지를 준비하고, 그날 통행금지 직전에 학교 사환이 등사판과 인쇄잉크 그리고 원지, 줄판을 보자기에 싸서 몰래 내오면 성호 동지가 받아서 우리 아지트로 옮기고, 바로 작업에 들어가면 새벽 2, 3시 전에 끝나게 될 것이다.

우리는 내일부터 각자 할 일을 빈틈없이 집행하기로 다짐하고 헤어졌다. 다음날 4일에는 평상시처럼 아무 일 없이 교실에서 선생님들의 수업을 열심히 들었다. 하지만 마음은 꿩처럼 콩밭에, 아니 바로 그 아지트에 가 있었다.

성호 동지는 1학년, 2학년 교실을 다니면서 학생들에게 작은 소리로 무언가 이야기했다. 그러자 그 학생은 밖으로 나갔다. 그러더니 신문지에 도르르 만 것을 가지고 와서는 성호 동지에게 전했다. 그러면 성호 동지는 그것을 가지고 밖으로 나가서 좀 있다가 돌아왔다. 이렇게 몇 번인가 하고서는 나를 보고 씩 웃었다. 그건 용지 문제가 해결되었다는 신호이기도 했다.

나는 그날 수업을 마치고 좀 일찍 집에 갔다. 할머니는 집에 계셨다. 그날따라 참으로 외로워 보였다. 할아버지는 요즈음 어디에 계시는지 영 소식이 없으셨다. 큰아들인 나의 아버지는 청년 때부터 늘 객지살이를 하셔서 한 지붕 밑에 사셨던 일이 가마득했다. 하지만 할머니는 그게 자신의 운명인 양하시는 것 같았다.

외로움을 달래시는 일은 어른, 아이들의 해어진 옷을 깁는 일과 일가 어른들이 '선비 할매'라고 불렀다는 큰할매(나의 증보모)가 지으시고 할매가 필사하신 내방가사, 내가 아무리 뜯어보아도 알 수 없는 꼬부랑 붓글씨로 쓴 것을 아무 거침 없이 가락까지 붙여 읽는 일이 고작이었다. 거기에다 벌써 오래전에 돌아가신 할머니의 어머니가 보내신, 역시 꼬부랑글씨의 편지를 읽다가 자주 시선을 멀리해 자기를 낳아주시고 키워주신 어머니를 생각하는 눈빛을 띠셨다. 내가 슬퍼지는 할머니의 모습이다. 나는 할매를 불렀다.

"할매."

대답이 없다. 나는 무릎을 흔들었다. 그제야 나를 보았다.

"응, 와? 배고프나?"

"아니, 안 고프다. 그저 할매 부르고 싶어서."

나는 속으로 생각했다.

'어쩌면 앞으로 할매를 못 보게 될지도 몰라. 잘못하면 영영.'

하지만 내 마음을 알릴 도리도 없어 마음만 답답해졌다.

"할매, 오늘 밤 동무들이 집에 놀러 오라캐서 밤샘으로 놀고 올라꼬."

"응, 알았다. 밥 일찍이 해주께."

저녁을 일찍 먹고 경수 집으로 갔다. 우리 집에서 직선 거리로는 50~60미터, 골목으로 꼬불꼬불 가도 100미터도 못 되는 곳이다. 할매한테 거짓말까지 하면서 그곳으로 갔다. 성호 동무는 먼저 와 있었다. 누워 있다가 내가 들어가자 일어났는데, 또다시 누웠다. 요즘은 열도 없고 건강이 많이 회복된 것 같다. 그런데 오늘은 왜 그처럼 축 처졌는가.

'그래, 그럴 것이야. 우리 염통이 어디 쇠로 만든 것은 아니지 않은가. 어머니가 자기 살과 피로 만들어주신 한없이 보드랍고 연약한 한 주먹만 한 살덩이일 뿐이지. 그래서 이번 봉기로 홀어머니와 영별될지도 모른다는 생각으로 모대기고 있겠지.'

이런 마음이 들자 내 눈가가 젖어왔다. 그럭저럭 시간은 9시가 넘었다. 성호는 일어났다. 좀 전에 처졌던 모습은 없고 눈매도 힘차고 말도 힘찼다.

"시간이 다 됐네. 재구 동무, 내 갔다 오게."

성호 동지는 나간 지 10분도 안 되어 커다란 상자가 든 보자기를 들고 방으로 들어왔다.

나는 곧 필경(筆耕) 작업을 시작했다. 원지 한 장에 네 군데를 했고, 예비로 한 장을 더했다. 등사판에 원지를 붙이고 잉크를 롤에 고르게 펴서 등사 인쇄를 했다. 작업은 2시가 조금 지난 후에 끝났다. 곧 등사판을 깨끗이 청소하고 보자기에 쌌다. 사환은 오늘 숙직을 자청해서 기다리고 있었다. 내가 먼저 나가 골목을 살폈다. 미리 약속한 대로 막대기를 가지고 전봇대를 딱딱 두 번 쳤다. 성호 동지가 정확하고 빠르게 걸어왔다. 또 현관문에 두 번 딱딱 울리니 사환은 소리 없이 문은 열었고, 문 앞에 놓인 보따리는 미끄러지듯이 안으로 들어갔다.

우리 둘은 잘 드는 면도칼로 등사한 것을 4분하고 서도(書刀)를 깨끗이 하여 2,000장 가까운 전단을 만들었다. 이리하여 밀양읍의 노농청학 4자 연합의 봉기투쟁 준비는 끝났다. 시계는 넉 점을 쳤다.

밀양의
2·7 구국투쟁

봉기투쟁 준비를 마친 우리는 밀양고등공민학교 학생의 '남조선 단독선거 실시 및 단독정부 수립을 반대하는 투쟁'을 조직하고 이를 4자 연합 투쟁에 결합시키는 문제를 결정해야 했다. 이 문제를 자치회 회장인 강성호 동지가 자치회 운영위원회에 안건으로 상정하여 결의하고 투쟁 조직을 꾸려야 하는 것이다.

강성호 동지는 6일 오후 방과 후에 안건을 제시하고 임시운영위원회를 정식으로 소집했다. 강성호 동지는 평소 학생자치회에서 발휘한 헌신적인 노력과 인기로 운영위원회뿐만 아니라 학생 전체는 물론이고 교사들에게까지도 많은 사랑을 받고 있었다. 이번 투쟁의 제안은, 전국적인 총파업의 일환으로 미제의 남조선 분할책동을 저지해야 한다는 민족적 당위성으로 만장일치의 동의를 이끌어냈다. 그리고 이 운영위원회를 바로 투쟁위원회로 편성하고, 거기에다 내게 밀양고등공민학교 봉기의 선전선동 부문을 담

당시키기로 결정했다.

봉기조직을 맡은 강성호는 학년 대표 2명과 함께 동원소조를 결성했다. 봉기 당일 학교 운동장으로 쓰고 있는 동사 마당에서 전교 학생(모두 합쳐 150명쯤 될까 하는 숫자이지만)을 한데 모아 '남조선 단독선거 반대, 단독정부 수립 반대 결의대회'를 열기로 했다. 이 결의대회에서 강성호는 사회와 대회사를 맡고, 나는 선언문을 낭독하기로 결정했다. 또 운영위원회 성원과 나를 포함한 대회 집행성원 이외에는 7일 대회 동원 소집 때까지 이러한 모든 결정을 공개하지 않기로 했다.

운영위원회, 즉 투쟁위원회 회의를 마치자 나는 성호 동지에게 구호 선창용 종이 나팔과 플래카드를 만들기 위해 종이와 베를 사서 아지트로 간다고 했다.

"이 사람, 돈은 있나?"

"걱정 말라고. 내가 재정부장까지 맡을 테니. 하하."

그렇게 말하고 일단 헤어졌다.

나는 시장 안 포목점으로 가서 광목 10마(야드)와 굵은 면사, 굵은 바늘 3개를 샀다. 마침 그 포목점의 한 곳에서 한 아주머니가 재봉틀을 두고 바느질을 하고 있기에 부탁 말을 했다.

"거기 바느질하시는 아주머니, 이 광목 베에 끝단을 좀 박아주시겠습니까? 삯은 넉넉하게 드릴 테니."

"까다로운 일이 아니면 해드리지요, 학생."

나는 고맙다고 인사를 하고 설명을 했다.

"광목 반 마를 끊어내고, 양쪽에 2치가량의 각목이 들어갈 수 있는 단을 만들어주십시오. 끊어낸 반 마의 광목으로는 네 귀퉁이에다 어디 묶을 수 있는 끈을 만들어 달면 됩니다."

아주머니는 바로 알아들었다.

"예, 현수막 할라꼬요?"

"맞습니다. 산소에 산역이 끝나고 고사를 지내는데 오시는 분들이 알아볼 수 있도록 할라꼬요."

"예, 잠깐만 거기 앉아 기다리소."

아주머니는 광목을 가지고 재봉틀 쪽으로 가더니 얼마 안 있어 만들어 들고 나왔다.

"이러면 되겠는교?"

만든 것을 펴보니 생각보다 더 훌륭하게 잘 되었다.

"아주머니, 자알 되었습니다."

그리고 나는 가게 주인에게 굵은 바늘 한 쌈과 굵은 면합사 실 한 타래를 부탁했다. 그리고 베 값과 실, 바늘 값을 치른 뒤, 바느질삯을 치르려고 아주머니에게 물었다.

"알아서 주이소."

아주머니는 웃으면서 말했다. 삯을 좀 넉넉하게 드렸더니 아주머니는 반을 도로 내주었다.

"너무 많아, 이것만 받으면 됩니다."

"아닙니다. 그냥 받아서 갈치라도 사서 아이들한테 주이소, 고마(그만)."

아주머니가 도로 주려는 손을 밀치고 나왔더니 그 뒤를 쫓아 "학생, 고맙습니데이"라는 말이 따라 나왔다.

여기다 물감을 사고 플래카드에 꿸 막대기를 사야 했다. 한꺼번에 사면 의심받을 수 있기에 일단 아지트에 갖다 놓고 다시 나왔다. 도료상점에 가서 흑색, 적색, 청색 페인트를 샀고, 다시 하정수 집 나무공장에 가서 치 반 각목을 길이 6자짜리로 2개를 샀다.

집에 가서 저녁을 먹고 나서 할매에게 말했다.

"할매, 오늘 저녁도 집에 못 오겠네. 동무들과 일이 좀 있어서."

"손자 놈하고 있다고 좋아했는데, 좋기는커녕 걱정거리만 늘었구나. 그래, 내가 말린다고 들을 네도 아이고, 그렇기나 말기나 조심해라이. 요즘 잽혀가면 뼈도 못 추린다더라."

나는 아무 소리도 못 하고 그냥 나왔다. 아지트에 갔더니 성호 동무가 와 있었다. 나는 성호 동무를 보자 물었다.

"내일 집회 준비는 잘 되어가나?"

"응, 염려 말거라. 그런데 농잠학교가 잘 되어야겠는데⋯⋯. 거기는 빌어먹을 학련 놈들이 많지는 않지만 무슨 일이 생길 듯싶으면 경찰에 꼬아바쳐서(밀고를 해서) 우리처럼 의사를 모을 수도 없고⋯⋯. 아무튼 잘해야 할 텐데. 그래서 우리하고 '밀중'(밀양중학교)하고는 농잠이 문제를 일으키기 전에 먼저 하기로 하고 '농잠'은 한 5분 뒤에 하기로 했다. 그래서 내일은 시간을 잘 지켜야 한다. 그리고 집회도 아주 간단히 해서 바로 4자 연합의 장소로 빨리 가야 된다."

밀양농잠중학교는 친일 기독교 목사였던 권태희(權泰羲)[3] 목사가 당시 교장을 하고 있었는데, 권 목사의 비호를 받아 밀양의 학련 조직이 뿌리를 내렸다. 폭력과 위협으로 당시 민주진영의 학생운동을 방해했고, 여학생들을 마구 희롱해 밀양 사람들로부터 '돌맹나니' 취급을 당하고 있었다. 그러나 '농잠' 조직에서는 이에 개의치 않고 이들이 폭력을 써서 방해하면 이쪽

---

3) 권태희 목사는 일제 식민지 시대에 신사참배 문제로 일제에 굴복했다. 8·15 해방 후, 한때 밀양군 건준에서 기독교인 대표로 활동했다가 다시 우익 목사로 되었고, 이로써 밀양농잠중학교 교장으로 있었다. 2년 후 김천농업고등학교 교장으로 전근을 갔는데, 남조선 단독선거에 무소속으로 밀양에서 출마해 이주형과 더불어 국회의원으로 당선됐다. 6·25 전쟁이 일어났을 때 이승만의 수도 결사사수 방송에 속아서인지 서울에 남아 있다가 인민군이 후퇴할 때 그들을 따라 월북했다. 월북해서는 평화통일촉진위원회 발기인 겸 중앙위원으로 활동했다고 한다.

도 폭력으로 대하기로 결의했다고 한다. 그런데 문제는 이자들 때문에 군중조직에 지장을 받고 있다는 것이다. 그래서 학련 깡패들이 방해공격을 할 때 '밀중' 조직에서 후원을 보내기로 했다는 것이다.

그날 밤 나는 아지트에서 플래카드에 글을 썼다. 먼저 방바닥에 여러 겹 신문지를 깔고 그 위에다 마름질한 베를 주름이 안 생기도록 좍 폈다. 그 베에다 30센티미터 자를 가지고 글자 크기와 행간 간격도 정했다. 그에 따라 글자 수를 안배하고 베에다 희미하게 줄을 쳐 글자 칸을 만들었다. 그리고 글자 모양도 그려 넣었다. 마지막으로 그린 글자 모양에 따라 페인트 칠을 했다. 위의 행에는 '궐기하자, 밀양 인민들이여!' 라고 썼고, 아래 행에는 '남조선 단독선거, 단독정부 결사반대!!!' 라고 썼다.

성호 동무는 내가 플래카드를 그리는 동안 종이 나팔을 만들었다. 두꺼운 도화지를 나팔처럼 말아서 펴지지 않도록 실로 꿰매고, 입을 대는 좁은 구멍과 소리가 나가는 넓은 구멍을 가위로 잘 오렸다. 다시 입을 갖다 대기 좋게 한 손에 낄 수 있도록 종이를 풀로 붙였다. 이렇게 종이 나팔을 20개나 만들었다. 작업을 마치자, 성호 동무는 학생복 안깃을 따고 그 갈피에서 미농지[4] 를 꺼냈다. 내일 내가 낭독할 선언문이었다. 나는 이 선언문을 세 번이나 읽었다. 내가 그것을 다 읽도록 기다렸다가 우리 둘은 오래도록 정세발전에 관해 토론했다.

우선, 무장투쟁으로 발전하지 않을 수 없다는 데는 일치된 예측이었다. 당연히 유격전으로 될 것이고 그 근거는 산악지대라는 데도 같았다. 당에서 그 준비도 다 되어 있을 것이라는 데에 대해서도 같은 바람이었다. 그러면서도 어쩐지 믿음이, 신뢰가 강하게 들지 않았다. 하지만 한참 생각하

---

4) 미농지(美濃紙)는 일본 미노(美濃)지방에서 만든, 먹지로 복사할 수 있는 아주 얇은 종이. 옛날 서류 복사는 주로 이 미농지에 먹지를 사이에 끼워서 사용했다.

다가 나온 말은 역시 한가지였다.

'우리가 믿을 곳은 당이다. 이것밖에는 아무 데도 없다.'

우리는 그 믿음을 안고 잠자리에 들었다.

2월 7일의 날은 밝았다. 학교 상학시간 9시에서 30분 전에 둘은 학교
로 갔다. 플래카드는 보자기에 쌌고, 종이 나팔은 포개어 놓아 부피가 그리
크지 않았다. 나는 교실로 들어가지 않고 동사 마당으로 바로 갔다. 거기에
서 보자기에 싼 플래카드를 꺼내 각목에 꿰어 둘둘 말아 한쪽 담 모퉁이에
세워두고 모두 다 나오기를 기다리고 있었다.

이윽고 9시가 되자 학생들이 동사 마당으로 오는 골목이 미어지도록
나왔다. 그들 속에서 성호 동무는 운영위원회 성원으로 이루어진 투쟁위원
회의 성원들로 둘러싸여 의기양양하게 마당으로 들어왔다. 마지막으로 선
생님들이 함께 들어오셨다. 자치회 회장인 성호 동무가 서쪽 담에서 5미터
쯤 거리를 두고 놓여 있는 단으로 올라가 사회를 시작했다.

"오늘 우리들 학생들은 먼저 미 제국주의를 규탄합니다. 미제는 통일
임시정부 수립을 파탄시키고, 38도선 이남에 일본군 항복을 받는다는 구실
로 들어와서 조국의 이남 땅을 잘라 자신들의 식민지로 만들려고 합니다.
그리하여 이승만과 김성수를 내세워 자신들의 꼭두각시 정부를 만들려고
하고 있습니다. 미제는 우리와 아무런 관련도 없는 유엔을 난데없이 끌어
와 유엔 헌장을 위배하면서까지 '유엔 임시조선위원단'을 만들어 우리 땅
에 들여놓고 총선거를 한다고 설쳐대고 있습니다. 만일 그들의 의도대로
총선거라는 놀음을 해서 정부를 만든다면 삼천리강산 우리 조국을 반동가
리 내는 것으로 됩니다. 우리 청년들의 끓는 피가 이를 어찌 그대로 볼 수
있단 말입니까! 이승만은 이완용과 같은 만고역적이고 김성수는 그 공범자
입니다. 여러분, 학생 여러분, 우리는 이를 결코 받아들일 수 없습니다. 온

몸, 온 마음을 다해 죽음으로써 반대해야 할 것입니다."

150명이 채 안 되는 사람들의 소리라고 할 수 없는, '옳소!' 라는 함성이 진동을 했다.

이어 자치회장 성호 동무의 소개를 받고 나는 어제 받은 '2 · 7 구국투쟁 선언문'을 낭독했다. 그것은 '남조선 단독선거 · 단독정부 수립 반대 구국투쟁 선언문'이라는 제목으로, 내용은 다음과 같았다.

1. 미제는 조선 반도를 분단 점령하여 여기에다 식민지 · 군사기지화하려는 음모로 그들의 앞잡이요 거수기 나라로 구성된 '유엔 임시조선위원단'을 만들어 남조선 단독선거로 미국의 꼭두각시 정부를 만들려고 한다.

2. 우리는 조국의 분단을 반대하고 미 · 소 양군을 즉시 철퇴시키고 우리 민족 문제를 우리 민족의 의사에 의해 조국의 주권을 방위하고 통일, 자유, 자주독립을 쟁취하려고 일어났다.

3. 이 투쟁이 아무리 희생을 요구하는 투쟁이라 할지라도 끝까지 투쟁할 것이다.

4. 그리하여 우리는 이 투쟁에서 승리함으로써 조국의 국토와 주권을 방위할 것이고 민족의 생명을 지켜나갈 것이다.

5. 우리 조선 인민은 모든 계급, 계층, 당파와 사상의 차이를 극복하고 정의의 구국투쟁에 총궐기해 단선 · 단정을 반대, 분쇄해야 할 것이다.

6. 이를 위해 전 인민이 일치단결해서 단선 보이콧을 선언한다.

다음에는 2학년 대표 학생이 나와서 이번 투쟁의 10대 구호를 선창했다. 모든 학생이 이를 지지한다는 뜻으로 끝 구절을 두 번씩 복창했다. 마지막으로 1학년 대표 2명이 나와 플래카드를 들고 선두에 서서 대오를 이끌었다. 어깨를 겯고 행을 이루었으며 열을 지어 좁은 동사 마당을 나가 신작로로 빠져나갔다. 신작로로부터 행과 열을 다시 정리해 짧은 구호를 외치며 남천강 밀양교로 나가다가 다시 읍사무소 쪽을 향해 올라갔다.

대열은 그곳에서 농민조합 청년들과 전평 밀양지부 청년들과 합쳐졌다. 우리는 그 앞 시목전 일대를 빙빙 돌며, '단선 반대! 단정 반대!', '양군 철수! 통일 정부!'를 외치며 나갔다. 길가의 모든 시민들과 장에 온 모든 장꾼이 이에 따라 박수를 치며 함께 구호를 따라 외쳤다.

그런데 이상하다. 상당한 거리를 행진했는데 경찰은 하나도 보이지 않았다. 그 이유는 초동면 오방동(五方洞) 지서가 깨지고 무장해제당했기 때문이었다. 또 청도면의 오산(吳山) 지서도 깨지고 무장해제당했다. 이에 본서 경찰이 응원 나갔다가 도로를 파서 만든 함정에 빠져 부상자가 많이 생겼다고 한다.

연행과 석방

이윽고 밀양중학교 학생들이 밀양교를 건너 시장 시목전으로 달려왔다. 시위 군중은 조직동원으로 400명 정도 되었다. 또 그것을 둘러싸고 마침 장날이라 장꾼들이 모이기 시작하고 있었다. 그런데 더 가까운 밀양농잠중학교 학생들은 소식이 없다. 시간은 10시에 가까워지고 있었다. 이때 한 학생이 헐떡거리며 뛰어오면서 소리쳤다.

"지금 농잠학교에서 교문을 나오려고 하는 시위 학생과 이를 막으려는 학련 학생들이 대결하고 있다. 응원을 부탁하러 왔다."

원래 계획은 조직동원 군중과 시장 군중을 합쳐 읍사무소 앞에서 군중대회를 열고 성내 전체를 시위로 들끓게 하려고 했던 것이었다. 이는 군당과 민전에서 계획했던 것이다. 그런데 농잠학교의 일을 듣고 응원하는 문제가 불거졌다. 강성호는 밀양고등공민학교 2학년 학생을 응원하러 보냈다. 그리고 나에게 그 현장에 함께 가서 상황을 보고하라고 했다. 특히 붙잡히지 않도록 조심하라고 당부했다.

나는 이 말을 좇아 밀양농잠중학교를 향해 빠져나갔다. 읍사무소 앞에서 서편에 난 신당 마을로 가는 길로 가다가 왼편으로 굽어 밀양교회 골목으로 빠져 연계소로 가는 서문 동가리 신작로로 들었다. 농잠학교로 빠지려면 고등공민학교로 가는 골목으로 들어 아지트인 경수네 집을 거치게 되었다. 그냥 지나가려다가 필요할 듯해서 아지트로 들어가 호신용으로 가지고 있는 쌍절곤을 찾아 바지 뒷주머니에 차고 나왔다. 대문에서 나와 무안면으로 가는 신작로로 들어서면 바로 농잠학교로 가는 길이다.

그런데, 막 골목을 빠져 신작로로 나가려는데 밀양경찰서 사찰형사로 이름이 난 나 형사가 정복 경관 하나를 데리고 지나가는 것이 아닌가. 그자도 농잠학교로 가는 길이었다. 그는 입에 비릿한 웃음을 띠고 내게 말했다.

"어이, 안재구. 여기서 잘 만났다. 지금 니도 농잠학교 가는 길이가? 허허, 잘됐네. 나도 거기 가는 길이다."

그자가 들고 있는 기관단총을 보고 나는 도망할 생각을 접었다. 그는 곁에 있는 정복 순경에게 지시했다.

"일단 이놈에게 수갑을 채워라."

"옛."

정복 순경은 내 두 손목에 수정을 철꺽 하고 채웠다. 그러자 나 형사는 잠깐 혼자 생각하더니 말했다.

"저기 금융조합으로 가자."

그들은 나를 데리고 금융조합의 큰 문을 열었다. 그리고는 사무실로 끌고 들어갔다. 나 형사는 모두 놀란 눈으로 쳐다보는 직원을 둘러보고선 말했다.

"여기는 돈 맡기는 곳이지만, 오늘은 사람도 좀 맡아주소. 본서에 전화해서 데리고 가라 할 테니 조금만 맡아주소."

나 형사는 나를 창살이 있는 창고로 데리고 가서는 눈에 힘을 잔뜩 실어서 계장쯤 되는 직원을 쳐다보았다. 그 직원은 잔뜩 주눅 든 소리로, "아, 예" 하고 주머니에서 열쇠를 꺼냈다. 그 다음 채워놓은 주먹만 한 자물통을 철꺽 하고 열고, 나 형사와 나를 번갈아 보았다.

"이봐, 재구. 이 안에 들어가서 잠시 기다려. 곧 데리고 갈 사람이 올 테니."

나 형사는 그 직원을 보고 덧붙였다.

"잘 부탁하요."

그리고는 정복을 데리고 급히 나갔다. 갑작스레 당해서 나는 뭐가 뭔지 통 정신을 차릴 수가 없었다. '농잠학교는 지금 어떻게 되었을까. 동문 안 읍사무소 앞은 어떻게 되었나. 그중에도 강성호는 어떻게 되었을까.' 그야말로 목이 탔다. 그래서 '물은?' 하고 철창 밖을 내다보니, 거기에 송자 아지매가 있다. 송자 아지매는 나를 보고 처음에는 입을 딱 벌리고 놀랐으나, 나와 눈이 마주치자 걱정에 찬 눈매로 나를 본다.

송자 아지매는, 나의 고모와 밀양국민학교 동기동창 한 반 동무로 당시 나이 스무 살인가, 스물한 살인가 되는 아가씨이다. 고모와는 단짝이어서 학교 다닐 때 우리 연계소 집에도 자주 놀러 왔다. 인물이 밀양 고을에서 엄지로 치는 미인이다. 그 미모 덕으로 금융조합에 취직이 되었던 것이다.

송자 아지매는 더운 차를 부은 찻잔을 차반에 바치고 나에게 왔다.

"추운데 고생 많겠구나, 재구야."

그 말끝은 영 울음소리였다.

"아지매, 괜않다. 걱정 말거라."

나는 수갑 찬 손으로 찻잔을 받았다. 무슨 차인지 몰라도 향긋한 것이 마음을 안정시켜 주었다. 나는 송자 아지매를 보고 눈짓을 하며 눈을 내 바지 뒷주머니 쪽으로 보냈다. 그 다음 아주 작은 소리로 말했다.

"아지매, 부탁이 있다. 뒷주머니에 종이가 한 장 있는데 꺼내 치워줄 수 없겠나?"

송자 아지매는 뒤를 한 번 힐끗 보더니, 이미 뒤로 돌아선 나의 뒷주머니에서 종이 한 장을 꺼내어 재빨리 그의 품속에 감추었다.

"휴우, 아지매 살았다."

그 종이는 아침에 읽은 선언문이었다. 일단 경찰서에 가면 주머니 검사를 할 텐데, 그것이 나오면 지랄발광을 할 것이다. 이로써 큰 걱정거리는 해결되었다.

송자 아지매는 이 일이 있고 난 후로는 한 번도 만나보지 못했다. 훗날 밀양에 가서 그 아지매의 이웃에 살던, 한국일보 기자인 나의 국민학교 동기동창인 하영수를 만나 안부를 물었다. 하영수는 소식을 들려주었다.

"그 미인 누나 말이지? 니, 안즉 모르나? 김현옥이, 서울특별시장 말이지. 그 사람 부인이 되었다는 거."

그래서 '아, 나와는 아주 먼 사람으로 되었구나'라는 혼잣말이 한숨과 더불어 나왔다. 서글서글한 눈매와 다소곳한 아미, 그리고 우윳빛 같은 여린 얼굴에 앵두같이 붉은 입술, 조선의 여성미를 갖춘 누나였다. 고모 친구라. 내게는 아지매였건만 지금도 한 하늘 밑에 살고나 있는지.

곧 데려가는 사람이 온다더니 오후 2시쯤 되어서야 카빈총을 어깨에 멘 완전무장한 순경 두 사람이 왔다. 나는 두 순경 사이에 끼여 밀양경찰서로 들어갔다. 경찰서 안 분위기는 살벌했다. 두 순경은 나를 경찰서 뒤편에 있는 강당 같은 곳으로 데리고 갔다. 거기가 경찰 무도장이란다. 이미 그곳은 잡혀 온 사람으로 그득했다.

나는 일단 그 건물의 현관에 차려놓은 책상 앞에서 간단한 신분조사를 받았다. 성명, 주소, 호주, 생년월일, 학교명, 학년, 데모에 참여했나 안 했나, 따위로 간단한 내용이었다. 거기에 앉아 있는 순경은 내가 말하는 대로 적기만 하고 빈칸을 다 채운다. 나는 성명, 주소, 호주를 아무것이나 대었다. 그랬더니 신발을 들고 들어가란다.

문을 열고 들어갔더니, '왓따!' 정말 놀랐다. 무도장이 그득했다. 이게 도대체 어떻게 된 일인가. 몽땅 잡혀왔다. 나는 분류된 대로 '밀양고등공민학교' 팻말이 있는 쪽으로 갔다. 거기에 들어가 앉으면서 가장 궁금한 일을 물었다. 눈에 좀 익은 친구를 보고 나는 소곤거리는 소리로 말했다.

"어이, 이 사람. 강성호는 어찌 됐나? 잡혔나? 피했나?"

"안 잡혔다. 여긴 없는데 혹 유치장에 바로 갔는지는 모르겠다."

안 잡혔다는 말에 가슴이 일단 내렸다가, 유치장이란 말에 또 덜컥 올랐다. 아무튼 잘 피했겠지. 그런데 내가 읍사무소 앞에서 농잠학교 후원을 하러 갔다가 붙잡혀 여기까지 오는 3시간도 채 못 되는 사이에 엄청난 일이 일어났다. 내가 그 자리를 떠난 지 얼마 안 되어 어디서 왔는지 새까만 경찰복을 입은 경찰 200~300명이 여러 골목과 신작로로 해서 밀고 들어왔다. 그리고 거기에 있는 300명쯤 되는 군중을 둘러싸고 철컥철컥 하면서 장탄하고 모두 손을 들라고 했다. 어마두지해서 그대로 있는 어떤 사람들에게는 두세 놈이 달려들어 총탁(개머리판)으로 어디고 간에 까고 치고 때리고 해서 순식간에 피가 낭자하도록 만들었다.

그런데 그 경찰의 말씨가 경상도 말이 아니라 충청도 사투리란다. 말하자면 충북경찰청의 경찰 병력이 지원하러 온 것이다. 그래서 몽땅 손을 들고 경찰이 몰고 가는 대로 경찰서로 끌려왔고, 들어온 곳이 이 무도장이라는 것이다.

아무튼 밀양경찰서가 생기고 이처럼 분간 없이 닥치는 대로 마구 잡아 한꺼번에 300명이 훨씬 넘는 궁중을 잡아 온 일은 처음이었다. 게다가 군중이 둘러싸고 보는 데서 유혈이 낭자하게, 자칭 이른바 민중의 지팡이란 자가 폭행하는 것을 보고 인심이 들끓었다. 그래서 유지라고 하는 사람들이나 행정보조 말단의 구장들까지도 자기나 자기 이웃이 당하는 것을 보고 떼를 지어 경찰서장을 만나 항의하기 시작했다. 어린 학생들과 젊은 청년들을 당장 석방하라고 대들었다.

경찰서장은 이들까지 나서자 초동면, 청도면에서 인심을 잃은 경찰관이 당한 것을 생각하고 일을 조용히 처리하고 싶었다. 그래서 주동자 몇 사람만 입건하고 내보내기로 한 것 같다. 그런데 이런 사정을 모르고 지원하러 온 충북경찰대는 잡혀 온 군중에게 폭력으로 분풀이를 했다. 걸핏하면 구타를 하고 피를 튀게 했다. 그렇다고 서장은 자기 휘하의 경찰이 아니라서 문제 삼을 수도 없는 것이다.

이런 상황에서 밤이 되었다. '남전' 산하의 지방 전기회사까지 몽땅 파업에 들어가서 온 나라를 전짓불 하나 없이 깜깜한 세상으로 만들었다. 전기가 없어서 통행금지 사이렌까지 못 불고 있었다.

10시쯤인가, 경찰관 두 사람이 문을 드르륵 하고 열고 들어왔다.

"안재구, 나오라! 안재구 손들고 나오라!"

사뭇 야단이다. 당장 나는 '여기에 따라 나가면 안 된다. 그러면 영 못 나간다. 이래저래 당할 바에야 끝까지 가는 거다' 라고 마음을 굳혔다. 곁에 피탈을 하고 누운 청년 곁에 가서 내 얼굴을 그 얼굴에 마구 비비고, 피를 손바닥에 묻혀 얼굴 전체가 피탈이 되도록 했다. 그러고는 얼굴을 가리고 누웠다.

"이 새끼가 끝까지 애 믹일 작정이가. 곱게 말할 때 나오너라잇."

나는 속으로 말했다.

'내가 왜 나가? 나가도 맞을 게고, 들켜도 맞을 게고, 내가 어디 등신이가?'

경찰관은 손전등을 들고 한 사람 한 사람 비추어 보았다. 나는 웃으면서 일부러 앓는 소리까지 냈다. 결국 내게까지 왔다. 피탈하고 있는 내 얼굴에도 전깃불이 비쳤다. 나는 눈을 감고 앓는 소리를 했다. 그냥 지나갔다. 지나가는 옆얼굴을 보니 아까 나를 데리고 온 놈 중의 한 놈이었다. 나는 속으로, '옳지, 한 고비 넘겼다' 라고 생각했다. 그는 지나가면서 중얼거리는 소리로 '명단에도 없던데, 이 자석이 어다 갔노? 귀신이 곡할 노릇이네' 하고 지나갔다.

깜깜한 밤중이라 시간이 몇 시인 줄 모르는데 갑자기 주변이 밝았다. 그 밝음이 흔들거렸다. 솜방망이 횃불이었다. 여기저기에서 죽는 소리가 났다.

"아이구 어메, 나 죽네."

"이 새끼야, 죽어봐라. 네들이 우릴 죽이는 거나 우리가 네들 죽이는 거나, 이 새끼야."

이런 욕설이 진동하고 매 맞아 아우성치는 소리와 더불어 그야말로 지옥이었다. 그러자 갑자기 문이 드르륵 하는 소리가 나더니 "동작 그만!" 하는 구령 소리가 났다. 그러자 앓는 소리만 빼고 욕설은 뚝 그쳤다. 그리고 모두 나갔다. 나중에 알고 보니 초동면에서, 그리고 청도면에서 당한 경찰의 시신이 조금 전에 경찰서에 도착하자 그것을 본 경찰이, 특히 충북 경찰이 흥분해서 분풀이를 한 것이다.

이 지옥과 같은 밤이 지나자 날이 훤하게 밝아왔다. 7시쯤 되자 모두 신발과 소지품을 들고 나오란다. 300명이 훨씬 넘는 인원이 나가는 소동이 좀 있고, 나는 얼굴에 피탈을 한 채로 앞에서 이끌려 나가는 대로 따라 나갔다. 경찰들은 이름도 아무것도 묻지 않고 경찰서 문 바로 안에 있는 공간에 우리를 늘어세웠다. 잠시 후 누른 금테를 두르고 굵은 금빛 나는 무궁화를 몇 개나 모자에, 어깨에 붙인 높은 경찰이 나와 연설을 했다. 밀양경찰서장이란다. 그 말에, 법이 어쩌고, 적색분자가 어쩌고 했는데 기억은 없다.

문밖에는 약 400명쯤 되는 군중이 모여 있었다. 붙잡힌 사람들의 가족이란다. 경찰서 문 바로 안에는 기관총이 밖에 있는 군중을 향해 거치되어 있었다. 이렇게 해서 우리는 모두 석방되었다. 나는 경찰서에서 풀려 나오자, 일단 아지트로 갔다. 열린 대문 안으로 들어가니 경수가 기다리고 있었던지 사랑방 문을 열고 뛰다시피 나와 나를 부둥켜안는다.

"고생했지?"

"뭐 하룻밤인걸."

"성호는?"

내가 묻자 경수는 기다렸다는 듯이 주머니에서 옷고름 쪽지를 내밀며 말했다.

"성호는 앞으로 여기 못 온대."

"경수야, 나도 그래. 그들이 속아서 빠져나온 거야. 지금 못 잡아서 야단이겠지."

"그래, 조심해라."

경수와 하직하고 나와서 농잠학교 쪽으로 가다가 후미진 공터에 널찍한 돌팍이 있어서 거기에 앉아 성호의 쪽지를 폈다. 거기에는 내 이름도 없고 성호 이름도 없다. 그냥 사연밖에 없었다. 그 내용은 다음과 같았다.

'동무, 고생이 많았지? 다른 동무가, 동무가 나 형사에게 잡혀 금융조합 안으로 들어가는 것을 보았다고 해서 동무의 피체를 알았네. 이 쪽지를 받을 수 있을는지는 몰라도 혹 받게 되면 될수록 빨리 종남산 꼭대기 오른편 산줄기 잘룩진 데(안부鞍部) 당동고갯마루에서 만나세. 5일 후는 다시 쪽지를 보내겠네. 동무의 동무.'

다시
모진 세월을 피해

성호의 쪽지를 본 나는 일단 움직일 목표가 생겼다. 그러나 아직 겨울 추위는 그대로인지라 아무 준비 없이 움직일 수는 없었다. 우선 집에 들어가 미리 준비해 둔 비상 키슬링 륙색을 가지고 나와야 한다. 어제 저녁 나를 찾는다고 설치는 작태로 보아서 오늘쯤 집에 경찰이 들이닥칠지도 모른다. 지금은 아직 이른 아침때라 집에 간다면 될수록 일찍이 가야겠다는 생각이 들었다. 그리고 큰길로 해서 대문으로 들어갔다간 놈들이 골목에서 기다렸다가 덮칠지도 모른다. 조심해야지.

농잠학교로 가는 신작로로 나가려다가 수식이네 집으로 빠지는 골목으로 해서 바로 우리 집 앞집인 재홍이네 집으로 들어가 부엌으로 해서 우리 집으로 난 부엌문으로 집에 들어가기로 했다. 재홍이네 집 대문은 활짝 열려 있었다. 마침 재홍이 어머니가 방에서 나온다. 나를 보자 의아한 눈이었다.

"대렴이 우짠 일로 이리 들어오노?"

"아지매, 좀 귀찮은 놈이 저쪽에 있어서, 오늘은 이쪽 부엌으로 우리 집에 들어가야겠네."

"세상 어느 망할 놈이 대렴을?"

"아지매, 그런 게 있다카이!"

나는 그냥 바로 그 집 부엌으로 들어가서 우리 집으로 통하는 문을 열고 나갔다. 뒤에서는 아지매의 건강한 웃음소리가 들린다.

"하하하."

나는 그 웃음소리에 대고 소리쳤다.

"문 잠그지 마. 곧 이리로 나올게."

나는 대청 남쪽 높은 축담에 훌쩍 뛰어올라 급히 대청에 들면서 할매를 찾았다.

"할매, 내 왔다. 별일 없제?"

"네가 우째 그리로 오노? 그래, 그 개자석들이 너 잡을라카제? 어제 저녁에 한 번 왔고, 오늘 아침에도 일찍이 왔다 갔다."

"할매, 미안하다. 또 가야 하네. 좀 오래될 것 같네."

나는 골방으로 들어가 키슬링을 메고 나왔다.

할매는 장손 아침 끼니가 걱정이다.

"아침밥은? 잠깐만 기다리라. 주먹밥이라도 뭉쳐주께. 가다가 물 있는 데서 먹어라."

"그래, 할배도 안 계시는데 발이 안 떨어지네."

"괜않다. 어디 가도 끼니는 꼭 챙기고. 무슨 세월이 이리도 모질꼬."

끝내 말끝은 흐려 나온다. 나는 할머니가 뭉쳐준 주먹밥 뭉치를 받아서 키슬링 포켓에 넣고 재홍이네 부엌으로 해서 나왔다. 무안으로 가는 신작로를 건너 진장 마을로 해서 갔다. 남천강도 풀릴 때가 다 되었는지 얼음판

위는 물기가 번지고 있었다. 감내가 남천강으로 들어오는 얕은 곳에 언 얼음판을 버석버석 밟으면서 건너 삽개로 들어 박순희 집으로 갔다.

박순희는 나와 밀성국민학교 같은 반으로 다녔는데, 농잠학교 2학년이다. 나보다는 2살 많은 동무다. 2 · 7 투쟁 때 농잠학교에서 주동적으로 활동했다. 그대로 집에 있지 못해 작은집(숙부 집)에 숨어 있는 것 같았다. 국민학교 다닐 때 순희 집으로 놀러 간 일이 있어 순희 어머니는 나를 알아보았다. 어머니는 나를 순희의 작은집으로 데려다주었다. 그 집 사랑 건넌방에 들어가 순희를 만났는데, 식전에 10리쯤 걸어서인지 배가 고팠다. 키슬링에서 주먹밥을 꺼내자, 순희는 깜짝 놀라며 말했다.

"이 사람, 웬 주먹밥인가?"

내가 자초지종 말하자 순희는 안으로 들어갔다. 잠시 후 숙모가 밥상을 차려 나왔다. 내가 일어나 죄송스러워하자 숙모는 웃으면서 말했다.

"갑작스러워서 손님 대접이 영 아닙니다. 많이 시장하지요. 총각."

나는 몹시 배가 고팠다. 상에는 그래도 가지가지 밑반찬에다 자반도 있고 시원한 무국도 있었다. 덕분에 밥 한 그릇을 뚝딱했다.

아침 끼니를 끝내고 나는 순희에게 성호와의 접선 문제를 이야기했다. 순희도 오늘 저녁때까지는 거기에 가야 하기에 나와 함께하기로 했다. 나와 일찍 가서 그 시간까지는 함께 있자고 했다. 우리 둘은 그렇게 합의하고 곧 종남산으로 올랐다. 순희는 겨울에는 나무하러 산에 자주 가는데 방동 고갯마루에는 갈대를 하러 더러 간다고 했다. 그래서 그쪽 길은 환하다고 하면서 나더러 걱정 말라고 했다.

종남산을 올라가는 길에 순희는 어제 저녁 초동면에서 지서 습격에 참가한 청년으로부터 들은 이야기를 했다. 초동면 오방동 경찰지서 습격 이야기는, 이때 순희가 이야기한 것과 이 투쟁에 참가한 나의 삼종숙과 재종조부, 두 분의 이야기와 합쳐 그 대강을 알 수 있었다.

나의 삼종숙과 두 분의 재종조부는 항열의 차이는 있어도 연령대는 차이가 그리 나지 않는 모두 다 30대 초반의 나이다. 삼종숙은 당시 남로당의 초동면 당책이었다. 밀양군당은 동북부 산악지대와 서남부의 평야지대의 차이로 인해 당의 조직 구조가 다르다. 서남부는 인구가 많아 군중투쟁이 주되고, 동북부는 인구가 적어 군중투쟁이 어렵고 유격투쟁이 적합하다. 밀양군의 이러한 특색으로 당의 조직도 자연 이원화되고 있었다. 양 지역은 밀양읍이 가운데 있어서 조직적 연결이 또한 어렵다. 그래서 군당은 이 두 지역을 나누어 독자적인 조직으로 꾸렸다. 조직선으로만 군당과 결합하는 조직으로 했고, 이들 사이의 연계를 될수록 적게 해 조직선의 노출을 적극 피해 왔다.

1948년 7월부터 이 조직선의 레포를 내가 담당함으로써 밀양군당의 이러한 특수성을 잘 인식할 수 있었다.

당시 단선·단정 반대투쟁에 대한 반동들의 폭력에 맞서 폭력적으로 투쟁할 것을 결의하고 나온 것이 2·7 구국투쟁이다. 이 투쟁에서 밀양군의 동북 산악지대는 인구가 드문드문해서 군중투쟁을 할 수 없었다. 유격투쟁의 경우도 당시의 역량으로는 준비가 되어 있지 않았다. 이에 반해 서남지역은 밀집된 군중으로 반동을 포위해 타격할 수 있지만 투쟁 후 그 역량을 보존하는 문제가 어렵다. 그리하여 이 역량이 동부 산악지대로 들어가서 유격투쟁으로 발전해야 하는데 그 준비는 거의 없었다. 그 결과 군중투쟁으로 노출된 역량은 지리멸렬되고 말았던 것이다.

아무튼, 초동면 오방지서 습격은 사전에 면밀한 작전을 세워 습격 그 자체로는 성공했다. 사전에 본서 경찰의 후원을 차단하기 위해 전화선을 단절하고 도로를 차단한 뒤 함정을 설치해 지서를 완전히 고립시켰다. 군중이 지서를 포위하고 5, 6명의 특공대가 흑색 화약을 장전한 사제폭탄으로 위협해 경찰들을 무장해제시켰다. 이에 항거하는 경찰은 엉성하기 짝이 없게 만든 사제권총으로 사살함으로써 제압했다.

청도면 오산지서 습격도 역시 같은 방법이었다. 여기서는 멋모르고 덤벼든 충북경찰청 후원부대의 차량이, 군중이 설치한 함정에 빠져 숱한 부상자를 내었다고 한다. 이 두 경찰지서의 습격으로 빼앗은 무기는 카빈소총 20여 정과 그 실탄 다수, 수류탄 다수, 45구경 권총 10여 정과 그 실탄 다수였다. 여기에 경찰관 관복, 모자, 군화 등 개인장비와 신분증 등의 소지품을 빼앗았다고 한다.

이 투쟁의 후과로 우리 집안의 두 재종조부 중 한 분은 일본으로 밀선을 타고 도망했고, 또 한 분은 항복해 보도연맹에 들었다가 전쟁 때 이승만의 대학살로 희생되었다. 일본으로 가신 재종조부는 재일동포 귀국선을 타고 북 공화국으로 귀국했다. 또 삼종숙은 밀양군당의 서남지역책으로 활동하다가 아지트가 발각돼 총격전이 벌어졌을 때 전사했다.●

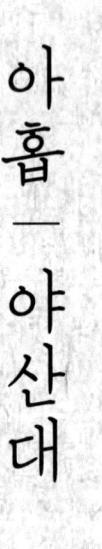

아홉 — 야산대

"

오늘 여기에서 올리는 봉화는 그 새로운 해방투쟁을
3천만 동포들과 온 세계에 알리는 불길이 될 것입니다.
조선의 통일된 자주독립을 결의하는 만세 소리로
봉화의 횃불과 더불어 투쟁을 선언합시다.
조선 통일독립 만세! 조선 민주주의 통일공화국 만세!
조선의 노동자, 농민, 민중의 자주독립의 나라 만세!

"

봉화투쟁

나와 순희는 종남산 정상에서 북으로 내려가다가 잘록이 진, 초동면 방동에서 부북면 삽개로 넘어오고 넘어가는 방동고개로 갔다. 이곳이 성호 동무가 보낸 쪽지에 따라 만나기로 한 곳이다.

고갯마루에 올라서니 좀 푸근한 날씨 탓인지 이마에 땀이 맺혔다. 수건을 꺼내 땀을 닦고 있는데 고개 너머에서 말소리가 들려온다. 우리 둘은 얼른 고갯마루 아래 참나무 숲에 들어가 마루가 보이는 곳에서 허리를 낮춰 인적이 올라오도록 기다렸다. 이윽고 말소리가 갑자기 크게 들리더니 마루 위에 성호의 얼굴이 나타났다. 마치 달덩이처럼 커다랗게 마루 위에 솟아오른다. 나는 일어서려다가 그대로 구부린 채 소리를 냈다.

"성호야, 나 재구다."

내 말소리를 들은 성호가 대답했다.

"재구, 어딨노?"

나는 그제야 허리를 펴고 마루를 향해 뛰어 나갔다.

성호는 나를 보고 그냥 펄쩍펄쩍 뛰기만 했다.

우리는 왈칵 서로 끌어안았다. 성호 곁에 한 청년이 서 있었다. 솜을 툭툭하게 둔 흰 바지저고리에 까만 조끼, 전형적인 농촌 청년의 모습이다. 소매는 토시를 끼고 팔꿈치에 끈으로 소매를 졸라맸고, 장딴지는 행건을 치고 무릎 밑에 단출하게 바지를 걷어 맸다. 어깨에는 카빈총이 걸려 있는데 까만 탄창이 미더웠다.

성호는 나를 이모저모 둘러보더니 말했다.

"붙잡혔다더니 멀쩡하네. 특히나 나 형사한테 붙잡혔다는데 이리 멀쩡할 수가 있나."

"이 사람, 다리몽둥이가 부러져야 속이 편할 것 같은 소리를 하구만. 허허, 한 이틀 못 봤다고 이렇게 돌변할 수도 있나. 나는 남의 피탈까지 쓰고 묻히고 하면서 빠져나왔는데."

이렇게 '엇조'로 덕담을 하면서 수다를 떨었다.

우리 겨레는 옛날부터 반가운 사람을 만나면 덕담을 했다. 그런데 그 덕담이 좀 이상했다. '살아서 건강하게 만나서 반갑다'는 덕담을 해야 하는데, '이 사람, 안 죽고 살았네'라고 한다. 마치 '죽을 놈이 살았다'는 식이다. 이런 말을 하는 사람의 진짜 마음은 '살아서 정말 반갑다'라는 뜻이다. 그래서 '엇조'다. 우리는 이런 엇조로 덕담을 들으면서 살았다. 그래서 고난을 이겨내는 의지도 생기고, 어떤 고난 속에서 살아내는 질긴 민족인가 보다.

우리 넷은 이틀 사이에 일어난 일을 주고받으면서 방동 마을로 들어갔다. 마을은 초가집이 여남은 채가 있는 조그마한 마을이었다. 그중에서 사랑채가 따로 있는 좀 번듯한 집으로 들어갔다. 그런데 이게 웬일인가. 거기에는 계음 아재가 있고, 죽서 할배와 월산 할배가 계셨다.

계음 아재는 내 손을 잡으면서 눈물을 글썽였다.

"이곳에서 또 너를 만나는구나."

두 할배도 내 등을 두드리면서 이리저리 살피셨다.

"어디 상한 데는 없나?"

방동 마을은 방동골짝에서 흘러나오는 개울가의 산허리에 붙은, 일곱 가구뿐인 아주 작은 마을이었다. 여기에 열댓 명이나 되는 장골이 무장을 해가지고 들어왔다. 이 사람들은 모두 가근방에 사는 사람들이라 밤중에는 몰래 동네에 숨어들어 양식도 가져오고 그 편으로 조직에서 지령도 오고 하는 것 같았다.

2, 3일 내로 이 마을에 대한 결정이 있을 것 같았다. 거기에 따라 강성 호와 나도 처신이 될 것이다. 결국 유엔 임시조선위원단의 단독선거를 반 대한다는 의지를 나타내는 봉기이고, 장차 무장투쟁으로 발전시키려고 하 는 투쟁이었으나, 그 사후대책에 대해서는 확실한 방침을 모두가 모르는 상태였다. 마을에 있는 면 당책은 비상대책위원회를 소집하고 조직에서 이 에 대한 지령이 나올 때까지 당면 문제에 대한 토의를 붙였다.

우선 당장 잠자리 문제가 떠올랐다. 몇 사람은 식량 문제로 자기 동네 로 가기도 했지만, 그래도 10명가량은 당장 이 밤이 문제였다. 결국 결정을 본 것이 봉화투쟁을 일으키고 그 불 곁에서 한뎃잠을 잔다는 것이었다. 상 부 조직에다 이를 보고하고 앞으로의 대처를 방침으로 내려줄 것을 요청하 기로 했다.

우리들의 한뎃잠 이야기를 알게 된 동민들은 자기들이 가지고 있는 침 구 중 최소한의 수요만 두고 모두 내놓기로 결정하고 한자리에 모았다. 그 중에는 아껴두었던 신혼 이불도 두 채나 있었다. 나와 성호, 그리고 순희는 그중에서 가장 허술한 것만 골라 이불 셋을 추려내고 모두 돌려주었다.

우리들은 낫과 톱, 도끼를 들고 산으로 갔다. 나아 순희, 성호는 동네 청년들과 함께 나섰다. 모두 7, 8명쯤이 움직였다. 그 가운데는 카빈총을 멘 두 청년도 있었다. 두 청년은 일제 때 징병으로 끌려갔다가 일제 패망과 더불어 귀향한 일본군 일등병 군인 출신이었다. 그래서 무기를 다룰 줄 알았다. 조직에서는 카빈총을 주어서 초동면 봉기 후 면당을 호위하는 임무를 맡겼다. 이 둘은 낫과 톱, 도끼를 들고 산으로 가는 우리들을 호위하는 임무를 받았다. 그래서 우리들과 함께 가는 것이었다.

나와 순희는 아침에 할머니가 만든 주먹밥으로 점심 요기를 했다. 그러고 보니 시간은 오후 2시경이나 되었다. 성호는 다른 청년들과 함께 점심을 마치고 있었다. 우리들은 종남산 정상에 정월 대보름날 하는 달집을 커다랗게 지어 '달불' 처럼 불을 놓아 봉화를 올리기 위해 산으로 올라가는 것이다. 남조선 단독선거로 예속정권을 만들어 조국의 남반부를 분단하고 영구 점령하려는 미제의 음모를 반대해 전 민중이 궐기할 것을 호소하는 봉화를 올리려는 것이다.

이 봉화는 저녁 어둠이 온 천지에 깔리는 시간인 8시를 기해 올리기로 했다. 마침 내일모레가 그믐이라서 봉화의 빛은 어두운 데서 더욱 빛날 것이다. 이 봉화가 오르면 이를 신호로 산 아래 민중들은 동네 야산에 올라 함성을 올릴 것이다. 밀양 읍내에서는 북과 징 그리고 꽹과리를 치면서, '단선 반대', '단정 반대' 의 구호로 아우성을 쳐서 모두 투쟁에 궐기하도록 하자는 것이다.

우리들은 일단 종남산 정상에 올랐다. 정상은 나무 한 그루 없는 풀밭이었다. 풀이라도 길어야 한두 뼘이나 될까 하고 그것도 바싹 마른 풀이었다. 일단 달집을 지을 자리를 정하고 그 둘레를 지름 3미터 정도로 좀 넉넉하게 잡았다. 그 바깥 2미터 정도를 불이 못 번지도록 마른풀을 깨끗이 베어 청소했다. 정상 아래 조금 내려가면 너럭바위 지대가 나오는데 그곳에서 부서져 납작한 돌들을 가져다 둘레를 대강이라도 깔았다.

그리고 모두 초동면 쪽 양달진 곳의 무성한 숲으로 들어갔다. 나무 굵기 5치, 길이로는 길반이나 되는 나무를 톱과 도끼로 벌목했다. 이렇게 기둥감으로 할 나무 세 개를 벌목한 뒤 가지를 대강 쳐서 기둥으로 세웠다. 칡넝쿨을 쳐 가지고 와 그 넝쿨로 좀 굵은 가지를 가로로 빙 둘러 얽어매고, 솔가지를 쳐 가지고 와서 그것을 그사이에 끼워 둥근 움집을 만들었다.

낮을 든 사람들은 종남산 주능선의 잘록진 데서 무성하게 자란 마른 갈대와, 소나무 숲 마른 땅바닥에 무수히 깔린 불땀 좋은 솔갈비를 긁어 한 짐 뭉쳐 왔다. 그것을 달집 안에 가득 채워 넣었다. 이로써 봉화 불을 지필 준비는 끝났다. 이렇게 준비하는 동안 시간은 7시가 다 되어갔다. 주변은 어두워지기 시작했다.

이때 아래 방동고갯마루에서 네댓 사람들이 올라오고 있었다. 두 사람은 바지게에 무엇을 담은 지게를 지고 온다. 아마 저녁밥인가 보다. 정상 바로 밑은 제법 가풀막지고 거리가 좀 된다. 정상의 청년들 중 몇 사람들이 마중 삼아 내려갔다.

이윽고 이들이 산 정상에 올라왔다. 당의 면책인 계음 아재가 함께 올라오셨다. 모두 인사를 하고 봉화 움집 옆 평평한 곳에 빙 둘러앉았다. 해가 지자 날씨는 추워졌다. 바지게에 담긴 것을 내려놓고 한 청년이 자청해서 배식을 맡았다. 먼저 면책 동지 앞에 밥그릇을 놓으려 하자 면책 동지가 손사래쳤다.

"나하고, 나와 함께 올라온 동무들은 미리 저녁밥을 먹었소. 여기에서 일하신 동무들만 식사를 하면 됩니다. 닭도 서너 마리 쪄서 가지고 왔는데 한 저씩이나 돌아갈지 모르겠네. 적지만 많은 양하시고 잡수시오."

고개 밑 방동 마을은 뙈기밭에 강냉이나 수수와 조를 심고 그것들과 산채(산나물)로 끼니를 이어가는 농가라서, 닭을 잡아도 찜을 할 수 있는 양념 준비도 없는 처지라 그냥 솥에 쪄서 가지고 왔다. 간으로는 소금과 종남산 양달진 곳에서 늦봄에 열매로 나는 산초가루만 치고, 그것을 간으로 해서 먹었다. 그래도 일하고 난 다음이라서인지 모두 잘 먹었다. 밥이래야 감자와 강냉이에 삶은 보리쌀만으로 한 밥, 그리고 군데군데 박힌 양대콩으로만 지은 것이다. 찬은 멸치조차 들지 않은 떨떠름한 우거지된장국에다 소금 간으로만 담은 허연 김치가 전부였다. 그래도 모두 일한 다음 한참 시장할 때라 그런지, 모두 가난한 농민이라서 그런지, 어느 진수성찬 부럽잖게 입맛 다시며 군소리 없이 다 먹어치웠다.

식사를 끝내자 곧 봉화를 올릴 예정 시간이 되었다. 모두 봉화 움집 앞에 모여 대강 줄지어 둘러섰다. 강성호 동무가 사회를 했다.

"지금부터 밀양읍 어느 곳에서든 모두 바라볼 수 있는 이곳 종남산 정상에서 2·7 구국애국투쟁의 불길을 지펴 올리는 모임을 시작하겠습니다. 먼저 우리들의 투쟁 의의를 이곳 초동면의 당책 동지께서 간단히 말씀해 주시겠습니다."

면책 동지가 앞에 나섰다.

"미국 놈과 그 앞잡이들이 총으로 단선·단정을 획책하면 우리도 총을 쥐고 저항할 것이며, 기어이 하나의 나라 조선을 지킬 것입니다. 오늘 여기에서 올리는 봉화는 그 새로운 해방투쟁을 3천만 동포들과 온 세계에 알리는 불길이 될 것입니다. 조선의 통일된 자주독립을 결의하는 만세 소리로 봉화의 횃불과 더불어 투쟁을 선언합시다. 조선 통일독립 만세! 조선민주주의 통일공화국 만세! 조선의 노동자, 농민, 민중의 자주독립의 나라 만세!"

모두 이 선창을 따라 만세를 불렀다.

점화는 면책의 손에 들린 커다란 관솔에 달린 불을 봉화의 움집 안에 있는 마른풀에, 소나무 갈비에 붙이는 것으로 했다. 그 불씨를 그곳에 참가한 여러 청년들이 돌려가면서 이곳저곳에 붙였다. 불길이 점점 세어지고 높이 오르기 시작했다. 불길이 높이 올라가자 누구의 입에선지 〈해방의 노래〉가 시작되었다.

조선의 대중들아 들어보아라
우렁차게 들려 오는 해방의 노래……

노래가 끝나자 모두 만세를 불렀다. 만세의 손이 내려지자 그 손은 저절로 옆 사람의 손에 잡혀 곧 봉화를 둘러싸고 돌기 시작했다. 노래는 국제 노동해방의 노래인 〈인터내셔널가〉[5]로 이어졌다.

1. 일어나라, 저주로 인 맞은 주리고 종 된 자 세계
우리의 피가 끓어 넘쳐 결사전을 하게 하네
억제의 세상 뿌리 빼고 새 세계를 세우자
짓밟혀 천대받은 자, 모든 것의 주인이 되리

(후렴) 이는 우리 마지막 판가리 싸움이니
인터내셔널로 인류가 떨치리
이는 우리 마지막 판가리 싸움이니
인터내셔널로 인류가 뭉치리

2. 하느님도 임금도 영웅도 우리 구제 못 하리

---

5) 일명 〈국제가〉. 이 노래의 가사는 요즘은 상당히 세련된 노랫말로 만들어졌는데 내가 소년 때 부르던 것과는 다르다. 옛 동지들과 함께 불렀던 것이라 나의 귀에는 요즘 것이 도리어 낯설고 부르는 기분이 나지 않는다. 그래도 객관적으로는 요즘 노랫말이 좋기는 하다.

우리는 다만 제 손으로 해방을 가져오리라
거세인 솜씨로 압박 부시고 제 것을 찾자면
풀무를 불며 용감히 두드려라, 쇠가 단 김에

3. 우리는 오직 전 세계의 위대한 노력의 군대
땅덩어리는 우리의 것이니 기생충에게는 없으리
개 무리와 도살자에게는 큰 벼락 쏟아져도
우리의 머리 위에 찬란한 태양이 비치리

'2·7 단선·단정 반대 구국투쟁'은 전국적으로 전개됐다. 경인 일대를 비롯해 경남북, 전남북, 제주도에 이르기까지 전국적인 규모로 폭동과 파업이 일어났다. 파업으로 생산은 정지되었고, 동시에 교통 수송도 곳곳에 정지되고 교량도 폭파되었다. 철도에서는 파업단을 탄압하자 기관차까지도 파괴되었다.

전신·전화의 파업으로 통신이 두절됨은 물론이고, 이를 탄압하자 전신선이 절단되고 전신주도 도괴되었다. 이 결과 행정기관도 경찰행정도 마비되었다. 부산 항만의 파업은 물론이고 해상 파업도 일어났다. 장성탄광, 화순탄광도 파업했다. 각급 학교도 민주학생연맹의 주도로 거의 전부가 동맹휴학으로 들어갔고, 이들은 노동자와 농민들과 합세해서 경찰관서를 습격했다. 심지어 목포와 인천, 강릉 등지의 관상대와 측후소도 파업에 가담했다. 이들 모두는 '단선 반대', '단정 반대'를 구호로 외쳤다.

2·7 구국투쟁은 1946년의 '10월 인민항쟁'과는 달리 처음부터 사전에 계획한 조직적이며 무력에 대한 최소한의 폭력적인 준비를 갖춘 투쟁이었다. 이를 계기로 이남의 운동은 무장투쟁으로 점차 전환해 갔다. 이때부터

각 지방에는 폭력을 상비하는 유격소조가 '야산대(野山隊)' 라는 이름으로 생겨났다. 이는 곧 제주도에서는 '4 · 3 인민항쟁' 으로 이어나갔고, '5 · 10 선거 반대투쟁' 으로 이어졌다. 나아가 '남조선인민유격대' 로 발전해 나갔다.

방동 마을의 그믐날

밤이 깊어가자 날씨가 추워지기 시작했다. 가슴이 아픈 성호 동무가 걱정이었다. 성호 동무는 나와 함께 한뎃잠을 자려고 했지만 나와 면책인 계음 아재가 달래고 얼러서 방동으로 내려보내 따뜻한 군불 땐 방에서 자도록 했다.

2월 9일 새벽이 가까워 오자 북서풍이 불기 시작했다. 어제 저녁 그처럼 푸근하던 날씨가 갑자기 추워졌다. 나는 느슨하게 입은 내의와 털실 스웨터를 여몄다. 웃옷 깃을 잠그고 이불 속에 머리를 묻고 곁에서 자는 순희를 끌어안았다. 바람은 점점 세게 불었다. 봉홧불의 재는 바람에 다 날아가고 덜 탄 나뭇가지만 검은 숯을 입고 뒹굴고 있었다. 꼭 내 몸뚱이처럼.

이불 밖으로 얼굴을 내밀었더니 봉홧불 곁에 있었던 두 무더기의 잠꾼들이 없었다. 우리만 남았다. 나는 일어나 이불 밖으로 나왔다. 어깨를 펴니 추위에 뼈가 굳었던지 우두둑 소리가 났다.

"순희야, 일어나. 모두 어디를 가고 없다. 아직도 동천이 깜깜하니 밤중이기는 하지만 이대로 산만댕이(정상)에 있다간 '아이스케끼' 가 되겠다. 빨리 일어나."

나는 순희의 몸을 흔들며 마구 재촉했다. 그러자 한 이부자리에서 자던 형(성이 조曹씨인데 애석하게도 이름은 잊었다)이 이불 밖으로 나왔다. 나는 춥기도 하고 장난기도 나서 이불 밑에서 자고 있는 순희 위에 덮쳐 간지럼을 주었다. 순희는 간지럼으로 키들키들하면서 이불 밖으로 나왔다. 그러고는 몸서리를 치면서 이불을 걷어 뒤집어썼다. 간신히 눈만 내놓은 순희가 말했다.

"어찌 이리 각중에(갑자기) 추워졌노. 안 되겠다. 그만 내려가자."

그러고선 그냥 방동고갯마루를 향해 뛰어 내려갔다. 나는 급해서 욕이 나왔다.

"야, 임마야. 이 그믐밤에 달음박질이가? 임마, 거기 안 서나! 대가리 깨지기 전에!"

순희는 욕을 듣고서도 그냥 키들거리며 내려가기만 했다.

나는 어릴 때부터 밤눈이 좀 어두웠다. 순희가 달려 내려간 길을 조심조심 더듬어 내려갔다. 방동고개 밑, 어제 순희와 함께 고갯마루 바로 밑에 성호를 보았던 그 자리에서 순희는 나와 조 동지를 기다리고 있었다.

"어이 재구야, 나 있는 여기는 바람이 하나도 없다. 낙엽이 쌓여 땅바닥도 포근하다. 빨리 이리로 오너라. 지금 우리가 내려가 봐야 방에서 자기는 틀렸고, 남들이 편하게 자는 잠만 깨운다. 이 포근한 낙엽 위에 이불을 덮고 앉았더니 내 몸의 온기로 추위가 당장 멈춘다. 바람도 없고, 바로 여기가 천하명당 자리다. 아침까지 여기서 셋이 자고 가자."

우리는 순희가 앉은 자리로 가서 솜이불을 덮고 누웠다. 종남산 꼭대기에서 떨었던 추위가 풀려 마음도 몸도 한결 느긋해졌다. 우리 둘은 좀체 말이 없이 누운 조 동지에게 여러 가지로 물었다. 좀처럼 이야기를 안 하던 조 동지가 입을 열고 이야기보따리를 풀었다. 그 이야기를 들으면서 우리 두 사람은 조 동지의 어두운 얼굴과 무언의 태도가 그때서야 이해되었다.

초동면의 면소재지 동네인 오방동 동남쪽에 이웃하고 있는 신호저수지(초동저수지) 서편에는 둑이 시작되는 곳에 '돈대미' 라고 부르는 조그마한 야산이 있다. 조 동지는 그 밑에 붙어 있는 당시 10여 호쯤 되는 동네에 살고 있었다. 조 동지 집안은 대대로 농사짓는 농민이었다. 할아버지 대에는 그리 넉넉하지는 않더라도 세 끼니 밥은 먹고 살 만했다고 한다.

일제 때가 되어 신호 늪이 둑으로 둘러싸여 저수지가 되자 좀 비싸기는 하지만 물세를 내고서도 남에게 빚 얻는 형편은 아니었다. 그런데 할아버지가 돌아가시자 아버지는 초상을 치르느라 경작하고 있는 논을 담보로 수리조합에 빚을 지게 되었다. 마침 연이은 가뭄이 들어 흉년으로 이자를 때 맞추어 내지 못하게 되자 이자가 원금에 붙어 빚은 더욱 불어나게 되었다. 결국 도저히 감당할 수 없을 지경에 이르고 말았다. 일이 이렇게 되자 조 동지 집은 담보 잡힌 논을 그냥 빼앗길 처지가 되고 말았다.

조상 대대로 경영해 오던 농토를 빼앗기지 않으려고 발버둥 친다는 게 이번에는 악질 왜놈 지주에게 걸려들었다. 악질 왜놈 지주는 수리조합에 진 빚을 몽땅 갚아주되 그 담보로 조 동지 집의 나머지 농토마저 저당하라고 했다. 마침내 조 동지의 집은 알토란 같은 나머지 땅까지 왜놈 지주의 소유로 넘어가고, 농사지은 곡식의 80~90퍼센트를 소작료로 물어야 하는 소작인 신세로 전락하고 말았다.

이렇게 소작인으로 5, 6년을 살면서 착취당해 온 조 동지의 집은 8·15 해방을 맞이해 일제 지주의 착취에서 해방되었다. 그 왜놈 지주는 이 땅에서 쫓겨났고, 빼앗긴 아버지의 땅을 몽땅 도로 찾게 됐다. 바로 8·15 해방은 땅을 찾게 된 조 동지 집안의 구세주였던 것이다.

그런데 말이다. 그 해방의 기쁨, 그리고 빼앗긴 땅을 찾았다는 기쁨은 일제로부터 해방된 바로 그해, 1945년의 일이었을 뿐이다. 1946년 2월이 되자 도로 찾은 땅은 다시 미국 점령군의 소유가 되었다. 1946년 2월부터는 미 점령군의 대행자인 신한공사에서 소작료를 받아 갔다.

1946년 봄, 보릿가을에는 일제 때 지랄을 하던 공출마저 새로 부활했다. 미군 헌병이 군정청 경찰을 끌고 와서는 공출이라는 왜놈의 법을 앞세워 빼앗아 갔다. 1946년 11월부터는 가을 곡식을 또한 공출하라고 달려들었다. 조 동지의 집에도 신한공사에서 매긴 소작료 청구서가 날아들었다.

10월 인민항쟁이 좀 숙어지자 면 직원은 지서 순경을 대동하고 공출과 신한공사 지세 고지서를 들고 왔다. 12월부터는 강제로 집뒤짐을 해서 빼앗아 갔다. 신한공사의 지세를 받기 위해 미군은 군정 경찰을 앞세웠다. 이 가운데서 실력행사가 일어났다. 숱한 농민들이 붙잡혀 가고 폭행을 당해 부상을 입었다. 조 동지의 집에서도 공출 받으러 온 면 직원, 지서 순경과 충돌이 생겼다. 이 충돌로 조 동지의 아버지는 인사불성이 되도록 폭행을 당했다.

조 동지는 이와 같은 말도 되지 않는 미 군정의 행정에 저항하는 투쟁에 발 벗고 나섰다. 마침내 2·7 구국투쟁에 떨쳐나선 것이다. 2월 7일, 초동면 경찰지서 공격에서 조 동지는 한 손에는 사제폭탄을 들고, 또 한 손에는 사제권총을 들고 지서 안으로 쳐들어갔다.

"손들엇!"

경찰관은 모두 두 손을 들었다. 아버지를 폭행한 경찰과 눈이 마주쳤다. 그 경찰은 조 동지를 보자 겁이 나서 발악을 했다. 옆구리에 찬 권총으로 손이 가려는 찰라 누가 쏘았는지, '탕!' 하는 한 방의 총소리가 울렸다. 그와 동시에 그 경찰은 손에 쥔 권총을 떨어뜨리고 쓰러졌다.

나중에 조 동지가 들어서 알았는데, 조 동지는 그때 격분으로 숨만 헐떡거리고 있었다고 한다. 방아쇠를 당기는 것은 잊고 있는 듯했다. 곁에 있던 동지가 위기를 느끼고 쏘았던 것이다.

"이제 나는 집에 못 간다. 이제부터 이 몸은 제2차 해방투쟁에 바치는 몸이다. 아버지의 병구완을 못 해 원통하다. 그것도 하나밖에 없는 아들인데……."

조 동지는 이야기를 마치고 울먹거렸다. 이름은 비록 잊었지만 짙은 눈썹, 쌍꺼풀진 눈매, 광대뼈가 좀 나오고, 입술이 좀 두터운, 이목구비가 반듯한 청년의 얼굴은 아직도 내 기억에 남아 있다. 이야기를 나누는 가운데 동녘 하늘에 희미한 빛이 생기더니 점차 밝은 빛으로 변했다. 구름은 그 빛으로 붉은빛이 되면서 그 밑에 푸른빛의 하늘이 열리기 시작했다. 2월 9일의 새벽이다. 바로 그날이 음력으로 섣달 그믐날이었다.

조 동지가 이불을 둘둘 말아 칡넝쿨로 감아 묶어서 어깨에 둘러매고 내리막 고갯길을 성큼성큼 걸어 내려갔다. 내리막길이 산의 서녘 비탈에 있어서 아직은 발밑이 어두웠다. 밤눈이 어두운 나는 조심조심 걸어갔다. 그러니 좀 뒤처질 수밖에 없었다. 좀 내려가다가 앞서 내려간 두 사람을 못 보고 그냥 내려갔는데, 발자국 소리를 듣고 잠을 깬 한 무더기가 이불 밖으로 얼굴을 내밀고 보다가 내려오는 나를 보고 소리쳤다.

"어이, 산만댕이에서 오는가뵈?"

나는 멈추어 서서 대답했다.

"우리도 추워서 잠이 깼어요. 고갯마루 아래 바람막이가 되는 구덕에 낙엽이 깔려 있어 그 구덕에 들어가 따뜻하게 자고 내려오는 길입니다."

"아이고, 우리는 평평한 데를 골라 누웠는데 맨땅바닥이라 밑에서 올라오는 냉기로 오금이 얼었네. 이제는 힘줄마저 얼어선지 일어나지도 못하겠네."

"억지로라도 일어나 운동을 하소. 제자리걸음도 하고 허리 펴기 굽히기도 하시고요."

기온이 영하 10도는 될 것 같았다.

아무튼 지난밤을 지나면서 낙엽의 보온, 그중에서 갈잎의 보온 효과를 몸으로 톡톡히 배웠다. '이렇게 해서 산사람의 생활을 하나씩 몸으로 배워

쌓아나가야 하는구나' 하는 생각이 절로 들었다. 그들도 일어나 몸 굽히기 운동을 하고 이불을 뭉쳐 칡넝쿨로 묶어 둘러맨 뒤 내려가기 시작했다. 이제야 서녘 비탈도 환히 보일 만치 날이 샜다.

우리는 방동 마을로 들어섰다. 본부처럼 되어 있는, 면 당책과 두 분 할아버지가 계시는 집 사랑채 앞마당에 화톳불을 피워 놓고 있었다. 그 둘레에 먼저 온 순희도 있고 조 동지도 있다. 산에서 한뎃잠을 잔 다른 한 조도 이미 와서 활활 타는 화톳불에 데워진 빨간 얼굴로 이야기를 하고 있었다.

두 할아버지와 아재가 기침했을 것 같아 사랑방 앞에서 기척을 냈다.

"할아버지, 저 재굽니다. 잘 주무셨습니까?"

방에서 인기척이 나더니 방문이 열렸다. 죽서 할배가 문 앞에 나오시고, 그 뒤에 월산 할배, 계음 아재의 얼굴이 함께 있었다.

"할아버지, 아재. 밤새 안녕하셨습니까."

"오냐, 어젯밤 한고(寒苦)하느라고 고생 많았제?"

"괜않습니다."

이때 뒤에서 성호의 목소리가 들렸다.

"책임자 동지, 그리고 두 분 선생님들, 밤새 안녕하십니까."

면책 동지가 답하셨다.

"어이구, 성호 동지. 어젯밤 춥지는 않았소?"

"예, 아주 따뜻하게 잘 잤습니다."

"건강치 않은 몸으로 고생이 많소. 든든한 후방이 있어야 할 텐데. 선배가 할 노릇을 잘 못해 미안하오."

"책임자 동지. 어렵다고 해서 안 할 일은 아니지 않습니까. 명이 붙어 있는 한 해야 할 일이지요. 걱정하지 마십시오."

"알았소. 힘껏 싸웁시다."

면책 동지는 방에 계신 두 분에게 말했다.

"자, 이제 방에서 인사 받기는 그만하고 밖으로 나갑시다."

세 분 선배들이 모두 나와 화톳불 앞으로 오셨다.

곧 아침식사 시간이 되었다. 어제 저녁과 별반 다르지 않았다. 당시 우리 형편으로서는 끼니를 거르지 않은 것만 해도 족한 것이다. 아침식사를 마치고 입초만 남겨두고 모두 화톳불을 둘러싸고 모였다. 다 모이자 면책 동지가 앞으로의 일에 대해 말했다.

"이곳에는 오래 있지 않고 준비되는 대로 각자 임무를 받고 떠날 것입니다 다만 그동안 우리의 안전과 질서를 위해 몇 가지 규정을 정해 지키도록 하겠소. 이 문제에 대해 두 분 선배와 토론한 결과를 지금부터 말씀드리겠소."

면책 동지는 크게 세 가지를 말했다. 첫째는, 적들의 침투를 방지하기 위해 군호를 정해서 피아를 구별하는 것이다. 둘째는, 이 동절에 건강을 지켜야 하기 때문에 한뎃잠을 잘 곳을 잘 만들어야 하고 불침번을 세워야 한다는 것이다. 셋째는, 이 마을을 벗어날 일이 있을 때는 반드시 책임자에게 그 이유와 돌아올 시간을 정해 주고 그 시간을 지켜야 한다는 것이다.

"그중 첫째로 군호는 지금 정해서 실시하기로 하겠소. 이의가 있으신 동지는 손을 들어주시오."

이의를 제기하는 사람은 아무도 없었다.

"그러면 박수로 동의해 주시기 바랍니다."

"좋습니다."

전체가 박수를 쳤다. 이번에는 월산 할배가 말씀하셨다.

"그럼 우선 한고할 장소부터 정해야겠습니다. 적당한 장소로 생각되는 곳이 있으면 말하시오."

그래서 내가 나섰다. 나는 어제 우리가 산 정상에서 자다가 추위를 피해 옮긴 곳을 이야기하면서, 지면보다 낮은 구덩이를 택하고, 낙엽, 특히 갈잎을 될수록 두텁고 푹신하게 깔 것을 강조하면서 방동고갯마루에 어제 우리들이 잤던 곳을 제안했다.

"동네 입구 밖에서도 보이지 않고, 본부에서도 가까운 곳이라 제격입니다. 또 적들이 불시에 침입해도 즉각 대처할 수 있도록 불침번을 세우는 문제도 제기합니다."

나의 이 제의를 모두가 받아들였다. 회의를 마치자마자 우리는 동네에서 연장을 빌려 작업에 나섰다. 동네에서는 내일 설 제사를 지내기 위해 가루를 빻는 절구질 소리가 들리고 있었다.

동지와 헤어지고, 새 동지와 만나고

나와 순희, 그리고 조 동지 세 사람이 한 조가 되어 방동고갯마루에 배치받아 올라갔다. 조 동지는 45구경 권총을 받아 허리춤에 끼고 나왔다. 초동면 지서에서 빼앗은 것인데 탄창에는 실탄이 꽉 차 있었다. 나는 삽과 곡괭이를 메고 잘 드는 낫 한 자루를 허리에 차고 나왔고, 순희는 이불을 둘러메고 나왔다.

어젯밤 잤던 곳으로 갔더니 구덕에 깔린 갈잎이 바닥에 다져져 있었다. 그것을 곡괭이와 낫으로 끌어내고 주변에서 마른 흙을 긁어모아 구덕 바닥에 깔았다. 그 위에 먼저 소나무 갈비를 두텁게 깐 다음 갈잎을 구덕에 거의 차도록 수북하게 채워 넣었다. 그 위에다 이불을 펴고 그 안에 들어갔더니 푹신한 게 오늘 밤은 따뜻하게 보낼 수 있을 것 같았다. 다시 이불 밖으로 나와 밀양읍 쪽으로 내려가는 좀 널찍한 길에서 구덕이 잘 보이지 않도록 나뭇가지를 잘라 구덕 쪽을 가렸다.

모든 준비를 갖춰놓고 구덕 속에 들어가 쉬었다. 날씨는 바람이 그치자 제법 햇살이 도타워져 푸근했다. 한숨 쉬게 되자 내일 설날이 생각났다. 할 아버지가 안 계신 밀양 집에서는 어떻게 설 제사를 지낼까. 아마 구지에서 아버지가 지내시겠지.

순희는 집이 바로 산 밑이라 내일 일찍 내려가 제사 참사를 하겠다고 한다. 사실 농잠학교는 시위운동도 학련의 방해로 상당히 축소되고 말았기 에 그 주동자라 해도 눈에 띄지 않으면 그냥 지나칠 것 같다고 했다. 이런 저런 이야기를 하는 동안 해는 서쪽으로 훨씬 기울었다. 우리가 은신하고 있는 곳은 주능선의 동쪽이라 해는 이미 능선에 가려졌다. 햇살이 없어지 자 어깨가 조금 쌀쌀했다. 그래서 나는 좀 일찍 내려가 저녁식사를 하고 오 자고 했다. 그러자 조 동지는 셋 다 갈 수는 없다고 했다.

"이 목은 아래 방동을 지키기 위해 비워서는 안 되는 곳이오. 무장한 내가 남아 있겠소. 대신 식사를 끝내고 올라올 때 내 것을 가져다주면 좋 겠소."

나와 순희는 그리하기로 동의하고 내려갔다. 방동 동네로 내려가 본부 에 들렀다. 면책 동지에게 한고 장소 작업을 끝내고 조 동지가 입초 중이라 고 보고하고, 두 사람은 식사를 끝내고 조 동지 식사를 가지고 가겠다고 했 다. 그러자 얼마 안 있어 저녁식사를 알리는 징소리가 울렸다. 열댓 명의 동지들이 마당에 깔아놓은 덕석에 둘러앉았다.

부엌에서 밥통과 국통을 내와서 덕석 가운데 놓았다. 주발과 대접 그리 고 접시가 나오고, 김치와 나물과 장아찌를 담은 큰 대접이 나왔다. 배식을 맡은 동지들이 각각 밥, 국, 그리고 찬을 담아 둘러앉은 동지들 앞에 갖다 놓았다. 배식이 완료되자 누구의 구령도 없이 똑같은 소리로 합창하는 것처럼 인사를 했다.

"잘 먹겠습니다."

식사가 끝날 즈음 숭늉 통이 나왔다. 거기에 담긴 쪽박으로 조금씩 빈 밥그릇에 부어 마시고는 그릇을 덕석 가 일정한 곳에 포개 놓았다. 그러고서는 "잘 먹었습니다"라고 인사를 하고 나갔다. 이러한 격식이 정말 자연스레 정해졌다. 나는 부엌으로 가서 이미 준비해 놓은 죽세공으로 만든 도시락 곽에 담은 조 동지의 저녁식사를 받아 나왔다. 그리고 사랑방으로 들어가신 아재와 할배들 세 분에게 축담에서 인사를 드렸다.

"할배 그리고 아재, 저희들 셋은 식사 마치고 방동재로 갑니다. 안녕히 주무시이소."

"오냐, 밤에 추울 텐데 조심하고."

죽서 할배가 대표로 인사를 받으셨다.

나와 순희는 주먹만 한 삶은 감자 세 개와 갖가지 곡식을 빻아서 찐 떡 세 뭉치를 무명수건에 싼 것을 받아 쥐고, 숭늉을 담은 주전자를 들고 조 동지가 기다리는 고갯마루로 올라갔다.

그날 밤은 바람이 없어서 추위는 한결 덜했다. 그래도 아침에는 숭늉 주전자가 얼어붙어 있었다. 기온은 여전히 영하였다. 불침번을 서기로 했는데, 두 사람은 초저녁과 밤중을 맡고 나는 3시 이후를 맡았다. 초저녁을 맡은 순희와 귓속말로 소곤거렸는데 무슨 말을 했는지 기억이 없다. 그리고 좀 잤는지 곧 교대했다. 모두 시계가 없어 얼마를 잤는지 아무도 잘 모른다. 그저 잠을 깨면 교대하는 것이다. 그래도 추위로 모자란 어젯밤의 잠을 보충하는지 두 사람은 이불을 머리까지 덮어쓰고 푹 잤다.

나는 대구 이모가 사 준 털실 모자를 귀까지 푹 쓰고 자다가 이불 밖으로 나왔다. 아직 어둠이 주인인 밤, 땅바닥에다 오줌 한 줄기를 깔기고 나니 기분 좋은 진저리가 났다. 나온 김에 능선에 올라 동녘을 바라보니 아직 새벽은 멀었다. 저 멀리 밀양 읍내의 가로등 몇 곳이 깜박거릴 뿐이고 대체로 어둠의 바다였다.

두 사람은 세상 모르게 자는데 나만 홀로 잠 깨어선지 시간이 지독하게 지루했다. 처음은 동천이 희붐한지 어떤지 모르다가 어느 사이에 확실히 새벽이다. 부윰한 빛이 번지기 시작했다. 1948년의 설날, 음력 설날이 밝아 오는 것이다. 이때까지 설날마다 기다렸던 겨레의 해방, 그러나 하나의 나라를 기어이 반동강 내어 꼭두각시 정부를 만들려는 미제와 이들의 손가락에 춤추는 친일주구와 친미사대 세력들, 이들이 판치는 세상을 앞에 두고 맞는 설날은 우리가 결코 반길 수 없는 설날이다.

이런 생각으로 모대기는 동안 점점 빛이 더해 내 주위의 모습이 드러났다. 하늘에는 어둠을 무찌르듯이 붉은 빛깔이 뻗치면서 동천이 청홍으로 퍼져 오른다. 그렇다. 신새벽의 어둠을 무찌르는 청홍의 빛처럼 우리는 해방된 조선의 빛으로 뻗쳐오르자!

나는 구덕에 들어가서 소리쳤다.

"조 동지, 이제 새해 설날의 새벽입니다. 동천에 뻗친 청홍의 빛을 맞이합시다."

두 동지는 일어나 구덕에서 나왔다. 그리고 아름다운 조선의 새벽 하늘을 보았다. 비록 아직 자주독립의 조선 하늘은 아닐지라도 기어이 자주독립의 새벽으로 맞이할 청홍의 조선 하늘을 함께 바라보았다.

우리는 자던 자리를 정리하고 이불을 묶어 짊어지고 내려갔다. 아침식사를 마치고 모두가 한자리에 모였다. 어제 군당에서 하달된 지시사항을 전달받고 거기에 관해 토론하기 위해서였다. 토론은 면당의 당책이 주도해 진행되었다. 먼저 군당에서 하달된 지시사항을 발표했다. 그 내용은 다음과 같았다.

   1. 2·7 구국투쟁의 봉기로 수세에 몰린 적들은 곧 반격을 가해 올 것이다. 초동면과 청도면의 투쟁에 대한 반격을 획책할 것이다. 이에 대해 현재의 집결 장소를 비워 역량을 보위할 수 있도록 한다.
   2. 설날의 세배 내왕을 이용해 예정된 장소로 이동할 것이다. 따라서 종심(縱深)이 없는 방동기지는 즉시 해체한다.
   3. 지명수배되고 있는 동지, 노출된 동지는 군당에서 소환해 임무를 부여할 것이다. 소환 장소는 개별적으로 통보할 것이다. 그 밖의 동지는 귀가하여 그 지역의 소속 대중단체 또는 당 세포에서 활동한다.
   4. 이 지시사항은 2월 10일 중으로 집행할 것이다.

나와 강성호는 3항의 개별적 소환 대상이었다. 박순희는 귀가해 대중조직에 흡수돼 운동하게 되었다. 군당의 이러한 지시사항을 집행하기 위해 세 사람의 지도원이 나와 있었다.

제일 먼저 초동·오방동 경찰지서 습격투쟁에 참가한 동지들 중 일부인 4, 5명은 귀가했고, 7, 8명은 노획한 무기를 가지고 한 지도원의 인도로 종남산 능선을 북행해 마흘리로 내려간 뒤, 그날 저녁 어둠을 이용해서 대항리를 건너 화악산으로 들어가 청도군의 산서지역 역량과 결합해 화악산의 야산대를 형성한다는 것이다.

초동면 당의 핵심인 계음 아재와 두 할아버지는 군당에서 지정한 면당의 아지트로 이동했다. 이 세 분 중 한 사람은 방동 마을 상갓집에서 상복을 빌려 입고 설날의 시묘상주로 가장해 군당에서 새로 마련한 아지트로 이동했다고 한다. 강성호는 키도 크고 인물도 훤칠한 지도원을 따라갔다. 나와 함께 가기를 원했지만 당의 방침에 따르지 않을 수 없어 방동 마을에서 헤어졌다. 이것이 성호와의 영별이 되었다.

　나중에 들은 소문인데, 성호는 당시 남조선 혁명조직의 핵심역량을 키우기 위해 북 공화국에다 설립한 '강동정치학원'으로 갔다고 한다. 하지만 이들 중 거의 대부분은 학습을 마치고 월남하는 길목에서 이남 특무들에게 사살당했다고 한다. 이에 대한 사실은 이북 공화국에서 종파분자를 처단할 때의 재판 당시 당에 침투한 첩자 백형복(白亨福)의 죄상을 기록한 데서 상세하게 나와 있다. 성호 동무도 그런 억울한 죽음을 당한 것으로 생각돼 정말 가슴 아프다.

　마지막으로 나는 한 지도원을 따라 설날 오후에 삽개로 내려왔다. 한 아지트에서 밤이 오기를 기다려 저녁밥을 먹고 어둠을 이용해 출발했다. 제대리로 해서 감내다리를 건너 북으로 죽 올라가다가 북문거리로 나와 추화산 북쪽 공동묘지 사이의 안부를 넘어 긴늪다리를 건넜다. 다원 동네 앞들을 남으로 질러가면 단장천이 나오고 거기에는 구미 동네로 가는 징검돌다리가 놓여 있다. 그 돌다리를 건너 산 쪽으로 난 수렛길을 가니 언덕 위에 커다란 기와집이 있었다.

　지도원은 그 집 대문간 채에 난 키 높이쯤 되는 창문에다 신호를 두드렸다. 창문이 열리자, 지도원 동지는 담배를 한 가치 물고 라이터를 켜 불을 붙이면서 자기 얼굴을 환히 보였다. 곧 신발 끄는 소리가 들리고 대문이 열렸다. 그리고 나이 30쯤 되어 보이는 농민이 나와 지도원과 악수를 했다.

　"이처럼 어두운데 밤늦게 수고가 많습니다."

　지도원은 나를 앞세우고 안으로 들어갔다. 농민은 우리를 데리고 서너 간이나 되는 기다란 집의 맨 안쪽 방으로 인도했다. 방 안에 들어가자 나는 주인이 앉기를 기다려 인사를 하려고 문 곁에 그냥 서 있었다. 그러자 주인이 내게 말했다.

"동무, 인사하려고? 됐소. 우리 인사는 악수로 하는 겁니다. 통성명은 안 하는 것이 원칙입니다. 꼭 해야 할 때는 조직명, 말하자면 가명이지요. 동무, 가명이 있소?"

"아직……."

"우리는 서로 만나도 이름도 없고 나이도 없고, 그렇게 만나지만 내 모가지를 동무에게, 동무의 모가지를 나에게 서로 걸어놓고 살지요. 그 얼마나 가까운 사이인가요! 모가지를 주는 것 이상 더 중한 것은 없다오."

그 농민은 내게 커다란 손을 내밀고 악수를 청했다. 정말 굳은 악수였다. 지도원 동지는 내게 말했다.

"동무, 오늘은 여기에서 자고 내일은 더 산 안으로 들어갑니다. 오늘은 아무 생각도 말고 푹 잡시다."

농민은 말했다.

"아직 시간이 9시가 조금 넘었을 뿐인데, 벌써 자려고? 잠깐 기다리시오. 그래도 오늘은 설날인데 우선 접구라도 해야지."

그러고선 밖으로 나간다. 좀 있다가 떡국을 끓여 왔다. 그 반에 여러 가지 제수음식과 과일로 차려놓았다. 나는 지도원 동지와 겸상으로 나온 음식을 출출한 김에 맛있게 비웠다. 두 선배를 만나 이야기하는 동안 이게 동지라는 것이구나, 혁명동지로구나, 하는 것을 느꼈다. 이때껏 느껴보지 못한 사람에 대한 새로운 느낌이 나의 심장 속으로 스며들어 왔다.

새로운 이름,
신덕생

밤참을 먹고 난 다음 주인은 상을 물리면서 인사했다.

"그럼 오늘 밤은 내일 일정을 생각해서 푹 쉬시오. 방은 곧 따스해질 것이오. 그럼, 지도원 동지도 편히 주무시오."

나도 인사를 했다.

"그럼, 내일 아침에 뵙겠습니다."

그리고 나는 방 아랫목 벽장을 열고 요 이불을 꺼내고 베개도 내리고 해서 잠자리를 폈다. 아랫목 쪽으로 발을 두고 자도록 이불을 폈다. 두 사람 사이를 팔 길이만큼 띄고 폈다. 그리고 내가 학생옷 윗옷을 벗으려하자 지도원 동지는 내게 말했다.

"동무, 이제부터는 늘 옷을 입은 채 잠을 자야 하오. 상황이 발생하면 옷을 입을 새가 없으니 그냥 옷을 입은 채 자야만 한다오. 그리고 조직선 안에 들어오면 두 사람 이상일 때는 한 사람이 불침번을 서야 하오. 오늘은 이 트(아지트)⁶⁾에서 불침번을 설 것이니 우리 둘은 내일 아침까지 푹 잘 수 있소."

"예, 잘 알았습니다. 지도원 동지."

"지금부터 동무의 이름을 만들어야 합니다. 이제부터 동무가 써 오던 이름은 혁명이 완성되고 집에 돌아갈 때라야 도로 찾을 수 있소, 그럼 무엇으로 할까요?"

"지도원 동지가 하나 만들어주십시오. 갑자기라서 어리둥절합니다."

"그럼, 내 이름이 서공생이니 날 생 자를 하나 따서, 성은 평산 신씨로 하고 큰 덕 자를 붙여서 신덕생(申德生)으로 합시다. 어떻소. 앞으로 동무가 사람들에게 덕을 베푸는 일을 하자는 뜻도 되겠네."

"지도원 동지, 이름이 마음에 듭니다. 신덕생이라, 참 좋습니다. 나이

---

6) 비합법적인 운동이나 노동쟁의 등의 근거지로 사용하는 집회 장소나 지도본부, 비밀본부를 말하는데, 원래 agitation point에서 나온 말이다. 비밀 아지트를 줄여서 '비트'라고도 한다.

많으신 동지들이 부르기도 좋습니다. 덕생이, 어이 덕생이 동무. 참 좋습니다. 아주 평범하고요. 이름값을 하도록 인민을 위해 살겠습니다."

"동무는 나이가 아직 어려 당원은 될 수 없지만 당의 선 안에 들어 있고, 동무라야만 할 수 있는 일을 맡길 것이오. 그래서 나이가 될 때까지 후보당원으로 대우할 것이오."

서공생 동지. 나이 서른이 좀 못 된 선배. 나는 이 선배와는 꼭 24시간의 인연밖에 없었다. 지금은 그 얼굴 모습마저 희미하다. 내게 남아 있는 것은 서공생이라는 조직명뿐이다. 그러나 나에게는 영원한 정치적 이름을 지어주신 선배임을 잊을 수가 없다.

아침에 일어나 집 뒤꼍의 실개천으로 가서 세수를 하고 방에 왔다. 방 앞에는 무명베로 지은 바지저고리와 버선이 있고, 검은 코고무신 한 켤레가 축담에 있다. 내가 방 안에 들어가니 지도원 동지가 내게 말했다.

"덕생이 동무, 오늘은 낮에 대로로 단장면 깊이 범도까지 가야 합니다. 동무처럼 비까번쩍하는 학생 도령님이 갈 길이 아니지요. 그래서 산골 총각처럼 차려야 하겠기에 조직에서 미리 준비했소. 이 옷으로 겉옷을 갈아입으시오. 동무의 짐은 바지게에 내 짐을 지고 가는 양하는 겁니다. 그런데 지게는 져봤는가 모르겠네……."

"지도원 동지, 그건 걱정 마십시오. 겨울방학에는 지게 지고 나무하러 산 일도 있습니다."

이와 같이 길 떠날 준비를 갖추고 아침식사를 했다. 쌀 반 보리쌀 반으로 지은 밥에다가 설날 음식 찬으로 배를 든든히 채웠다.

그런 다음 나는 지도원 동지를 따라 주인에게 인사를 하고 밖으로 나왔다. 마당에 준비해 놓은 바지게에 거적때기를 깔고 그 위에 내 겉옷과 미군화와 학생복 윗옷을 키슬링 안에 넣어 감춘 뒤 바지게에 얹었다. 그 위에

마 자루거적을 덮어씌워 마 끈으로 이리저리 묶었다. 지게 멜빵을 어깨에 걸치고 일어섰더니 거뜬하게 지게가 등에 붙었다. 지도원 동지도 시골 농촌에서 흔히 보이는 흰 무명 바지저고리, 검은 조끼에다 검은 두루마기를 입고 고동색 중절모자 차림으로 나왔다.

길은 단장천 가로 내려가다가 강을 저 멀리 두고 오른편으로 굽어 나갔다. 쇠실 삼거리에서 단장면으로 나오는 콘크리트 다리로 해서 오는 도로로 올라섰다. 도로를 따라가면 강바닥이 얕아 그냥 차가 지나갈 수 있는 곳에 징검다리가 놓여 있다. 그 징검돌을 밟고 올라서면 도로는 단장면 지서가 있는 태룡리(台龍里)로 간다.

우리는 이 길을 피하고 단장천을 따라 태룡리 동네를 남쪽으로 돌아 강 따라 나 있는 길을 따라갔다. 이 길로 가면 지서 앞을 지나오는 도로와 태룡천 공굴다리와 만나 강을 건넌다. 이러면 검문을 피해 범도(泛棹)로 바로 갈 수 있게 된다. 도로는 강을 따라 북으로 올라가는데 강은 계곡이 되어 북에서 내려온다. 약 2킬로미터쯤 강을 거슬러 올라가면 강도 도로도 오른편으로 산허리를 감싸고 급히 굽어 길은 동으로 가고 물길은 동에서 서로 흐른다. 그러면서 표충사 계곡의 물과 고례 골짜기에서 흐르는 물이 합치는 범도라는 강변 동네에 이른다.

거기에서 표충사 쪽으로 1킬로미터쯤 더 올라가면 삼거(三渠)라는 산골 동네를 만난다. 우리는 그 동네의 한 초가집에 들어갔다. 시간은 오전 11시가 조금 넘었다. 거리는 지금 지도로 보니 11킬로미터쯤 된다. 주인은 곱상한 아저씨인데 부인도 고운 아주머니였다. 아기 하나를 등에 업고 있는데 딸이었다. 얼굴이 추위에 빨갛다. 아주 예쁘다. 나는 내외분에게 공손히 인사를 했다. 내외분은 그냥 웃기만 했다. 날씨는 맑고 푸근했다.

동남쪽은 상당히 가파른 산으로 가려 있는데 그 능선에 올라서면 한 봉우리가 솟아 있다. 향로봉(香爐峰)이라고 한다. 그 반대 서북쪽도 높은 산이 가려 있다. 우리가 들어온 골짝만 넓게 열려 있을 뿐이다. 서공생 지도원 동지는 나를 여기까지 데려오는 일로 임무를 마치는 것이다. 오후부터는 이 집에 계신 나이 마흔 가까이 되어 보이는 아저씨가 나를 데리고 표충사 층층폭포 골짝 오른편 안부로 오르는 계곡 길옆에 있는, 무릉동이라고 부르는 전설적인 마을로 가는 것이었다.

점심으로 껍질을 대낀 퍼석한 옥수수에 굵은 울콩이 박힌 밥과 여러 가지 향기로운 산나물과 산천어 조림으로 차린 상을 받았다. 아래 평지에서 사는 우리들은 쌀과 보리쌀이 없으면 밥이 안 되는 줄 알았는데, 이 산골에서는 여러 가지 잡곡을 호박에다 절굿대로 찧어 껍질을 대껴서 밥을 지어 끼니를 해결하고 있다. 전혀 몰랐던 사람들의 삶을 보고 배웠다. 점심을 마치고 지도원 동지는 내가 꼭 알고 있어야 할 것들을 일러주었다. "귀미에 있는 아지트는 동무가 있는 '트'가 파괴되었을 때 비상선으로 쓸 수 있소"라면서 암호와 접선 방법을 가르쳐주고 꼭 머릿속에만 간직하라고 당부했다. 우리는 악수를 하고 후일을 기약하고 헤어졌다.

그리고 나는 아주머니로부터 아기를 받아 안고 높이 올렸다가 내렸다가 하면서 얼러주었다. 아이는 재미있다고 깔깔 소리 내고 웃는다. 아주머니가 설거지를 마치고 올 때까지 아기하고 놀았다. 아이를 아주머니에게 인겨주고 나도 산행 준비를 했다. 입고 있는 바지저고리에서 바지를 학생복 바지로 바꾸고, 신고 있는 고무신을 미군화로 바꾸어 신어도 되느냐고 물었더니, 아저씨는 고개를 끄덕였다.

"여기부터 산 쪽은 천지개벽 후 나라의 통치가 안 통하는 곳이라오. 그러니 어느 놈이 간섭하겠소. 좋을 대로 하시오."

"그러고 보니 그렇네요. 허 참, 바로 여기가 해방굽니다. 여기서부터 해방구를 넓혀나가면 되겠군요. 바로 법이 없는 곳, 여기로부터 전혀 새로운 법, '인민의 법'을 만들면 바로 이게 혁명이겠지요. 바로 새 세상을 만드는 것입니다. 선생님!"

아저씨도 준비를 마치고 나왔다. 망태를 하나 짊어지고 기다란 나뭇가지에 쇠창을 박은 창대를 들고 허리춤에는 브라우닝 권총(육혈포)을 찔러 넣었다. 우리 둘은 울 밖으로 나왔다. 아주머니도 아기를 안고 나왔다. 나는 아주머니를 향해 인사를 하면서 말했다.

"아주머니, 오늘 점심 정말 맛있게 잘 먹었습니다. 언제 뵙게 될지는 모르지만 좋은 날을 만나면 꼭 찾겠습니다."

"학생, 잘 가소. 꼭 하시는 일이 성공하기를 바랍니다."

우리는 삼밭골이라는 골짝으로 들어섰다. 골짜기 오른편에 붙어서 길이 나 있는데 갈수록 가풀막졌다. 한 시간 정도로 올라갔는데 바로 앞에 능선이 나타났다. 이 능선에 올라서자 왼편에 제법 우뚝 솟은 봉우리가 나타난다. 이것이 향로봉이라는 것이다. 능선에는 이 봉우리로 올라가는 길이 있다.

나는 아저씨를 이때부턴가 선생님으로 자연스레 부르게 되었다. 선생님을 따라 향로봉으로 겨우 올라섰다. 향로봉부터 길은 능선길이라서 거의 평지 같았다. 그러나 양옆은 거의 절벽이라 할 만큼 가파른 경사지였다. 한 20여 분쯤 가다가 능선은 갑자기 거의 직각으로 오른편으로 굽는다. 길은 능선길이라서 평지와 같지만 양옆은 절벽이다. 나는 그 위를 걸어간다. 그런데 좀 나갔더니 길은 절벽으로 끊어진 듯 보였다.

선생님은 앞서 가다가 내가 오기를 기다렸다. 내가 당도하자 선생님이 말씀하셨다.

"어디 좀 쉬었다 갈까?"

"따라갈 만합니다. 선생님 좋으실 대로 하이소."

"그럼 계속 가지."

여기부터는 길도 없고 급경사였다. 앞선 선생님만 보고 계단을 밟듯이 내려가야 했다. 주변을 둘러볼 정신적 여유도 없이 그저 발 디딜 곳만 보고 내려갔다. 그러다가 보니 평평한 넓은 땅이 갑작스레 나타났다. 여기가 칡밭골이란다. 칡밭골에서 앞에 가로놓여 있는 봉우리를 오른편으로 감돌아 가다가 왼쪽으로 난 고갯마루가 있다. 그것을 넘어서면 무릉동이라는 전설 같은 마을이 나온다. 이 마을은 해발 800미터의 고지대다. 이곳이 내가 앞으로 산사람이 되기 위해 공부해야 할 곳이다. 나는 앞서 가는 선생님을 따라 마을에 들어갔다. 해는 이미 서녘 봉우리에 넘어가 있고 훤한 하늘로 하여금 아직 낮임을 고하고 있었다.

마을은 방동 마을만 했다. 북쪽으로 열려진 골짝 한가운데 개천이 흐르고, 개천의 양가는 낮은 물매의 잡목이 무성한 초원이 펼쳐져 있다. 동네는 개천의 서쪽에 있다. 동쪽 언덕바지에는 한 울안에 새로 지은 듯한 초가 세 채가 있다. 동쪽 안쪽에 한 채가 있고, 이 초가의 양옆에 남향, 북향의 두 채가 있다. 그 집 둘레에는 감나무, 대추나무, 밤나무 등 여러 과일나무가 있고 밭뙈기도 좀 있다.

시내 건너 서편에는 예닐곱 채의 초가가 있다. 그 집은 좀 낡았다. 집 외벽에는 산나물거리들을 엮어 걸어두고 있다. 아마 동네 사람들은 이곳에 살고 있고 동쪽 둔덕에는 약간의 밭농사도 짓는 것 같았다.

선생님은 나를 데리고 동쪽의 새 초가집으로 가서 삽짝을 넘었다. 동네는 빈 듯이 인기척이 없다. 모두 산악지대 여기저기 흩어져 나물거리를 뜯고 약초도 캐고 해서 집에 없는 것 같았다.

"선생님, 삼밭골의 제가 왔습니다. 오신다는 학생 한 분 데리고 왔습니다."

그러자 안채의 오른편 방의 문이 열리더니, 40대 후반의 초로 한 분이 목을 바로 세우지 못한 채 숙여진 모습으로 나오셨다. 나중에 안 일인데 그 분은 연안의 조선의용군에서 정찰활동을 하다가 왜놈에게 붙잡혀 고문을 받고 목뼈가 상해 목을 바로 세울 수 없게 되었다고 한다.

"올라오시게나. 오시느라 수고했소."

선생님은 우리 둘을 곱게 짠 덕석을 깐, 나뭇가지로 엮은 평상으로 안내했다. 선생님은 익숙하게 그 평상으로 올랐지만 나는 좀 주저했다. 일단 구두를 벗고 올라섰더니 바닥이 생각보다 튼튼한 것이 그냥 마룻장보다 더 든든한 느낌을 주었다.

나는 선생님을 향해 절을 하고, 우선 조직명을 대고 통성명을 했다.

"제 이름은 조직명으로 해서 신덕생입니다. 그렇게 불러주시기 바랍니다."

선생님은 나를 향해 맞절을 하면서 말했다.

"나는 박철환이라 합니다. 이도 조직명입니다. 우리는 모두 해방의 그날이 올 때까지 이 이름으로 살아야지요. 스스로도 지키고 가족도 지키며 조직도 지키기 위해서입니다."

초당의
첫 밤

박철환 선생님께서 우리가 거처할 곳으로 안내했다. 이곳에 모일 동지들은 선생님과 합해서 6명이라 한다. 두 초당 중 선생님이 계신 서향의 초당에 선생님과 2명, 남향의 초당에 4명의 동지가 거처할 것이라고 했다. 거처할 방 배당은 내일 모두가 모일 때 결정하기로 했다.

"우선 동무는 오늘은 내가 있는 초당의 건넌방에 거처하시오. 시내에 가서 대강 땀이나 씻고 저녁때까지 방에서 쉬도록 하시오. 우리가 다 모이면 취사를 따로 할 것이지만 지금은 나 혼자라서 마을에 신세를 지고 있소. 오늘은 동무도 나와 함께 신세를 집시다. 그때까지 푹 쉬도록 하시오."

개울가로 안내하는 선생님을 따라 나도 허리에 차고 있는 무명수건을 뽑아 들고 따라나섰다. 맑은 물이 바윗돌을 씻으면서 흘러가는 수로를 가운데로 하고 우리 두 사람은 서로 마주 보며 윗옷을 벗고 얼굴과 머리를 씻었다. 신발과 양말을 벗고 물 안에 들어갔더니 물이 차다. 대강 손발, 얼굴과 머리에 낀 땟국이나 닦고 나왔다.

초당에 돌아와 선생님 계시는 건넌방으로 들어가 방문을 열었다. 문골의 굵기가 주먹만 하고 통나무를 반으로 쪼개 붙인 문이었다. 경첩은 넓적한 생가죽으로 갖다 대어 못으로 쳐서 붙였다. 그래서 열고 닫기가 육중했다. 아래위로 한가운데쯤 주먹만 한 구멍이 나 있어 밖을 내다볼 수 있도록 했는데 평소는 수건이나 짚으로 막아놓고 있었다.

방 안은 곱게 짠 볏짚 덕석을 깔아놓았다. 벽은 손가락 굵기만 한 싸리나무로 산자를 엮어 볏짚인지 갈짚인지 썰어서 흙과 이개어 깨끗하게 초벽을 했다. 덕석 위 한쪽에는 군용 담요 두 장이 개어져 놓여 있었다. 선생님이 문을 열고 굵은 통나무를 쪼개 만든 목침을 가지고 오시면서 말했다.

"모두가 야생적이지만 산사람의 삶이니까 이해하시오. 익숙해지는 것도 우리들 산사람의 학습이라오. 다 인민을 위한다는 신념으로 이겨나가도록 합시다."

"예, 알겠습니다."

해가 지고 나니 어둠이 급히 달려든다. 선생님은 성냥불을 켜서 기둥에 붙은 통나무 구멍에 꽂혀 있는 관솔에 불을 붙였다. 순간 방 안이 환하게 밝아졌다. 관솔이 불타는 솔향기가 신선하다.

"오늘 불침번은 신 동무가 초번을 하시오. 내가 말번을 하겠소. 첫닭 소리로 교대하기로 하고."

"예, 알았습니다."

그때 밖에서 어린 발자국 소리가 났다.

"선생님요. 진짓상 가지고 왔습니데이. 오늘은 손님이 한 분 오셨다고 해서 이리 가지고 왔습니데이."

강냉이, 수수, 조, 보리쌀로 지은 잡곡밥이다. 이름도 모르는 산나물 무침, 한 해 겨울을 묵어선지 그 빛깔이 검다. 그래도 나물 향기는 겨울을 나도 그냥 남는가 보다. 구수한 된장국을 보니 할매 생각이 거기에 묻어난다.

저녁을 다 먹고 선생님은 건넌방으로 가셨다. 나는 일단 관솔불을 켜놓고 키슬링 안을 정리했다. 비상시에 쓸 전지를 내놓고, 담요 한 장은 길게 접어 깔고 한 장은 덮기로 했다. 그래도 추울 것 같아서 두터운 내복에 스웨터를 껴입고 자기로 했다. 외투를 내다가 담요 위에 덮었더니 추위는 이제 그만이다. 이모 얼굴이 떠오른다. 모두가 보고 싶다.

책을 내놓고 보려다가 빛이 없는 곳에서 불을 켜면 10리 거리라도 보인다는 말이 생각났다. 책 보는 것은 낮에만 하기로 하고 접었다. 문구멍으로 선생님이 계신 방 쪽을 보니 깜깜하다. 주무시는 것 같다. 말씨로 보아선 경상도 분은 아닌 것 같고. 그래도 다른 도의 억센 방언이 없어서 갈피를 잡을 수 없었다.

대열에서 이탈되고 난 후에도 한 번씩 '선생님의 고향은?' 하고 생각했는데, 경북대 산악반 시절 학생들을 데리고 설악산으로 동기 등반을 갔을 때, 강릉 고을 말씨가 경상도 말씨와 거의 같은 것을 알았다. 나 혼자 무를을 치면서, "아! 그 박철환 선생님의 고향이 바로 강원도였구나"라고 해결을 본 듯했다. 그러면서 '과시 선생님이 생존이나 하고 계신지?' 라는 생각이 미치자 내 눈에는 어느덧 눈물이 가득 고였다.

이런저런 생각으로 누웠다, 앉았다, 집을 지었다, 헐었다, 하면서 불침번의 시간을 보내고 있는데 건너편 동네에서, '꼬꼬 꼬꼬오' 하고 힘찬 장닭 울음소리가 들려왔다. 그러자 이곳저곳에서 홰치는 소리와 더불어 집집마다 닭 울음소리가 났다. 몇 집 안 되는데 온 동네가 시끄럽다. 이러면 말번 불침번은 깨울 필요가 없다. 이런 생각을 하자 기다렸다는 듯이 선생님의 소리가 들린다.

"덕생이 동무, 이제 주무시오. 불침번 인계받습니다."

나는 문을 열고 나와 말씀드렸다.

"선생님, 밤새 안녕하십니까! 박철환 동지, 불침번 바로 인계합니다. 이상."

무릉동은 동과 서는 높은 산줄기로 가려져 있고, 남은 안부(鞍部)로 훤히 틔어 있으며, 북은 깎아지른 듯한 계곡 위에 덩그렇게 얹혀 있다. 그래서 아침 해는 늦게 뜨고 저녁 해는 일찍 진다. 잠을 깨어 한참 지났는데도, 시간이 7시가 훨씬 넘었는데도, 해님은 이마도 안 내밀고 있다.

선생님 방의 기침을 살피는데 아무 기척이 없다. 개울에 가셨는가 하고, 세수도 할 겸 개울로 갔다. 거기에도 안 계셨다. 어제 저녁때 세수했던 곳에서 세수를 하고, 검지에 소금을 찍어다가 양치질을 하고선 입을 헹궜다. 개울을 거슬러 오르려고 했더니 뒤에서 선생님이 부르셨다.

"덕생이 동무, 이제 일어났소? 이 근방 길도 익힐 겸 나를 따라갑시다. 이 아래로 내려가면 층층폭포라는 데가 있소. 사자평이라는 고원에서 내려오는 물이 거기 절벽으로 내리꽂히면서 층층으로 폭포가 되는데, 폭포 물로 해서 공기도 시원하고 정말 볼만하오. 거리는 10분도 채 안 걸리오. 바로 밑이라오. 갑시다."

개울을 따라 내려가는데 개울은 어느덧 폭포가 되어 없어진다. 오른편으로 산비탈이 있다. 산비탈은 60도가 넘는 급경사다. 그 비탈로 좁은 길이 나 있다. 내려갈수록 쏴 하는 물소리가 커졌다. 밑으로부터 물안개가 피어오르는지 몸이 젖어드는 것 같았다. 길은 평평하게 되어 죽 동쪽으로 나 있는데, 왼편에 사람들이 나뭇가지를 붙들고 내려가는 언덕길이 있었다.

선생님은 거기서 나뭇가지를 붙들고 불쑥불쑥 나온 바위를 딛고 내려간다. 나도 따라 내려갔더니 곧 평평한 바위 위에 내려서게 되었다. 그 바위 밑은 20미터 정도 되는 낭떠러지였다. 거기에 폭포가 내리꽂히면서 물소리가 울리는데, 그 소리가 이제는 웅성하게 울리고 있다. 폭포 물은 불쑥불쑥 나온 평평한 바위에 내리꽂히듯 떨어지면서 층층을 이루며 폭포로 되고 있었다. 아침식사 시간에 쫓겨 우리는 이곳에서 바로 되돌아가야 했다.

"앞으로 여기는 거의 매일 지나가야 할 곳이니 오늘은 이만하고 돌아갑시다."

선생님은 나뭇가지를 붙들고 올라갔다. 나도 따라 올라갔더니 선생님은 어느새 멀찌감치 앞서 가고 있다. 선뜻선뜻 비탈길을 올라가는데 마치 평지 길을 가는 듯했다. 어느새 내 시야에서 벗어났다. 나는 거의 달음박질하듯 가는 데도 보이지 않는다. 길이 외통길이라서 길 잃을 걱정은 아니라도. '내가 산사람이 되려면 산길도 저처럼 걸어야 하는구나'라고 생각했다.

어젯밤을 보낸 초당에 왔더니 맥이 차서 숨이 거의 멎을 지경이었다. 가운데 평상에 아침상이 차려져 나를 기다리고 있었다. 선생님은 나와 겸상으로 아침식사를 하면서 말씀하셨다.

"오늘 온다는 동지들이 오더라도 오후 늦게라야 도착할 것이오. 그동안 방구들만 지고 있을 게 아니라 다리 힘도 올릴 겸 사자평으로 갑시다. 거기에 가면 대초원이 펼쳐져 있고 1,000미터가 넘는 재약산(載藥山), 천황산(天皇山), 능동산(陵洞山)이 동네 야산처럼 솟아 있답니다. 거기가 우리들을 산사람이 되도록 하는 훈련장이오."

나는 선생님이 밀양 사람도 아니면서 어찌 이처럼 이 지역을 꿰듯이 잘 알고 있는지 궁금해 물었다.

"선생님은 여기에 오신 지 오래됩니까?"

"밀양에 오기는 좀 됐지만 여기에 온 것은 한 일주일 되었을까?"

"그런데 어찌 그처럼 잘 아십니까?"

"오자마자 여기 무릉동 분 따라다니면서 이야기를 듣고 배워서 알지요. 덕생이 동무도 며칠 안 있어 나보다 더 많이 알게 될 것이오."

"산에 다니시는 것은 언제부터인데 그처럼 잘 다니시는지요?"

"아 그거야, 나는 원래 중국의 산사람이지요. 중국의 산사람이라 해서 조선의 산사람이 못 되라는 법이라도 있소?"

"하하, 그야 아니지요."

"허허허……."

이렇게 이야기하는 동안 나도 모르는 사이에 우리 동네 할배, 아재 같은 정이 들었다. 그런데 그러한 정이 선생님이 내게 쓰는 경어로 그만 막혀버리는 듯했다. '연세가 우리 아버지보다 더 많은데……. 말씀을 낮추시라고 할까? 좀 지내시면 낮추시겠지.' 이런 생각에 우선은 그냥 있기로 했다.

아침식사를 마치고 우리 둘은 나갈 차비를 했다. 내가 미군 군화를 개조한 것을 신고 나오자 선생님은 말씀하셨다.

"그 구두 말인데, 그 구두 다 해어지면 어쩌지? 맨발로 다닐 수도 없고……. 신발은 우리가 신기에 아주 좋은 것으로, 지금 내가 신고 있는 이

자동차 속타이어로 기운 것만 한 게 없소. 가볍고 수리하기 좋고, 돗바늘하고 질긴 합사 실과 밀초만 있으면 얼마든지 기울 수 있고. 맨발로 신으면 발등이 긁혀서 상처가 나지만, 두꺼운 버선이나 양말을 겹쳐 신거나 발싸개를 해서 신으면 해결될 것이고. 못 써 내버리는 자동차 타이어는 얼마든지 구할 수 있으니 잘 드는 칼과 돗바늘, 꼰 실과 밀초, 송곳만 있으면 다 해결되지. 오늘 저녁에 덕생이 동무 신발을 한 켤레 기워주어야겠구먼."

우리 둘은 아까 갔던 층층폭포 쪽으로 갔다. 두 번째 가는 길이라 바로 그곳인 듯했다. 하지만 폭포 쪽으로 내려가지 않고 산허리에 나 있는 길로 해서 바로 갔다. 길은 폭포로 내리꽂히는 물길을 거슬러 물길 옆으로 나 있었다. 물길이 넓어지자 앞을 가렸던 수풀이 열리면서 펑퍼짐하게 펼쳐져 있는 초원이 나타났다. 저 멀리 아득하게 열린 초원이다. 오른편에는 낮은 능선이 남쪽을 가리고 있는데 아마 그 너머는 700~800미터나 되는 계곡이 깊이 패어 있을 것이다. 왼편에는 100~200미터쯤 돼 보이는 야산이 밋밋한 등성이로 되어 있지만 그 산은 높이가 1,100미터가 넘는 거산이다.

선생님은 나를 데리고 다니면서 산 이름과 높이를 이야기했다. 그리고 얼음골 이야기. 시례 호박소 이야기를 했다. 우리 둘은 초원 한가운데 난 길을 가다가 두 봉우리 사이로 갔다. 그 밑은 아득하게 절벽과 같은 급경사였다. 저 멀리 밀양 남천강으로 흘러드는 단장천, 산내천의 물길이 햇빛을 반사해서 은빛 실타래처럼 보였다. 길은 오른편으로 굽어 밋밋한 경사진 비탈로 올라간다. 마침 일기도 화창해 동네 앞산을 올라가는 듯했다. 그 정상에 오르는 길은 갈대숲으로, 그 숲이 바람에 일렁이고 바람소리를 더욱 아름답게 하고 있다.

"쏴아."

정상에는 자잘한 돌들이 흩어져 있다. 여기가 천황산이다.

천황산을 중심으로 해서 북으로 보이는 봉우리들 중 가장 높은 가지산(伽智山), 북서쪽에 운문산(雲門山), 억산(億山), 북동쪽에 고헌산(高獻山), 남동쪽에는 간월산(肝月山), 신불산(神佛山), 영취산(靈鷲山) 들이 빙 둘러 있다. 이 일대는 옛 봉건왕조 때도, 일제 식민지 때도, 어떤 권력도 못 들어갔던 곳이었다. 민중이 뜯기고 헐벗고 굶주리며 부대끼다가 더는 살 수 없을 때, 그 고난을 피해 들어가던 곳이다.

이처럼 한 바퀴 돌고 들어갔더니 청도 쪽에서 두 동지, 양산·언양에서 각각 한 동지 해서 모두 네 동지가 들어와 있었다.

간부 양성 학습반

이날 나와 선생님은 무릉동 아지트에서 천황산까지 3킬로미터, 천황산에서 능동산으로 해서 신불산으로 가는 길목 배냇골 입구까지 6킬로미터, 사자평 초원으로 내려 천황산 아랫자락으로 해서 층층폭포를 지나 무릉동 아지트로 돌아오는 길까지 8킬로미터, 총 17킬로미터를 걸었다. 우리 이수로는 40리쯤 된다. 중국의 산사람으로 가뿐한 선생님의 걸음걸이를 따라 걸어선지 나는 고된 줄도 모르고 걸었는데 세 시간 남짓 걸렸다. 만일 나 혼자서 평지를 걸었대도 4시간은 좋이 걸렸을 것이다.

나와 선생님이 무릉동으로 해서 흐르는 개울을 거슬러 올라가자 20대 후반으로 보이는 중후한 청년 한 분이 내려오면서 선생님께 다가왔다.

"마침 오시네요. 선생님, 저는 청도 쪽에서 왔습니다. 젊은 청년 동지 2명을 데리고 왔습니다."

"예, 수고하셨습니다."

선생님은 초당 쪽으로 가셨다. 나와 그 인상이 좋은 청년 동지는 선생님의 뒤를 따라 초당으로 올라갔다. 선생님이 계시는 가운데 초당에 놓인 평상으로 모두 올라가서 서로 가명이지만 통성명을 하고 악수를 했다. 그 다음 청년이 궐련 가치를 냈다. 그 한쪽 끝을 2센티미터쯤에서 분지른 뒤 그 안에서 미농지 쪽지를 꺼내 선생님께 드리면서 말했다.

"청도군당에서 박철환 동지께 드리는 저의 신임장입니다."

선생님은 그 신임장을 받으시고 펴서 살펴보았다.

"동지의 조직에서 보낸 신임장을 접수했습니다. 데리고 오신 동지들을 이리로 데리고 오시오."

그 청년 동지는 밖으로 나가 어제 내가 밤을 보낸 초당의 건넌방에서 스물 전후의 두 청년들을 불렀다. 두 청년은 밖으로 나와 옷매무새를 다시 고치고서 방 안으로 들어왔다. 그리고 박철환 선생님에게 정중하게 절을 하자 선생님은 마주 절로써 답례하셨다. 그러고서는 나를 소개했다. 함께 학습할 동무라고 하시면서 인사를 시켰다. 우리들은 서로 손을 굳게 잡는 악수로 인사를 했다.

애석하게도 청도에서 온 두 동무는, 나중에 양산·언양 조직에서 온 두 동무와 더불어 비록 가명으로 소개받은 이름이지만 이제는 기억에 남아 있지 않다. 물론 지금 그 생사도 모른다. 수십 년의 세월에 겹싸여 그 인상조차 떠오르지 않는다. 아무리 서로 생명을 담보하고 살았지만 그들과 함께 살아온 3개월의 세월에 비해 지난 64년의 세월이 너무나 길었는가 보다.

인사를 하고 이런저런 정세에 관해 이야기하던 중, 밖에서 한 처녀가 소리를 냈다.

"선생님, 위채에 점심상을 차려두었습니다. 진지 많이 잡수이소."

모두 어제 내가 잠잔 곳으로 내려와 가운데 평상에서 점심을 먹었다.

두 사람은 모두 잡곡밥에 산채와 산챗국으로만 된 점심인데도 하나 남기지 않고 잘 먹었다. 점심을 끝내고 청도 조직에서 온 선배 동지는 우리들에게 하직인사를 했다.

"동무들, 어려운 가운데 열심히 학습해 조직의 간부로 성장해 주시기 바랍니다. 박철환 동지께서 잘 지도해 주실 것입니다. 자 그럼, 투쟁 속에서 만나기를 기약합니다."

"선배 동지. 건강하십시오. 또 만납시다."

우리는 굳게 악수를 하고 헤어졌다. 선생님이 말씀하셨다.

"동무들, 언양·양산 동무들이 오거든 학습계획에 대해서 토론하는 것이 어떻소? 지금 우리끼리 토론해 보았자 그 동무들과 다시 해야겠고."

우리 셋은 찬성을 하고 마당으로 나갔다. 마당 한쪽 구석에 장작을 패는 곳이 있었다. 우리들은 그동안 장작이나 패야겠다고 하면서 그곳으로 갔다. 하지만 도끼가 하나뿐이라서 혼자만 할 수밖에 없었다. 나보다 나이가 더 많은지라 두 동지는 내게 쉬라고 하더니 번갈아 도끼질을 하며 힘있게 장작을 패기 시작했다.

두 사람이 달려드니 장작도 금세 패고 딱히 할 일이 없었다. 그래서 나는 어제 잠잔 방에 그냥 둔 키슬링에서 읽을 만한 팸플릿을 서너 권 꺼내 축담에 놓고 두 동지에게 보도록 했다. 둘은 모두 본 것이라 했지만 다시보는 것도 좋다고 하면서 한 권씩 가지고 서향 볕이 드는 쪽으로 갔다. 책을 읽으면서 시간을 보내고 있던 중, 개울 아래쪽에 인기척 소리가 들렸다.

나는 양산·언양에서 오는 동무들일 것 같아 개울 쪽으로 갔다. 좀 있자 세 청년이 활달하게 걸어 올라왔다. 내가 먼저 물었다.

"거기 오시는 분들 양산·언양 분들 아닙니까?"

"맞습니다. 거리가 좀 멀어서 늦었습니다. 많이 기다리셨지요? 미안합니다.”

“아니요. 기다렸다기보다 보고팠다고 하는 게 맞습니다.”

그중 나이 든 한 분이 말했다.

“박철환 동지께서 지금 계시지요?”

“예, 선생님께서는 학습계획을 여러 동무들과 함께 토론하려 합니다. 어째, 점심은 잡수시었소?”

“예, 아침에 언양에서 떠날 때 점심밥을 도시락으로 챙겨 왔지요. 오다가 천황산 밑, 옹달샘 가에서 배불리 먹고 왔소.”

이렇게 이야기하는 동안 마당으로 들어왔다. 나는 큰 소리로 알렸다.

“박철환 선생님, 양산·언양 동지들이 도착했습니다.”

선생님은 문을 열고 나오시더니 미소를 띠고 말씀하셨다.

“아이고, 수고 많이 했습니다. 아마 70리는 좋이 될 거요. 갑자기 먼 길을 걸어서 다리가 아프지는 않았소?”

“괜찮습니다. 박철환 동지.”

모두 한목소리로 대답했다.

“일단 위채 초당으로 가서 푹 쉬도록 하소. 학습계획 토론은 저녁을 잡숫고 합시다. 아직까지 저녁때는 멀었으니 고단하신 분은 좀 주무셔도 좋고요. 얼른 방으로 들어가소.”

그들은 바로 방으로 들어가지 않고 개울로 가서 땀 흘린 얼굴과 손발을 씻고 방으로 들어왔다. 그러고는 이쪽저쪽 드러누워 쉬었다. 그중 한 동지는 5분도 채 안 돼 코까지 골면서 잠이 들었다.

이렇게 하여 박철환 선생님 밑에서 학습할 학습반은 모두 모인 것이다. 이러한 학습반은 박철환 선생님이 지도하는 반만은 아닐 것이다. 2·7 구국투쟁 이후 많은 역량들이 노출돼 공개적으로 활동을 할 수 없는 역량이 많아졌다. 이들 역량을 모아 앞으로 유격대를 조직할 때 그 기반조직으로 하려는 계획과 역량 보호를 함께 생각해서 간부 양성을 위한 학습반을 만들었다고 생각한다.

이런 나의 생각은 기록된 자료에 의해 확정한 것은 아니다. 이러한 간부, 또는 그 줄거리를 세우는 일도 간부학교라는 기관을 설치하는 종심(縱深)도 없는 상황이라 여러 개별적인 반으로 분할해서 설치했다고 생각한다. 실제로 이러한 학습반 또는 간부학교라는 이름으로 밀양지방의 북동 산악지대에 설치된 기관이 몇 곳 더 있었다는 사실을 나중에 들은 일도 있으나 확증을 잡지는 못해 추측으로만 할 수밖에 없다. 사자평 동남쪽 외곽에 있는 밀양 단장면 고례리에도 간부학교라는 이름으로 학습반이 운영되었다는 이야기를 들은 적이 있다. 아무튼 간부 양성을 위한 학습반으로 박철환 선생님에 의해 운영된 기관에서 나는 2월 15일부터 4월 하순까지 장차 유격활동의 간부로 성장하기 위한 학습을 받았다.

저녁식사를 마치고 잠시 휴식을 취하고 난 다음 박철환 선생님이 거처하는 초당의 가운데 평상으로 모였다. 양산·언양에서 온 인솔자 동지는 너무 늦어 이튿날 아침에 돌아가기로 하고 지난밤에 내가 잔 위채의 방에서 잠자리에 들었다.

박철환 동지(선생님은 우리에게 동지적 관계인 만큼 앞으로는 동지라 부르라고 했다)의 초당에서 그의 사회로 학습계획에 관한 토론을 시작했다.

먼서 박철환 농지는 학습계획으로 다음의 과정과 목표를 제시했다.

첫째로, 산사람의 체질을 갖추기 위해 훈련한다. 구체적인 목표로는 무릉동에서 천황산을 거쳐 능동산 아래로 해서 무릉동으로 돌아오는 17킬로미터를 2시간 반으로 주파할 것, 무릉동에서 천황산 정상, 가지산 정상, 운문산 정상까지 왕복 34킬로미터를 5시간 안에 주파할 것, 그리고 산지에서의 활동을 평지에서의 활동과 통일시키자는 것을 제안했다.

둘째로, 총기학을 배운다. 38식 소총(99식 소총), 칼빈 소총, 45구경 권총의 사격과 분해, 결합을 능숙하게 하는 것이다.

셋째로, 이론학습과 실천이다. 주요 이론학습 내용은 철학(변증법적 유물론, 사적 유물론, 모순론, 실천론), 연합정부론, 볼셰비키당사이다. 실천에서는 모든 것은 민주주의적 원칙에서 결정하고, 결정된 사항은 중앙집권적 권력으로 실천한다는 것이다.

다음에는 생활 문제에 관한 사항에 대해서도 토의하고 결정했다.

먼저 방 배정이다. 초당 세 채 중에서 본채에 박철환 동지가 혼자 사용한다는 것은 보위 문제가 있다고 제기되었다. 하지만 한 방에 둘이 거처하기에는 서로가 부담스럽다. 그래서 건넌방에 신덕생, 즉 내가 거처하기로 한다. 그리고 이는 교체할 수 있다. 북쪽 초당은 각 방에 2명씩 사용한다. 각 방의 배치는 당사자 4명이 토의하여 정한다. 다음으로 남쪽의 초당은 창고로 사용한다. 특히 무기고를 두고 있어서 특별히 주의를 요한다고 토의 결정했다.

다음은 불침번 문제다. 불침번은 2명씩 세 조로 조직하고 전야 후야로 교대한다. 그 교대는 첫닭 소리로 한다. 1조는 지도원 동지와 신덕생, 2조는 청도의 두 동지, 3조는 양산·언양의 두 동지로 한다고 정했다. 결국 불침번은 3일에 한 번씩 돌아오는 셈이 됐다.

마지막으로 취사 문제다. 이때껏 식사는 마을에서 자발적으로 제공받았다. 하지만 이는 인민에게 피해를 주는 행위로 절대로 있어서는 안 되는 일이다. 따라서 불침번을 선 다음날에는 취사를 담당하기로 했다.

---

7) 비밀히 장소를 정해서 물건과 금전 또는 서신, 서류를 두고서 연락을 취하는 곳 또는 장치를 말한다. 비합법 비밀조직에서 자주 쓰는 방법의 하나이다.

식량은 밀양군당에서는 칡밭골에 포스트[7]를, 청도군당에서는 쇠점골에 포스트를, 언양군당에서는 배냇골에 포스트를 두고 이용해서 식량을 공급하되 주식으로 10일마다 백미 1말(10되)씩을 공급받기로 되어 있었다. 부식은 무릉동 마을에서 공급받기로 했다.

부식 값은, 주식을 1인 4합 기준으로 하면 10일간 소비량이 24되로 되어 6되가 남는데 이를 부식 값으로 마을에 제공하기로 했다. 또 10일간 곡식으로 소비하는 24되도 마을의 노인과 유아들을 위해 마을 측의 잡곡과 교환하고, 우리 측이 내는 쌀과 마을 측이 내는 잡곡의 교환 비율은 일대일로 한다고 결정했다. 그래서 우리도 마을 인민들과 똑같은 잡곡밥을 먹기로 한 것이다.

이로 해서 마을의 노인들이 찾아오셨다. 할아버지와 할머니들이 우리를 향해 고맙다는 말을 수없이 했다. 할머니들은 그중에서 가장 나이가 어린 나를 껴안았다. 나는 내 할매가 몹시도 보고 싶었는데, 마을의 할머니가 내 할매처럼 생각돼 눈물이 났다. ●

열
산사람의 삶

“

우리들은 서로 끌어안고 볼을 비비고 머리를 쓰다듬었다.
그리고 말했다.
"우리들, 가진 사상 지키고, 가진 이상 잃지 말고, 우리 이대로 만나자!"
아! 그러나 그것이 영별이 되었다.
하지만 그것은 결코 영별이 아니었다. 그것은 끊임없는 부활이었다.
부활로서 우리는 대를 이어 만나고 있는 것이다.

”

산악
행군 훈련

우리들 다섯 청년은 박철환 동지의 지도로 산 생활의 기본적인 문제인 불침번의 조직과 학습과정을 정하고, 그 이튿날부터 실행에 들어갔다. 포스트를 통한 산 아래 조직과의 연계는 보안상 박철환 동지가 혼자 담당하기로 했다. 박철환 동지의 포스트 연계 날짜가 4, 5, 6일로 정해져 있어서 학습 주기는 6일 주기로 해야만 했다. 포스트 연계 날은 우리들 5명이 행군 훈련하는 날로 정했다.

또 하룻밤을 자고 나서 날짜를 헤아려보니 음력으로 정월 초나흘, 양력으로는 2월 13일이었다. 2·7 구국투쟁을 시작한 날로부터 헤아려 아직 일주일이 채 안 됐는데도 몇 달이나 지난 것 같다. 이제부터 산 생활을 본격적으로 해야 했다. 먼저 취사기구와 식기를 구하는 문제는 우선 동네에서 나누어 받아 쓰기로 하고 박철환 동지가 동네 어른들과 교섭했다.

아침식사 후 박 동지는 동네로 건너가셨다. 동네 유사(有司) 어른을 만나 어제 우리들이 정한 백미와 동네 잡곡과의 교환 문제를 이야기하고 취사도구와 식기 지원을 부탁했다. 유사 어른은 아주 친선적으로 받아들이고 도움을 주겠다고 했다. 박 동지는 돌아오자 도끼와 낫을 내오더니 우리에게 알맞춤하게 작대기를 하나씩 만들라고 했다. 우리는 각자 숲에 들어가 하나씩 작대기 감을 잘라 가지고 왔다. 박 동지는 그중 두 개는 옻나무라면서 버리고, 그걸 가져온 사람에게는 옻이 오를지도 모르니 냇가에 가서 손을 깨끗이 씻으라고 했다. 이 바람에 우리들은 좀 늦게 출발했다. 오늘 중식은 잡곡을 볶아서 빻은 미숫가루이다.

모두 건강하고 다리도 튼튼하다. 제일 선두에 내가 섰고 다음에는 박철환 동지가 뒤따라오면서 풀섶으로 덮여 보이지 않는 길을 '좌로, 우로' 하면서 일일이 지시했다. 나는 그 지시대로 가는 바람에 길을 외우기가 어려웠다. 다만 밑만 보고 가는 길이라 방향을 가늠하려고 능선으로 눈을 돌리자 그만 움푹 파인 곳을 헛디뎌 비틀거렸다. 그러자 박 동지가 "신 동무, 길은 땅에 나 있지 하늘에 난 건 아니잖아. 허허"하고 약을 올렸다. 그래서 내가 불퉁거리며 말했다.

"어디 길이나 있습니까? 모두 풀이고 넝쿨이지."

"풀이라도 발 디딜 곳과 안 디딜 곳을 분별해야지. 축축한 곳은 피해서 가면 되고. 그렇게 몇 사람이 지나가면 저절로 길이 생겨나지요. 사람만 그렇게 분별해서 가는 게 아니라 짐승도 그렇게 분별하면서 디딜 곳을 찾아 가거든."

곧 재약산과 천황산 사이의 안부(鞍部)능선에 올랐다. 능선에는 안부를 넘어 내려가는 길이 나 있다. 저 멀리 보였던 산외면 다원 들이 부연 안개 속에 잠겨 있다. 이 고개를 넘어가면 표충사의 내원암(內院庵)으로 해서 표충사로 내려간다. 우리들이 사는 곳에 비하면 표충사 절간이 오히려 사파 세계 같은 느낌이 들었다. 고개 밑에서 불어오는 바람이 세찼다. 여기에서부터 천황산 정상까지는 이 세찬 바람을 왼뺨에 맞으면서 가야 했다. 박 동지는 여기에서 우리들에게 주의를 주었다.

"동무들, 이 고개 밑으로는 작전 이외에는 절대로 내려가면 안 됩니다.

그것은 적구이기 때문입니다. 여기에 사람이 있다는 것 자체가 적들의 표적이 되기 때문입니다. 우리들이 드러낸 모습 그 자체가 이 지역 전체에 대한 적의 공격을 불러들일 수 있습니다. 이 능선이 바로 그 경계선이며 이 능선 위에서는 서 있어도 안 됩니다. 부득이 능선에 가야 할 때는 포복, 즉 엎드려서 가야 합니다. 적들이 멀리서 망원경으로 보고 있을 수 있다는 것도 알아야 합니다. 따라서 여기서부터 천황산까지는 능선 높이 위로 머리가 올라가지 않도록 능선에서 안쪽으로 20미터 이상 아래로 떨어져 행군해야 합니다. 지금부터 그렇게 행군합시다."

거기서부터 천황산 정상까지는 갈대숲이었다. 박 동지는 또 주의를 주었다.

"이 갈대숲을 지나는 행군에는 반드시 위장망을 쓰고 갈대를 꺾어 위장을 해야 합니다. 이 누른 빛깔의 갈대숲에서 까만 머리는 바로 어둠에 비치는 불빛과 같지요. 될수록 자세를 낮춰 지나가야 합니다."

이윽고 천황산 정상에 올랐다. 1,100미터 높이(1,189미터)의, 이남에서는 보기 어려운 높은 산이다. 바람이 때때로 몸뚱이를 날려버릴 듯이 세차다. 정상 가까이 갈 때까지는 갈대가 무성했는데 정상에 가까울수록 듬성하다가 정상 부근부터는 그냥 주먹만 한 바위 부스러기가 깔려 있다. 정상 너머 아래 300~400미터까지는 땅바닥에 딱 붙은 마른풀만 있고, 세찬 바람으로 능선이 깎여 흙도 모래도 다 날아가고 돌만 남았다. 그래선지 능선 길도 능선 아래로 20~30미터 떨어져 있다. 그 길로 해서 아래로 내려가는데 능선안부 저쪽 너머에는 무슨 다복솔처럼, 갈잎나무에 잔뜩 붙은 마른 갈잎이 바람 소리를 내고 있다.

박 동지가 그 길을 해설하셨다.

"이 길을 따라 내려가면 얼음골로 내려가는데, 이 갈래 능선으로 가다가 골짝으로 내려가면 두 절벽 사이로 타래실 같은 폭포가 있소. 겨울에는 물이 없어 폭포라곤 할 수 없는데 아늑한 골짜기가 있지요. 사람들은 거기를 가마블이라고 부릅니다. 그 가마블에서 왼쪽으로 돌아 내려가면 삼복더위에 얼음꽃이 핀다는 얼음골이라는 곳이 나온다오."

박 동지는 그러면서 말씀을 이었다.

"이 길을 가다가 호기심이라도 생겨 구경하러 내려가면 절대 안 되오. 여기에 사람이 있다는 소문이라도 나면 적을 불러들이게 됩니다. 이 규율은 꼭 지켜야 하오."

우리의 능선 길은 또 제법 경사진 오르막으로 오른다. 그 정상이 제법 뾰족하게 솟아 있다. 이 산을 능동산이라고 부른다. 그 꼭대기로 오르지 않고 주능선 안으로 내리다가 왼편으로 굽어 능동산 허리를 감돌아 가면 군데군데 샘이 되어 솟아나고 있다. 능동산-천황산 능선 일대의 작은 골짜기 물이 땅 밑으로 흘러 내려오다가 모여 솟아난 샘이다.

겨울산이라 두꺼운 얼음이 덮여 있지만 작대기로 몇 번 후려치자 얼음이 깨져 맑은 우물물이 고인다. 그 물맛이 찬 맛과 더불어 세상에 없이 좋은 물맛이다. 마침 바람이 가리어진 아늑한 곳이라 가지고 간 미숫가루를 꺼냈다. 그냥 가루를 한 술 입에 넣고 침과 더불어 우물대다가 물 한 모금을 마셨다. 이렇게 모두 점심 끼니를 때웠다. 우리가 점심 끼니를 때우던 우물 곁에 희미한 길이 보였다. 박 동지가 다시 지세를 설명해 주었다.

"이 길을 따라 쑥 내려가면 골짜기가 점점 깊어지고 넓어지는데, 그 골짜기를 배냇골이라고 합니다. 그리고 능동산 밑의 이 배냇골 건너편 능선에 올라 한 시간쯤 남쪽으로 치올라 가면 간월산으로 가고, 거기에서 능선을 따라 더 남으로 올라가면 이 근방의 산에서 가장 높은 산인 신불산(1,209 미터)으로 갑니다."

그런 다음 박 동지는 우리들이 훈련할 영역의 경계를 알려주었다. 재약산에서 천황산으로 해서 능동산, 석남재, 가지산, 운문재(아랫재라고도 부른다), 운문산으로 이어져 가는 능선의 우측과, 배냇골에서 고례(古禮)골로 이어져 내려오는 계곡의 우측 향로봉 일대의 산악지대 일대라는 것이다. 그리고 이처럼 영역을 정하는 이유는 조직의 횡적 연결(횡선)을 짓지 않는다는 비공개조직의 원칙에 의한 것이라고 했다.

점심을 마치고 충분히 휴식을 취한 우리들은 이어 행군을 시작했다. 점심 후의 행군은 속도를 올렸다. 능선으로 올라 바로 그 능선을 따라 석남재라고 하는 밀양 고을에서 언양 고을로 가는 옛 고갯길인 안부로 내렸다. 이 안부에서 가지산을 향해 오른편은 언양 고을로 가는 길이요, 왼편은 밀양 고을로 가는 길이다. 언양 고을로 가면 곧 석남사에 이른다.

밀양 고을로 가는 골짜기를 쇠점골이라고 하는데, 이 골짜기에는 철광석이 생산되었고 쇠를 뽑는 제철로가 있었다고 한다. 그래서 그런 이름이 붙은 것 같다. 이 길을 따라 조금 더 내려가면 시례골짜기에 이르는데 오른편에 큰 골짜기가 있어서 3단으로 떨어지는 폭포가 있다. 이 폭포는 높지 않으나 수량이 많고 가운데 소(沼)가 엄청나게 깊다. 밀양 사람들은 호박소라고 부른다.

능선은 석남재로 해서 표고 700미터 정도로 내렸다가, 정상 1,200미터 약간 넘는 가지산(1,241미터)까지 표고차 500미터를 3킬로미터 거리로, 거의 평균적인 기울기로 올랐다. 구보라도 할 수 있을 만큼 밋밋하다. 가지산 정상에서부터 능선은 거의 직각의 방향으로 서쪽으로 굽어 내리더니, 표고 700미터의 안부로 내려 다시 운문산(1,188미터)으로 치오른다. 가지산에서 안부인 운문재까지는 3킬로미터를 표고차 500미터로 오르내리니 이 능선도 구보할 수 있을 정도다.

운문재에서 운문산까지는 기울기가 상당히 가파르다. 그래도 거리가 얼마 되지 않는다. 운문산 정상에서 남은 미숫가루를 허리에 찬 수통을 꺼내어 고루고루 두어 모금 공평하게 나누어 마시고는 바로 일어서서 길을 되돌렸다. 이제부터는 죽자 살자 걷는 거다. 내리막길은 거의 구보에다 뛰어내리기다. 하지만 박철환 동지는 뛰지 말라고 꾸중이 대단했다.

"여러 동무들의 다리는 '조선 혁명의 다리'이지 동무 개인의 다리가 아니다."

천황산까지는 박 동지와 함께 왔다. 천황산을 지나자 박 동지는 속보로, 구보로 해서 무릉동으로 들어갔다. 나와 두어 동무가 처음은 같은 속도로 따라 달려갔지만 얼마 못 가서 숨이 차 그냥 서고 말았다. 겨우 숨이 고르게 되자 속보로 걸었는데 되도록 호흡을 맞추어 나갔다. 몇 번 이 과정을 되풀이하자 속도를 좀 내도 숨이 막힐 정도로는 되지 않았다. 그래서 요령 있게 차츰차츰 속도를 올리면 되겠다는 자신이 생겨났다.

우리들은 거의 동시에 무릉동에 도착했다. 다친 사람은 한 사람도 없었다. 시간은 오후 6시 반이다. 오전 9시 반에 출발해서 능동산 휴식시간 30분을 빼면 걸은 시간은 총 8시간 반이 걸렸다. 죽을 판 살 판 걸었는데 산길 34킬로미터를 8시간 반으로 걸었으니 시속 4킬로미터인 셈이다. 겨우 평지를 천천히 걷는 속도에 불과했다.

저녁식사를 마치고 나자 모두 고단해서 이리저리 퍼지고 누웠다. 조금 쉬었다가 오늘의 학습인 '구보 훈련에 대한 총화'를 했다. 먼저 박 동지가 첫날인데도 모두 규율을 잘 지켜 훈련학습에 열성적으로 참가해 주어서 고맙다고 말했다.

"오늘 행군 훈련은 처음인데도 모두 열심히 해서 첫 목표는 달성했다고 봅니다. 그러나 소기의 목표에는 멀었습니다. 오늘 산악 거리를 8시간 반이 걸렸는데 이를 6시간대로 속도를 올리는 것을 당면 목표로 세우도록 제기합니다. 이렇게 세우면 여러분은 산지를 속보로 걷는 셈이 됩니다. 동무들, 이러한 목표를 안고 행군 훈련에 열성을 가지고 훈련할 것을 제기합니다."

모두 찬성하고 박수를 쳤다. 그 다음 박 동지는 오늘 학습에서 문제가 되는 점이라든가, 요구되는 문제와 개선되어야 할 일에 대해 각자 제기해 주기를 요청했다. 모두 아무 말이 없었다. 박 동지가 발언이 없냐고 재차 물었는데도 모두 입 닫고 서로 얼굴만 보고 있었다. 나는 오늘 내내 생각하고 있던 말을 할까 말까, 이게 이 자리에서 해도 되는지 어떤지 해서 망설이고 있었다. 박 동지가 용하게 눈치를 챘다.

"신덕생 동무가 뭘 이야기할까 말까 하고 있는 것 같은데, 우리 전체의 일에 관한 것이라면 무엇이라도 좋으니 이 자리에서 털어놓고 이야기하시오."

그래서 나는 발언을 요구하고 나왔다.

"그럼 덕생이 동무 발언하시오."

"예, 오늘 내내 사람이 먹는 데 밥보다 더 중요한 것이 있음을 알았습니다. 밥은 하루 세 끼만 먹으면 되지만 물은 하루 세 번만 마시면 되는 일이 아니란 사실을 알았습니다. 특히 우리들이 격렬한 훈련을 할 때는 식수가 더욱 필요하게 됩니다. 그래서 수통이 꼭 있어야 하겠습니다. 지도원 동지께서 모두 수통을 하나씩 가지도록 할 수 없겠습니까?"

이에 박철환 동지가 환한 얼굴로 말했다.

"덕생이 동무, 발언을 잘 해주셨습니다. 걱정하지 마시오. 상부에서 포스트를 통해 수통과 함께 군용 반합도 보내겠다고 연락이 왔습니다. 아마 이번이나 늦어도 다음에는 포스트를 통해 보내거나 아니면 연락원을 통해 보내줄 것입니다. 오늘 덕생이 동무가 가지고 있는 수통을 혼자 쓰려 해도 다른 동무들이 생각나서 혼자만 쓰지 못하고 고루고루 쓰도록 해서 참으로 좋은 도덕심을 가지고 있다고 생각했습니다. 동무의 발언을 환영합니다."

모두 함께 박수를 치고 회의를 끝냈다. 이날은 처음 행군이라 저녁 학습은 쉬기로 했다. 내일 14일은 포스트 날이라서 박 동지가 행군 훈련을 지도할 수 없다. 우리들끼리 해야만 한다.

민주집중제와 중앙집권제

아침 일찍이 밥통과 국통, 그리고 찬합과 식기와 수저를 담은 함지를 이고 온 마을 처녀 아가씨와 아주머니의 수고로 아침식사를 해결했다. 중식으로 주먹밥 한 덩이와 장아찌 한 조각을 싼 삼베수건이 하나씩 배당됐다. 포스트 날인 오늘, 보급 내용의 정도에 따라 독립취사가 정해질 것이다. 이 식사가 마을에서 도움을 받는 마지막일는지도 모른다.

지도원인 박철환 동지가 오늘 과업을 실시하기 전에 먼저 오늘 일을 알려주셨다.

"훈련생 동지들, 오늘 나는 포스트 등 연락 업무가 있어서 여러분들과 따로 행동해야 합니다. 여러분들은 어제 행군 경로를 복습하고 어제 기록인 8시간 반을 얼마만큼이라도 줄이도록 노력해야 하겠소."

"예, 알겠습니다. 훈련에 매진해 반드시 성과를 내도록 하겠습니다."

지도원 동지는 오후에 남는 시간을 이용해 생활규약을 정하자고 했다. 특히 우리들의 생활이 특수하고 새로운 만큼 거기에 따라 여러 가지 새로운 명칭도 만들어야 한다고 했다. 예컨대 훈련생 상호간의 호칭, 훈련생의 박철환 동지에 대한 호칭 등도 있고, 불침번 규칙, 학습시간의 시작과 마침에서 절도 있는 절차 등이 있어야 한다고 했다. 이들 모두가 전혀 새로운 일이라 우리들이 스스로 창조해야 할 것이라고 했다.

"물론 이런 규칙·규약을 일시에 모두 정한다는 것은 어려울 것이오. 그러니 우선 필요한 것부터 정한 뒤 생활하고 학습하는 과정에서 필요에 따라 추가하도록 합시다. 특히 이런 규칙·규약은 여러분들의 총의로써, 민주적으로 결정되어야 하오. 그것이 조직생활의 원칙임을 명심하시오."

8시에 식사를 마친 우리는 시냇가에서 그릇을 부시고 행군 치장을 한 다음, 마당에 나와 자연 줄을 맞추어 정렬을 했다. 지도원 동지도 준비를 마치고 마당에 나왔다. 지도원 동지는 일렬로 선 우리들 5명을 죽 훑어보시고선 가장 왼편에, 우리 쪽에선 오른편에 있는 동무에게 시선을 주고 턱짓으로 눈치를 주었다. 그 동무는 자연스레 거수경례를 하고 집합 보고를 했다.

"지도원 동지, 우리들 훈련생 5명, 전원 집합했습니다."

지도원 동지도 거수경례로 인사를 받았다.

"동무들 수고했소. 그럼 오늘 우리 과업을 열성적으로 시작합시다. 끝!"

"지도원 동지께, 전체, 경례!"

이런 절차가 자연스럽게 진행되자 지도원 동지는 아주 만족한 얼굴로 말했다.

"어디서 훈련을 받은 것처럼 조금도 어색한 데가 없이 척척 맞게 잘합니다."

지도원 동지는 볏짚과 칡넝쿨과 삼끈으로 만든 큼직한 망태를 매고 나오시더니, 우리들을 향해 손을 흔들며 말했다.

"그럼 동지들, 열심히 한바탕 달리고 오시오!"

그러더니 징검다리 돌을 딛고 남쪽 능선으로 올라가기 시작했다. 우리들도 왼쪽으로 굽어 시냇물 흐르는 방향으로 성큼성큼 내려갔다. 우리들은 내리막길은 달리고, 평지에서는 숨 고르고, 오르막길은 팔을 좌우로 흔들며 고개를 꾸벅꾸벅 주억거리면서 속도를 냈다. 긴 내리막길은 가지산 정상에서 아랫재(운문재)까지이다. 이는 돌아올 때는 긴 오르막길이다. 이 내리막길에서는 자연히 몸무게 중심을 낮게 잡게 된다. 그러면 발끝에 몸무게가 실리는데 이 때문에 다리가 쉬 피로해진다. 이를 줄이기 위해서는 양쪽 다리를 교대로 해서 한쪽 다리가 힘을 쓸 때는 한쪽 다리는 쉬도록 해야 한다. 이를 위해 허리를 좌우로 돌리며 내리막길을 요령 있게 속도를 유지하면서 미끄러지듯이 달려 내려가야 하는 것이다. 이때 잘못하면 엉덩방아를 찧어 넘어지는 수도 있다. 세게 넘어지면 그 반동으로 몸 전체가 구를 수도 있어 크게 부상을 입게 된다.

이를 위해 평소에 풀이 무성한 경사면을 찾아 연습을 미리 해두어야 한다. 이 장소로는 천황산의 갈대숲 경사면이 아주 좋다. 뒤에 이 갈대숲에서 지도원 동지의 지도를 받으면서 한낮을 이런 연습을 했다.

무릉동 아지트에서 8시 30분에 출발한 우리들은 11시 반쯤에서 가지산에 도착했고, 12시 좀 넘어 아랫재에서 점심으로 주먹밥을 먹었다. 거리는 약 17킬로미터이다. 주먹밥은 반 넘어 옥수수인데 수수, 차조에다 호박오가리도 있고 밤 같은 게 씹힌다. 전체적으로 구수하고 단맛이 난다. 거기에다 만들어주신 무릉동 아주머니들의 따뜻한 손맛도 들어 있어 그것이 온몸을 덮어주는 듯하다. 물을 아끼기 위해 밥을 오래도록 씹어 침이 많이 나도록 했다. 나는 수통의 물을 입을 헹구는 정도로만 마셔 수통의 3분의 1 정도를 비상용으로 남겨두기로 했다.

20~30분쯤 쉬고선 운문산으로 치올라갔다. 정상 가까이 남면에는 부스러기 너럭바위다. 20여 미터를 바위틈을 딛고 올라갔더니 정상은 평퍼

짐한 풀밭 언덕이었다. 마침 날씨가 봄날처럼 화창해 재 아래 남명리(南冥里) 마을이 손에 잡힐 듯이 보였다. 곧바로 귀로에 들었다. 아랫재로 내리고서는 시간을 당기려고 허겁지겁 헐떡이며 가지산의 정상으로 올라 쉬지도 않고 석남재로 내렸다. 어제 점심때의 우물을 찾아 그동안의 목마름을 풀었다.

그러고선 바로 출발했는데 뱃속의 물이 출렁거리는 듯했다. 그러거나 말거나 줄곧 거의 평지길인 사자평 고원 길을 달리듯이 걸었다. 마침내 무릉동 아지트 마을 초당에 도착했다. 오후 4시 반이었다. 초당 마당을 출발한 지 8시간 만이었다. 그처럼 열심히 달리듯이 행군했는데 어제보다 겨우 30분 줄였던 것이다. 우리들이 초당 마당에 들어서자 박철환 동지가 마당 한쪽에서 장작을 패고 있었다. 박 동지는 목에 걸친 무명수건으로 얼굴에 흐르는 땀을 닦으며 말했다.

"동무들, 아무 탈 없이 힘찬 모습으로 들어오니 참 반갑소. 수고 많이 했소. 자, 그러면 모두 개울가로 갑시다. 땀 씻고 푹 쉬도록 합시다."

모두들 개울가로 나와 발을 벗고 찬물에 발을 담가 대강 씻었다. 돌팍에 수건을 깔고 발을 딛고 있는데 지도원 동지가 와서 나에게 작은 말소리로 말했다.

"오늘 포스트에도 갔다가 오랜만에 삼거까지 가서 덕생이 동무를 데리고 왔던 그 동무를 만났소. 덕생이 동무에게 안부 전하라고 하더군."

"아, 그래요. 아저씨, 아주머니 두 분 다 건강하시지요? 그리고 아기도요?"

"아, 그 뺨이 발간 아기 말이지?"

"예. 뺨이 빨간 게 얼마나 예쁘다고요."

"그래, 모두 다 잘 있소."

헤어진 지 며칠도 안 되는데 한 달이나 넘은 것 같았다. 참, 시간이란 이상하다. 마치 고무줄처럼 때로는 늘어지기도 하고 또 때로는 당겨지기도 한다. 시간이란 시계처럼 짤각짤각 새김질하는 정확한 것만은 아니다. 어떤 사건에 따라 느려빠지기도 하고, 8·15 왜놈 망할 때처럼 당겨진 고무줄을 탁 놓은 듯 순간적으로 닥쳐오기도 한다. 그래서 그때부터 화살처럼 날아 가 버리기도 하는 것이 시간이다. 이런 생각으로 우두커니 서 있자, 지도원 동지가 나를 손으로 밀면서 말씀하셨다.

"덕생이, 무슨 생각을 하시오? 물이 아직 찬데, 빨리 발 닦고 나가지 않고. 감기가 발로부터 들면 정말 큰일 납니다."

그 바람에 생각에서 되돌아왔다. 모두 제각기 방으로 들어가 주변 정리를 끝내고 마당으로 나왔다. 어느새 저녁식사 시간이 다 되었다. 지도원 동지가 제안했다.

"오늘 아침에 토론하자는 과제는 저녁식사 후에 토론하기로 하고, 모두 그동안 쉬는 것이 어떻소?"

그러자 모두 '와!' 하고 좋아했다.

저녁식사를 마치고 정리한 다음 모두 지도원 동지가 있는 초당으로 모였다. 우리들이 다 모이자 지도원 동지는 방 한구석에 덮어둔 담요를 들쳐냈다. 일본 군용의 반합과 수통을 띠로 엮어놓은 것이 눈에 먼저 들어왔다. 그 밖에도 여러 가지 풀색 주머니와 자루 같은 것이 있었고, 풀색 학생모자 같은 베로 만든 모자도 있었다. 그리고 적갈색 정미소 벨트 조각 같은 것도 있었다.

"우선 다급하게 필요한 것만 나누어주겠습니다."

지도원 동지가 그렇게 말하며 반합과 수통, 수저를 우리들 5명에게 하나씩 나누어주었다. 다음에는 자루에 이리저리 끈을 기다랗게 붙인 것을 나누어주었다. 그것이 배낭이란다. 배낭 아가리에 자루를 오므려 닫을 수 있는 두 겹으로 꿴 끈이 양옆으로 기다랗게 두 가닥씩 나와 있었다.

지도원 동지가 자루 안에 뭔가 넣어둔 것을 하나 들고 두 가닥씩 나온 끈으로 양쪽을 잡아당겨 자루 아가리를 오므려 닫았다. 그 다음 그 끈을 이번에는 자루 아랫부분 양쪽 바깥에 붙어 있는 끈과 일단 묶어서 자루를 등에 메는 두 가닥의 멜빵으로 만들어 등에 짊어졌다. 모두 알았다는 듯이 '아앙' 하고 소리를 냈다.

다음에는 풀색 베로, 마치 축구선수 정강이뼈(촛대뼈)를 보호하는 보호대에서 대를 빼고 모래를 넣은 것과 같은 것을 한 켤레씩 주었다. 이것은 행군할 때 다리에 묶어 다리 힘을 올리는 모래주머니였다. 다음에는 정미소 벨트 조각 같은 것인데, 여기에는 돗바늘과 밀초, 송곳과 굵은 실 한 타래가 들어 있었다. 이것으로 신을 기워서 만들라는 것이다.

해방 직후 왜놈들이 하던 운동화나 구두 공장이 없어지고 가죽이 귀해지자 자동차 폐타이어의 속 부분을 오려내어 그것으로 신을 기워서 팔았다. 이 제작 방법은 지도원 동지가 내게도 알려준 바가 있다.

나중에 지도원 동지의 가르침으로 모두 자기 신발을 한 켤레씩 만들었는데, 이 신을 신을 때는 두터운 버선을 신고 신어야 했다. 그때는 모두 미군용 구두를 신고 있어서 필요성을 느끼지 않았지만, 언젠가 유격지구가 포위당할 때는 이렇게 만든 신이 필요할는지도 모른다.

유격대 훈련용 장비를 나누어 받자 모두 얼굴에 긴장감이 돌았다. 장비를 분배받고 정리하는 시간을 가진 다음, 아침에 제기된 상호 호칭 문제와 생활에서 생기는 규칙·규약 문제에 관해 토의했다.

먼저 지도원 동지는 우리들에게서 생기는 문제에 대한 처리는 성원의 의견을 전적으로 반영하는 민주주의 원칙에 의해 결정한다는 것, 이와 같이해서 결정된 사실은 정당한 토의를 거치지 않고는 어느 누구도 바꿀 수 없다는 것, 상부 기관에서 결정하는 문제가 하부와 연관되는 경우, 관계되는 하부에서 반드시 토의를 거쳐 제기시킬 것임을 해설하고 강조했다. 이것이 민주주의를 철저히 관철시킨다는 당의 방침이라는 것이다.

다음은 이와 같이 민주주의적 원칙 하에서 결의된 사항은 중앙집중적 권력에 의해서 집행된다는 것이다. 중앙집중적 권력이라는 것은 하부는 상부의 지도에 복종할 것과 소수는 다수에 복종할 것을 말한다.

이상과 같은 민주집중제와 중앙집중제는 모든 정책은 민중으로부터 올라오고, 그 정책은 인민의 이름으로, 하나의 강력한 권력으로 집행한다는 것을 의미한다. 우리들은 이 방침에 대해 바로 인식하고 우리들의 모든 결정과 결의는 이를 토대로 해야 함을 인식했다.

지도원 동지는 이와 같이 원칙을 해설하고, 우리들의 당면 문제인 성원 간 호칭 문제를 다음과 같이 제기했다.

"여러분들이 나를 호칭할 때 여러 가지로 하고 있습니다. 물론 개인적일 때는 여러 호칭도 좋습니다만 어떤 의전적인 형식을 가져야 할 때는 일정한 호칭이 요구됩니다. 지금 부르고 있는 것으로 '지도원 동지', '지도원 선생님', 그냥 '선생님' 등이 있습니다. 호칭이란 때와 장소에 따라 거기에 알맞게 있어야 할 것입니다.

우리는 지금 적들과 한 치의 양보도 없는 군사적 투쟁의 첨예함 속에 있습니다. 뒤의 두 가지 선생이라는 호칭은 서로 간에 정감이 생길지 몰라도 그런 정감으로 엄중한 규율과 규약으로 제약된 조직 속에 있다는 의지를 나타내기에는 모자라는 듯합니다. 그래서 공식적으로는 '지도원 동지'로 호칭할 것을 제안합니다. 그리고 여러 동무들은 정식 호칭으로는 '간부 훈련생', 약칭으로는 '훈련생'으로 제안합니다. 다른 경우에는 너무 경색

되게 하나로 정하는 것은 조직을 경직되도록 할 우려도 있기에, 우리 조직의 의의에서 너무 멀지 않는 한 구태여 제약할 필요는 없다고 생각합니다."

모두 박수를 치고 찬성했다. 이의 없이 찬성, 결의되었다.

그 밖에 '집합 보고', '명령에 대한 복창' 등 몇 가지가 제기되었다. 이를 형식화하기로 하고 이에 대한 안을 작성해 다음 회의 때 결정하기로 했다. 그리고 독립취사를 결의했는데, 취사당번은 불침당번이 다음날에 맡기로 했다.

불침번의 원칙

청도군당과 언양·양산 두 군당에서 온 간부 훈련생 4명, 즉 두 조가 온 날과 어제, 이틀의 불침번을 해서 오늘 밤은 지도원 동지와 내가 불침번이었다. 지도원 동지가 전야이고 내가 후야이다.

저녁식사를 마치고 지도원 동지는 식량 문제와 부식 문제를 의논하기 위해 동네 유사 어른의 사랑방으로 갔다. 우리가 밀양·언양·양산·청도의 군당으로부터 포스트를 통해 10일마다 보급받는 쌀 30되 중에서, 6되는 동네에서 공급하는 부식 값으로, 24되는 동네에서 양식으로 쓰는 잡곡을 똑같은 양으로 교환해서, 동네의 노인과 어린이들이 쌀밥을 먹을 수 있도록 한다는 결정을 집행하기 위해 지도원 동지가 간 것이다. 그리 오래잖아 지도원 동지는 동네 청년 두 사람을 데리고 왔다. 한 사람은 곡식 자루를 메고, 또 한 사람은 자그마한 무쇠밥솥과 그 안에 크고 작은 놋양푼 3개를 담아 왔다.

우리가 결정한 취지를 지도원 동지가 이야기하자 유사 어른은 참으로 반가워하면서 동네에서 아예 취사를 맡겠다고 했다는 것이다. 하지만 지도원 동지는 우리가 지금 훈련 중이며 그 훈련 안에는 취사도 들어 있다고 하고 사양했다고 한다. 그래도 이 이야기를 할머니들이 듣고 "남자들이 국이나 찬은 무 배추라면 모를까 산채는 종류에 따라 장만하는 방법도 달라서 어디 옳게 하겠는가"라고 하면서 부식과 국은 동네에서 맡겠다고 해서 그리하기로 했다는 것이다. 이러한 사실을 전체회의를 열어 보고하고 전체의 동의를 얻었다. 그리고 일과 시간에서 이론학습 시간을 정하기로 했다. 이론학습은 강의와 토론으로 나누었다. 강의는 지도원 동지가 담당하고, 토론은 강의에서 제기되는 문제와 그 밖에 제기되는 문제에 대해 토론해서 서로가 서로에게 배움이 되고 가르침이 되도록 하자고 했다.

지도원 동지의 강의는 언양·양산 동지들이 오기 전날 청도 동지들과 토론하던 중에 제기한 이론학습의 내용을 중심으로 계획했다. 지도원 동지는 중국 연안의 혁명 근거지에 설립된 중국 팔로군의 '항일군정대학'에서 배운 과목으로 강의하기로 했다.

구체적인 과목은 변증법적 유물론, 역사적 유물론, 모순론, 실천론, 연합정부론, 볼셰비키당사이다. 이 학습은 저녁식사를 마친 다음 7시부터 8시 30분까지 진행하기로 했다. 또 행군 훈련을 마친 다음에는 오전 시간을 이론학습 시간에 배당하기로 했다. 우리들에게 가장 중요한 것은 행군 훈련이기 때문이었다. 그래서 행군 실력을 어느 수준으로까지 끌어올리는 것이 중요한 과제라는 것이다.

어느새 시간은 오후 8시 30분이 다 되었다. 내일은 지도원 동지가 배냇골 포스트로 가는 날이었다. 회의는 바로 결속하고 취침에 들었다. 나와 지도원 동지는 불침번이었다. 두 사람은 서로 마주 보고 경례를 하고, 나는 보고를 했다.

"지도원 동지, 지도원 동지와 저는 오늘 2월 14일 오후 8시 30분부터 2월 15일 오전 6시 30분까지 불침번을 맡았습니다. 지도원 동지는 전번, 저는 후번입니다. 교대 시간은 오전 1시 30분입니다. 이에 보고합니다."

"알았습니다. 불침번 전번을 담당합니다. 이상."

그리고 서로 거수경례를 했고, 나는 지도원 동지 방의 건넌방으로 들어 갔다. 잠자리를 폈다. 두툼한 덕석 위에 미군용 담요를 두 겹으로 깔았다. 그 위에 담요를 덮고 또 그 위에 좀 얄팍한 짚자리를 덮었다. 이곳은 표고 800미터가 넘는 고산이다. 평지에는 얼음이 녹는 이른 봄철이지만 이곳은 아직도 엄동이다. 옷은 입은 채, 신도 신은 채, 방한모를 쓰고 누웠다. 처음 은 몸의 훈기가 있어서, 다음은 이 훈기로 잠자리가 데워져서 춥지는 않다.

스르르 잠이 든다. 할머니의 쭈그러진 가슴이 그립다. 멀리 구지에서 맏아들 걱정으로 잠 못 이루는 엄마의 얼굴이 떠오른다.

소변이 마려워 잠이 깼다. 방 밖으로 나와 동쪽 처마 밑으로 해서 집 뒤 안에 오줌을 모으는 통나무 구덕에다 시원하게 한 줄기를 뽑고 마당 한가 운데로 나왔다. 초승달이 중천에 떠 있다. 남쪽의 능선이 서쪽으로 뻗어나 가는 산줄기가 제법 뚜렷이 드러나 있다. 시간은 오전 1시 20분이었다.

초당 세 채를 가린 나지막한 싸릿대 울타리를 따라 거니는 지도원 동지 가 나를 보았다.

"덕생이 동무, 벌써 일어나셨네. 아직 교대 시간이 덜 되었는데."

"예, 어지간히 잤습니다. 마침 소변이 마려워서 일어났습니다. 시간이 거의 다 되었습니다. 지금 교대하시도록……."

"아니, 시간이 되거든 합시다. 교대는 정확하게 해야 합니다. 번 교대 시간은 바로 책임한계를 긋는 시간이니까요."

그러고선 울타리를 따라 가시던 걸음을 계속했다. 나는 걸음을 재촉해서 지도원 동지의 곁으로 따라갔다. 한 바퀴 두르고 마당 한가운데에 이르자 교대 시간이 다 되었다.

"지도원 동지, 교대 시간이 다 되었습니다."

우리 둘은 마주 보고 서로 거수경례를 했다.

"불침번 후번 교대 신덕생 동무, 불침번 번을 동무에게 인계합니다. 이상."

"예, 지도원 동지, 불침번 후번 교대를 받습니다. 이상."

서로 거수경례를 하고 지도원 동지는 방 안으로 들어갔다.

한자리에서 가만히 있으면 잠이 자꾸 온다. 그래서 번은 한자리에 있지 않고 자꾸 돌아다녀야 한다. 달빛에 드러나지 않게 그늘 안으로 들어가면서 조용하게 발걸음 소리도 내지 않고 움직이는 것이다. 때에 따라 움직여서는 안 되는 경우도 있다. 그 특수한 조건에 따라 번을 서야 한다. 조직의 성원들은 불침번을 믿고 휴식을 취하고 투쟁의 힘을 충전하고 있다.

불침번을 마치고 나면 바로 취사당번이 차례진다. 시간이 남아 취사 준비라도 할까 하다가 번서는 일 이외는 아무것도 해서는 안 된다는 것이 원칙이라는 생각났다. 그래서 앉아 쉬기도 하고 걷기도 해서 지겨운 시간을 보냈다.

무릉동 마을은 동쪽과 남쪽은 가파르고 높은 산줄기로 가려져 있다. 특히 동쪽은 높고 가파른 비탈로 아득하게 가려져 있어서 아침 해를 보려면 11시가 넘어야 한다. 북쪽은 깊은 계곡으로 열려 있지만 그 건너편의 산에 햇빛이 반사되는 빛으로 무릉동 마을에 빛을 가져다주고 있다. 서쪽은 하늘이 열려 있지만 그것이 빛으로 되어 골짜기까지 들어오려면 오후 3, 4시나 되어야 한다.

산 아래에 있는 마을의 밝기처럼 되기까지 기다린다면 그 아침의 빛은

10시는 훨씬 넘어야만 볼 것이다. 그래서 일과는 자연의 빛으로 정할 것이 아니라 시계를 보고서 정해야만 한다. 2월 중순이라는 계절이 와도 산 아래 와는 영 다른 시간 감각을 가질 수밖에 없다. 그러나 언제나 하늘만은 유달리 파랗게 열려 있다. 비록 손바닥만 한 크기로 한구석에 있는 하늘이지만.

시곗바늘이 오전 6시 반을 가리키자 나는 소리를 쳤다.

"기상! 주변 청소를 하고 식사시간까지 자유시간입니다."

"기상! 기상! 기상! 각 방에서 군용 반합을 들고 나올 것."

지도원 동지가 가장 먼저 나왔다. 군용 반합과 세 개의 양푼을 들고 나왔다. 오늘은 나와 지도원 동지가 식사당번이다. 나는 먼저 솥을 걸어야 한다. 우선 적당한 돌을 가져다가 오막하게 쌓아서 솥이 지면에서 알맞게 떠서 걸치도록 부뚜막을 만들었다. 다음에는 울 밖에 나가 부엽토를 긁어모아 물을 조금 부어 찰지도록 이겨놓고, 돌로 만든 부뚜막에 그 진흙으로 돌틈을 메워서 튼튼하게 만들었다. 그래야 솥이 튼튼하게 놓일 수 있다.

내가 이렇게 부뚜막 공사를 하는 동안 지도원 동지는 어제 저녁에 동네 청년이 메고 온 잘 닦은 잡곡 자루를 열어 한 되쯤 2개의 군용 반합에 갈라 담았다. 그러고는 개천에 나가 잘 씻고 일어서 돌을 가려내고 반합에 담아왔다.

깨끗이 닦고 씻은 잡곡을 솥에 부어 담고 불을 땠다. 나는 불을 때면서 이갠 흙을, 부뚜막에 바른 흙이 열에 말라 흙덩이에 금이 생기면 계속 발라서 부뚜막을 튼튼하게 했다. 이윽고 밥솥이 '푸우 푸우' 하더니 솥뚜껑을 들썩이면서 끓었다. 이때 동네에서 아주머니 두 분이 와서 솥뚜껑을 열어보더니 내게 말했다.

"하이고 얄궂어라. 무슨 총각이 이렇게 밥을 잘 안치노!"

"아지매요, 우리 엄마한테 안 배웠능교! 우리 엄마, 내가 잘못하면 부지깽이 가지고 패거든요."

"하하하."

밥솥이 밥물을 흘리면서 끓다가 흐르는 밥물이 훨씬 줄어들자 부엌 아궁이에서 불꽃이 이는 장작을 꺼내고 숯불만 남겨두었다. 헌 타월을 반으로 잘라 만든 물행주로 솥전을 닦아 눌어붙은 밥물을 닦고 부뚜막 주변을 깨끗이 정리했다.

마을에서 아주머니가 예쁘장한 열두어 살 먹은 딸아이를 데리고 국과 반찬을 이고 왔다. 나는 방에 들어가 키슬링 포켓에서 나의 동무 순희가 넣어준 가지각색의 사탕이 든 커다란 사탕 봉지를 꺼내 그 아이에게 주었다. 그랬더니 그만 얼굴이 빨개져 손을 내밀지 못한다. 나도 받을 줄 알고 주었는데 안 받으니 민망하기 짝이 없게 되었다. 그래서 나도 얼굴이 빨개졌다. 지금 생각하면 서너 살 차이밖에 안 나는 총각이 사탕 봉지를 내밀고 있으니 그럴 수밖에 없었을 것 같다.

그 딸아이의 어머니가 또한 민망해서 자기 딸아이에게 핀잔을 주었다.

"이 가시나가 뭐 하노? 얼른 안 받고!"

그제야 딸아이가 받는데 두 뺨이, 눈언저리까지 그리고 목덜미까지 빨갛게 되어 두 손을 멀찌감치 내밀고 받았다. 이를 본 무릉동의 동무들은 두고두고 나를 놀리는 이야깃거리로 삼곤 했다. 두 모녀가 반감을 하면서, 아주머니는 밥이 잘 퍼져 잘되었다고 나를 칭찬했다. 정말 억센 잡곡이 부드럽고 구수한 밥이 되었다.

이날 행군 훈련은 천황산까지였다. 지도원 동지는 천황산에서 한낮을 보내면서 산길 행군에서 오르막길과 내리막길을 달리는 요령을 가르치고 연습시켰다. 오르막길은 똑바로 오르면 경사면에 체중을 그대로 받아서 힘도 그대로 받는다. 끌어올리는 힘은 경사각이 작을수록 힘이 적게 든다. 이 원리를 이용해서 올리는 방향을 좌, 우로 교대함으로써 경사각을 작게 해서 오르면 힘이 덜 든다는 것이다.

내리막길도 똑바로 내려가면 경사면에 작용하는 힘을 그대로 받게 돼 힘이 들고 몸이 구를 수도 있다. 내려가는 방향을 경사면에서 빗겨 내리면 내리는 힘이 작용하는 각도가 줄어들어 몸이 내려가는 힘도 작아진다. 그래서 내려가는 방향을 좌, 우로 교대로 바꾸어주면서 내려가면 내려가는 면의 기울기가 작아진다. 이러한 원리를 써서 오르막, 내리막을 행군하는 연습을 해서 몸에 익혀두라고 했다.

지도원 동지가 먼저 시범을 보였고, 우리들도 따라 연습을 했다. 지도원 동지는 또 경사면 달리기 연습을 하는 동안은 모래를 넣은 하지대(下肢帶)는 사용하지 말고 충분히 연습을 해서 경사면 달리기가 몸에 익혀질 때 모래 하지대를 착용해서 연습하라고 했다. 처음 지도원 동지가 시범을 하는데, 그야말로 경사면을 오르내리는 것이 마치 평지 같았다.

지도원 동지는 포스트 연락을 하고 올 동안 경사면 훈련을 할 것을 지시하고 가셨다. 우리들은 천황산 기슭에 바람이 가리어진 곳을 찾아 거기서 점심을 먹은 뒤 연습을 시작했다. 오후 3시쯤 지도원 동지가 돌아왔다. 지도원 동지가 돌아온 다음 우리들은 지도원 동지의 지도로 경사면 행군을 익혔다. 지도원 동지는 모두 잘 익혔다고 하면서 내일부터는 '모래 하지대'를 붙이기로 하고 무릉동 아지트로 돌아왔다.

포스트에서 가지고 온 쌀 1말은 바로 마을로 보냈다. 그런 다음 지도원 동지는 광목을 사방 1자 반 정도로 정사각형으로 잘라낸 수건을 두 장씩 주면서 '발싸개'라고 했다. 발싸개는 조선왕조 봉건사회에서 보부상들이 하고 다니던 것으로, 버선 대용으로 사용하는 발수건이다. 정사각형의 베로 발을 곱게 싸고 신을 신으면 몇 십 리도 거뜬히 걸어갈 수 있는, 우리 조상들이 간편하게 썼던 발 보호 방법의 한 가지였다. 내일은 이 발싸개를 하고 천황산 기슭에서 행군 훈련을 하기로 했다.

박철환 지도원 동지

초당으로 돌아온 우리들은 저녁식사 준비를 해야 했다. 우리들을 맞을 준비로 마을에서 해다 놓은 화목은 오늘 군불과 내일 아침식사 준비 정도만 남아 있었다. 나와 지도원 동지는 취사당번이라서 빠지고, 나머지 네 동무는 화목에 쓸 나무를 하러 낫과 손도끼, 갈퀴를 들고 지게를 지고 나갔다.

나무는 남녘 능선 너머 양지바른 비탈에 가야 갈비도 많고 소나무 잔가지도 칠 수 있다. 소나무 잔가지는 비록 청솔가지이지만 겨울 청솔가지는 불땀이 좋아서 갈비 불에 잘 붙고, 그 불땀으로 팔목 굵기만 한 생나무에도 불이 잘 옮겨 붙는다. 큰 소나무 밑에는 쌓인 나뭇잎이 썩은 부엽토 위에 적갈색으로 변한 지난 가을의 솔잎이 발등을 덮을 만큼 쌓여 있다.

칡넝쿨을 네댓 가닥 땅바닥에 깔고 가는 청솔가지를 이리저리 가로질러 깔아놓은 뒤 그 위에 갈퀴로 긁어 온 솔갈비를 차곡차곡 재고 나서 양옆을 톡톡 두드려 모지게 재어 올린다. 그것이 허리 높이쯤 될 때 그 위에 또 가는 청솔가지로 가로질러 덮어서 땅바닥에 놓여 있는 칡넝쿨의 양쪽 가닥을 잡아당겨 단단하게 묶는다. 그러면 그 흐트러져 있는 바늘 같은 솔잎이 뭉쳐져 단단하게 모가 난 작은 농짝처럼 갈비 한 짐이 된다.

동네로부터 멀리 떨어져 가지 치는 나무꾼도 없는지라 굵은 소나무도 밑동에서부터 사람 무릎 높이도 안 되는 데서 옆가지가 나와 있다. 낮은 가지는 사람 팔뚝보다도 굵다. 또 나무가 너무 밀집된 곳에는 고사목도 많이 있다. 이런 것들을 도끼로 패어 금을 내어놓고 밟고 굴리기도 해서 적당한 길이로 잘라 지게에 얹어 칡넝쿨로 묶어 한 짐 되도록 만든다.

나도 취사당번이 아닐 때는 낮 일과를 끝내고 자주 나무하러 다니기도 했다. 나무하러 간 네 동무는 저녁밥이 다 된 뒤 한참이나 되어 제법 어둑해질 녘에서야 돌아왔다. 저녁식사 후 우리들은 발싸개 하는 법을 배우고 익혔다.

먼저 네모난 발싸개 수건을 펴서 깔아놓고, 발을 대각선에다 놓고 발 앞쪽에 있는 베의 모서리를 잡아 발등에다 덮는다. 다음은 발 안쪽의 모서리를 잡아 발 바깥쪽으로 당겨 발등을 덮고, 발 뒤로 발목을 돌아 그 끝을 앞으로 뺀다. 그 다음은 발 바깥쪽의 모를 잡고 발가락과 발등을 덮어 발 안쪽으로 빼서 발목을 돌아 나온 발싸개 베의 모서리와 붙들어 맨다. 마지막으로 발뒤축의 모서리는 적당이 잘 접어서 발등으로 나온 베 아래에 뭉치지 않도록 집어넣는다.

말로는 이렇게 쉽게 하지만 실제 해보면 잘 안 된다. 그래서 익숙한 동무들의 도움을 받아서 주름이 발바닥이나 발뒤꿈치에 뭉치지 않도록 연습을 해야 한다. 발싸개를 잘못하면 행군 중에 뭉친 주름 때문에 발바닥에 물집이 생겨 애를 먹는 수가 있다. 지도원 동지는 자기는 행군할 때 양말보다 발싸개를 하면 훨씬 발이 편하다고 했다.

밤 학습 시간은 9시 30분까지 하고 30분간 개별적으로 신변잡사를 정리하고 나면 불침번 이외는 잠자리에 든다. 우리들의 학습은 지도원 동지가 강의를 하는데, 앞서 말한 과목들이다. 지도원 동지로부터 받은 강의를 세별해서 말하기는 어렵다. 나의 기억이 따르지 못해서 강의 내용을 요약해서 말해 보기로 한다만, 지도원 동지인 박철환 선생님의 강의에 조금이나마 따라갈까 모르겠다.

지도원 동지는 혁명가의 세계관은 혁명의 가능성에 대한 철학적 세계관으로서의 변증법적 유물론임을 강조했다. 즉, 만물의 변화·발전의 법칙으로서 유물변증법적 세계관을 확립해야 한다는 것이다. 이 유물변증법을 인류사회에 적용해 사회의 변화·발전을 해석한다면, 제국주의 단계로 발전한 자본주의는 노동계급의 출현으로 말미암아 모든 근로민중이 제국주의 침략에 반대해 투쟁함으로써 근로인민을 모든 착취와 억압으로부터 해방시키는 새로운 사회주의 사회가 생긴다는 것이다. 이러한 사회 변화·발전의 원리가 바로 사적 유물론(역사적 유물론)이라고 했다.

　또한 지도원 동지는 사회혁명가는 선대 혁명의 경험을 배우고 세계의 변화·발전의 법칙을 어떻게 적용했는가를 배워야 한다고 강조했다. 이를 위해 인류사회에서 가장 먼저 사회주의 혁명을 이루어낸 러시아의 '10월 사회주의 대혁명'의 경험을 배워야 한다는 것이다. 그리고 제국주의 여러 나라들에 둘러싸인 신생 사회주의 나라인 '소비에트사회주의동맹'이 나치스 독일, 파시스트 이탈리아, 군국주의 일본과의 전쟁에서 이기고, 사회주의를 튼튼하게 지키며 더욱더 강력한 사회주의를 건설하고 있는 경험을 배워야 한다는 것이다. 그래서 우리는 소비에트의 '볼셰비키당사'를 배워야 한다는 것이다.

　지도원 동지는 또한 나라마다 지내 온 역사 과정이 다르기에 혁명이론도 그 역사 과정에 따라 독창적으로 창조해야 한다고 했다. 그래서 중국 모택동이 중국의 특수한 역사 과정에서 독창적으로 창조한 혁명이론인 '신민주주의론'도 공부해야 한다고 했다. 지도원 동지는 모택동 총서기가 1940년에 제기한 이론인 '신민주주의론'에서 '중국 혁명의 역사적 과정은 민주주의 혁명과 사회주의 혁명의 두 단계로 나누어야 한다'고 했음을 강조하고, '그 민주주의 혁명이라는 것은 부르주아지들이 지도하는 낡은 부르주아 민주주의 혁명이 아니라, 새로운 프롤레타리아트에 의하여 지도되는 신민주주의 혁명'이라고 강조했다.

지도원 동지는 또 신민주주의 혁명은 제국주의와 봉건세력을 반대하고 독립적인 민주주의 사회를 건설하기 위한 투쟁이 아니라, 프롤레타리아트의 지도 하에 광범한 인민이 참가해 제국주의·봉건주의·관료자본주의를 반대하는 것이고, 또 자본주의를 전복시키는 것을 목적으로 한 사회주의 혁명은 아니지만 사회주의 혁명의 조건을 준비하는 것이라고 설명했다.

또한 부르주아 혁명이 자본주의 사회 및 부르주아 독재의 국가를 창건하는 것을 목적으로 하는 데 반해 신민주주의 혁명은 공산당에 의해 지도되는 프롤레타리아트에 의해 영도되고, 제1단계에서는 각 혁명적 계급들이 연합해서 독재하는 민주공화국(民主共和國) 창조를 목적으로 한다고 말하고, 모택동 총서기의 '연립정부론'은 이를 구체적으로 제기한 것이라고 했다.

지도원 동지는 마지막으로 그 이름이야 신민주주의든, 조선민주주의든, 무엇이든 우리나라의 반일혁명 투쟁에서 나타난 자주독립의 정신으로 우리나라를 둘러싸고 있는 외세에 의해 생겨나는 사대주의를 청산하고 '자주독립 민주주의 통일전선'을 똑바로 세워야 할 것이라고 말했다.

이튿날 우리들은 아침식사를 마치고 어제 배운 발싸개를 한다고 모두 부산했다. 발싸개 발수건을 가지고 어제 배운 대로 해보는데 잘 되지 않았다. 풀었다가 맺다가 하지만 다들 좀처럼 잘 안 되는 것 같았다. 모두 한참 쭈그리고 이리저리 헤매다가 솜씨 좋은 이의 도움을 받아 대강 해결을 보았다. 발싸개를 해보고 어떤 동무는 발이 편하다고 하는가 하면, 어떤 이는 양말에 익어서 그런지 좀체 익숙하지 않아 고개를 이리저리 꼬곤 했다.

앞서거니 뒤서거니 해서 천황산 봉우리 바로 밑 갈대숲 언저리에 도달했다. 거기서부터 정상까지는 700~800미터쯤 되는, 그리 급한 물매는 아니지만 일정한 기울기였다. 갈대숲 언저리에서 모두 '하지대'를 장딴지에 다 맸다. '하지대' 안에 든 모래는 각각 한 되쯤 되는데, 무게는 2~3킬로그램 정도이다. 손으로 들어보면 제법 무직하다. 장딴지에 매달면 걷기가 어려운 정도는 아니다. 그래서 만만히 보고 처음 산봉우리를 향해 걷다가 이쯤이야 하고 달려보려다가 여남은 발자국도 못 가서 퍼석 넘어지기도 한다. 갑자기 다리에 힘이 쑥 빠지는 듯해서 무르팍이 꺾인다. 모두가 무거운 줄은 모르겠는데 갑자기 무르팍에 힘이 빠지면서 마치 발을 헛딛는 듯하다는 것이다.

이를 보고 지도원 동지가 모두에게 말했다.

"다리에 매달린 무게가 무르팍의 힘을 빼다가 똑바로 설 때, 체중이 다리를 통해 지면에 수직으로 향하고 있을 때는 무르팍 힘의 작용은 없소. 그렇지만 앞으로 가는 자세로 되면 힘은 수직 방향에서 벗어나 체중 전체가 바로 무르팍에만 실리게 되어 몸이 휘청거리게 되는 것이오. 그래서 체중이 다리에 수직으로 실리도록 다리를 땅에 수직이 되게 발의 장심지로 땅을 굴리는 듯이 퍽퍽 디디면 무르팍에는 항상 수직으로만 힘이 실리게 되는 것이지. 이런 역학적 원리를 이용하면 넘어지지 않고 걸을 수 있게 되오. 그리고 내려올 때는 이번에는 발의 장심지가 아니라 발뒤축에다 힘을 모아 땅을 굴리면서 걸어야 하오. 그러면 매단 '하지대'의 무게가 지면에 수직으로만 작용하므로 몸의 균형을 깨뜨리지 않을 수 있소."

지도원 동지가 몸소 실행을 해보였다. 행군 대열 전체에서 잘 보이는 앞장에서 천황산 정상으로 올라가고, 다시 정상에서 내려오기도 했다. 지도원 동지가 가르치는 대로 해보았더니 모두들 힘들이지 않고 오르기도 하고 내리기도 했다.

지도원 동지는 또한, "연습은 '처음은 천천히, 차차 빠르게', 다음은

'시작은 원리대로, 나중에는 원리가 무의식적으로'"라는 두 가지 구호를 일러주었다. 지도원 동지는 두어 번쯤 우리들과 함께 정상을 오르내리다가 봉우리 밑에서 청도군당 포스트에 가는 날이라면서, 점심때까지는 돌아온다고 하고는 석남재 쪽으로 내려갔다.

청도군당의 포스트는 석남재에서 왼쪽으로 내려가서 쇠점이라는 곳에 있는 숯막 중의 한 곳이다. 쇠점은 철을 생산하는 숯막을 이르는 말이다. 옛날 전근대적 공업에서 제철은 숯을 연료로 하기에 제철로 주위에는 숯을 굽는(생산하는) 숯막이 여러 곳이 있었다. 쇠점은 밀양 고을의 산내면 송백(松柏)과 남명(南冥)에서 시례 호박소 골짜기로 해서 석남재를 넘어 언양 고을로 가는 길목으로, 사람들의 내왕이 잦은 곳이기도 했다. 그런 만큼 경찰이 변복하고 살피는 곳이어서 조심해야 하는 곳이기도 하다.

밀양 고을에서 언양으로 가는 석남재의 양쪽 고을에는 1,000미터가 넘는 봉우리가 있는 산골이다. 언양 고을은 불교가 번창했던 옛 신라의 도읍지 경주와도 가까운지라 절과 암자가 많다. 두 고을의 불도들이 석남재를 넘나들며 교류가 왕성했다고 한다. 밀양 고을 쪽으로는 표충사(表忠寺), 석골사(石骨寺)와 운문사(雲門寺) 그리고 부속 암자들, 언양 고을 쪽으로는 고헌산 밑의 고헌사(高獻寺), 대덕사(大德寺)와 영취산 아래의 통도사(通度寺)와 그 주변의 수많은 암자들이 서로 교류 내왕하고 있었다.

그래서 포스트가 있는 곳으로 떠난 지도원 동지에 대해 다들 겉으로는 나타내지 않으나 마음속으로는 걱정이었다. 그러면서 정상을 오르락내리락 하면서 행군을 했다. 처음은 모두 몸에 익숙지 않아 긴장해서 넘어지기도 하고 무르팍이 탁 접히기도 해서 어려웠지만 차츰 몸에 익숙해져 갔다. 점심때가 가까워지자 처음의 긴장감은 없어지고 콧노래까지 나왔다. 그 콧노래는 마침내 합창으로 나왔다.

그 합창은 처음에 〈적기가〉로 나왔다.

1. 민중의 기 붉은 깃발은 전사의 시체를 싸노라
시체가 식어 굳기 전에 붉은 피는 깃발을 물들인다.
(후렴) 높이 들어라 붉은 깃발을 그 밑에서 굳게 맹세해
비겁한 자여 갈 테면 가라 우리들은 붉은 기를 지킨다

2. 원수들과의 싸움에서 붉은 기를 버린 자는 누구냐
돈과 벼슬에 동지를 판 자 더럽구나 비겁한 자 그놈들이다.

3. 붉은 깃발을 높이 들고 우리들은 나가기를 맹세한다
오너라 감옥아 단두대야 이것이 우리들의 고별이다.

그 밖에 〈메이데이의 노래〉, 〈민청의 노래〉, 〈유격대 행진곡〉, 〈농민의 노래〉, 〈해방의 노래〉도 불렀다. 한참 노래를 부르며 천황산 꼭대기에서 밑으로 칙칙폭폭 달리면서 내려오고 하니 다리에 묶은 '하지대'에 대한 느낌은 점점 엷어져 갔다. 오르막은 속도가 느려서 넘어지는 일은 없지만 내리막에는 더러 넘어지기도 했다.

시간은 정오를 약간 넘어섰다. 우리들은 점심식사 준비를 했다. 취사당번이 배낭에서 도시락을 꺼내려는 것을 나는 잠시 멈추고 말했다.

"식사는 모두 모여 함께 해야 하는데 천황산 봉우리로 오르는 길가에서 식사 전을 펴면 이곳을 지나가는 사람들이 여기에서 사람들이 모였다는 사실을 알게 되지 않겠소? 혹 그것이 소문으로 전해져 적들이 흔적을 알게 된다면 우리에겐 좋은 일이 못 되거든. 저 갈대숲 한가운데 들어가 식사를

한 다음 갈대를 일으켜 세워놓고 나온다면 우리들의 흔적이 그만큼 감추어질 것 같은데, 동무들 생각은 어떻소?"

이렇게 의견을 묻자 모두 좋은 생각이라고 찬성을 했다. 이리하여 갈대숲 안쪽으로 들어갔더니 바로 곁에서도 모를 만큼 갈대가 욱은 곳이 있었다. 거기에서 우리 여섯 사람들이 앉을 만큼 자리를 잡고 갈대를 눕혀 그 위에다 점심 반합을 내고 앉았다.

무장투쟁의 기본

한 사람은 산봉우리로 올라갈 때 출발점으로 했던 곳에서 지도원 동지가 오기를 기다리고 있었다. 식사 준비를 다 마치고 있었는데 지도원 동지가 아직 도착을 안 해서 좀 기다릴까 하고 생각하고 있던 중, 아래쪽에서 소리가 들려왔다.

"그쪽 숲 속에 있는 동무들, 지도원 동지께서 막 도착했소. 지금 거기로 가실 게요."

좀 있자 지도원 동지가 모습을 드러냈다. 배낭에는 무슨 통인지 모난 것이 들어 있는데 짐작이 안 갔다. 그리고 종이 상자 안에도 무엇이 들어 있는지 지도원 동지는 그것을 숲 속에다 따로 모셔놓다시피 했다. 그야말로 감춰두는 듯이 보였다. 모두 그게 무엇인지 궁금했는데 어느 누구도 묻는 사람은 없다.

나는 점심식사가 끝날 때까지는 조용히 있는 것이 좋을 듯해서 모르는 체했다. 모두 다 같은 마음인지 점심식사를 하면서도 잔뜩 호기심 어린 모습이었다. 말 못 하는 궁금한 것을 가지고 있으니 수저 소리만 유달리 크게 들렸다. 점심 후에는 지도원 동지가 배낭 속에 들어 있는 것이 무엇인지 알려줄 것이라고 생각했는데 막상 그때가 되어도 입을 다물고 있었다.

하지만 나는 배낭 안에 들어 있는 것보다 우리가 앞으로 어떤 일을 언제 하게 될 것인지 절실하게 궁금했다. 첫째로, 앞으로 무장투쟁을 이끄는 간부로서의 자질을 배우기 위해 여기에 왔는데 무장은커녕 총이란 것조차 보지 못하고 있다. 둘째로, 유격대가 과연 결성되어 있기는 하는가. 지금 우리가 하고 있는 행군 훈련은 물론 필수적이라는 것은 잘 알고 있지만 그래도 총을 가지고 무장을 하는 것이 유격대로선 명예로운 것이다. 우리에게 확실히 전망을 보여달라는 것이다.

우선 이 두 가지이다. 그렇다고 지금 우리가 여기에 와서 며칠이나 되었다고 이런 문제를 들고 확실하게 알자라고, 뿔을 내밀 처지는 아니지 않나 하는 갈등도 마음속에서 생겼다. 그래서 혹시 지도원 동지가 상부로부터 뭔가 답을 받고 오지는 않았을까 궁금해졌다. 식사를 끝내고 정리할 것도 다 끝내고 나자 지도원 동지는 모두를 일별하고 난 다음 웃으면서 말했다.

"여러분, 내 배낭에 무엇이 들어 있는지, 총은 언제 주는지, 앞으로 어떤 투쟁을 할 것인지, 궁금한 일이 하나둘이겠소? 오늘 초당으로 가서 이런 문제들에 대해 토론해 봅시다. 동무들이 알고 싶은 일을 모두 들어보기로 합시다. 오늘은 오전에 내가 일러둔 것을 잘 학습했는지 한번 보고 끝내기로 하겠습니다. 초당 아지트로 돌아가면 자유로이 토론해서 그 결과를 상부 조직에 제기하겠습니다. 앞으로 30분간 휴식하고 정리할 것, 그 다음 훈련을 총괄평가하고 초당 아지트로 돌아가겠습니다. 정확하게 오후 1시 30분 정각에 천황산 정상 행군 출발지에 집합할 것. 이상."

모두 발싸개를 고쳐 매고 행군 준비를 하는데 아무도 발에 물집 생겼다는 말은 없다. 이로써 발싸개 일은 걱정 끝이었다.

이윽고 오후 1시 30분 정각, 천황산 봉우리를 향한 행군 출발지에 6명이 모였다. 먼저 행구를 검사했다. 지도원 동지는 일일이 '하지대'를 보고 잡아당기기도 하고 묶은 매듭이 여문지 만져보기도 했다.

"좋소. 이상 없습니다. 모두 출발선에 서시오. 출발 준비. 출발!"

모두 오전에 학습한 대로 오르막을 올라간다. 무르팍에 힘이 빠져 펄썩 주저앉는 사람은 한 사람도 없다. 속도도 거의 달리는 수준이다. 우리는 이렇게 해서 산길을 달리는 훈련의 정형을 배웠다. 이제는 이 훈련을 익히고 몸을, 그리고 다리를 단련하는 일만 남았다. 우리들은 서너 번 반복 훈련을 하고, 지도원 동지 앞에 정렬해 앉아 총괄평가를 받았다. 지도원 동지가 말했다.

"모두 한창 청년이라서 그런지 훈련 성과가 예상보다 훨씬 좋습니다. 내일은 운문산까지 왕복하겠습니다. 처음 우리들이 잡은 목표인 6시간대와 얼마나 차이가 나겠는지 평가하겠습니다. 그럼 이 일대를 정리하고 30분 후에 무릉동 아지트로 돌아갑시다."

모두 대만족이었다. 돌아가는 길에 쌀자루는 나에게 맡겨졌고, 양철통이 든 배낭은 건장한 동지에게 맡겨졌다. 그때서야 지도원 동지는 그 짐이 석유통이라고 밝혔다. 또 종이 상자에 든 것은 하나는 석유남포이고 또 하나는 석유등잔 4개라고 했다. 모두 유리라서 깨지지 않도록 조심하라고 당부했다. 이 이야기를 들은 우리들은 너무나 뜻밖이어서 입을 벌리고 지도원 동지를 쳐다보았다. 지도원 동지는 재미있다는 듯 빙글거리면서 말했다.

"어디 그 안에 폭탄이라도 든 줄 알았소?"

모두 다 폭소를 했다.

"내 참, 그처럼 숲 속에 감추고 난리치시더니 겨우 석유통이고 남포하고 호롱불인교? 허, 참."

지도원 동지는 그새 얼굴을 정색하고 말했다.

"다들 하루빨리 누구도 얕잡아 볼 수 없는 유격대원이 됩시다. 적과 투쟁해서 무기를 빼앗아 무장하고 인민을 투쟁에로 불러일으켜 세워야지요. 오늘 우리들은 우리들에게 지워진 이러한 문제들을 진지하게 토론해 보기로 합시다. 자, 그러면 대오를 지어서 출발합시다."

늘 하던 나이가 좀 든 훈련생의 집합 구령이 있자 모두 일렬로 정렬하고 지도원 동지에게 집합을 보고했다. 지도원 동지의 '출발' 구령에 힘차게 구령을 복창했다. 우리들은 일렬로 희미한 산길을 찾아 사자평으로, 그리고 층층폭포 쪽으로 내려갔다. 아지트 초당의 마당에 도착한 우리들은 일렬로 정렬한 다음 구령에 따라 해산했다. 모두 배낭을 벗고 시냇가로 내려갔다. 발싸개를 풀고 발을 씻었다. 얼굴의 땀자국을 씻고 피로를 풀기 시작했다. 그러고는 식사당번, 화목당번 일을 알아서 척척 해제꼈다.

해가 많이 길어진 것 같으나 그래도 대통 같은 산골짝이라 곧 어두워진다. 그 사이 나와 지도원 동지는 석유남포를 조립했다. 갓을 씌우고 심지를 끼운 뒤 유리 호롱에 석유를 부으니 주위가 환해졌다. 모두가 밤에도 책을 볼 수 있게 되었다. 나는 그동안 수학 공부를 못 해서 애가 탔는데 이제 그 문제는 해결된 셈이다.

이러는 가운데 식사시간을 알리는 구령 소리가 났다. 식사도 마치고 설거지도 끝나자 모두 지도원 동지와 내가 거처하는 초당으로 모였다. 대청 한가운데 서까래에 대못을 치고, 함께 가지고 온 쇠사슬을 거기에다 걸어 내리고는 석유남포를 적당한 높이로 매달아 불을 켰다. 온 대청이 환해졌고, 모두의 얼굴이 환하게 드러났다. 정말 밤이 되면 깜깜한 방에서, 특히 밤눈이 좀 어두운 나는 언제나 손을 멀리해서 더듬는 듯이 행동해야 했는데 정말 살맛 나는 듯했다. 높이가 1미터 반 좀 넘는 높이에 매달린 남포 불을 가운데로 해서 빙 둘러앉았다. 서로의 얼굴을 쳐다보니 그 얼굴이 더욱 반갑게 비치었다.

지도원 동지는 얼굴에 미소를 띠고 빙 둘러보고서 말을 시작했다.

"우리들이 여기 와서 만난 지, 내일이 되면 덕생이 동무가 엿새가 되고 다른 네 동무는 닷새가 되오. 그런데 어째 한 달쯤이나 되는 듯 느끼오. 날짜가 실제 날짜보다 훨씬 길게 느껴지니 내가 여러 동무들에게 재미를 주지 못해서 그런가 생각되기도 해서, 미안한 마음일 뿐이라오.

오늘 '트'로 오면서 생각해 보니 동무들에게 미안한 생각만 자꾸 드오. 아마 그것은 여러분들이 여기에 올 때 기대했던 것이 하나도 이루어진 게 없다는 생각이 들어서 그런가 보오. 그것은 나도 그렇지만 상부, 즉 당에서 준비가 없는 가운데서 여러 동무들을 받았기 때문이라고도 생각하오.

내가 여기 온 목적은 무장투쟁의 간부를 키우기 위함이오. 여러 동무들도 그렇게 되려고 하는 것이 아니겠소. 무장투쟁에서 기본행동의 기초가 산사람의 행군이고, 그래서 신체를 단련했소. 그리고 그 일에 대해서는 훌륭히 성과를 올렸소. 하나, 가장 핵심이어야 할 무장은 아직 보지도 못하고, 그래서 여러 동무들이 여기 올 때 가지고 있었던 기대에서 벗어나지 않았나 하고 생각이 드는 것이오. 여러 동무들 생각은 어떻소? 그렇지 않은가요?"

그러자 모두 이구동성으로 대답했다.

"바로 그렇습니다."

지도원 동지는 말을 계속했다.

"그런데 무장훈련은 총기도 있어야 하지만 또한 사격 연습을 할 충분한 탄약도 필요하오. 뿐만 아니라 사격은 소리가 엄청나게 크기 때문에 소리가 퍼져나가지 않는 적당한 장소를 찾아야 하오. 그래서 사격장을 만들고 실탄 사격 연습을 해야 하오. 하지만 실제로 이곳은, 이 지역에서는 이곳만 한 곳도 없지만 종심이 너무 얕아서 문제요. 즉 말하자면, 적 지역에

비해 우리의 후방 지역이 너무 협소하다는 말이오. 그래도 우리들은 해야만 하겠지요. 적당한 사격장을 찾고, 탄약을 확보하는 문제도 우리 스스로가 해결해야 할 일이지만 어느 선에서 우리가 해야 할지는 당과 토론을 해보아야 할 일이오."

그래서 나는 지도원 동지에게 발언권을 얻어서 이야기를 했다.

"지도원 동지가 말씀하신 내용은 충분히 알고 있습니다. 그러나 우리들이 손 놓고 있을 일은 아닌 것 같습니다. 지도원 동지께서 말씀하시는 가운데, 우리가 지금 단계에서 할 수 있는 일은 무엇인가 생각해 보았습니다. 일단 총에 대한 지식은 배울 수 있는 것 아니겠습니까? 우리가 장차 유격대 전사로 성장하겠지만, 현재 가능한 속에서, 총은 어떤 것이다, 어떤 원리를 가지고 있다, 이런 것이라도 알고 싶습니다. 그래야 적의 총을 빼앗아 그 자리에서 쓸 수도 있고, 또 잘 연구하면 총기의 원리를 써서 총기를 대신하는 것이라도 만들 수 있을 게 아닙니까? 이번 2·7 투쟁 때, 쇠파이프에다 실탄을 끼워서 스프링을 이용해 실탄의 뇌관을 쳐서 격발시켜 발사하고, 그래서 경찰지서 경찰을 제압하고 무장해제시켰다고 합니다. 지도원 동지, 우리들은 이렇게 해서라도 무장을 해야 하지 않겠습니까? 우리들이 이런 각오로 문제를 제기해야 하지 않겠습니까?"

이 말에 대해 모두 조용해지고 말았다. 한참 있다가 지도원 동지는 말했다.

"지금 덕생이 농지의 발언을 듣고 우리들 모두의 각오를 잘 알게 되었소. 지금 그런 정도의 총기 학습은 가능하오. 그러나 그런 학습도 당의 비준을 일단 받아야만 하오."

이에 나와 함께 모든 동무들이 강력하게 제기했다. 지도원 동지는 우리들의 총기 학습에 관한 의견에 동의하고 이를 당에 제기하기로 결정했다.

지도원 동지는 이 제기는 다만 실탄 사격 연습을 제외하고서 당에서도 비준할 것이라고 했다. 청도군당에서 온 나이 많은 동지가 한 가지 제기할 문제가 있다면서 발언권을 요청했다.

"우리들은 언제나 생생한 사회정세를 먹고 살아야 합니다. 우리들이 이곳으로 온 지 그 날짜 수는 얼마 안 되지만, 미제와 이에 결탁한 친일·친미 매국노들이 조국의 남반부를 미제의 새로운 식민지로 만들려고 하고 있습니다. 우리들은 이들이 지금 어떻게 놀아나고 있는지 몹시도 궁금합니다. 광범하고 올바른 인식에 서야 올바른 판단을 얻고 투쟁의 방향을 정할 수 있으며, 이러한 인식에서야만 투철한 신념을 가지고 투쟁으로 일어설 수가 있는 것입니다. 그러자면 우리들이 세상을 볼 수 있고 들을 수 있는 눈과 귀를 가져야 하고 생각도 가져야 한다는 것입니다. 이런 문제를 해결해 주실 것을 당에 제기하려고 합니다. 여러 동무들 생각은 어떻습니까?"

그러자 다른 동무가 찬성을 하고 나섰다.

"지금 말씀하신 문제제기에 대해 저도 찬성하는 의견을 내겠습니다. 제가 군당 선전부에서 일을 할 때 이런 문제를 제기하는 동무들이 많이 있었습니다. 그때는 하도 많은 소식으로 정리가 잘 안 돼서 어려웠는데, 그것을 일꾼들이 잘 정리해 등사판 인쇄이기는 하지만 간단한 '소신문'으로 편집해서 많은 동지들이 정리된 정세판단을 가질 수 있도록 도움을 주었습니다. 지금 우리처럼 실제 사회와 떨어져 있는 동지들을 위해, 그리고 바쁜 일에 매달려 정리된 정세인식을 가질 수 없는 동지들을 위해 이런 '소신문'이라도 당적으로 만들어주시면 참으로 고맙고 좋겠습니다."

이에 지도원 동지도 찬성하면서 말했다.

"제가 이곳으로 오기 전, 당 조직에 있을 때 중앙당에서 이미 이 문제에 대한 제기를 받아들여 타블로이드판의 소신문을 등사판 인쇄로 발행한다는 말을 들었습니다. 아마 곧 발행할는지도 모르겠습니다. 그게 되면 참 좋겠는데 아마 곧 선보일 겁니다."

그래서 나는 말했다.

"우리 한번 기대해 봅시다."

그리고 좀 진지한 토론을 거쳐 다음과 같은 결론을 얻었다.

'이 문제가 지도원 동지의 말씀대로 진행되고 있는 중이라면 빨리 이루어지기를 고대하고 재촉한다. 만일 진행되고 있지 않다면 군당적으로 또는 도당적으로라도 이루어지기를 제기하자.'

이로써 토론을 결속짓고 취침에 들어갔다. 모두 자기 방으로 들어갔고 대청에 매달린 석유남포는 껐다. 방에 들어가 호롱에 불을 켰는데, 불심지가 넓적한 것으로 보통 호롱불보다는 배 정도로 밝았다. 이쯤 되면 수학 공부하는 데는 그만이다. 나는 모처럼 입체기하학에 관한 문제집을 펴고 공부하다가 잤다.

총기 학습

이튿날 아침식사를 마치고 다리에 하지대를 매고 행군 준비를 갖춰 모두 아지트 앞마당에 1열로 섰다. 지도원 동지는 어제 토의해서 결속한 문제를 제기하기 위해 그것을 서면으로 작성하고 밀양군당의 칡밭골 포스트로 간다고 말했다. 그래서 우리늘은 우리끼리 대오를 갖춰 아침 7시 반에 출발했다.

다리에 하지대를 감고 출발했다. 그저께인가 하지대 없이 운문산까지 왕복해서 30분 앞당겨 8시간 걸렸는데 하지대를 감고 출발했으니 과연 시간이 얼마나 걸릴까. 다리에 붙은 하지대의 무게가 그리 크게 느껴지지는 않는다. 이러면 하지대를 하고서도 적어도 기록 유지는 될 것 같았다.

어제 배운 내리막 오르막을 분별하면서 속도를 좀 내고 달려 나갔다. 천황산 경사면도 잘 넘어갔다. 이 상태라면 하지대를 감고서도 기록시간 8시간을 30분 정도는 당길 수 있을 것 같았다. 모두에게 상태를 물었는데 다 할 만하다고 한다. 석남재에서 가지산 꼭대기까지도 아무런 문제 없이 잘도 걸었다. 다들 속보 수준이었다. 가지산으로 해서 반환점 운문산에 도착하니 11시 반이 좀 넘었다. 바로 반환해 다시 가지산에 도착해 점심을 먹고 20분 정도 쉬었다. 이때부터 다리가 무거워지기 시작했다.

그래도 힘을 내고 출발했다. 다리가 아파도 걷기 시작하니 좀 지나자 걸을 만했다. 천황산까지는 잘 왔다. 사자평부터는 다리가 절뚝거렸다. 그래도 참고 걸었는데 층층폭포부터는 오른편 허벅지부터 발까지 감각이 이상해졌다. 그래도 미련하게 걸었다.

마침내 아지트 마당에 왔는데 오후 4시였다. 8시간 반이 걸린 셈이다. 처음 걸린 시간과 같았다. 목표한 30분 단축은 실패했다. 모두가 퍼질러 앉았는데 일어나기가 어려웠다. 하지대를 풀고 일어서서 걸음을 걷자 몸이 붕 뜨는 느낌이었다. 그 이튿날도 계속 행군 훈련이었다. 모래 하지대를 매고 걸었다. 이 훈련을 2월 25일쯤까지 했다. 마지막 날은 하지대를 풀고 달렸다. 그야말로 나는 듯한 기분으로 달렸다. 기어이 목표한 6시간대로 들었다. 6시간 반이 조금 초과했다. 저녁식사를 마치고 지도원 동지가 하는 철학 강의를 들었다. 변증법 강의였다.

무릉동 아지트의 우리 성원은 지도원 동지가 칡밭골 포스트의 연락을 기다리는 동안 매일 같은 경로를 따라 행군 훈련을 계속했다. 오후에 일찍 들어오면 사상이론 학습도 하지만 그 밖에 여러 가지 과목을 두고서 지도원 동지의 강의를 듣고 실습도 했다.

'위생'이라는 과목 중, 상처에 대한 처치 방법으로 '붕대학'이라는 과목이 있었다. 총상 또는 열상에 대한 응급조치와 붕대를 매는 법을 배우는 과목이었다. 붕대를 감는데 그냥 감는 것만 아니라 요리조리 접어서 상처 난 곳을 용하게 빈틈없이 덮고, 어깨에 걸쳐 매곤 했다.

팔다리의 뼈를 다쳤을 때 부목을 대는 법, 부상자를 운반하기 위해 담가를 만드는 법, 그리고 심폐소생술, 인공호흡법 등도 동지들의 몸을 빌려 실습도 하며 익혔다. 그 내용은 그렇게 어렵지는 않았다. 하지만 그것을 알고 있을 때와 전혀 모르고 있을 때와는 실제 상황에서 처치하는 속도와 질이 하늘과 땅처럼 다르고, 비상한 사태를 겪을 때 당황하지 않고 재빨리 조처할 수 있는 것이다.

또 지도를 읽는 독도법과 지도를 만드는 법도 배우고 익혔다. 지도를 보고 물이 있는 곳을 예측하고 그 현장에서 물을 찾는 법, 그 다음에 막영을 설치할 곳과 막영을 설치하는 법도 배웠다. 물론 요즘 등산하는 사람들처럼 천막 도구가 있는 것도 아니고 바로 자연의 나무로 기둥과 봇장을 세워 풀잎으로 이엉을 덮는 방법이다. 습기 없는 막영지를 고르는 방법도 배우고 익혔다. 행군을 하면서 나침판과 시계로 방향과 거리를 계측하고, 특히 산지에서는 지나간 경로의 거리를 기울기(구배)에 따라 지도상의 거리(평면 거리)로 수정하는 법도 배웠다.

이와 같이 훈련과 학습을 열성적으로 하고 있는 가운데, 다음 포스트 연락의 첫날(그해 일력으로 보아 아마 2월 24일)에 군당에서는 실탄 사용을 하시 않는다는 조건을 달아 우리들의 총기 학습을 비준했다. 그 이유는 3월에 중앙당에서 유격대 간부 양성 정형을 변경할 것이기 때문이라고 했다. 일이 이렇게 되자 우리의 기대는 어그러졌다.

지도원 동지는 일단 아지트에서 보유하고 있는 총기로 학습하고, 실탄 사격은 나중에 실탄을 공급받을 때 실컷 하자고 우리를 달랬다. 이리하여 우리는 총 쏘는 일만 빼고 그 밖에 모든 군사훈련과 사상이론, 실습 등을 하게 됐다.

총기학습에서 제일 먼저 한 것은, 일본군 보병 소총인 38식 보병총이 었다. 이 총의 재원은 무게가 3.730킬로그램, 길이는 1.276미터이다. 총을 쏜 뒤 총신 뒤의 격철(볼트·노리쇠)을 손으로 후퇴시켜 탄피를 빼내고, 다시 손바닥 턱으로 밀어 넣어서 장전하는 방식이다. 이를 수동식 격철이라 한 다. 강선 6조이고, 탄약은 5발 클립으로 장탄한다. 이 일본군 보병총과 거 의 같은 것으로 99식 보병총이라는 것도 있었다. 재원도 38식과 비슷하다.

남조선 경찰이 사용하는 기병총으로 길이가 짧고 작지만 성능이 좋은 카빈총이 있다. 카빈총은 단발식인 M1이 있고, 또 발사 속도가 1분에 700 발 정도나 되는 연발식 공용인 M2가 있다. 아지트에서 보유하고 있는 것은 M1이었고 탄창은 15발짜리였다. 그 다음에는 45구경 콜트45 권총이었다. 무게가 1.105킬로그램에, 전장 210센티미터, 구경 0.45인치인 반자동식 권 총으로 클로우즈 볼트에 유효사거리가 62미터, 장탄 수는 7(탄창)+1(약실)이 었다. 아지트에서 보유하고 있는 무기는 이들 4정에다 지도원 동지가 가지 고 있는 똑같은 콜트45 권총이 하나 더 있었다. 실탄은 38식 보병총과 99 식 보병총이 각 1클립씩 10발, 카빈 M1이 탄창 1개에 실탄 15발, 그리고 콜 트45 권총은 실탄 탄창 2개에 약실 장탄 1발로 모두 15발이었다.

지도원 동지가 먼저 이 4종의 총기에 대해 하나씩 재원을 설명하고, 격 발식 격철(노리쇠)을 통해 약실에 장탄하는 방법을 설명하고, 실제 실탄이 탄창에서 약실로 들어가는 과정을 해설해 주었다. 그 다음에는 장탄과 탄 피를 빼는 방법을 가르쳐주었다. 실탄 장탄 학습 때 잘못해서 생길 수 있는 오발을 예방하기 위해 격발장치에서 격침(노리쇠 공이)을 미리 뺐다.

그 다음에 하루에 한 가지씩 분해결합을 공부했다. 분해결합 때는 작은 부속품을 흘려 잃어버리지 않도록 커다란 보자기를 펴놓고 했다. 모두 다 열심이었다. 분해결합을 익히기 위해 모두 조를 짜서 위 네 가지 총기를 차례로 돌리되, 인수인계를 엄격히 했다. 총기를 만지면서 인수인계를 엄정하게 하는 절도 있는 행동으로 우리는 점점 스스로가 유격대 성원으로 되어가고 있다는 사실을 느끼게 되었다.

다음에는 조준 방법과 그 훈련이었다. 조준안(가늠자)을 통해 조준철(가늠쇠)을 표적에 갖다 댄다는 것이다. 그리고 격철(방아쇠)을 살짝 당기는 것이다. 그때는 숨을 멈추어야 한다는 것이다.

사격 동작의 정형은 첫째 자세로, 총이 움직이지 않도록 몸의 모든 관절이 총기의 지탱점이 되도록 한다. 원리는 삼각형의 고정 원리이다. 둘째 조준으로, 조준안을 통해 조준철을 표적에다 맞춘다. 셋째 호흡 정지로, 격철 당기기 1단에서 숨쉬기를 멈춰 들숨 날숨으로 몸이 흔들리지 않도록 한다. 넷째 격철 2단 당기기로, 이때 아주 부드럽게 살짝 당겨서 발사한다. 그래서 구령으로 '조준, 격철 1단 당기기, 호흡 정지, 격철 2단을 부드럽게 당겨 발사, 탕!' 이라고 하는 정형이 나오는 것이다.

우리는 조를 짜서 네 가지 총기에 대한 분해결합과 조준사격 연습을 매일 차례대로 했다. 그리고 사격 자세도 엎드려 쏴, 무릎꿇어 쏴, 서서 쏴, 지물(地物)에 의지해서 쏴, 이렇게 여러 가지로 쏘는 연습했다. 특히 권총은 아주 다양한 자세로 쏘는 연습을 했다. 마침내 총 한 방 안 쏘고 훌륭한 사격 자세, 훌륭한 사격을 익혀 나간 셈이다.

지도원 동지는 전사들의 각개전투 훈련이란 몸에 그냥 언제나 맞아야 하기에 하는 일이 없을 때는 그 동작을 조금도 쉬지 않고 반복해야 한다고 했다. 나와 네 동무들은 거의 필사적이라 할 만큼 연습에 매진했다. 몸동작을 할 수 없는 경우에는 마음속으로라도 연습을 했다.

3 · 1절 봉기투쟁의 후과

1948년 3 · 1절을 맞이해 당은 모두 투쟁으로 불러일으켰다. 그러나 2 · 7 구국투쟁에서 궐기한 민중으로부터 진탕 당한 경찰은 3 · 1절에 어떤 투쟁이 일어날 것을 예감했는지 평소보다 몇 배나 경계를 펼치고 있었다. 당의 방침은 2 · 7 투쟁보다 더 과감히 민중을 궐기시켜 적을 무장해제시키고, 그 무기로 유격대를 결성하자는 것이었다. 이러한 궐기문과 선전선동의 문건이 당 조직을 통해 우리들에게도 전해졌다.

하지만 투쟁의 낌새를 느낀 경찰의 검색도 그 정도가 엄청났다. 읍성이나 큰 동네에는 집총경찰이 거리마다 섰고 지나가는 사람을 붙잡아 몸과 소지품을 뒤지곤 했다. 그래서 많은 농민, 청년학생, 노동자들이 붙잡혀 경찰서로 연행당했다. 무슨 낌새라도 있어서 하는 연행은 아니었다. 그저 말깨나 함직한 자, 눈빛이 좀 빛나는 자, 말씨가 분명한 자들은 언제 돌변해서 시위를 일으키고 군중을 이끌어 경찰관서를 습격할지 모른다고 여긴 것이다. 그래서 미리 잡아다 소읍에서는 경찰서 마당에, 면소재지쯤 되는 큰 마을에서는 지서 뒤안에 몰아놓기도 했다.

경찰은 이처럼 불안해하고 있었다. 이는 경찰관뿐만 아니었다. 각 읍면의 이른바 우익유지들이란 사람들도 마찬가지였다. 그래서 이들은 서북청년단, 대동청년단 등을 동원해 자기 집 주변을 지키도록 했다. 이들의 졸개들인 우익 청년단체에서 힘깨나 쓰는 자들은 대체로 장날에 소전이나 주막에서 얼쩡거리다가 시빗거리가 생기면 폭력을 일삼아 설치는 지방의 '어깨'들이었다.

곳곳에 '3 · 1절에는 봉기하자'는 벽보가 붙어 분위기가 험했다. 이처럼 한 달 전인 2 · 7 투쟁에서 당한 일도 있어서 경찰과 이들은 미리 겁을 먹고 삼엄한 경계를 펴고 있었다. 이 때문에 투쟁의 실제 조직일꾼들은 옴 짝달싹도 못하고 있었다. 실제 3·1절 봉기투쟁은 그야말로 '헛방'이 되고 말았다. 몇 군데 궐기한 곳도 있었지만 압도적인 탄압역량에 진압되고 말 았다. 우익 폭력단체와 경찰의 사전 진압으로 압도당한 투쟁세력은 결국 투쟁전선에서 많은 군중을 잃고 말았다.

미 군정과 군정 경찰은 그들이 당내에 심어놓은 첩자인지 당내의 변절 자인지는 몰라도 그들로부터 3·1절을 기해 전국적으로 대대적인 봉기가 있다는 정보를 사전에 입수했다. 그래서 3·1절 기념식 옥외 집회를 전국 적으로 일체 금지시키고 있었다.

남로당은 대대적인 3·1절 투쟁으로 경찰관서를 점령하고 무장을 탈 취해 유격대를 확대하고 무장을 강화하려고 했다. 전국적으로 이를 막아나 서는 군정 경찰과 폭력 충돌이 일어났고, 경찰지서가 점거당해 무장해제된 곳도 많았다. 하지만 그 결과는 목적과 너무나 거리가 있었다. 오히려 많은 조직역량이 노출되고 파괴되고 만 것이다. 3·1절 봉기투쟁은 가열했던 2·7 구국투쟁으로 많은 상처를 받은 반분단 민주세력이 그 상처가 아물 기도 전에 다시 엄청난 상처를 받게 만들었다. 그 후과는 장차 우리들의 역 량을 거의 괴멸적으로 파괴하는 결과를 낳고야 말았다.

이는 우리 고향 밀양에서만 일어난 것이 아니었다. 그런데 당은 이러한 극좌모험적인 3·1절 봉기투쟁에 대해 아무도 책임을 지지 않았다. 아무도 책임을 지지 않으니 그 후의 운동은 좌편향으로만 달리게 되었다. 또 이에 대해 비판하는 세력을 멀리할 수밖에 없으니 당은 종파의 손에만 놀아나게 되었다. 결국 분단을 반대하는 구국운동에 조직·사상적으로 엄청난 해악 을 끼치게 되었고, 투쟁조직을 도저히 회복할 수 없는 지경으로 빠뜨리고 말았다.

3·1 투쟁의 결과는 앞으로 밀양 지역의 유격투쟁에서 그 역할을 할 우리들의 무릉동 아지트와 사자평 일대 근거지의 종심을 더욱더 얕아지도록 만들었다. 이러한 현상은 밀양 지역뿐만 아니라 여러 곳에서 나타났다. 숱한 근거지들이 위험에 노출되면서 반미 민족해방의 역량은 날이 갈수록 위축되고 어려워졌다.

상황이 이렇게 돌아가자 2·7 구국투쟁에서 움츠려 있던 단장면 소재지의 지주로, 우익 폭력단체인 대동청년단 등의 뒷배로 행세하던 허 모라는 자가 그의 졸개들로 하여금 소위 좌익인사(해방 직후 건준 위원장)의 집을 습격해서 집안을 엎어버리는 폭력을 자행했다. 그런데 어느 누가 했는지는 몰라도 허 모가 어느 날 아침 사랑에서 눈을 번히 뜨고 죽고 말았다. 이자가 아침 늦은 시간까지 일어나지 않자 가족이 들어가 깨웠는데 머리 한가운데에 커다란 못이 박힌 채 죽어 있었다는 것이다.

세상이 이쯤 되니 살벌한 공기가 시골 농촌에까지 쫙 퍼졌다. 민주진영이나 반동진영이나 모두 서로 죽이자고 하는 망동이 펼쳐졌다. 결국 세상 분위기도 서로 죽이자는 것으로 되고 말았다. 하지만 제주도의 3·1절 봉기투쟁은 제주도의 4·3 인민항쟁의 커다란 불씨로 지펴졌다. 제주도에서는 광덕정 앞 광장에 천 명이 넘는 군중이 모여 3·1절 기념식 옥외 집회를 강행했다. 이에 군정 경찰은 옥외 집회 금지를 내세워 시위군중을 포위하고 폭력적으로 집회 해산에 나섰다. 이 과정에서 충돌이 발생하자 경찰이 발포해 7명의 사상자가 나왔다.

이로써 분위기는 험악해졌다. 그럼에도 군정은 대화를 일체 거부하고 육지로부터 대대적인 경찰병력을 끌어들였다. 게다가 700명 정도의 서북청년단과 대동청년단까지 끌어들여 적색분자, 빨갱이를 색출한다면서 군정 경찰의 비호 아래 도내 마을을 뒤지면서 민중들을 폭행하고 다녔다.

서북청년단은 8 · 15 해방 후 이북에서 토지개혁이 시행되자 명부지를 하려고 남쪽으로 넘어온 지주들의 자식들과 일제 친일모략 기구에서 활동했던 친일주구들로 구성된 극우 폭력집단이다. 이들은 이승만과 무슨 약속이나 있었는지는 몰라도 제주도에 들어오자 앞으로 제주도는 자신들의 땅으로 된다면서 부녀자들을 희롱하고 온갖 행패를 부렸다.

서북청년단은 경찰의 비호를 받고 있는 데다가 개중에는 권총으로 무장하고 있는 자들도 있었다. 이들이 들어오고부터는 민주인사들이 종종 암살당하는 일도 발생했다. 이 때문에 마을의 자위대도 다시 무장하게 되었다. 민중들은 건준 치안대를 자율적인 조직으로 남겨두었는데, 이를 다시 자위대로 조직한 것이다.

일제가 패망되어 돌아갈 때 그들이 각자 가지고 있는 무기만 해제되고, 일제가 미군의 상륙에 대항하기 위해 진지와 동굴을 만들어 그 속에 비치해놓은 많은 무기와 탄약은 그냥 남아 있었다. 그중에는 경기관총, 중기관총도 있었고, 박격포도 있었다. 자위대는 이를 기본으로 무장에 나섰다. 거기에다 일제의 징병으로 일본군에 복무했던 많은 청년들이 귀환해 왔고, 또 제주도 인민유격대 사령관인 김달삼(본명 이승진李承晉)과 이덕구(李德九)는 일본군 장교 출신이라 곧장 군사 지휘를 할 수 있었다.

이리하여 1948년 4월 3일, 남로당 제주도당 군사부장인 김달삼의 조직적인 주동으로 500명의 무장대원들과 여성동맹의 맹원들, 그리고 소년난원 3,000명에다, 제주도 주둔 국방경비대 제9연대에서 봉기에 동참한 일부 사병들까지 합세해 제주도 내 15개 경찰지서 중 14개 지서를 습격해 점령하고 본격적인 유격전을 전개하게 되었던 것이다.

김달삼 사령관은 4개월 후 제주도를 떠나 1948년 8월 21일~26일 황해도 해주에서 열린 '남조선인민대표자회의'에 참석해 '4 · 3 인민봉기'를 보고해 열광적인 갈채를 받았다. 그 뒤 조선민주주의인민공화국 최고인민회의 대의원으로까지 추대 당선되었다. 나중에 김달삼은 강동정치학원에 입학해 군사학습을 하고 졸업했다. 그는 1949년 3월 북조선에서, 남조선에서 입북한 청년들로 조직된 '조선인민유격대' 가 창설되었을 때, 제3병단의 사령관으로 되었다. 부사령관을 남도부(南道富 또는 南到釜, 본명 하준수河準洙)로 해서 300명의 유격대를 이끌고 이남으로 넘어왔다. 이리하여 김달삼은 안동·영덕 지역에서, 남도부는 신불산·운문산 지역에서 유격전 활동을 전개했다.

김달삼은 다시 월북했다가 6·25 전쟁 초기 동해안으로 침투해 교전 중 전사했다. 남도부 부사령관은 전쟁 중 계속 유격전을 전개했고, 휴전 후 1954년에 부하 차진철의 밀고로 대구에서 체포되어 1955년 여름에 처형되었다. 김달삼 사령관이 해주로 간 다음 그 후임으로 역시 일본군 장교 출신인 이덕구 사령관이 '제주도인민해방군 사령' 이라는 직위를 가지고 유격전을 진두지휘했다. 그는 마지막으로 단신 제주도를 탈출하던 중 군경과 전투가 벌어져 1949년 6월 7일 전사했다.

우리 현대사에서 미제의 단독정부 수립을 위한 단독선거를 반대하는 운동에서 시작된 남조선의 유격대, '조선인민유격대' 는 태백산맥을 따라 백두대간으로 덕유산, 지리산으로 조국 땅의 등뼈를 밟으면서 싸우다가 산화했던 것이다.

'강동정치학원' 은 조선인민유격대의 군사간부를 양성하기 위해 1948년 1월 1일 개교한 학교다. 남조선에서 올라간 수많은 청년들이 이곳에서 유격대 간부 훈련과 학습을 받고 남조선 유격전을 위해 내려왔다. 그러나 박헌영·이승엽 종파분자 일당에 스며든 대한민국 치안국 분실장 백형복과 전 남로당 경북도당책이었던 배신자 배철(裵哲)이 이들의 침투로를 무전으로 밀고했고, 그 침투로에서 대기 배치된 대한민국 군경에 의해 거의 다 사살되었다고 한다. 전쟁 전후 모두 합쳐 10여 회에 걸쳐 침투한 빨치산들이 모조리 사살되었는데, 그 숫자는 3,000명이 훨씬 넘는다고 한다.

소환과 이별

1948년 3월에 들자 《해방일보》가 미농지에 등사판 인쇄로 발행되었다. 지금의 A4 용지인 국배판 크기로, 지금의 8포인트쯤 되는 글자가 빼꼭히 박혀 있었다. 그것을 글자 굵기도 다르게 편집해서 원지에 필경한 뒤 그 엷은 미농지에다 등사판에서 고무 롤러로 밀어 등사를 해놨으니 정말 귀신이 곡할 만큼의 등사판 프린트 기술이었다. 사람이 한 것으로는 도저히 볼 수 없을 정도였다.

《해방일보》의 정식 복간은 아니었지만 어쨌든 등사판 신문《해방일보》가 매주 주간으로 나오게 된 것이다. 거기에는 주간 정세 중 가장 중요한 것이 제법 큼직한 제호를 가지고 나와 있고, 사설에다, 투쟁 소식에다, 시에다, 콩트에다, 만화까지 있을 것은 다 있었다. 나는 이 등사판 신문을 보고 사람의 손에서 나오는 기술은 그야말로 무한하다는 것을 처음으로 알았고, 노동자들이 가진 창조력의 위대함에 고개가 절로 숙여졌다.

1948년 4월 중순 어느 날 저녁에 지도원 동지는 간부훈련생 5명을 자신의 방으로 모이라고 했다. 지도원 동지는 말했다.

"오늘 도당과, 여러분이 소속된 군당에서 여러분을 소환하는 지령이 내려왔소. 이제 여러 동무들과는 이별해야 할 것 같소. 군당 조직지도원과 만나는 방법과 암호 등은 각자에게 드리겠소. 접선 장소와 암호를 잘 숙지하고 차질 없이 접선이 성공적으로 이루어지기를 바라오. 이상."

지도원 동지는 말을 마치자 우리들과 일일이 악수를 하고 포옹하면서 오른손으로 등을 가볍게 두드렸다. 날짜로는 두 달 반이지만 그사이 동지적 만남인 데다가 정도 많이 들었다. 지도원 동지는 우리들을 자기 자식보다 더한 사랑을 가지고 보살펴주고 불편한 몸으로도 애써 가르치며 여러 경험을 이야기해 주었다. 그리하여 우리들은 그동안 참 많이 성장했다. 조용한 인품으로 언제나 한 번도 흥분하는 일을 보지 못했다.

동무들 중에 무슨 일로 흥분하는 일이 생기면 미소 띤 얼굴로, "빨치산은 흥분하면 안 됩니다. 언제나 조용하고 냉철해야 합니다. 적에게 자기 속이 안 드러나도록 얼굴 붉어지는 일은 절대 금물입니다."라고 하면서 조용히 손을 들어 아래로 흔드는 모습은, 마치 억지 부리는 아이를 달래는 듯했다.

언양군당 동무와 청도군당 동무는 출발이 내일이라고 했다. 내일 밤 10시 정각에 정해진 장소에서 정해진 암호로 접선한다는 것이다. 장소는 그들이 이곳으로 올 때 그 장소를 거쳐서 왔기 때문에 알고 있었다. 나와 지도원 동지는 함께 밀양군당 조직지도원의 지시로 새로운 임무를 받아야 했다. 지도원 동지와 나는 그 이튿날 칡밭골 포스트에서 군당 연락원과 접선하기로 되어 있었다.

동무들이 떠나는 날 아침에 우리들은 마을에 건너가서 유사 어른을 만나 작별인사를 했다. 우리들이 있는 동안 불안하게 해드려서 죄송하다고 말씀드리자 유사 어른은 손사래를 치면서 말했다.

"무슨 그런 말씀을 하시는가! 젊은이들이 나라를 위해 목숨을 바치면서 애를 쓰고 있는데 나이 많은 우리들이 아무런 도움도 못 주고 오히려 도움만 받은 꼴이 되고 말았으니 얼굴을 못 들겠네. 어디에 가시든 몸 건강하게, 그리고 가지신 뜻 이루어지기를 빌겠네."

그러면서 덧붙여 말했다.

"오늘은 저녁을, 우리 집에서 없는 찬이지만 나와 함께 하시도록 하게."

지도원 동지는 처음은 폐를 끼친다고 사양했다.

"어디 손자들이 집 떠나는데 할애비와 밥 한 끼 함께 못 하게 하시다니, 자네 좀 너무하지 않은가!"

유사 어른의 말씀에 결국 수긍하고 말았다.

"어르신 말씀에 따르겠습니다."

우리들이 초당 아지트에 가서 없는 짐이지만 봇짐도 싸고 준비를 했다. 그때 지도원 동지가 자기 방으로 모두 들어오라고 불렀다. 우리가 방 안에 들어가 좌정을 하자, 지도원 동지는 앞에 덮어놓은 것을 들췄다. 거기에는 우리 아지트에서 보유하고 있는 무기가 있었다. 38식 보병총 1정, 99식 보병총 1정, 카빈 M1 2정, 가죽갑에 든 콜트45 권총 1정이 나왔고, 실탄이 각각 장전된 탄포(彈包-클립)와 탄창이 곁에 놓여 있었다.

지도원 동지가 말했다.

"도당의 명령에 따라 이 무기를 여러 동무들에게 수여하겠습니다."

우리는 너무나 뜻밖이라 서로 얼굴만 쳐다보다가 지도원 동지 쪽으로 고개를 돌렸다. 지도원 동지는 말을 이어나갔다.

"동무들, 무기 수여에는 절차가 있습니다. 지도원이 각자에게 수여할 무기를 들고 맹세문을 한 줄 한 줄 읽겠습니다. 동무들은 맹세문에 이의가 없으면 동의하는 뜻을 가지고 복창해 주시기 바랍니다. 그 다음에 수여하는 무기를 받아 들고 '앞에 총'을 하고 경례를 합니다. 권총은 총탁을 가슴에 대고 경례를 합니다."

그 맹세문은 세월이 하도 오래되어 꼭 그대로 기억되지 않지만, 첫째 당과 인민을 보위하기 위해서만 사용한다, 둘째 원수를 타도하기 위해서만 사용한다, 셋째 언제 어느 때나 사용할 수 있도록 준비성 있게 손보아

둔다는 것이었다.

우리들은 각자 지도원 동지가 맹세문을 부르는 대로 복창하고 무기를 받았다. 청도군당, 언양군당 동지들 두 명은 보병총과 카빈총 각각 한 정씩과 탄약이 든 약포(藥包)와 탄창을 받았고, 나는 콜트45 권총을 받았다. 장총을 받은 동무들은 지도원 동지의 지시에 따라 간이분해를 해서 총탁, 총신, 격발장치, 장탄장치를 각각 기름종이에다 싸고 커다란 돌가루종이(시멘트 포장지)에다 둘둘 만 뒤 칡넝쿨로 감아 마른 산채와 함께 묶어 위장했다. 나는 받은 총을 기름종이와 돌가루종이에 접어 싸고, 나중에 내 방에 가서 내복에 둘둘 말아 키슬링에 넣어두었다.

청도군당 동지들과 언양군당 동지들이 떠나는 날, 점심을 마친 후 지도원 동지는 우리들에게 말했다.

"동무들이 가지고 있는 무기를 모두 아래채 무기고에다 일단 보관하고 좀 이른 저녁에 마을 유사 어른 댁으로 갑시다."

우리들 모두는 어제 받은 무기를 무기고에다 넣고 아래채 문에다 커다란 쇠뭉치 자물통을 채웠다.

떠나는 날 저녁식사를 하기 위해 좀 이른 듯한 시간에 유사 어른 댁으로 갔다. 먼저 동네에서 만나면 그저 고개 숙여 인사하곤 했던 머리가 희끗희끗한, 우리 지도원 동지보다는 좀 젊은 두 어른이 마당으로 나와 우리들의 인사를 받았다. 이 두 어른은 유사 어른의 아들이라 했다.

모두 사랑방으로 들어가 유사 어른에게 인사를 하고 둘러앉았다. 곧 방한가운데 두레상이 펴지고 유사 어른이 앉은 자리에는 따로 상이 놓였다. 안채 부엌으로부터 젊은이들과 소녀들이 음식상을 들고 사랑채로 날랐다. 거기에는 전에 우리 초당에 와서 내가 주는 사탕과 과자를 빨간 얼굴을 하고 손을 멀리 뻗어 받았던 소녀도 있었다. 낯이 좀 익었는지 생긋 웃으며 아는 체를 했다. 나도 손을 들어 웃어주었다.

유사 어른과 지도원 동지는 겸상을 하고, 우리들 훈련생 다섯과 유사 어른의 두 아들, 이렇게 일곱 사람은 커다란 두레상에 둘러앉아 저녁상을 받았다. 여러 가지 산나물과 김치, 더덕구이가 차려졌다. 고기 종류로는 닭고기 볶음과 산중에는 좀처럼 귀한 간고등어(자반고등어)도 있었다. 국은 북어무국이다. 술도 있다. 그곳에서는 '산딸기술'이라고 하는 복분자술이었다.

모두 다 술을 마시는데 나는 술을 마셔본 일이 전혀 없었다. 유사 어른도 장난삼아선지 몰라도 권하셨다. 하는 수 없이 한두 잔 마셨더니 그만 온 얼굴에 불이 붙는 듯 빨개졌다. 나를 보는 사람마다 웃는다. 술 마시기 전에는 어른들 말에 끼어들기도 했는데 도무지 빨개진 얼굴로는 부끄러워 얼굴조차 들 수 없었다. 지도원 동지도 난처했던지 나를 보고 말했다.

"덕생이 동무, 그렇게 고개 숙여 부끄러워하지 말고 그만 나가서 냇가에서 얼굴 좀 씻고 들어오시오."

모두 다 나를 보고 웃었다. 괜히 멋모르고 단맛 난다고 두어 잔 마셨다가 나이 어린 티만 내고 창피만 톡톡히 당했다. 냇가로 나왔더니 그 소녀가 따라 나왔다. 등에는 젖먹이 아기가 업혀 있었다. 나는 반가워서 그 소녀를 보고 이름이 뭐냐고 물었다. 그 소녀는 얼굴을 빨갛게 해서 고개를 폭 숙이고는 '순옥이'라고 했다.

그래서 나는 물었다.

"이 집 할아버지 집에 사나?"

순옥이는 고개를 숙이고 말없이 고개만 그냥 끄덕였다.

"이 집 할아버지가 네 할아버지가?"

"응, 우리 할아버지야."

"그래, 아버지는?"

"징용에 가서 안 오셔!"

"그래, 그렇구나. 순옥아, 우리나라에는 너처럼 왜놈에게 아버지를 빼앗긴 사람들이 많구나."

"응, 알아."

"우리나라가 하루빨리 독립이 되고 튼튼한 나라가 되어 다시는 아버지를 빼앗기는 일이 없어야지."

나는 멀리 하늘만 쳐다보았다. 더 할 말이 없어서 입을 다물고 말았다. 정말 할 말이 없었다.

"업힌 아이는 누고?"

"우리 사촌동생. 아까 사랑에 함께 계셨던 '끝에 아배' 작은아들이야."

순옥이는 물었다.

"오라배(오빠)와 아재들, 내일이면 모두 여기에서 떠난다면서?"

"응, 우리가 바빠서 그동안 순옥이하고 친하게 이야기도 못 했네."

순옥이의 얼굴에는 아쉬움이 어려 있었다.

"내 얼굴, 빨간 게 좀 덜하지?"

"응. 이젠 좀 덜해."

"업힌 아기 추불라(추울라). 그만 가자."

"응."

순옥이와의 만남과 대화는 이것이 전부였다. 하지만 내가 사는 동안 이때의 기억이 자주 망막에 떠올랐다. 회갑년(60년)이 훨씬 넘는 세월이지만 그 순옥이 얼굴은 언제나 빨간 뺨에, 한 가닥으로 땋은 새까맣게 윤이 나는 머리칼이었고 누군가를(아마 징용 가서 못 오는 아버지인가?) 그리워하는 눈매로 내 망막에 간혹 비치다가 지나가곤 했다.

순옥이는 아이를 업고 안으로 들어갔고 나는 사랑방으로 들어갔다. 사랑방에는 지도원 동지와 유사 어른, 그리고 순옥이 작은아버지들이 남조선 단독선거에 대해 이야기하면서 한참 이승만을 성토하고 미제의 제국주의적 침략을 비난했다. 그러면서 이 분단세력의 폭력적인 탄압을 걱정했고, 이에 대해 무장해서 저항하는 제주도의 인민항쟁에 대해 이야기를 하고 있었다. 이들은 정말로 순박하고 순수한 인민들이었다.

유사 어른은 한학도 얼마만큼 있는 단장면(丹場面) 허씨 마을의 유생으로, 《정감록》인지 뭔지는 몰라도 어떤 비결(秘訣)에 심취한 분이었다. 전쟁으로 왜놈에게 아들을 빼앗긴 한이 맺힌지라 2차 세계대전이 끝나고 8·15 해방을 맞이하자, 앞으로 또 일어날지 모르는 미·소 간의 3차 세계대전을 피한다고, 이른바 '삼재불입지지(三災不入之地)'라 하여 흉년, 전염병, 전쟁이 들어올 수 없는 곳을 근방으로 찾아 나섰다고 한다. 십승지에 들지는 못해도 가까이 있는 길지(吉地)라고 찾은 곳이 단장면의 천황산 오지 무릉동이었다. 그렇게 해서 남은 아들 형제와 손자, 손녀를 데리고 이곳에 들어온 것이다.

하기야 근대화가 시작되는 이조 봉건 말기부터 연이은 전쟁과 난리를 겪어, 이런 길지에 관심이 없는 사람이 드물었던 시대였다. 8·15 후의 잠깐 동안 새로운 전쟁이 일어나기 전의 평화라는 시기에 이런 길지에 관한 이야기가 한때 풍미되고 있었다. 따라서 이 길지를 찾는 사람들이 많이 생기기도 했던 것이다.

---

8) 김종원(金宗元, 창씨개명한 이름은 金山宗元(가에야마 오소겡), 1922년 ~ 1964년 1월 30일)은 경상북도 경산군에서 출생한 일본군 헌병 하사이자 대한민국 국군의 장교이다. 자칭 '백두산 호랑이'라 했다. 1946년 1월 15일 국방경비대 제1연대 A중대 소대장이었으며, 1948년 10월 27일 마산에 주둔하던 5연대 1대대(부대 통칭 명이 제356부대) 대대장으로서 여순사건 당시 반란군을 진압했다. 만주에서 일본군으로 근무할 당시 독립군과 그들을 지지하던 조선인들에게 가혹하게 만행했던 그는 여수에서도 시내에서 잡혀 온 가담자들을 시민들이 두려움 속에 지켜보는 가운데서 권총으로 쏴 죽이고, 일본도로 칼춤을 추면서 목을 잘랐다. 1956년 5·15 대통령 선거 뒤 부정선거의 공을 인정받아 내무부 치안국장에 임명되었으며 1960년 5월, 4월 혁명 뒤 임흥순(任興淳)과 이익흥(李益興) 등과 함께 장면 부통령 저격사건으로 서대문형무소에서 복역하다가 1961년 12월 당뇨병으로 병보석을 받아 석방되었다. 1964년 1월 30일에 그 병으로 사망했다.

하지만 1949년 12월 김종원[8]이 육군 제356부대장(당시 중령)으로 양산, 울산, 경주, 포항, 창녕, 합천, 의령 등지를 다니면서 토벌활동이라면서 설치고 다니자 이곳은 바로 아비규환의 지옥으로 변하고 말았다. 김종원은 1950년 2월 5일부터 양산 주둔 맹호부대의 부대장으로 되자 양산, 동래, 울산, 밀양, 청도까지 토벌활동을 벌였다.

이때 수많은 민간인을 죽이고 마을을 불태우고 가축까지도 모조리 도살하고 다녔다고 한다. 그가 설쳐대는 꼴을 본 사람들은 그 잔학함에 치를 떨었다고 하고, 우는 아이도 '김종원이 왔다' 하면 울음을 그쳤다고 할 만큼 무서운 존재였다고 한다. 그는 이러한 동족학살 행위를 자랑삼아 자칭 '백두산 호랑이' 라고 했다.

이런 지옥 같은 학살 속에서 그 순박하고 순수한 무릉동의 인민들은 어떻게 되었을까.

나는 1960년대부터 경북대학교 교수로 있으면서 학생회 산악부 지도교수를 맡고 이 지역 일대를 이른바 '영남 알프스' 라고 하면서 산악부 학생들과 많이 다녔다. 층층폭포, 사자평 고사리학교로 가서 자기도 했고, 이때 무릉동으로 가보기도 했다. 거기에는 검은 염소 목장도 있었지만 모두 들어온 지 5, 6년쯤 되는 사람들이고, 옛날 마을 쪽에는 아무도 없었다. 그야말로 흔적도 없었다. 그냥 숲이었고 초원이었다. 고사리학교의 선생님이신 박재갑(朴載甲) 선생에게 물어도 단지 1948년부터 1950년까지 이른바 '공비 토벌' 이라면서 김종원이 생명이 붙은 것은 동물뿐만 아니라 초목까지 태워버렸다는 말만 남아 있더라는 것이다.

우리는 무릉동 마을에서 어둑어둑 사리가 질 때 초당으로 건너왔다. 청도군당 동무들과 언양군당 동무들이 하산해서 접선해야 하는 시간이 가까워지고 있었다. 그냥 이곳 초당 '트' 에서 헤어지기가 섭섭해서 나는 지도원 동지에게 말씀드렸다.

"지도원 동지, 청도 동지들과 언양 동지들과 함께 천황산 밑까지만이라도 갔으면 하는데 어떻습니까?"

"이미 얼굴 알고 있는 동지들끼리 함께 가는 것이야 일없지만 저쪽에서 마중 오는 동무들과는 월선이 되기에 피해야지요."

"그래서 천황산까지라고 했습니다."

"그렇게 합시다. 보름은 아니지만 마침 달빛도 좋고 하니 갈 때는 전송이지만 올 때는 덕생이 동무와 산보도 되겠네."

그리하여 우리는 8시 좀 넘어서 출발했다. 반달이 좀 더 된 달이 동녘 능선에 오르고 있었다. 층층폭포까지는 어둠길을 헤쳐야 했지만 사자평 입구에 이르자 달빛이 환하다. 재약산 능선이, 그리고 사자바위 위의 능선이 부드럽게 뚜렷하다. 폭포로 흘러드는 시냇물에 수통을 넣어 물을 담을 때 그 콜콜 하는 소리가 이 고원에도 봄을 부르는 듯했다. 고원의 바람도 부드러웠다. 어느새 천황산 밑까지 왔다. 우리는 이곳에 와서 항상 걸터앉는 바위에 이리저리 앉아서 헤어짐을 아쉬워했다. 나는 네 동무에게 말했다.

"이때까지 같은 길을 가는 동지로서 동무라고 불렀는데, 그리고 경어로만 말했는데, 오늘은 헤어지는 마당에 달리 부르고 싶은데 용서해."

이 말을 받아 청도 동무가 말했다.

"어이 이 자식 봐라, 먼저 말 깔고 하네. 허락도 없이."

나는 '헛헛' 하고 웃으면서 말했다.

"형아! 형들, 우리 해방되는 날까지 힘차게 투쟁하다가 웃으면서 만나자! 형아! 이대로, 이 투쟁의 길에서 만나자, 형아!"

"오냐! 동생아. 그래 반드시 살아서 만나자. 더럽게 죽어서 만나는 일 없이, 지금 가진 뜻을 가진 채로 말이다. 우리 여기에서 〈적기가〉를 함께 부르자."

언양 형이 선창을 했다. 노래는 밤하늘에, 산마루에 퍼지고 넘쳐나는 듯했다. 우리들은 서로 끌어안고 볼을 비비고 머리를 쓰다듬었다. 그리고 말했다.

"우리들, 가진 사상 지키고, 가진 이상 잃지 말고, 우리 이대로 만나자!"

아! 그러나 그것이 영별이 되었다. 하지만 그것은 결코 영별이 아니었다. 그것은 끊임없는 부활이었다. 부활로서 우리는 대를 이어 만나고 있는 것이다.

'상호 존댓말의 동지어'

청도·양산·언양군당 동무들을 보내고 지도원 동지와 나는 초당 '트'로 돌아와 각기 방에 들어가 봇짐을 차렸다. 이튿날 아침 밀양군당 지도원 동지와 약속된 포스트 접선을 위해 출발해야 한다. 오늘 저녁식사를 마을 유사 어른 댁에서 해결했기에 내일 아침 식사는 그대로 남아 있다. 그것으로 아침을 해결하고도 많이 남는다. 남는 것은 나갈 때 마을로 들어가 유사 어른 댁 아주머니에게 부엌살림 인계할 때 말씀드리면 된다.

키슬링에 내 동복 옷가지와 더 보태진 것들을 담고 반합과 수통을 키슬링 주머니에 넣어 고리를 돌려 잠그니 제법 때깔도 났다. 그리고 마을 풀무간에 가서 만든 단장을 챙겼다. 단장은 기역자 낫을 일자로 펴고 날을 세워 자루를 작대기처럼 길게 박고 다른 쪽은 징을 박아 만들었다. 날집을 나무로 다듬었고 칡줄기 껍질로 쫀쫀하게 감아 바싹 말린 데다가 마을 아저씨가 옻칠까지 해줘서 그냥 보면 좀 멋을 부려 만든 짚고 다니는 단장 같아 보였다. 이는 위급할 때 단장 자루를 빼고 날을 내면 좋은 무기로도 되는 것이다.

거기에다 당으로부터 받은 탄창에 탄약이 가득 재인 무기, 콜트45 권총이 있다. 지도원 동지는 무기는 언제나 쓸 수 있도록 하고 그것은 몸에서 한시라도 떼어서는 안 된다고 했다. 실제로 지도원 동지는 권총을 허리춤에, 뒤춤에 그리고 총집에 넣어 겨드랑에, 옆구리에 매달기도 했다. 나도 그것을 눈여겨보고 그렇게도 해서 언제나 몸에 붙이고 다니는 것을 배웠다. 그러면서 지도원 동지는 "남이 보아서 무기를 가진 것을 알아채지 못하게 한다는 것이 원칙"이라 했다.

나는 일찌감치 준비를 끝내고 이불을 펴고 자리에 엎드렸다. 입체기하학 책을 펴놓고 공부하려는 차비를 했다. 그때 지도원 동지가 방 밖에서 인적을 냈다.

"덕생이 동무. 아직 안 자지?"

나는 벌떡 일어나 대답했다.

"예, 지도원 동지. 그냥 엎드려 책 보고 있습니다."

"그래, 또 수학 책을 보는가?"

"예, 지금 일어났습니다. 나가겠습니다."

"그래 주겠소? 오늘 밤 지나면 헤어져 언제 만날지 몰라서. 그냥 잠자기가……."

"예, 선생님 방으로 가겠습니다."

"그렇게 하겠소?"

"예."

이젠 겨울은 다 지나갔다. 하기야 4월 하고도 중순에 들었다. 오늘은 유달리 공기가 푸근해서 바람조차도 따뜻하게 느껴졌다. 나는 지도원 동지가 거처하는 맞은편 큰방에 들어갔다. 지도원 동지는 자기 자리의 맞은편에 놓인 방석을 가리켰다.

"거기에 앉소."

나는 "예" 소리와 더불어 권하는 자리에 앉았다.

"덕생이 동무, 오늘이 지나면 각자 다른 임무를 받고 헤어져야 할 것 같소. 그런 생각을 하니 좀 감상적인 느낌이 들어서……. 우리 두 달이나 넘게 한솥밥을 먹고 서로 부대끼면서 살다가 훌훌히 일 따라 헤어진다고 생각하니 또 언제 만날까라는 쓸쓸한 생각도 나오."

"예, 저도 그렇습니다. 어제 청도, 양산, 언양 동무들을 보내고 돌아서 오는데 어쩌 저의 눈굽이 찡했습니다. 그래도 선생님과는 하룻밤이기는 하지만 이야기도 하고 해서 내일 헤어짐은 좀 덜할 것 같습니다."

이야기는 이렇게 시작되어 한 두어 시간 계속됐다. 그때 지도원 동지가 내게 들려준 이야기의 대강은 이러했다.

먼저 하나는, 무장투쟁의 간부로서 교양과 훈련을 시켜야 했는데 너무나 준비성 없이 시작된 일이라 귀중한 날짜만 보내고 말았으니, 미안한 생각으로 젊은 동지들에게 얼굴을 바로 대할 수가 없다는 것이다. 워낙 중심이 없는 지역적 제약으로 무기 사용도 손발의 연장이 되도록 해야 하는데 그렇지 못해 유감이라는 것이다.

당에서도 이를 뼈저릴 만큼 알게 되었는지 간부 양성을 위한 기지의 필요성을 절실히 깨달아 이북을 우리 유격대의 기지로 한다고 결정했다는 것이다. 그래서 이를 위해 평양에서 가까운 강동군에 '강동정치학원'을 설립했다는 것이다. 이로써 당 조직을 통해 남조선의 인민유격대 간부요원들은 모두 강동정치학원에서 학습시킬 방침이라는 것이었다. 물론 이는 지원에 의해 입교된다는 것이다. 청도 · 양산 · 언양군당의 동무들은 그 학원으로 지망해 갈 것이라고 본다는 것이다.

그렇다고 해서 지금 이남의 젊은 동무들이 모두 다 가는 것은 아니라는 것이다. 각 지역마다 그 지역의 특수성을 고려해 꼭 그 사람이 거기에서 필요한 경우가 있을 수도 있기 때문이다. 그런 경우에는 지망 여부를 불구하고 그 사람의 대리자가 생길 때까지는 그 임무를 맡아야 당 사업을 일관성 있게 진행할 수 있다는 것이다. 그런 동무들은 대리자가 나오면 그때 학습하러 강동정치학원에 입교할 것이라고 했다.

또 하나는, 미제는 1948년 3월 1일에 '유엔 소총회'를 열어 1948년 5월 10일에 '유엔 임시조선위원단'의 감시 하에 남조선 단독선거를 한다는 것이다. 이에 대해 남조선의 이승만, 김성수 일당을 제외한 모든 정당·사회단체가 반대했다고 한다. 유엔의 이러한 남조선 단독선거 방침이 결정되자 이른바 반탁 진영이었던 김구를 중심으로 한 한독당과 김규식을 비롯한 중도파 민족주의자들 모두가, 이는 통일정부 수립을 말살하는 것이라고 반대해 나섰다. 이에 대해 2월 10일 김구 선생은 '삼천만 동포에게 읍고함'이라는 격렬한 호소문을 발표하고 민족분단을 반대하여 나섰고, 김규식 선생과 더불어 남북지도자회담을 제의했다. 남북조선의 민중들이 모두가 사상과 이념의 차이를 넘어 남조선 단독선거인 '5·10선거'를 반대하는 투쟁이 격렬하게 불붙기 시작했다.

남조선의 김구, 김규식 선생의 제의에 대해 북쪽은 3월 25일 북조선노동당을 비롯한 9개의 정당·사회단체의 이름으로 '남조선 단정을 반대하는 남조선 인민에게 고함'이라는 제목으로 방송을 했고, 이에 대해 남북조선의 제 정당·사회단체들이 적극 호응해 나서기 시작했다. 남조선의 제 정당·사회단체들의 대표들은 4월의 싸늘한 임진강 물을, 양양의 남대천 얼음물을 건너 38도선 이북으로 넘어갔다. 이리하여 남북의 제 정당·사회단체의 대표들은 1948년 4월 19일 평양 모란봉극장에서 연석회의를 개최

했다는 것이다. 이때 참가한 제 정당 · 사회단체 수는 남 41개, 북 15개였다. 대표자 수는 695명이었고, 이 중 여성은 57명, 8 · 15 해방 전에 반일운동을 한 대표자가 249명이었다.

이 연석회의에서 남조선 단정을 획책하는 미제와 이와 결탁한 이승만, 김성수 일당을 격렬하게 비난하고, 미 · 소 양군은 동시에 즉각 철퇴하고 조선 인민에 의해 외국의 간섭 없이 전민족적 선거를 실시해 최고 입법기관을 구성할 것을 결정했다. 그리고 이에 대한 투쟁방침, 호소문 등을 결의했다.[9]

이 이야기를 하고 나서 지도원 동지는 뜻밖에도 나의 할아버지의 일을 말했다.

"동무의 조부께서 민전 밀양군지부를 대표해 평양 모란봉극장에서 열린 '남북조선 제 정당 · 사회단체 연석회의'에 참석하셨다고 하오. 대표로 가신 분으로 또 손주헌 선생과 이석기 선생도 함께하셨소."

손주헌(孫朱憲) 선생은 내가 존경하는 밀양중학교 화학 선생을 하셨던 손기용 선생의 엄친이시다. 이석기(李錫基) 선생은 내가 할아버지를 뵈러 민전 회관에 갈 때 더러 뵌 어른이셨다. 지도원 동지는 나를 이미 잘 알고 있었던 것이다. 그러나 헤어지기 전날 밤에야 이를 말해 주었다. 그러나 할아버지의 이 자랑스러운 평양 방문 이야기를, 할아버지를 만나 직접 들은 것은 1년이나 지나서였다. 그것은 조손간의 만남이 1년 동안 이루어지지 못했기 때문이다.

지도원 동지에 대해 나는 그의 가명인 박철환 선생으로만 알고 있다. 그리고 북부 중국의 일제의 후방 도시에서 공작원으로 투쟁하다가 체포되었는데, 그 와중의 격투로 목뼈를 상해서 기절하고 있던 중 그의 동지들이

---

9) 이에 대한 구체적 내용은, 『南勞黨研究』(김남식, 돌베개)에서 볼 수 있다.

목숨을 걸고 반격해 구해냈다고 한다. 그 부상으로 목을 바로 가눌 수 없는 불편을 안고 살아야 했다. 이러한 신체적 불편을 조금도 개의치 않고 나이 어린 우리들에게 언제나 동지애를 가지고, 또 동지로서 대등한 입장에서 대해 주었다. 언젠가 지도원 동지께서 내게 하는 지나친 경어 사용이 민망해서 말씀드린 일이 있었다.

"지도원 동지, 선생님은 연세가 저의 아버지보다 더 많습니다. 그런데 그처럼 너무 존댓말을 쓰시니 듣기가 영 민망합니다. 말씀을 좀 하대하실 수 없겠습니까?"

지도원 동지는 '허허' 하고 웃으시더니 말했다.

"동무는 나에게는 동지라오. 그것도 민족의 간부가 되는 동지라오. 동지란 나의 모든 것을 주고 그의 모든 것을 받는 관계이고, 같은 사상을 가지고 있기에 언제나 대등하고 평등한 관계 속에서 뜻을 주고받는다오. 내 나이가 많다고 해서 동지에게 말을 하대하면 우리들 사이에 있어야 할 평등한 입장은 날아가고 말지요. 말에서 지배와 복종을 나타냄과 동시에 지배와 복종이 바로 말로 나타나게 되지요. 그래서 동지 사이에는 지배와 복종이 없고 평등한 관계로서의 언어가 있을 뿐이라오. 말하자면 '상호 존댓말'은 바로 동지 간의 언어, 즉 '동지어'라고 할 수 있소."

내가 입이 백 개라 해도 더 할 말은 하나도 없었다.

이튿날 아침 일찍 잠을 깼다. 지도원 동지는 불침번 후번이 되어서 바깥에서 왕가시리를 가지고 마당과 집 뒤켠을 깨끗이 쓸어놓았다. 나는 냄비에 삶아놓은 우거지에 김치를 썰어 넣고 된장을 묽게 풀어 된장국을 끓였다. 군대 반합에다 두 사람이 먹을 밥을 담아 그 국솥에 반합째 담아 끓였다. 불땀이 좋아 얼마 안 가서 솥이 끓었다. 불을 끄고 어제 먹던 김치와 밑반찬 더덕구이, 장아찌를 내어 상을 차렸다.

"선생님, 아침상 차렸습니다."

"덕생이 동무, 수고했소."

아침식사를 마치고 이리저리 살펴보니 그동안 정이 좀 들었는지 아쉬운 생각이 났다.

"선생님, 무기고로 쓰던 아래채에 자물통을 채워두실 겁니까?"

"그럴 필요 없어요. 잠가두고 열쇠만 포스트에서 인계하면 됩니다."

"두 초당집도 마찬가지입니까?"

"그것은 어제 이미 마을에서 일단 마을 공청으로 쓰기로 했다오."

"그럼 이제 다 끝났습니다. 지금 9시 반입니다. 마을에 들러 유사 어른께 인사를 하고 가야지요."

"그렇게 합시다."

마을에 들어가 유사 어른 댁으로 갔다. 유사 어른은 옷을 말쑥하게 차려입고 우리를 기다리고 계셨다.

"이 사람들, 이제 출발하는가뵈."

"그동안 배려해 주셔서 잘 지내고 갑니다. 어제 드린 자물쇠는 좌우 두 채 것이고, 아래채는 잠가두었습니다. 그것은 쓸 사람이 자물쇠를 가지고 올 것입니다."

"알았네."

우리들이 이렇게 말을 주고받는 사이 마을 사람들이 나와 우리를 둘러쌌다. 둘러보았더니 저쪽 한곳에 떨어져 순옥이가 제 사촌동생을 업고 있다. 나는 불렀다.

"순옥아. 이리 오너라."

쭈뼛거리면서 가까이 온다. 어제 짐을 꾸리면서 연필과 공책, 그리고 내가 가지고 있던 장갑과 목도리 등을 담은 보자기를 주었다.

"그 보자기 안에 연필도 있고 공책도 있다. 작은아버지한테 글 가르쳐 달라고 해라. 그리고 숫자도 배우고."

순옥이는 고개를 푹 숙이고 들릴까 말까 하는 작은 소리로 말했다.

"응, 오라배. 잘 가. 인자 언제 올랑가?"

"오냐, 세월이 좋아지면……."

순옥이는 돌아서더니 그만 집 안으로 내빼고 말았다.

사람은 많이 본다고 그만큼 정이 더 드는 것은 아닌가 보다. 이번까지 꼭 세 번인데. 오누이 같은 정이 생겼다. 내 눈에도 물기가 고였다.

우리는 마을 사람들의 전송을 받으면서 능선을 향해 올라갔다. 날씨는 하루가 다르게 봄다워졌다. 이윽고 능선에 오르자 산세는 이쪽과 영 다르게 나타났다. 따뜻한 볕이 그냥 산비탈에 쪼인다. 능선의 마을 편 비탈은 이제 군데군데 진달래가 피기 시작하는데, 너머 남쪽 비탈은 진달래가 이젠 지고 철쭉꽃이 피기 시작하고 있었다. 어릴 때 우리들이 참꽃이라는 진달래에 대해 개꽃이라고 불렀던, 빨간빛이 덜한 흰 분홍빛깔이라 연달래라고도 불렀던 바로 그 철쭉 말이다. 진달래를 피웠던 관목에는 파란 여린 잎이 한창 자라나고 있었다.

길은 오른편에 제법 솟아 있는 봉우리를 8부 능선으로 해서 감돌아 남으로 향하고 있다. 길은 이번에는 오른편으로 꺾어 나 있고 잘록이 져 있는 능선을 넘어 왼편의 봉우리를 감아 돌면서 내려가자 제법 깊숙한 골짜기가 펼쳐시고 시내물이 흘러내리고 있다. 이 골짜기가 칡밭골이라고 부르는 곳이다. 북편으로 골이 파인 골짜기의 양 비탈은 경사가 가파르고, 따라서 비탈이 담고 있는 수량도 많아 흘러내리는 물 또한 많다. 경사가 진 비탈에는 칡넝쿨이 가득 덮여 있다. 그래서 칡밭골이라는 이름이 붙었는가 보다.

칡밭골을 향해 왼편의 조그마한 물길 쪽에 좀 구석진 데가 있다. 여기가 우리들이 말하고 있는 이른바 칡밭골 포스트이다. 시간은 12시 10분 전이다. 정확히 12시가 되자, 비탈의 능선 쪽에서 신호가 들려 왔다. 돌로 바위를 치는 소리다.

"딱 딱, 딱 딱 딱."

약간 시간을 두고 또 한 번 들려 왔다.

"딱 딱, 딱 딱 딱."

이번에는 이쪽에서 바위를 쳤다.

"딱 딱 딱, 딱 딱"

비탈의 능선 위에 사람이 우뚝 섰다. 나는 소리쳤다.

"아니, 서공생 동지가 아니오?"

지도원 동지가 말했다.

"맞소. 동무도 잘 아는 동지요."

자유주의 배격
11훈

칡밭골로 흘러가는 물길을 거슬러 길을 막아 버티고 있는 벼랑바위 쪽에는 계단처럼 나 있는 길이 보인다. 그 길은 내가 무릉동으로 갈 때 칼날 같은 바위 능선에서 내려오던 길이었다. 서공생 동지도 그 길로 오실 것이다. 한참이나 기다렸더니 서공생 동지가 얼굴에 웃음을 가득히 띠고 나타났다.

"덕생이 동지가 아니오? 반갑소."

그러면서 서 있는 우리들의 가운데로 들어왔다.

박철환 지도원 동지는 손을 내밀면서 악수를 했다.

"그사이 안녕하시오? 우리들을 위해 또 애를 많이 쓰시겠소."

서 동지도 악수한 손을 흔들면서 말했다.

"박철환 선생님, 그사이 수고 많이 하셨지요? 없는 준비에 애를 많이 쓰셨습니다. 이제 선생님은 제 자리 일에 가시게 되겠습니다."

"나야 당에서 주시는 과업은 무엇이라도, 힘닿는 대로 하는 것이 제 할 일이지요."

그 다음 서 동지는 나를 보고 말했다.

"덕생이 동무는 앞으로 수고가 많을 것입니다. 나이가 어리지만 몸집은 어느 청년 못지않고, 게다가 이제 산에서 펄펄 난다고 하던데, 그 힘을 우리 군당을 위해서 힘껏 써주셔야겠습니다."

나는 무슨 영문인지 몰라 어리둥절한 얼굴로 대답했다.

"제게 당에서 어떤 일을 맡기실지 모르지만 제 몸이 닿는 대로, 재주가 닿는 대로 힘껏 하겠습니다. 그리고 많이 배울 것입니다. 많이 가르쳐주시기 바랍니다."

서 동지의 이런 말씀으로 나는 밀양군당에서 어떤 일을 맡길 것인지 궁금해졌다.

일단 인사를 끝내고 우리들은 개울가에 납작한 돌팍을 갖다 놓고 앉았다. 나는 배낭에서 반합과 수통을 꺼내 물에 씻어 맑은 물을 담아 놓았다. 그 다음 마른 나무를 이리저리 걸치고 그 위에다 물 담은 반합을 올려두고 마른 솔가지로 불을 피워 물을 끓였다. 물이 끓자 다른 반합에 담긴 기장쌀에 대신 삽곡을 섞은 삽곡밥을 내어놓고, 고추장 양념을 발라 구운 더덕과 몇 가지 산채 나물을 찬으로 점심을 차려냈다.

서공생 동지도 허리춤에 꿰어 찬 조그마한 보자기를 풀었다. 거기에서 절편 쪼가리와 밤 대추를 썰어 박은 찰떡을 꺼내 놓았다. 게다가 조청까지 종지에 담아 왔다. 이만하면 산놀이 들놀이쯤 되는 셈이다. 이렇게 우리들은 점심을 때우고 좀 쉬다가 오늘 일정의 오후 행군을 시작했다.

개울을 따라 올라가다가 계단처럼 가풀막진 길을 따라 한참 올라가면 능선 자락에 올라선다. 길은 왼편으로 굽어 능선길인데 양옆은 깎아지른 듯하다. 능선을 따라 앞에 보이는 봉우리를 향해 가는데 그 봉우리 너머는 거의 벼랑처럼 확 트였다. 길은 끊긴 듯한데 능선이 오른편으로 이어진다. 바위를 이리저리 돌아가며 앞에 보이는, 이 일대에서 가장 높은 봉우리에 이르렀다. 이 봉우리가 향로봉이다. 여기까지 오는데 산길이 험해서 쉬고 싶은 생각조차 나지 않는다.

향로봉에서 그 너머 능선이 밋밋하게 뻗어 있지만 그것은 길도 없는 돌산이다. 그래서 봉우리에서 왼편으로 나 있는 급경사의 내리막길을 따라 한참 내려가면 맞은편 능선과의 사이에 깊숙한 골짜기가 오른편에 나온다. 길은 넓고 밋밋하다. 우리는 바로 '삼밭골'에 이른 것이다.

여기까지 오자 계절은 완연히 봄이다. 골짝의 물도 많고 진달래는 이미 다 졌다. 연분홍의 철쭉도 한창은 지나 잎사귀가 벌써 제법 우거지려고 한다. 산의 빛깔도 이제는 연둣빛이 완연하다. 그러나 조국의 봄은 오지 않고 그 혹한은 더욱 가혹하다. 이승만, 김성수 일당은 미국 놈의 힘을 믿고 날이 갈수록 민중에게 폭력으로 정권을 날조하려 들고 있다. 이제는 서북청년단과 대동청년단이 몽둥이와 날창를 들고 설친다. 간부는 아예 권총으로 무장까지 하고 날뛰고 있다.

우리들은 마침내 삼거에 도착했다. 벌써 두 달이 훨씬 넘었지만 삼거의 곱상한 아저씨와 아주머니, 그리고 뺨이 유달리 빨간, 언제나 엄마 등에 매달려 있는 아기, 이들 세 식구가 그림같이 살고 있는 그 집에 다다른 것이다.

내가 걸음을 빨리해서 삽짝을 지나 들어가면서 아기 이름을 불렀다(그러나 애석하게도 그 이름은 지금 생각나지 않는다).

"○○야!"

부엌에서 아주머니가 나오셨다.

"아이고, 학생이 돌아왔네! 여보, 여보. 학생이 왔소. 그 학생 왔소."

나는 아주머니 곁에 가서 등에 업혀 있는 아기를 보고, 검지로 볼을 살짝 건드렸다. 생긋 웃는다. 마치 나를 아는 것처럼. 그러고서는 아주머니에게 인사를 했다.

"아주머니, 그사이 안녕하셨습니까?"

"예, 학생도요."

그러자 아저씨가 집 뒤안에서 나오셨다.

"학생이 오셨네. 참 반갑다. 아이구, 전보다 훨씬 건강해졌구나."

이렇게 반갑게 인사말을 주고받는 사이에 두 분 동지가 열린 삽짝을 지나 들어왔다.

"이 집 대부는 여전하시구나. 내무대신도 여전하시고."

이렇게 인사를 주고받으면서 퇴청에 걸터앉았다.

아저씨는 방으로 들어가자고 권했으나 모두 사양했다.

"오늘 날씨가 화창해서 방에 들 생각 없소. 여기에서 이야기도 하고 밥도 먹고 합시다."

그러자 아주머니가 말했다.

"참, 점심은 어찌했는교? 안 하셨으면 많이 시장하실 텐데."

내가 말했다.

"아주머니, 점심은 모두 준비해 와서 칡밭골에서 했습니다."

"그래도 지금쯤은 시장하실 텐데……."

그러자 모두 합창하듯이 말하면서 손을 휘휘 내저었다.

"괜않소. 밥도 먹고 떡도 먹었소."

이 집 아저씨가 우리 일정을 물었다.

"모두 우짤란교? 오늘 주무시고 갈라요, 우짤라요? 우선 아래 사랑채 방을 오래 묵하(묵여) 놔서 군불은 때놨는데……."

그러자 서공생 동지가 말했다.

"마침 잘됐네. 여기서부터는 낮에는 행동하기가 조심스러워 밤까지는 일단 있어야겠소. 저녁밥은 좀 부탁합시다. 그럼 우리는 따뜻하게 군불 땐 방에 들어갑시다."

이렇게 해서 우리 셋은 사랑채 방에 들어갔다. 마침 아랫목에 이불도 깔아놓아서 발을 밀어 넣으니 따뜻했다. 드러눕고픈 생각이 절로 났다.

초당의 덕석 자리보다 깨끗한 장판 자리가 정말 그리웠던 것 같다. 모두 저도 모르게 발을 이불 속에 집어넣었다. 먼저 두 분이 누우셨다. 그리고 나더러 누우라고 권했다. 나도 권에 못 이겨 발을 이불 속으로 살짝 넣고 누웠다. 그렇게 해서 누웠더니 그만 눈이 슬쩍 감기었다.

이때 지도원 동지가 말했다.

"덕생이 동무, 우리 두 달 좀 넘어 함께 지냈지만 이처럼 부담 없는 시간을 가질 수 있는 때는 없었지요. 이제 오늘 밤이면 헤어지네요. 그러고 보니 이 시간이 참으로 아깝네요. 학습도 계획을 짜서 한다곤 했지만 그것도 중동무이하고 보니 더욱 아쉬운 것도 많네요. 덕생이 동무, 동무가 학습에서 이것을 배웠으면 하는 것이 있다거나 물어보았으면 하는 것이 있다면 이 기회에 말해 보시오."

이 제기에 대해서 내가 말했다.

"알았으면 하는 문제, 물어보았으면 하는 문제는 선생님이 가르치실 때 나오는 문제이지, 처음부터 문제를 가지고 있었다면 벌써 물어보았거나 알아보았겠지요. 그래서 저는 선생님께 이렇게 제기하고 싶습니다. 선생님이 학습을 지도하려고 하실 때 계획하셨던 것 중에서 이는 꼭 했어야 할 것이라고 생각한 것이 있으시다면 이 시간을 빌려 가르쳐주십시오. 물론 그 많은 것을 다 하실 수는 없겠지만, 그중 가장 긴요한 것이라고 생각되는 것을 가르쳐주십시오."

지도원 동지, 박철환 선생님은 좀 생각을 하더니 말했다.

"하나는, 늘 이것은 '꼭 학습해야 할 것인데' 라고 생각은 하고 있었지만, 워낙 자료가 없고 내가 아는 것이 별로 없어서 엄두를 못 내고 있는 것입니다. 그것은 우리 민족이 일제와 반세기에 걸쳐 해방투쟁을 해왔는데 이 투쟁의 역사를 계통지어 '조선민족 해방투쟁사' 를 학습하지 못했다는 것입니다. 특히 이북의 김일성 장군의 항일 빨치산 투쟁은 우리 민족의 해방투쟁에서 결정적인 역할을 했다는 것을 알고 있기는 하지만, 그 투쟁의 역사를 계통적으로 정리해 놓은 것을 보지 못했습니다. 그래서 우리 후대들에게 그 학습의 도움을 못 주어 마음이 아플 따름입니다. 러시아의 혁명역사, 중국 인민의 혁명 역사를 이야기할 때 '제 나라의 것도 모르는 주제에' 라는 생각이 늘 들어서 마음이 아팠습니다."

나는 고개를 끄덕이며 지도원 동지의 말씀을 듣고 있었다. 조선민족 해방투쟁사라, 우리에게도 그런 자랑찬 역사가 있었구나, 말만 들어도 가슴이 뛰었다.

"또 하나는 내가 중국의 연안 해방구에 있었던 '항일군정대학' 에서 학습을 받을 때, 방 벽에 써 붙이고 익혀왔던, 모택동 동지의 '자유주의 배격 11훈' 이 있습니다. 이것을 다음 학습계획으로 잡았으나 그만 이 학습조가 해체되는 바람에 못 하고 말았습니다. 일단 생각나는 것은 이 두 가지가 있습니다. 전자의 '조선민족 해방투쟁사' 는 지금은 어쩔 수 없지만, 후자의 '자유주의 배격 11훈' 은 지금이라도 학습할 수 있습니다."

나는 선생님께 일단 고맙다는 말씀을 드리고 말했다.

"김일성 장군이 백두산 밀림에서 일제의 관동군과 만주 괴뢰군, 그리고 조선에 있는 일본의 조선군, 이들 백만의 적과 피나게 싸운 내용은 비록 그 일부이겠지만《김일성 장군의 유격전술》이라는 책을 통해 알고 있습니다. 그러나 더 구체적인 것과 민족 전체의 해방투쟁에 관해서는 다음 기회를 바라보기로 하고, 오늘은 선생님과 헤어지는 기념으로 모택동의 '자유주의 배격 11훈'을 가르쳐주시기 바랍니다."

이리하여 '자유주의 배격 11훈'을 지도원 동지로부터 배웠다. 하지만 너무나 오랜 세월로 그 기억이 빛바래어 많은 부분의 기억이 없어졌는데, 마침 김남식 선생이 엮으신《남로당 연구》(돌베개)에 그 전문이 있어 바래어 버린 기억을 살릴 수 있어서 정말 다행이다.[10]

사랑채에서 많은 이야기를 하고 토론도 하고 시국의 전망도 하면서 시간을 보내는 중, 저녁식사 때가 가까워 왔다. 나는 단손에 아이를 업고 우리 저녁상을 보는 아주머니가 생각났다. 두 분 동지에게 안에 들어가 아이라도 봐드려야겠다고 양해를 얻고 안으로 들어갔다. 이미 아저씨가 아이를 보느라고 애를 쓰다가 아이가 보채자 누비 강보에 싸서 띠를 두르고 업고 있었다. 그러나 아이는 자꾸 고개를 틀고 방바닥을 보며 내리려고 해서 애

---

10) 모택동의 '자유주의 배격 11훈'
1. 동창, 친지, 부하, 동료의 잘못을 알면서 책하지 않고 화평의 수단으로 방임하는 것
2. 전면에서 말하지 않고 배후에서, 회의에서 말하지 않고 회의 후에 난의(亂義)하는 것
3. 타인의 잘못을 책하지 않고 말하지 않음이 명석한 보신술이라고 침묵하는 것
4. 간부라고 자기 의견만 고집하는 것
5. 개인 공격을 주로 삼으며 보복하려는 것
6. 반혁명분자의 말을 듣고도 보고하지 않는 것
7. 선동·선전하지 않고 당원의 임무를 망각하는 것
8. 군중의 이익에 해를 주는 행동을 보고도 격분하지 않는 것
9. 사무에 충실하지 않고 하루를 되는 대로 지내는 것
10. 노선배연하여 대사(大事)는 할 능력이 없고 소사(小事)는 하기 싫어하는 것
11. 자기의 착오와 과오를 알면서 개정하지 않고 또는 자기를 책하되 비관 실망에 그치고 마는 것

를 먹고 있었다.

　나는 아이를 내려달라고 하고 안았다. 나는 아이의 겨드랑을 잡고 세워 양쪽으로 흔들어 불미를 시켰다. 그러자 아이는 재미가 있는지 싱글거리면서 다리를 굴리고 신나게 기웃기웃 흔든다. 내가 눈을 마주치고 눈을 껌뻑이면서 얼러주자 아이는 깔깔 소리치고 웃는다. 아이가 너무 웃고 피곤하면 밤에 자다가 놀라는 수가 있기에 적당한 때에 품에 보담아 등을 가볍게 두드려주면서 잠을 재웠다. 나는 동생이 많아서 어머니가 바느질이나 부엌일에 바쁘면 내가 업어주기도 하고 데리고 놀아주기도 해서 애보기를 잘한다.

　이래저래 시간이 지나자 저녁식사가 다 되었다. 나는 자는 아이를 아주머니에게 맡기고 차려진 상을 아저씨와 함께 마주 들고 사랑으로 나가 밥상을 들였다. 그리고 우리들 셋과 집 대주 아저씨와 함께 둘씩 겸상을 하고 저녁을 들었다. 간단한 소찬이지만 아주머니의 평소 자상한 손끝에서 나오는 인정이 담긴 맛인지라 모두들 맛나게 잘 먹었다.

　요즘은 경찰과 서북청년단, 대동청년단이 국도를 무시로 다니면서 행패를 부리고 있어서 이들과 부딪치지 않기 위해 국도를 피하고 지름길로 산길을, 단장천의 강가 길을 택해서 인적이 드문 길을 잡고 가야 했다. 삼거에서 범도로 해서 태동으로 국도를 벗어나 남쪽으로 내려가 단장 마을을 저 멀리 둘러서 쇠실 건너편 강가 길로 나간다. 그 다음 다죽리 앞에서 나무 나리를 건너 다원 농네로 늘어가는 길이다. 거리는 약 12킬로미터 좀 넘는 거리인데 3시간은 잡아야 했다. 출발 시간은 밤 10시다. 이때쯤 출발하면 놈들이 설쳐대는 단장, 다죽리 앞 도로는 조용할 때이다. 우리들은 아무 탈 없이 새벽 1시가 좀 넘어 다원동 일직(一直) 손씨 집안의 한 고택에 도착했다.

군당 연락부의
레포가 되다

산외면 다원이라는 동네는 남쪽 단장천까
지는 넓은 논이 펼쳐져 있고, 동네 앞 언양
고을로 넘어가는 도로부터 동네까지는 기름진 밭이다. 그야말로 문전옥답
이라 할 부자 동네다. 이 동네는 안동(安東) 손씨[11]의 집성촌인데 조선시대
에 주로 무반 출신이 많은 양반 동네다. 동네의 서쪽에는 예부터 다원(茶園)
이 있다. 그래서 동네 이름까지 '다원'이라 했다. 또 북쪽에 있는 동네 뒷산
과 동쪽의 산에는 대나무 밭이 무성해서 죽동(竹洞)이라고도 부른다. 지금
은 행정지명으로 이를 합쳐 다죽리(茶竹里)이다. 이 동네는 동쪽으로 밀성
(密城) 손씨도 집성촌으로 이루고 있어 이곳을 특히 죽동(竹東)이라 부른다.
이와 맞추어 서쪽을 죽서(竹西)라고도 부른다. 남자들이 이 동리의 안동 손
씨 집으로 장가를 가면 택호를 다원 또는 죽서로 부르게 되고, 밀성 손씨
집으로 장가를 가면 죽동 또는 죽남(竹南)으로 택호를 받는다.

그런데 이 동네로, 그때는 밤 10시부터 새벽 4시까지는 전국이 통행금
지라, 그냥 대로를 활보해서 들어갈 수는 없었다. 게다가 이 동네 한가운데
는 면사무소가 있고 또 경찰지서도 있어서 당직경찰이 있고 도로 가의 경
비초소에는 면내의 청년들을 동원해서 번을 세워놓고 있었다.

이런 정황을 잘 알고 있는 우리들은 단장천 건너편 농로를 따라 오다가
죽남 동네 맞은편에서 작전을 짰다. 죽남 동네에는 나의 할아버지 사촌누
이가 밀성 손씨 집에 시집가서 살고 있었다. 그래서 강을 건너기 위해 선발
은 내가 맡았다. 만일 순찰에 걸리게 되면 그 동네에서 방앗간을 하고 면에
서 유지인 할아버지의 사촌매부 손진설(孫振卨) 씨의 이름을 대면 무사통과

---

11) 안동 손씨는 안동 고을의 또 다른 이름인 일직(一直)을 관향으로 해서 일직 손씨라고도 한다.

할 것이고, 그래서 순찰이 지나가고 나면 나의 신호에 따라 강을 건너오면
되는 것이다.

이와 같이 작전을 짜고 내가 제일 앞장에 서고 두 사람은 그 뒤에 조금
거리를 두고 강을 건넜다. 겨울철이라 물은 얼마 안 되지만, 좁은 물길에 돌
로 쌓은 다릿발에다 띠다리[12]가 놓여 있었다. 먼저 내가 재빨리 건너 허리를
숙이고 주변을 살폈더니 온 세상이 고요했다. 내가 돌을 '따따딱 딱' 하고
두드렸더니 한 사람씩 건너왔다. 두 사람은 허리를 낮춰 강둑의 낮은 곳에
은신했다. 나는 죽남 동네 서편 쪽으로 난 골목길을 빠른 걸음으로 지난 뒤
도로 밑 언덕에 바짝 낮춰 도로 상하 양방향을 살폈다. 그야말로 온 세상이
조용했다. 나는 날창이 든 막대기로 도로 가의 미류나무 허리통을 툭툭 두
번 쳤다. 이 신호로 두 사람은 허리를 낮춰 내가 있는 도로 가로 왔다.

우리들은 잇달아 도로를 건넜다. 그리고 건너편 산언덕 밑에 난 산그늘
에 들어가 소로를 따라 서쪽으로 약 500~600미터를 재빠른 걸음으로 나
아가 산허리 끝에 다다랐다. 여기서부터는 다원 동네 안이고 동네 골목길
은 서 동지가 환하다. 그래서 앞에는 서 동지, 다음은 박 선생님, 그리고 내
가 후방을 경계했다. 나는 앞서 가는 두 사람의 그림자만 보고 따라갔다.

산허리 끝 동네에 들어와서부터 약 10분쯤 빠른 걸음으로 가자 담 안
에 여러 채의 기와집이, 보름이 좀 지난 듯한 서천에 약간 기운 달빛에 그
용마루를 환하게 드러내고 있다. 마침내 우리들은 한 기와집의 대문 앞에
섰다. 서 동지는 잠깐 기다리라고 하고선 언덕진 곳으로 담장을 따라 갔다.
잠시 후 쿵 하는 소리가 담 너머에서 들렸다. 서 동지는 담의 낮은 곳을 찾
아 월장을 한 것이다. 이윽고 대문 열리는 둔탁한 소리가 났다.

---

12) 돌로 쌓은 다릿발에 기다란 말뚝나무를 쫀쫀하게 걸쳐놓고, 그 위에다 솔가지를 덮고 그 위에 다시 띠('뗏장'의 경상
방언)를 떠서 두껍게 덮어놓은 다리.

집은 엄청나게 넓고 컸지만 너무나 고요했다. 그래서 사람 기척이 전혀 없는 듯했다. 서 동지가 아래채의 한 방에 가서 문에 기척 소리로 알렸다. 문이 열리고 나이가 마흔이 넘어 보이는 상머슴 차림의 어른이 나왔다. 그는 서공생 동지를 보고 인사를 했다.

"어지간히 시간을 맞추어 오셨네요. 서 동지."

"예, 모두 잘 계시지요? 우선 우리들 요깃거리가 있으면 하는데."

"알겠습니다. 안에 기별해서 차리도록 하지요. 일단 방부터 좌정하셔야지요."

달빛은 집과 그 그림자 안의 물건까지 분별할 만큼 환했다. 넓은 대청이 있는 안채는 북쪽에 자리 잡아 있고 가운데 마당을 두고 동과 서에 서로 마주 보는 큼직한 기와집이 두 채 있다. 마당 건너 아래 사랑채도 크고, 높은 팔작지붕은 환한 달빛을 안고 하늘을 나는 듯했다.

동쪽 아래채 앞 좁은 마당에 동쪽으로 난 곁문이 있는데 그 문은 언제나 열어두고 있는지 열린 그 문으로 안내했다. 거기에도 고운 마당이 있고 동향 집이 있는데, 가운데 청이 있고 아래위로 두 개의 방이 따로 나 있다. 나는 그 남녘의 방으로 안내되었고 두 분은 북쪽 안방으로 안내되었다. 나는 짊어지고 온 키슬링과 작대기를 거기에 두고 두 분이 계신 안방으로 갔다. 내가 들어가자 서 동지는 박철환 선생의 눈치를 보면서 내게 말을 했다.

"나는 덕생이 동무를 이곳까지 데리고 오는 일만 맡았소. 동무가 앞으로 할 일은 내일 아침에 동무의 직접 상부조직의 분을 만나 과업을 받게 될 것이오. 좀 있으면 밤참을 가지고 올 것인데, 우리 함께 밤참을 하고 각자 잠자리로 들어가 내일 아침까지 푹 쉬도록 합시다."

"예, 알았습니다."

시간이 좀 지나자 안채에서 두런거리는 소리가 나더니 건넌방에서 서 동지가 나를 불렀다.

"덕생이 동무, 이쪽으로 건너오시오. 밤참을 차려 왔소. 김치국밥에 떡국떡을 넣어 끓였는데 냄새부터 그냥 죽이네. 빨리 오소."

"예."

방에 들어가자 왼편에 작은 문이 하나 있는데 거기에 부엌이 붙어 있고, 그 부엌문은 바로 안채의 안마당으로 나 있었다. 그래서 안채에서 차린 국밥이 바로 이 바깥채의 안방으로 들어온 것이다. 작은 양푼에 담은 김치국밥이 흰 떡국떡으로 우선 보기부터 제법 맛을 돋우고 있다. 상 가운데는 지난 김장 때 담은 백김치가 있고, 동치미 무가 담긴 그릇에는 푹 익은 녹갈색 풋고추가 담겨 있다. 침이 저절로 나온다.

나도 시장했고, 두 선배 동지도 시장했는가 보다. 말소리 하나 없이 먹는 일에만 푹 빠졌다. 훌훌 마시듯이 먹다가 떡 쪼가리가 씹힐 때 그 쫄깃함이 맛을 더욱 돋웠다. 우리들은 눈 깜짝할 사이에 양푼의 것을 해치웠고, 커다란 양푼에 담아가지고 온 남은 국물마저 몽땅 먹어치웠다. 그렇게 먹고 나자 세 사람의 이마에는 땀까지 번진다. 배가 그득하자 그 다음에 오는 것은 잠이다. 두 분의 눈이 좀 풀리는 것 같다. 그래서 나는 일어나면서 인사를 했다.

"저는 건넌방으로 가겠습니다. 두 분 동지께서 편히 주무십시오."

건넌방으로 돌아온 나는 윗목에 개어놓은 요와 이불을 폈다. 그리고 허리춤에 찔러 넣은 권총을 빼다가 키슬링 안에 있는 총갑에 넣어 키슬링에 다시 넣고 바로 오른손 곁에 두었다. 많이 고단했고 또 따뜻한 밤참 탓인지 자리에 눕자 내 스스로가 마치 어떤 늪에 빠지고 있는 것 같았다. 스르르 나의 의식이 빠져나가는 것을 느꼈다.

새벽에 잤기에 이튿날은 아니지만 잠이 깼다. 7시다. 옷을 뭐로 입을까 하고 생각하다가 귀미 '트'에서 얻어 입은 바지저고리를 꺼내어 입었다. 방 밖으로 나와 보니 건넌방에는 아직 기척이 없다. 나는 조용히 마당으로 나 갔다. 마당 오른편에, 둘레에다 메줏덩어리 같은 돌멩이를 시멘트로 붙여 서 두 자 높이의 정사각형 테두리를 두른 샘이 있고, 그 곁에는 놋대야가 놓여 있었다. 나는 방으로 도로 들어가 수건을 가지고 나와 두레박으로 물 을 퍼 대야에 담아 세수를 했다.

수건으로 얼굴을 닦고 두레박으로 물을 퍼 두레박 한쪽 귀퉁이로 샘물 을 마셨다. 물맛을 보려고 조금 마셨는데 물맛이 그만이었다. 뒤에서 인기 척이 나면서 여자 말소리가 들렸다.

"다원 물맛은 그저 그만이지. 그래서 다원의 차 맛이 좋답니다."

나는 뒤돌아보았다. 그리고 깜짝 놀랐다.

"아니, 니가 여기 웬일이고?"

"아니, 니 재구 아이가?"

나는 급히 손가락을 입에 갖다 댔다. 그러고는 입으로 소리 안 나게 '이 름, 이름' 하고서 손을 가로 흔들었다. 그러자 그녀는 고개를 끄덕거렸다.

"응, 알았다."

그녀는 바로 나와 국민학교 동기동창이다. 이름이 손소출이다. 나보다 두 살 많은 처녀다. 그동안 못 보았더니 처녀 태가 완연했다. 이 집이 종갓 집, 큰집이라고 했다. 밀양읍의 내이동 '동가리 신작로' 끝에서 왼편 골목 으로 들어가면 미나리 논이 나온다. 그 논 쪽으로 대문이 나 있는 제법 큰 기와집이 있다. 소출이는 그 집에 살았다. 학교 다닐 때는 좀 키가 큰 계집 아이였는데, 이때는 내가 이름 부르기가 망설여지는 다 큰 처녀였다.

뜻밖의 만남이었지만 아무튼 반가웠다. 그래서 이래저래 이야기꽃이 피우게 되었는데, 그때 두 동지가 나오셨다. 두 동지는 나를 보고 의아한 얼굴을 하고 눈으로 물었다.

"예, 저와 소학교 동기동창입니다. 이 집이 이 동무의 큰집이랍니다."

그러면서 소출이에게 말했다.

"출이 동무, 이 두 분은 나의 선생님이시다. 인사해라."

그러자 소출이는 얼굴을 빨갛게 하고서 인사를 했다. 박 선생님은 대답 인사를 하셨다. 그리고 말씀도 했다.

"출이 동무, 동무는 우리가 어떤 사람이란 걸 잘 알고 있습니까?"

"예, 다는 몰라도 대강은 압니다. 저 동무도 압니다."

"그러면 저 동무에 대한 말은 조심해야지요?"

"예, 걱정하시지 마이소. 저도 '여맹원'(조선민주여성동맹 회원)입니다."

"아, 그렇소? 그럼 마음 놓겠소."

그때서야 두 분 선배 동지는 안심했는지 얼굴이 환히 펴졌다. 이때 안에서 이쪽으로 오는 쪽문이 열리더니 새벽 때의 아저씨가 나오셨다.

"모두 아침상을 차렸는데 큰방에 갖다 놓았답니다. 모두 진지 많이 잡수시이소."

"예, 고맙습니다."

우리는 모두 대청으로 올랐다. 나는 출이 동무에게 말했다.

"출이 동무, 그럼 나중에 또."

"응, 나중에 또 보자."

이 말은 서로 지키지 못했고, 이것이 우리들의 영별이었다.

6·25 전쟁이 휴전되고 고향에 가서 출이 동무의 집으로 가보았더니 그 집은 딴 사람이 살고 있었다. 그 집주인에게 물었더니 자기가 이 집을 샀는데 그런 처자는 없었다고 했다. 그리고 국민학교 여자 동기동창을 만날 때마다 소문을 물어도 아는 사람은 없었다.

좀 더 알차게 알아보려고 한다면 다죽리의 손씨 집안에다 알아보면 되겠지만, 그때는 내가 용기가 나지 않고 내 과거를 들킬까 걱정되어 그렇게 할 수도 없었다. 이제는 마음으로만 그가 같은 하늘 아래 한 세상에서 살다가 천수나 다하기를 바라고 있을 뿐이지만.

아침식사를 마치고 정오가 거의 다 되어 나의 새로운 지도원 동지가 오셨다. 박철환 동지와 서공생 동지로부터 나의 새로운 지도원에게 나의 조직선이 인계되었다. 그리고 앞으로 생길지도 모르는 비상사태로 선을 잃어버릴 때를 대비해 서공생 동지와의 비상연락선을 결정했다. 비상연락선은 나를 활성리 살내 마을에 있는 나의 어머니의 고모이신 할머니의 집에서 일하는 작은머슴으로 상정하고 단장면 미촌리의 귀미 마을에 있는 '트'로 가는 것으로 정했다. 그래서 접선 암호는 다음과 같았다.

"여보세요, 살내 마을의 도동댁에서 씨나락을 가지고 왔습니다."

"그래요? 무슨 나락이고, 몇 되를 가지고 왔소?"

"예, 찹쌀 2되하고 멥쌀 6된데요."

서공생 동지는 이 비상선을 나에게 주고 갔다. 우리들은 서로 껴안고 헤어졌으나 그 후로는 만나지도 못했고, 소식도 못 들었다.

박철환 선생은 아마도 태백산맥을 따라 북조선으로 가서 강동정치학원에서 유격대 간부학습을 맡았을 것이라고 생각되나 이것은 나의 추측일 뿐이다. 만약 그렇다면 이남으로 내려올 때 남로당 종파분자들의 밀고로 월선에서 기다리고 있는 이남의 테러기관에 의해 사살당했을지도 모른다. 선생님과 헤어질 때 나는 울었다. 선생님은 내게 마지막 말씀을 남기셨다.

"동무를 훌륭한 빨치산으로 성장시켜 주지 못해서 유감이오."

이제는 눈을 감아도 얼굴 모습은 떠오르지 않고 다만 목을 바로 세우지 못하고 시선을 늘 45도 아래로 두고 계시는 그의 미간만 떠오른다.

나의 새로운 지도원 동지는 이름이 주승도(朱勝道)라고 했다. 물론 가명이다. 내가 손소출과 만났던 데 대해 늘 불안을 가지고 있었다. 그리고 자기가 하는 일에 대해 그 비밀주의가 좀 심한 편이었다. 내게까지도 불안을 가지고 있었다. 그리고 내가 여가 있을 때 수학 책을 펴놓고 공부하는 것도 안 좋게 보았다. 그런 공부로 당 사업에 열중하지 못한다는 것이다.

그래서 그런지 나에게 별도의 '트'를 만들어주었고 평소에도 이유 없이 동네 사람들과 만나는 일을 극도로 제약했다. 하기야 내가 하는 일이란 군당에서 산하 조직으로 전달하는 연락선이었다. 그 연락선은 주로 포스트를 통한 연락선이다. 이 연락선은 엄중한 과업이긴 하다. 실수 없이 정확하게 백 프로 성취해야 할 일이다.

밀양은 지리적 여건에 따라 동북부와 서남부의 조직 여건이 다르다. 이 두 지역을 연결하는 곳이 가운데 있는 밀양읍이다. 밀양읍은 연락원의 입장으로는 매우 위험한 지대다. 교통이 편리한 밀양읍 통과는 검문의 지뢰밭이다. 그래서 이 두 지역 연락선은 산악을 이용하는 것이 가장 안전한 통로다. 산악지대를 이동하는 데는 산악을 달리는 민첩한 연락원이 필요했다. 그래서 내가 밀양군당 연락부의 레포(연락원)로 발탁된 것 같다.●

열하나 ─ 밀양군당 레포

66

5 · 10 선거에서 국회의원으로 당선된 자들은 어떤 자들인가.
그들의 성분을 분석해 보면 노동자 · 농민은 한 사람도 없다.
친일관리에다 지주 · 자본가 · 사무원 · 문화인 · 종교인 등
친일역적 놈들이 거의 다였다. 이런 자들이 국회의원들이 되어
헌법을 제정하고 정부를 세웠으니 그 정부는 과히
친일역적들의 정부라고 해도 심한 말이 될 수 없을 것이다.

99

'최덕출'이란
새 이름

약 두 달 반 동안 산속에 있다가 이제 내려
와 다원 동네에서 첫 밤을 자고 그 이튿날
낮이 되어 새로운 지도원 동지와 마주 대하니 영 다른 분위기를 느꼈다. 지
도원 동지는 머리에 흰 수건을 두르고 검은 조끼에 흰 핫바지저고리 차림
에다 검정 고무신을 신었다. 나는 그 모습에서 뭔가 다른 세상 같은 느낌이
들었다. 좀 어리숭한 느낌이 들어 멍하니 앉아 있었더니 지도원 동지는 금
방 흰 핫바지저고리와 검정 조끼에다 고무신 한 켤레를 가지고 들어왔다.
그리고 내게 말했다.

"지금 정세가 많이 급박해서 거기에 걸맞은 차림을 해야 하오. 이제부
터 동무는 이 집 작은머슴으로, 어제 저녁 만난 이 집의 상머슴인 최씨 아
저씨의 먼촌 일가 총각으로 행세해야 합니다. 그리고 이름도 걸맞게 붙여
야지요. 가명의 성은 최씨하고 일가이기에 최가로 하고, 이름은 덕생이보
다 덕출이라고 합시다. 그래서 이 집 사람들은 모두 동무를 보고 '덕출아!'
라고 부르며 하대를 하게 될 겁니다. 거기에 대해 조금도 언짢게 생각하지
마시오. 나이는 열일곱 살로 하고, 고향은 부북면 덕실로 합시다. 무슨 일
이 있으면 '나는 잘 모른다'고만 하고, '아재에게 물어보라'고만 하기요.
그리고 언제나 덤덤한 인상을 하고 눈도 언제나 내리깔고 좀 모자라는 듯

이 보이도록 해야 합니다. 지금과 같은 인상으로야 누가 머슴이라고 하겠소. 입도 다물고 있지 말고 헤벌쭉하게 해서, 좀 넋 빠진 것처럼 보이도록 말이오."

그러고는 나에게 옷을 갈아입으라고 했다. 나는 옷을 갈아입고 매무새를 만지면서 헤벌쭉한 얼굴을 지어 보였다. 지도원 동지는 허리를 잡고 웃는다. 거울이 있었더라면 나도 허리를 잡고 크게 웃었을 것이다.

지도원 동지는 웃으면서 말했다.

"어째 그리 갑자기 멍청한 사람이 되어 나타났노! 됐어, 됐어. 그만하면 이 집 작은머슴으로 합격이오. 오늘 '향보단' 훈련이 있는데 거기 가서 동네 사람들과 얼굴도 익힙시다. 그러면 이제부터 동무에게 말을 하대하겠소. 나한테도 이제부터 '청도 샌님'이라고 부르기요."

"예, 알겠습니다."

"먼저 저 앞집 초당으로 가자. 거기에 '덕출이' 방을 마련해 두었다네. 그 방에는 앞으로 어떤 사람도 들지 못하게 해라. 자네 봇짐도 문제지만 자네 가지고 있는 '돼지다리'(권총)도 남이 절대 보아서는 안 되지. 그래서 자네가 있을 때는 방문을 안에서 걸어 잠그고, 자네가 없을 땐 바깥에서 잠가 놓아야 하네. 특히 무기 관리는 철두철미, 조금도 틈을 보여서는 안 되네."

"예, 알겠습니다."

당시 농촌에는 머슴들이 잠도 자고 짚신도 삼고 술도 한잔하는 마을 공동의 초가집이 있었다. 이를 '초낭' 또는 '조당방'이라고 부른다. 말하자면 나는 특별히 초당의 독방을 얻은 셈이다.

지도원 동지는 나의 키슬링을 메고 갔다. 나는 날창이 든 작대기만 들고 초당으로 갔다. 초당은 이 집 대문 앞 밭 너머에 싸릿대로 엮은 울타리로 둘러싸이고, 앞마당도 좀 있는 초가집이었다. 집은 남향인데 남쪽에는 반 간 폭 되는 들마루가 있고, 간 반짜리 방이 나란히 두 칸이 있다. 그 두 방은 안에는 널찍한 미닫이로 가려져 있어 방 이용에 편하도록 했다. 집의 서쪽 두 간은 남쪽이 정짓간이고 안쪽은 방문이 뒤안으로 나 있는 방이다. 방 앞에는 좁다란 널마루를 붙여놓고 미닫이문으로 들고 나게 되어 있다.

꼭 내가 오는 것을 알고 만든 것 같은 방이다. 이미 그 방문에는 큼직한 자물통이 걸려 있다. '청도 샌님'은 새끼손가락 굵기만 한 열쇠를 가지고 방문을 열고 들어갔다. 방은 깨끗한 삿자리를 노랗게 깐 온돌이다. 앞 부엌 쪽은 막혀 있다. 중방 위에는 미닫이문으로 여닫는 좁다란 다락도 있다. 벽은 적갈색 황토로 새벽을 깨끗이 했고, 오른쪽 바깥벽에는 서까래에 매단 삼 줄에 긴 옷걸이 장대가 매달려 있다. 안쪽 벽 구석에는 깨끗이 꾸민 무명베 솜 요이불이 단정하게 개여 있다.

이만하면 그야말로 흡족한 대접이다. 아마 당에서는 할아버지의 손자라고 이미 알고 있어서 그렇게 배려한 것 같았다. 갑자기 할아버지가 보고 싶어졌다. 아직도 평양에 계실까. 일 다 마치시고 내려오셨을까. 밀양에 와 계실까. 상념으로 마음은 그야말로 왔다 갔다 했다.

조금 앉았다가 시계를 보니 9시 반이 넘었다. 10시가 집합 시간이란다. 오늘 그 시간에 산외면 '향보단' 훈련이 있다는 것이다. '향보단'은 1948년 4월 중순에 당시 군정청 경무부장 조병옥(趙炳玉)의 명령으로 '5·10 남조선 단독선거'를 무사히 치르기 위해 만든 관제단체다.

1948년 2월 26일 유엔 소총회에서는 미국 측이 제안한 유엔 선거감시단의 '감시 가능지역 선거' 실시안이 결의, 채택됨으로써 5·10 선거가 결정됐다. 남조선 단독선거에 대해 김구·김규식 계열의 민족주의 진영도 이를 반대하고, 5·10 선거에 불참한다는 태도를 선언했다. 군정청은 남로당과 민전 산하의 정당·사회단체들의 파괴와 소요를 우려했으며, 이들의 선거 반대운동은 날로 격화되고 있었다.

　당시 남조선의 3만 군정 경찰만으로는 1만 3천이 넘는 투표소의 경비가 불안했던 것이다. 이런 이유로 군정 당국은 경찰부 아래에 향보단이라는 봉건시대의 보갑제도(保甲制度)를 본뜬 단체를 조직했다. 전국 각지의 우익 청년단원을 간부로 해서 조직한 향보단은 이른바 좌익계열의 파괴와 소요를 방지하고, 그들이 일컫는 5·10 총선거를 무사히 치른다는 것이 그 목적이라 했다.

　당시 향보단은 '만 18세 이상 55세 미만까지의 남자로 구성했고, 모든 운영경비는 단원의 애국적 정성으로 보장한다' 고 했다. 그러나 실제로는 경찰지서에서 임의로 결정해 발급하는 고지서에 의해 운영경비를 세금처럼 징수했다. 이 수금은 우익 청년단체의 깡패들이 동네를 돌아다니면서 우악스런 인상으로 거의 공갈적으로 갈취했다. 뿐만 아니라 태극기나 문패를 들고 다니면서 강매를 하고 다녀 폐단을 일으켰고, 5·10 선거가 끝난 다음에도 경찰과 작당하고 면 행정의 이권에도 간섭하고 다녀 면민들이 모두 아우성이었다. 결국 민심마저 흉흉해지자 군정의 조병옥 경무부장은 5월 22일에 향보단을 해산하고 말았다. 그러나 우익 간부들은 그냥 그곳에 남아서 계속 행정당국을 겁박해 이권을 챙기고 있었다.

　다원에서 산외국민학교까지는 1킬로미터 좀 넘을까 하는 거리다. 우리 둘은 그 집을 나와 학교로 갔다. 그날 산외국민학교에서의 훈련은 3인 1조로 해서 마을 사람늘을 투표소로 데리고 가는 조 편성을 하는 일이고, 데리고 가는 사람들에게 표 찍는 것을 가르친다는 것이다. 나중에 알고 보니 경찰이 지정하는 사람에게 투표하도록 유도하는 일도 겸하고 있어 노골적으로 부정선거를 사수했던 것이다.

　또한 이 훈련의 백미는 바로 각 마을에서 청년들을 100미터 거리마다 세워놓고 목소리로 전달하는 일이다. 예를 들면, "○○마을에 공산당 발견!"이라고 어느 마을에서 시작하면 그 말을 그대로 "○○마을에 공산당 발견!"이라고 릴레이 식으로 경찰지서까지 전달하는 일이다. 그러나 연습과 실제상황과 구별하기 위해 연습 때는 먼저 "이는 연습이다"라는 말을 꼭 붙이라고 했고, 실제상황일 때는 "이는 실제다"라는 말을 붙이라고 했다. 그날부터 청년들이 매일 밤낮으로 "이는 연습이다. 공산당 발견"이라는 소리가 온 남조선 전체에 가득 차게 됐다. 며칠 그러다가 너무 시끄러워서 그런지 시간을 두고 보초근무 점호로 한 번씩 했다.

후보자들의 정견발표 때 유권자들을 강연장에 조별로 할당된 대로 몰고 오는 일도 했다. 4월에 밀양 일대 농촌은 '보리매기'로 바쁜 시기다. 보리매기는 보리밭에 잡초를 매고 봄비에 씻겨 나간 흙을 북돋워서 보리 이삭이 튼튼해지도록 하는 일이다. 이런 농사일을 못 하게 되니 농민들은 밤이 되어서야 보리밭을 매줄 판이었다. 벼의 모판에도 제초작업을 해야 하는데 못 하게 되니 벼농사도 말이 아니었다. 채소 농사, 목화 농사 등 모든 농사일이 마찬가지였다. 농사일에 한창일 사람들을 조국의 허리를 가르는 일에 몰아가고 있으니 정말 기가 찰 일이었다.

이러한 모든 민폐를 일으키는 경찰 업무의 법적 근거는 바로 일제가 식민지 조선 민중에게 들씌웠던 이른바 조선총독부령의 '경찰 업무규정'에 있는 주민에 대한 명령권이었다. 해방된 조선에서 정말 말이 안 나올 노릇이었다.

그날 향보단 훈련을 마치고 다원 마을로 돌아온 지도원 동지와 나는 윗집으로 올라가 상머슴에게 인사를 했다.

"아재, 나 일 잘 못하는데 잘 가르쳐주소."

아재는 내 손을 잡고 물었다.

"이름이 덕출이라 했나? 산골에서 왔다면서, 일을 많이 했는가뵈. 손이 거친 걸 보니."

"나무하러 다니고 해서 손이 그렇제."

"그럼 밥 묵으러 가자. 밥은 내 방에서 늘 겸상해서 묵기로 하고. 언제나 독상해서 묵으이 어디 밥맛이 있어야지."

그러자 청도 샌님도 한마디 했다.

"너그들끼리 맛있는 것 먹고 나는 떼놓을라꼬?"

이렇게 해서 머슴방에 셋이 들어가 작은 두레상을 펴고 상을 차렸다. 식사를 하면서 아재가 먼저 말을 뗐다.

"이 동네는 민주부락이라 안 카나. 그래 그건 맞는기라. 이 동네는 대부분이 민주가정이고 반동은 없는기라. 양반 동네치고 이만큼 사상적으로 진보적인 곳은 없제."

내가 청도 샌님의 눈치를 보면서 손기용 선생님에 대해 물었다. 손기용 선생님이 동네에 계시는지는 몰라도 우연이라도 선생님이나 그들 가족을 만나면 반갑기야 하지만 내가 작은머슴 꼴을 하고 있으면 놀라기도 하겠고, 내 입장도 난처해질지는 모른다.

"아재, 이 동네에는 내가 아는 사람들이 많구만요. 미리 말해 두어야 난처한 일을 막을 수 있으니까요."

"그래, 덕출이. 미리 알아두어야 사전에 문제 될 일은 막을 수 있겠지."

"손주헌 선생님 댁은 모두 다 알고 있고, 상동 할머니(손주헌 선생님 부인, 택호가 상동이고 성이 안가로 나와는 일가인데, 항렬이 할머니뻘이다)까지도."

아재는 "그래"라고 하면서 "또?"라고 내게 물었다.

"또 여기에 요즘 수산면장했던 손흥도 안 있는교?"

"그 양반은 요즘 동네에는 안 계시지. 온 가족이 읍에 살지."

"그래도 아재는 알아두어야 할 것 같아. 읍에 계신다는 것은 나도 알고 있지. 그분의 어머니와 우리 어머니와는 그리 멀지 않은 연척간이어서 내가 그 어른을 '고지 할배'라고 부릅니다. 그 아랫대 우산 할배, 나이는 할아버지라고 부를 지경은 아니지만, 항렬이 높아서. 그 밑에 두 딸도 잘 알고 있어서."

"그거야, 여기에 안 살고 있으니 혹시 만나도 우연히 만나는 것으로 하면 문제없을 걸세. 만나면 적당히 둘러대면 될 거 아닌가?"

"하기사 요 위 죽남에 내 할아버지의 사촌누이, 그러니 내게는 종존고모(從尊姑母)지, 그 죽남의 할매 집에 잠시 왔다가 다원에 좀 들렀다고 하면 될 거고."

이렇게 해서 나와 덕실의 아재는 임기응변으로 처리할 수 있는 근거를 가질 수 있게 되었다.

저녁밥을 먹고 나서 지도원 동지와 나는 지도원 동지의 방인 바깥채의 안방으로 갔다. 지도원 동지는 우리들의 임무에 대해 설명하기 시작했다. 그 내용은 다음과 같았다.

지도원은 밀양군당 연락부의 책임자였다. 조직부와 총무부의 당무를 하부조직에게 전달하고 하부조직에서 오는 보고와 문제제기를 신속하게 소통시켜 주는 일이라는 것이다. 군당의 하부조직은 대체로 당으로는 각 면의 당부와 민전 산하의 제 정당·사회단체이다. 이들에게 모두 연락이 이루어지도록 하는 것이 연락부의 임무이다. 이러한 연락부의 임무를 정확하게 그리고 간결하게 집행하기 위해서는 여러 선을 몇 개로 묶어 경제적으로 해야 한다. 이를 위해 밀양군당 산하의 면 당부를 몇 곳으로 묶어 한 면에서 담당하도록 선을 간추려 놓았다는 것이다.

밀양읍당과 삼랑진읍당 2개 읍당을 밀양읍당에서, 부북면당과 무안면당 그리고 청도면당 3개의 면당을 부북면당에서, 하남면당과 상남면당 그리고 초동면당 3개 면당을 하남면당에서, 산외면당과 단장면당 그리고 상동면당과 산내면당 4개 면당을 산외면당에서 묶어 담당하도록 함으로써, 군 전체를 네 곳의 '트' 또는 '포스트'로 망라할 수 있도록 했다는 것이다.

이 네 곳 중에서 자기가 한 곳, 즉 산외면당을 맡고, 나는 밀양읍당, 부북면당, 하남면당을 맡으라는 것이다. 자기는 거기에다 도당과의 연락선을 맡고 있다는 것이다. 그런데 가장 문제가 되는 곳은 밀양읍당이었다. 검문이 심하고 반동의 역량이 집중되어 있어서 노출되기 쉽다고 했다. 그래서 앞으로는 밀양읍당을 부북면당으로 모으고 삼랑진읍당을 하남면당에 붙이면 된다는 것인데, 그들과 토론해 볼 것을 제기할 작정이라고 했다. 가능하면 이 문제를 해결하도록 하자는 것이다.

그리고 연락부에서 할 과업 중 하나는 중요한 당 간부의 이동 시 경호 문제도 담당하고 있다는 것이다. 이는 군당의 조직부에서 제기하고 연락부에서 집행한다는 것이다. 연락부책 동지인 청도 샌님은 내일부터 이들 연락선을 점검하고 '트'와 포스트를 인수받으라는 임무를 내게 주었다.

첫 레포 과업

그 이튿날 아침 나는 일찍 무명베 옷을 입고 발목이 드러나도록 바지 밑을 걷어붙였다. 머리에는 베수건을 동이고 고무신을 신었다. 이렇게 농사일을 하는 매무새를 갖추고서 윗집의 상머슴 덕실 아재에게 갔다. 덕실 아재는 내게 오늘 일을 말했다.

"오늘은 바깥마당 앞밭에 갈아놓은 데 골을 짓고 남새 씨앗 넣을 준비를 해야지. 샌님이 하라는 일은 없제?"

"예, 지금은 없소. 어디 가더라도 저녁때가 되어야 갈 겁니다. 아마 나중에 청도 샌님 심부름이 있을 겁니다. 그때까지는 아재가 일을 시키소."

"그럼 오늘은 바깥마당 밭에 봄배추하고 상추하고 쑥갓 씨앗을 넣어야겠다. 자네가 시간 되는 대로 갈아놓은 밭에 흙덩이를 잘게 부수어 골을 타고 씨앗 뿌릴 준비를 해놓아라."

"예, 알았소."

대답하고 나가자, 뒤에서 말이 따라 나온다.

"일은 해보기는 했나?"

"걱정 마이소. 큰 농사일은 몰라도 그런 남새밭 가꾸는 일이야 못 할라꼬?"

"오냐. 오늘은 그 일을 자네가 해라. 나는 마을 앞 논보리밭이나 매야지. 점심때까지 하는 대로 해놓아라. 점심 먹고 둘이 함께 씨앗 넣기로 하자."

그래서 나는 아재를 따라 대문채 옆 광에 들어가 호미와 작은 쇠갈퀴를 가지고 나와 바깥마당 앞밭으로 갔다. 소 쟁기로 땅을 뒤집어 갈아놓은 밭은 신선한 흙냄새를 풍기고 있다. 나는 밭고랑에 들어갔다. 이미 밭고랑을 지어 갈아놓아서 고랑에 있는 흙덩이를 호미로 툭툭 깨뜨리고 밭이랑에 갈퀴로 흙을 끌어다 북을 돋우었다. 흙을 잘게 부수어 씨앗의 잔뿌리가 잘 내릴 수 있도록 이랑에 잘게 골을 낸 뒤 씨앗 뿌릴 자리를 지으면 되는 일이다.

일이 점점 손에 익어가자 나도 모르게 콧노래가 절로 나왔다. 노래라고 해야 농민들이 구성지게 잘 부르는 노랫가락은 할 줄도 모르고, 혁명가밖에 아는 게 없다. 곁에서 들어도 무슨 노래인지 모르게 작은 소리로 내 신명만 낼 뿐이다. 이런 나의 심정을 알기나 하는지 종달새가 따뜻한 봄 공기를 따라 높이 오르면서, '삐지고 째지고 쭉쭉쭉' 했다. 마치 혼자 밭 매고 있는 나를 보고, "이 좋은 날에 노랫가락 하나 못 하나!" 하고 나를 놀리는 듯했다.

해가 중천에 오르자 이제는 봄볕이 나의 뺨이 좀 따갑도록 따뜻하게 데운다. 한 고랑 한 고랑씩 일을 해나가자 나는 어느새 밭 한가운데까지 들어섰다. 나의 서툰 농사일이 마음에 걸리는지 덕실 아재가 좀 이른 시간에 내가 일하는 밭으로 왔다. 밭으로 들어서서 내가 일한 결과를 보고 칭찬을 한다.

"아이구, 우리 덕출이 세경 받을 값은 하네. 작은머슴 노릇은 똑똑히 하구만."

그 말에 나도 모르게 볼멘소리가 나왔다.

"아재, 나 우리 엄마하고 밭농사는 좀 했다고요. 고구마도 가꾸었고, 황토 배추밭에 오줌도 주어봤고 잘 한다고요! 놀고먹는 건 아주 싫어한다고요."

점심때까지 두어 이랑만 남기고 모두 마쳤다.

"어이 덕출이! 인제 나오지. 점심 먹고 좀 쉬었다가 마저 이랑을 만들고 씨앗을 넣자고."

"예, 그렇게 합시다."

우리들은 아재 방에 들어가 차려놓은 점심을 먹었다. 일하고 난 후 밥맛은 언제나 좋다. 뒤안에 묻어둔 김칫독에서 꺼낸 겨울을 넘긴 묵은지, 그 중에서 푹 삭은 포기 사이에 박아놓은, 푹 삭은 무는 천하에 별미다. 그리고 언제 잡았는지 억센 등뼈까지 물렁하도록 무김치와 함께 푹 조린 민물고기 조림도 또한 일품이었다. 이건 남천강변에 사는 전형적인 우리 고향의 먹거리다.

점심 후 아재는 퇴침을 베고 한숨 쉬고 있다. 나는 바깥마당 건너 초당의 내 방으로 갔다. 아재가 쉬는 동안 나는 책을 꺼내고 책장을 접어놓은 곳을 폈다. 대구에서 이종형으로부터 얻은 삼각법 책이다. 아주 손쉽게 읽고, 익힐 수 있는 수학이다. 누가 집 뒤안으로 들어오는지 발자국 소리가 나기에 나는 책을 키슬링에 도로 넣었다. 그러자 문 앞에서 지도원 동지의 목소리가 들렸다.

"이 사람 덕출이 있나?"

나는 얼른 걸어놓은 문고리를 벗기고 문을 열며 인사를 했다.

"예, 있습니다. 청도 샌님인교?"

지도원 동지는 나에게 오늘 레포(연락원) 과업을 지시했다. 첫 과업이다. 좀 긴장이 된다. 노랗게 기름이 찌든 기름종이에 싸인 문건을 내주면서 지도원 동지가 말했다.

"이것을 부북면당의 '트'에 전달하는 일이 하나이고, 또 하나는 부북면당이 밀양읍당의 연락 업무를 함께 받아 안을 문제를 해결하라는 것이오. 이 문제를 토의해서 그쪽에서 제기되는 문제를 가지고 오시오. 이상."

"예, 과업 하나, 부북면당 '트'에 문건을 전달하는 일, 과업 둘, 부북면당이 밀양읍당의 연락 업무를 함께 받아 안을 문제를 토의해서 그쪽에서 제기되는 문제를 받아 오라는 과업을 분명히 받았습니다."

나의 복창을 받은 지도원 동지는 나를 보고 미소를 지었다.

"동무의 복창을 받고 정말 믿음이 가오. 잘 부탁하오. 집행은 저녁식사를 마치고 야간에 행동하시오. 읍내는 들어가지 말고. 검문이 심하다오."

그래서 나는 행정을 한참 생각하고 말했다.

"교동 뒷산을 돌아서 지동으로 해서 감내와 오례 앞들 사이를 빠져 감내를 건너 삽개로 가면 됩니다."

지도원 동지는 웃으면서 말했다.

"길도 환하네. 돌아오는 길은 그대로 돌아오면 되는데, 특히 긴늪다리를 건널 때는 조심해야 하오. 긴늪다리에 있는 향보단 초소에는 조직선이 있어서 말을 해두겠소. 거기 확인 암호는 '쇠실에서 교동으로 부고를 가지고 갑니다' 라고 했소. 그러나 무슨 일이 생길 수도 있으니 임기응변하고 잘 돌아오기를 비겠소."

"알겠습니다."

기름종이에 싼 문건들은 벽장 바닥에 널판을 한 장 들고 만들어놓은 상자에 넣어두었다. 거기에는 권총도 넣어놓고 있다. 권총은 밤에는 꺼내 요 밑에 두고서 바로 손에 잡히도록 하고 잠을 잔다.

지도원 동지는 이야기를 끝내고 곧 나갔다. 나는 좀 있다가 밭으로 나가 남새밭 만드는 작업을 계속했다. 남은 두 이랑은 내가 계속해서 작업하고 곧 끝냈다. 좀 시간이 걸려 덕실 아재가 남새 씨앗 봉지와 커다란 물 드므를 들고 왔다. 씨앗을 뿌리고 물을 주려고 하는 것 같다. 나는 아재에게 말했다.

"물을 줄라카면 물지게도 있어야지. 아재, 내가 들어가 물지게에다 물을 지고 올게요."

"아니야, 밤에 일도 있을 텐데. 물은 내가 질게."

"아니요. 내가 할게. 물지게는 어디 있소?"

내가 안으로 들어가자, 아재는 뒤에서 큰 소리로 말했다.

"샘 가에 갖다 두었네."

"예, 알았구마."

이렇게 해서 우리들은 씨앗을 뿌리고 물을 수고 했다. 남새밭 파종작업을 끝내고 나서 울타리를 고쳤다. 울타리 여기저기에 구멍이 나 있었다. 닭들이 남새밭 안에 있는 먹이를 찾아 울타리를 비집고 들어가서 생긴 구멍이다. 이 구멍을 막아두지 않으면 닭들이 들어가서 갓 뿌려놓은 씨앗을 모조리 쪼아 먹어버리고 만다. 이런 자잘한 일까지 마치자 저녁때가 다 되어갔다.

저녁식사를 마치고 나는 초당의 내 방으로 가서 행장 준비를 했다. 어느 집 작은머슴이 주인의 급한 심부름을 가는 행장이다. 방 밖의 비죽 나온 처마 서까래에다 대못을 쳐서 걸어놓은, 짚과 삼 줄기로 곱게 짠 망태에 꼼꼼하도록 물을 약간 뿌려 망태 짚이 부서지지 않도록 했다. 거기에다 기름종이에 싼 문건을 짚으로 짠 얇은 쪼가리로 둘둘 말아 망태자루의 바닥 가장 밑에다 담았다. 그 위에다 당장 꺼낼 수 있도록 권총을 좀 넓은 무명베 밥보자기로 도시락처럼 보이도록 싸서 망태 위에다 두었다. 그 다음 작은 밥보자기에 시루떡 몇 조각을 싸서 그 위에다 올려놓았다.

만일 검문에 걸려 뒤짐을 당했을 때, 가장 위에 있는 시루떡이 보이면 그것을 주기로 했고, 그래도 도시락처럼 보이는 권총 보자기까지 뒤지자고 하면 내 스스로 그 보자기를 풀면서 권총을 꺼내 장탄을 하고 손을 들도록 하는 것이다. 그리고 이들을 엎드리게 해서 나는 도주한다는 순서다. 만일 이들이 무기를 들고 따라오면 몇 방을 쏘아 위협을 하고, 그래도 따라오면 계속 사격을 하다 마지막 총탄 한두 발이 남을 때 내 머리에 총구를 대고 격발철(방아쇠)을 당겨 끝낸다는 것이다.

발은 무명베 발싸개를 하고 역시 군데군데 삼 줄기를 넣어 보강한 짚신에다 물을 꼼꼼하게 뿌려 질기게 한 미투리를 신었다. 한 켤레는 예비로 묶어서 망태에 매달았다. 바짓가랑이는 무명베로 감발을 했다.

보름이 지난 지 대엿새가 되는지라 초저녁은 달이 좀 늦게 떠서 해가 지고부터 달 뜨기까지는 어둠이 들어 분별하기가 어려웠다. 이때에 긴늪다리[13]를 건널 작정이었다. 긴늪다리까지는 약 4킬로미터이다. 향보단 초소가 있기는 하지만 밀양읍과 산외면 사이의 경계이고, 행정력과 행정관계의

---

13) 밀양시 교동리와 산외면 경계에 있는, 지금의 남천강 밀산교

모순에 의한 것인지 일종의 검문 사각지대라고 볼 수 있었다. 그래서 눈으로 보이지 않으면 그냥 쉽게 넘어갈 수 있는 것이다. 이리하여 처음 염려한 것과는 달리 긴늪다리는 쉽게 건넜다.

긴늪다리를 건너자 도로에는 개미새끼 한 마리도 없는 그야말로 개벽 초와 같은 고요함이었다. 범북고개를 넘어 교동 마을로 들기 전에 산길을 타고 교동향교의 북쪽 담을 왼편으로 해서 교동을 빠져나왔다. 그러면 곧 지동 앞들에 이른다. 들에는 밭보리 논보리가 자라서 이제는 무릎 높이까지 된다. 지동 들이 끝나자 감내에 놓여 있는 지게다리를 건너 남으로 펼쳐진 들판을 내려와 마홀리(麻笏里) 고개 밑 제대리(堤大里) 앞에 다다르면 곧 목적지 삽개(鈒浦)에 이른다. 삽개 일대의 강바닥에 흔한 검은 점토가 있어 이것으로 틀을 만들어 쇠를 녹여 삽(鈒)이라는 농구 겸 무기를 만들었다는 이야기를 들은 적이 있다. 그래서 지명을 삽개라고 했고, 한자로 삽포(鈒浦)라고 기록했던 것이다. 이를 왜놈들이 들어와 그들 언어로는 삽포라고 발음할 수 없는지라 겨우 '사포'라고 발음하고, 이 발음에 따라 사포(沙浦)라고 기록했다. 왜놈들의 식민지에서 해방된 지 반세기가 훌쩍 넘었는데 이 땅의 학자들과 사대에 찌든 관료들은 아직도 우리 조상들이 만들어 부른 지명을 도로 찾을 생각은 없고, 모래판하고는 상관없는 땅을 왜놈들이 발음하고 기록한 '사포(沙浦)'로 애써 혀 짧은 소리까지 흉내 내는 얼빠진 짓을 여전히 하고 있다.

삽개 농네로 늘어오는 길은 남천강변의 논밭 가운데 길로, 동네로 들어가는 굽어드는 길이다. 저 멀리 모렴당(慕濂堂) 재실의 솟을대문이 보이는 길로 들어섰다. 밤에는 가까운 거리라도 멀리 보인다. 이 길을 50미터쯤 들어가자 나지막한 담으로 둘러싸인 두 채의 초가집이 있고, 솔가지로 얽어 만든 지게문이 있다. 거기에는 안전 신호로 요롱('요령'의 경상 방언)을 매달아 놓고 있다. 위험 신호로는 이 요롱이 없도록 정해 놓고 있다.[14] 이 요롱으로 '찌릉, 찌릉찌릉' 하고 소리를 아주 약하게 냈다. 아래채의 대살방문이 열리고 키가 나지막한 어른이 나왔다.

"누굽니꺼?"

그래서 접선 암호를 댔다. 지금은 그 암호가 기억에 없다. 그러자 답신 암호가 나오고 이어 말소리가 들려 왔다.

"들어오이소."

나는 집 마당에 들어섰다. 주인의 안내를 받아 그 방 안으로 들어갔다. 시계를 보자 시각은 9시를 조금 넘었다. 여기까지 거리는 11킬로미터, 걸린 시간은 1시간 50분이었다. 방 안에 들어가자 주인을 나를 보더니 뜻밖이라는 듯 말했다.

"이런 밤중에 나이도 어린 분이, 우리처럼 나이 든 사람도 감당하기 어려운 일을 하다니 정말 장하네요."

나는 선뜻 대답을 드렸다.

"나이가 어려서 겁 없이 어려운 줄 모르고 하는가 봅니다. 이 일이 오늘이 처음입니다. 인사드리겠습니다."

나는 큰절을 하고 인사드렸다.

"이름이 최덕출이라고 부릅니다. 오늘 처음 뵙습니다."

면당의 어른은 나의 인사를 받으면서 이름을 말했는데 지금은 기억이 없다. 물론 가명이겠지만. 얼굴이 동그랗고 눈에는 언제나 미소가 눈가의 잔주름처럼 어려 있다.

"나는 부북면에서 일하고 있소. 이 집을 연락선으로 하고 있는데, 여기

---

14) 2012년 4월에 당시 그 아지트를 찾아갔는데 모롬당 솟을대문을 표적으로 삼아 겨우 찾았다. 그 집은 흔적이 없고 포도밭으로 변했으며 그 집 앞밭은 사포초등학교의 운동장으로 되어 있다.

서 당분간 만나게 되겠네요."

나는 내 아버지보다 나이가 많은 어른으로부터 존대를 받으니 송구하기 그지없었다.

"어르신, 제게는 말씀을 낮춰주시기 바랍니다. 제가 송구하기도 하지만, 남 보는 데서 존대말씀이 나오면 안전상 문제이기도 하지요."

"아무리 나이가 어리더라도 동지가 아니오? 동지 간의 인사에 존비고 하가 어찌 있겠소. 그러나 안전상의 문제라 하니 남 보는 데는 존대하지 않고 '하게 말'을 쓰겠소."

그래서 나는 다시 제기했다.

"어르신, 평소에는 보통 관습대로 존칭을 안 쓰고 토론이나 과업에서만 존대말을 하시면 안 되겠습니까?"

"허 참, 나이 어린 사람이 경위가 정말 반듯하구만. 그래, 그렇게 하지."

다음으로 밀양읍당의 연락 업무를 부북면당의 '트'에서 전달하는 일에 대해서는 조직 안전상 그렇게 하기로 토의 결정을 보았다. 그리고 이 결정을 밀양읍당에 제기해 토의 결정하기로 했다. 가능하면 다음 접선 때까지 이를 확정하기로 하고 매듭지었다. 그 다음 부북면당이 밀양읍당의 연락 업무를 함께 받아 안는다는 문제도 읍당과 토의해서 다음 연락 접선 때 그 결과를 보고한다는 것으로 결정했다. 이로써 이번 연락과업은 잘 성사되었다.

삽개에서 10시 좀 넘어서 출발했는데, 갔던 행정(行程)이 안전할 듯해서 그 길로 해서 돌아왔다. 자정 좀 못 되어 초당에 있는 내 '트'에 도착했다. 집 뒤안으로 해서 방문 앞에 도착하자 방 안에서 지도원 동지의 말소리가 나왔다.

"덕출이, 벌써 오는가?"

"예, 저 덕출입니다."

"어이, 욕봤네. 어서 들어오게."

나는 방에 들어가 지도원 동지가 밝게 웃는 얼굴로 내미는 손을 잡았다. 그리고 보고했다.

"지도원 동지, 제기하신 과업을 무사히 마치고 돌아왔습니다. 이상."

나는 작은 소리로 말한 뒤 제기한 두 가지 문제의 결정을 보고했다.

군당 연락체계를 완비하다

밀양읍당의 연락 업무에 대한 부북면당의 문제제기 결과를 보고받는 일과 삼랑진읍당의 연락 문제에 대한 동일한 문제제기를 하남면당에 제기하기 위해 부북면당과 하남면당의 연락 '트'를 방문해야 하는 일이 다시 주어졌다. 이 문제를 결속짓기 위하여 나는 레포 과업을 받고 실행해야 했다. 이 두 가지 문제를 한 번에 결속짓기 위해 나는 첫 레포 과업을 마친 지 3일 만에 다시 집행하러 가야 했다.

그래서 행정을 간략하게 생각했다. 먼저 저번에 갔던 부북면당의 연락 '트'에 가서 업무를 마치고, 한밤중에 출발해 산비탈 밭두렁 길로 해서 종남산 정상 좌측 잘록이로 넘어서 남산리로 빠지는 골짝 길로 해서 내려가면 남산이라는 50~60호쯤 되는 제법 큰 마을이 나온다. 이 동네의 왼쪽으로 해서 갓골 동네 아래로 빠져 5리쯤 가면 서쪽에서 제법 널찍한 소 수레 길과 만난다. 이 길은 자동차가 다닐 수 있는 넓은 길인데 남향으로 나간다. 길은 동남쪽으로 굽어지는데 왼쪽에서 내려오는 자동차 2차선 도로와 합친다. 이 도로는 밀양읍에서 수산으로 해서 수산도선장으로 가는 버스 도로다.

이 도로 오른편에 한 100여 호나 되는 큰 동네가 나오는데, 이 동네가 파서막이라고 부르는 곳이다. 부북면 삽개 '트'에서 이곳까지 행장은 10킬로미터, 시간은 레포 걸음으로는 시간 반이 좀 넘고 보통 사람들은 2시간 반이 좀 빡빡하다.

그날 나는 산외면 다원에 있는 나의 '트'에서 저녁달이 뜨기 전에 긴늪다리 물 아래쪽 옅은 여울을 건넜다. 계절이 4월 하순이라 강물은 좀 차지만 물이 무릎 깊이라서 쉽게 건널 수 있었다. 콘크리트 다리는 아예 초막을 지어놓고 입초를 세워두고 지키고 있었다.

물살은 그리 세지 않았지만 물이끼 때문에 돌이 미끄러웠다. 망태에다 신발을 몽땅 담아 새끼로 감아 튼튼하게 꾸려서 머리에 이고 건넜다. 물에 떨어뜨리면 아무리 기름종이에 싸도 안에 들어 있는 서류는 젖게 된다. 그때는 요즘 우리들이 흥청망청 쓰고 있는 비닐 따위는 없는 시대다. 젖은 종이 문서를 말려 읽으려면 말리는 시간도 문제이지만 미농지에 쓴 것은 그만 물에 녹아 정말 곤란하게 되고, 따라서 레포 과업은 실패하고 만다.

여울을 건너 바지를 추슬러 허리끈을 조이고, 발싸개를 어둠 속에서 더듬어 발을 싸맸다. 미투리 끈으로 다시 조이고서 창날이 든 작대기를 짚고 일어서 출발했다.

5·10 선거가 2주도 못 남은 때인지라 경찰과 극우 폭력 청년단체는 향보단을 이끌고 거의 발악적으로 설치고 있는 때였다. 그래서 자연히 사람들이 살 안 다니는 길을 찾게 되었다. 추화산이 북으로 뻗어 아북산으로 이어지는 잘록이를 넘어가면 오른편에 공동묘지가 있다. 그 잘록이 진 데는 낮에도 사람들이 가기를 꺼린다. 나는 그 길을 택했다. 달은 동쪽에 제법 높이 떠 있지만 거의 반 가까이 이지러져 있다. 그래도 주변은 환했다.

나는 어릴 때부터 겁이 없는 아이였다. 그래서 밤 심부름을 잘 다녔다.

그런데 공동묘지의 묘가 커다란 만두 모양으로 솟아 있고 찬바람도 좀 부는데 기분이 영 말이 아니었다. 특히 어린아이를 묻은 애장 터를 지나자 바람 소리마저 아이 울음처럼 들리는 듯했다.

나는 거의 달음박질하듯 지나갔다. 길은 교동 앞들 논 한가운데를 흐르는 개천의 둑길로 이어지는데, 이 길은 '송징이' 마을로 해서 옛날 밀양성 해자로 되고서, 내이동 서문다리, 해천다리로 해서 남천강으로 빠지는 물길의 둑길로 이어진다. 읍내로 들어가면 검문에 걸릴 수가 있어서 교동과 북성거리의 가운데쯤에서 성내로 들어가는 국도를 가로질렀다. 도로에는 개미새끼 한 마리도 얼씬거리지 않았다. 터실의 북쪽 들 논둑길을 가로질러 감내다리 북쪽에서 강을 건너 제대리 앞들로 나온 뒤 삽개로 이어지는 길을 찾았다. 이 길을 거의 달리다시피 해서 사흘 전에 갔던 부북면당 연락 '트'에 도달했다. 이날은 두 시간이 좀 덜 걸렸다. 9시 반이 넘었다. 지게문에 요롱이 달려 있다. 안전 신호다.

나는 요롱을 흔들어 울렸고, 암호를 주고받았다. 안에서 지난번 접선 때 뵌 눈가에 잔주름이 많은 아재가 나왔다. 방에 들어가니 20대 청년 한 사람이 남포 불에 밝은 얼굴을 빛내며 웃으면서 일어나 손을 내밀고 악수를 청했다.

"동무, 밤중에 수고가 많소."

"예, 저는 최덕출이라고 부릅니다. 반갑습니다."

그러자 부북면당 아재는 밖으로 나가더니 간단한 봄배추김치와 멸치볶음을 비롯해 두어 가지 찬을 담은 상을 가지고 왔다. 여남은 살 돼 보이는 소녀가 안에 든 것이 뭔지 커다란 냄비를 들고 와 고개를 폭 숙이고 안에다 들여놓고 갔다. 남포 불에 비친 그 소녀의 뺨이 유달리 빨갛다.

부북면당 아재는 반에 놓인 국 대접을 두레상 가에 놓고 찬그릇도 적절히 배치하고서 냄비 뚜껑을 열었다. 드문드문 밀가루 수제비가 떠 있는 칼국수다. 나는 먼 길을 오느라 저녁 먹은 것이 다 꺼졌는지 배도 고파 오는지라 그냥 목구멍에 침이 넘어갔다.

아재는 대접에 한 그릇씩 가득히 담아 반에 놓고서 말했다.

"육고기는 없고 멸치국물이지만 시장이 찬이라는 말이 있지 않소. 그냥 찬이라고 생각하시고 많이 잡수이소."

"연락원 어르신, 이렇게 부르니 좀 어색하네요. 택호를 어떻게 쓰고 있는지, 앞으로 택호로 부르겠습니다."

"예, 동무들 그렇게 합시다. 내 출입이 월산입니다."

"월산 어른요, 한참 걸어와선지 배가 꺼져 쪼그락 소리가 나더니, 제 배가 오늘 호사하네요. 고맙습니다."

나의 수다에 두 분 동지가 폭소를 했다. 청년 동지는 그 밝은 인상의 얼굴로 나를 보고 말했다.

"학생 동무, 도대체 저녁은 먹고 다니기나 하나? 혹시 뱃속에 삼랑진 헌 배가 한 채 있는갑제."

"예, 그것도 한 채가 아니고 두 채나 들었소."

"왓하하하, 이 사람 그렇게나 먹기 바쁘나?"

또 한바탕 웃음이다.

한 그릇씩 다 비우고 나서도 큰 냄비에는 반 넘어 남았다. 두 분은 반그릇노 못 되게 더 덜어서 먹었고, 나는 온 그릇 하나를 더 먹었다. 그래도 대접에 조금 남아서 반 그릇 넘어 더 먹었다.

먹은 나보다 두 분은 더 좋아하면서 월산 어른이 나를 보고 말했다.

"그래, 한참 먹을 나이인데 게다가 밤 걸음이라 얼마나 배고플까. 그래서 보통 사람 두 배 넘어 끓이라고 했는데, 적게 끓였더라면 어쩔 뻔했노!"

읍당의 청년 동지도 나를 보고 말했다.

"동무는 지금 한참 먹을 때인데, 집 떠나 배고프면 어머니 생각이 더 날게요. 그래도 성격이 워낙 밝아서……. 잘 견디겠지요."

"두 분 동지, 그래도 저는 산에서 빨치산의 세 가지 각오를 했습니다. 맞아 죽을 각오, 얼어 죽을 각오, 굶어 죽을 각오. 다른 각오는 어금니를 꽉 악물고 했는데, 굶어 죽을 각오라고 할 때는 눈물이 꽉 나던걸요."

두 분 동지는 나의 이 말에 웃으면서도 표정이 처연했다. 나도 처연한 기분이 들었다. 밤참을 먹고 나서 우리들은 회의에 들어갔다. 별 토론 없이 우리들은 다음의 내용으로 회의를 결속지었다.

밀양읍당은 적의 밀집지역에 있는 만큼 빈틈없는 경각심이 요구된다. 그러므로 상위 당부의 보위를 위해 연락 업무를 읍내에서 처리하는 일을 될수록 피하고,

1. 연락 업무를 부북면당의 협조를 얻고, 부북면의 연락 업무와 묶어서 처리한다.
2. 이를 위하여 두 조직은 두 조직의 연락 업무를 처리하기 위한 '트' 를 조속히 부북면당 지역 안에 설치한다.
3. 2항의 준비가 완료되기 전에는 부북면당의 연락 '트'를 과도기적으로 이용한다.

이를 문건으로 해서 군당에 보고하고 비준을 받는다.

이상과 같은 내용의 문건을 작성해 군당 레포인 나에게 문건을 전달했고, 나는 그 문건을 받았음을 서명했다. 이로써 밀양읍당의 연락 문제는 해결되었다. 다음은 삼랑진읍당의 군당과의 연락 업무를 하남면당에 위임하

는 문제를 제기하기 위해 나는 하남면당의 연락선과 접선하러 가야 했다. 이를 위해 부북면당 연락 '트'를 출발했다.

애석하게도 부북면당의 연락원 동지와 밀양읍당의 연락원 동지의 조직명(가명)은 기억에 남겨두지 못했다. 부북면당의 연락원은 앞으로도 자주 만날 수도 있겠으나 밀양읍당의 연락원은 만날 일이 별반 없다. 우리는 헤어질 때 그 헤어짐이 아쉬워 오래도록 포옹했다.

"나는 앞으로 만날 때 동지를 아재라고 부를게. 그리고 내게 말도 놓고."

"아니야, 아재가 뭐꼬? 형이라 불러, 형이라고!"

이렇게 말하면서 못을 박고 헤어졌으나 나는 한 번도 그렇게 부르지를 못했다. 그건 1948년 연말부터 불어닥친 대탄압으로 조직선이 파괴되고 생사를 알 수 없게 되었기 때문이다.

11시 좀 전에 그곳을 나왔다. 부북면 삽개의 연락 '트' 지기 월산 어른은 나와 헤어지기가 아쉬운지 따라나섰다. 내가 그만 들어가시라고 해도 길 찾기가 쉽지 않다고 하면서 기어이 함께 나섰다. 삽개에서 예림재(禮林齋)까지는 논밭과, 초가이지만 주택이 이리저리 섞여 있어 길 찾기가 쉽지 않았다. 잘못하면 논에 막혀 오도 가도 못 하는 경우도 있다고 했다. 예림재부터는 밭과 과수원, 그리고 솔밭 사이로 길이 나 있는데 오르막 내리막으로 종남산 남쪽 잘록이를 넘어가게 되어 있다. 능선이 여러 가지로 나뉘어 있기 때문에 어느 능선을 타야 하는지, 골짜기도 여러 곳으로 나 있어서 어느 골짜기로 빠져가야 하는지, 잘 다니던 사람도 헷갈려 욕을 본다고 했다.

달은 환해서 좋지만 그 달빛은 길을 비추어주질 않았다. 어딘 줄도 모르고 훤한 달빛을 안고 '트' 지기를 따라갔지만 겨우 방향만 잃지 않고 종남산의 주능선인 듯한 곳에 올랐다. 거기서 조금 내려오자 능선은 두 갈래로 갈라지는데 그 사이에 넓고 큰 골짝이 나왔다.

월산 어른은 거기에 서서 그 골짜기를 가리키면서 이 길을 따라 내려가면 길이 점점 넓어진다고 했다. 한 20분쯤 내려가면 오른편에 제법 큰 동네가 나오는데 이름이 남산리(南山里)라고 했다. 또 남산리에서 계속 남쪽으로 난 길을 따라 20분쯤 더 내려가면 왼편에 자그마한 동네가 나오는데 그 이름이 갓골이란다. 월산 어른과 헤어져 혼자서 길을 내려갔다. 남산리를 지나 갓골에 도착하니 갓골에서부터는 산은 없고 논밭이 아득하게 펼쳐져 있다. 산골의 물은 제법 큰 시내가 되어 흐른다. 그 시내 왼편에 소 수레가 다닐 수 있는 길이 남쪽으로 죽 뻗어 있다. 한 10분 넘어 내려가니 오른편에 들이 펼쳐져 있고, 얕은 곳으로 수레가 그냥 건널 수 있는 여울이 나왔다. 그 옆에는 큼직한 돌을 발걸음 폭만큼 거리를 두고 놓여 있는 징검다리가 있다. 길은 시내의 오른편에 나 있고 오른편 들판 한가운데에 나 있는 길과 합친다.

여기까지 오고 나니 어딘지 모르게 낯익은 곳이라는 생각이 났다. 오른편 들판 가운데에 크게 나 있는 길이 바로 남전, 서전으로 가서 초동면으로 넘어가는 길이다. 이 길로 2킬로미터쯤 더 가다가 왼편으로 나 있는 산길에 들어 올라가면 우리 동네 성만의 뒷산인 동산고개를 넘게 된다. 여기까지 오자 나는 잘 모르는 길을 갈 때 어딘가 모르게 드는 불안한 느낌이 일순간 싹 가시고 상쾌함을 느꼈다.

길은 갈림길에서 동쪽으로 돌더니 또 남쪽으로 천천히 돈다. 시내는 여러 골짜기의 물을 합쳐 제법 큰 시내로 변했다. 그 위에 튼튼하고 폭이 넓은 교량이 얹혀 있다. 이것이 우리들이 수산에서 밀양읍으로 오고 갈 때 버스를 타고 건너는 파서막다리, 즉 '파서교'이다. 길을 따라 바로 내려가니 오른편에 상당히 큰 마을이 나왔다. 시간은 자정을 벌써 넘어 새날의 1시가 거의 다 되었다. 삽개에서 여기까지 약 2시간 조금 덜 걸렸다.

동네는 옆에 상당히 넓은 수로가 나 있는데 그 수로에 콘크리트 다리가 놓여 있다. 도로를 따라 그곳까지 이르자 길가에 앉아 있던 사람이 갑자기 일어서며 물었다.

"거기 오는 총각, 삽개에서 오는 총각이 아닌가?"

나는 깜짝 놀랐다. 아무 생각 없이 걸어오는데, 접선 암호가 나왔기 때문이다.

"예, 삽개 월산 어른 댁에서 일하는 머슴인데, 파서막 동산 어른 댁에 부고를 전하러 왔습니다."

"그럼 그 부고 이리 주게."

암호가 맞아떨어졌다. 나는 그 사람을 따라 콘크리트 다리를 건넜다. 동네 들머리에 있는 정미소에 들어간 뒤 정미소 안채의 뒤안에 있는 한 방으로 안내되었다. 거기에 들어가 전할 문건을 전하고 군당과 삼랑진읍당 사이의 연락 업무에 관한 보안상 문제를 설명했다. 이를 하남면당에서 맡아주도록 한다는 문제제기를 전달했다. 또 이를 삼랑진읍당과 토론해서 결속하고, 다음 레포 접선 때 그 결과를 보고할 일을 제기해 주었다. 하남면당 연락원은 이 제기된 내용을 복창했다.

그 다음에 나는 방금 부북면당이 밀양읍당의 연락 문제를 맡게 된 그 내용과 과정을 상세히 설명했다. 하남면당의 연락원은 제기된 문제를 충분히 양지했다고 하고 다음 접선 때까지 제기된 문제를 결속지을 것을 다짐했다. 이로써 이번 레포의 과업은 모두 완료했다. 이제 나의 '트'로 무사히 귀환하는 일만 남았다.

하남면당의 연락 '트'에서 출발하려고 하자, 연락원은 나에게 물었다.

"언제까지 도착해야 하는가요?"

"새벽 먼동이 트기 전에는 '트'에 도착해야 합니다."

"시간이 얼마나 걸립니까?"

"2시간은 잡아야 합니다. 그래서 지금 곧 출발해야 합니다. 다음에 만날 때 시간을 충분히 마련하겠습니다. 그때 여러 가지 이야기를 하도록 합시다."

"뭘 좀 요기를 하고 가야 하는데……."

"괜않습니다. 비상식량도 좀 있으니 걱정하지 마이소."

우리는 악수와 포옹을 하고 헤어졌다. 지금은 그분의 모습이 가마득해서 되살릴 수가 없다. 이제 속도를 내야 한다. 길은 생각해 보니 머릿속에 뚜렷이 떠올랐다. 오던 길을 그대로 갔다. 교동에서 공동묘지를 넘어 여울을 건너지 않고 긴늪다리를 건너기로 하고 바로 그쪽으로 갔다. 조금이라도 시간을 줄이려는 것이다. 긴늪다리가 시작되는 곳의 둑 밑에서 도로에 오르자 도로 가에 앉아 있는 사람이 놀라 벌떡 일어났다. 그 바람에 나는 깜짝 놀랐다. 손이 허리춤에 갔다.

"이 사람, 날세. 덕실 사람이야."

"아니, 덕실 아재가 우얀 일인교?"

"오늘 향보단 번이네. 이제 번 교대는 다 했고, 내가 번이라는 걸 아신 샌님이 자네가 올 때까지 기다렸다가 자네를 데리고 오라고 해서 기다리고 있는 중일세."

청도 샌님, 지도원 동지가 다리 건너기가 염려되어 마침 번을 서게 된 덕실 아재에게 부탁했던 것이다.

"예, 그래요. 정말 깜짝 놀랐습니다. 고맙습니다."

"그럼 가세나."

우리는 아무 거리낌 없이 긴늪다리를 건넜고 오전 4시 조금 넘어 나의 '트'에 도착했다.

그 후 며칠이 지나서 부북면당의 연락 '트'에 가서 연락 업무를 마치고, 역시 밤길을 걸어 하남면당의 '트'로 가서 지난번에 제기된 연락 업무 문제를 삼랑진읍당에 바로 제기하고 토의해 하남면당에서 군당과의 연락 문제를 맡기로 결정했다는 서면보고를 받고 서명해 주었다. 이로써 밀양군당의 연락부는 산하 각 면당의 연락부와의 연락체계를 완비했다.

나는 동북부 산악지대의 산외면당, 산내면당, 단장면당과 상동면당을 제외한 8개의 읍당·면당의 연락체계를 정리했다. 즉 밀양읍당, 부북면당, 무안면당, 청도면당을 부북면당을 통해서, 삼랑진읍당, 하남면당, 초동면당, 상남면당을 하남면당을 통해서 연락체계를 구성했던 것이다. 이제부터 나는 밤낮을 가리지 않고 열심히 레포 활동에 전념하기만 하면 되는 것이다.

세상을 떠난 김정애 형수님

5월에 들어가자 밀양군당에서는 '5·10 남조선 단독선거'에 대한 민심의 동향을 살펴보라는 지시를 받았다. 나와 덕실 아재가 한 조가 되어 밀양 장날에 가서 장꾼들을 통해 선거 참여 여부에 대한 민심을 살펴보라는 것이다.

아침에 나와 아재는 장날에 출입할 차림을 갖췄다. 아재는 새 옷은 아니지만 깨끗하게 빨고 풀을 빳빳하게 먹인 바지저고리에다 진한 감색 조끼를 입고, 커다란 망태기에 제수거리로 쓰이는 곶감, 밤, 대추 등 건과를 담았다. 나는 담배엽초를 꼼꼼하게 물을 뿜어 잘 재려서 한 망태 가득히 담았다. 덕실 아재는 아마 장터 국밥집이나 주막에서 그 좋아하는 막걸리를 자실 기분으로 조금 들떠 있는 것 같았다. 생각만 해도 좋은지 일없이 입이 벙실거렸다.

이젠 대낮에는 제법 햇볕이 따가웠다. 그래서 덕실 아재는 고방에 가더니 보릿대 모자를 두 개 꺼내어 왔다. 모자 전 둘레에 곰팡이가 새까맣게 피어 있지만 아무 상관없이 머리에 덥석 썼다. 그런데 아재는 잘 맞았지만 나는 머리에 덜렁 얹혀서 머리가 들어가기에는 한참이나 모자랐다. 이를 보더니 아재는 어처구니없다는 얼굴을 하고 웃었다.

"무슨 놈의 대가리가 그리 크나? 모자는 안 되겠다. 동네에서 내 머리보다 큰 놈은 없는데 동네 것 모두 가져와도 안 되겠다."

나도 웃으면서 수건을 쓰며 말했다.

"모자는 맞추든가, 아니면 잘못 만들어 커서 버리게 된 것이라야 내게 맞소. 괜찮소. 수건 쓰고 가지요."

"그럼 어쩔 수 없지. 나중에 장에 가서 자네 말대로 잘못 만들어 큰 것을 찾아 한 두어 개쯤 사야겠네. 자, 이제 준비됐거든 나가세."

둘이 나란히 걸어서 나가자 집에서 일하는 아주머니가 말했다.

"참 보기 좋네요. 부자라기에는 나이 차가 너무 적고 형이 막냇동생 데리고 장에 가는 것 같고만."

그래서 나는 아지매를 보고 말했다.

"우리 진짜 숙질 같지요? 내가 아재라 부르는 게 꼭 맞네요. 허허허."

"아하하하."

아재는 내가 진짜 조카 같았는지 기분 좋게 크게 웃었다.

그 시절에는 다원에서 밀양 성내까지는 모두 걸어 다녔다. 당시 남천강과 단장천이 만나는 곳 못 미쳐 징검다리가 있었고, 그 다리를 건너 남천강 강변을 따라 조금 내려가면 살내 앞에서 남천강이 무릎 깊이 여울이 되어 흘렀다. 그 여울은 그냥 발 벗고 건널 수 있었다. 이 여울을 건너면 선불(活城里) 들이 나온다. 거기서 서쪽으로 난 길을 따라가면 경부선 철로가 깔린

둑이 나온다. 그 밑으로 난 굴을 지나면 곧 밀양 성내로 들어가는 동문고개
가 보인다. 그 고개를 넘으면 바로 밀양의 동문시장이다. 이것이 아득한 옛
날 신라시대부터 있어 온 바로 밀양장이다.

다원에서 동문시장까지는 20리 조금 못 되는 거리다. 여울을 건너는
데 드는 시간까지 합해서 두 시간이면 되는 길이다. 오전 오후 두 번 있는
버스를 타면 긴늪 콘크리트 다리를 건너 당시 휴업 상태로만 있는 내화벽
돌 공장 앞을 지난다. 그 다음 고개를 넘으면 향교가 있는 교동 앞으로 나
와서 밀양 성내로 들어가는데, 북문거리로 해서 동문거리에 있는 시장으로
간다. 당시 버스정류소는 밀양교 못 미쳐 있었다. 밀양교 가는 도로의 반
대방향에 보이는 읍사무소(지금은 밀양감영 터) 앞이 바로 시장바닥이다. 정
류소에서 읍사무소 앞까지는 400미터쯤 된다. 당시 대개는 걸어 다녔다.
차비는 생활에서 그 값이 비싼 축에 들었기에 일종의 호사에 속하는 편이
었다.

덕실 아재와 나는 시장 안으로 들어와 잡화전에 자리를 잡았다. 기둥을
세우고 함석 지붕을 인 점포는 장세가 비싸다. 그래서 우리들은 길바닥 빈
구석을 찾아 전을 차렸다. 나는 망태를 좀 벌려 담배엽초를 반쯤 보이도록
꺼내 놓으면 되는데, 아재는 곶감이야, 대추야, 밤이야 하면서 조그마한 보
자기를 펴고 벌여놓아야 했다.

상품을 펴놓고 한 시간쯤 지나자 저울을 들고 허리에는 돈이 든 자루를
찬 사내가 왔다. 곁에는 나이가 좀 적은 깍쟁이 같은 총각이 커다란 자루를
들고 있다. 사내가 내 곁에 오더니 다짜고짜 내 망태에 든 담배를 보고 고
개를 끄덕였다. 곁에 있는 총각에게 눈짓을 하자 총각은 내가 가져온 엽초
가 든 망태에서 엽초를 엮은 두름을 죽 꺼내 제가 가지고 온 자루에 넣었
다. 그러더니 돈 자루를 찬 사내가 가진 저울을 후딱 낚아채고서 그 자루를

저울의 고리에 걸었다. 총각은 저울추를 막대기에 이리저리 밀고 당기고 하다가 "몇 근이오"라고 부른다. 그러자 돈 자루 사내가 "몇 원이오"라고 하면서 돈 자루에서 돈을 세어 나에게 준다. 처음부터 가격을 정하는 데 그쪽만 있고 이쪽은 전혀 없다. 도대체 이게 무슨 경위냐!

내가 어리둥절해서 아재를 쳐다보니 아재는 이런 일에 익숙한 듯했다.

"자네는 끝났네. 조금만 기다려라. 과일전은 아직 멀었는가 보다."

그러면서 내가 건네주는 돈을 받아 주머니에 넣었다. 조금 기다리고 있었더니 중년 여자가 리어카를 끌고 왔다.

"요새 과실 값이 안 나가서."

"언제나 우리는 값이 안 나가고, 그편은 값이 늘 나가는갑제."

"시세가 그런 걸 우짜는교?"

"대추나무고 밤나무고 인제는 확 모조리 뽑아버려야겠네."

값도 말 안 하고 값도 안 들었는데 승강이부터 하고 있으니 정말 어리둥절했다. 아재는 불퉁거리는 소리로 말했다.

"그만 알아서 주소!"

나는 '별 희한한 흥정도 있네'라고 생각했다. 정말 장사는 수학보다 더어려운가 보다. 이렇게 해서 가지고 간 물건을 모두 처분했다. 아재는 이제 그 돈으로 필요한 물건을 사야 했다. 나는 시간이 완전히 빈다. 아재는 나를 보고 말했다.

"점심때가 좀 이르기는 하지만 우선 점심부터 먹어야지. 자, 우리 일단 저 먹거리 전으로 가세나. 자네 뭘 먹을래?"

"저야 뭐가 좋은지 알아야제. 아재 좋을 대로 하소."

"그래. 저기 주막에 막걸리도 팔고 국밥도 파는데 그쪽으로 가보자."

아재가 앞서 걸어간다. 나는 뒤따라갔다.

아재가 어떤 가게에 가까이 가자 아낙이 반가워하는 소리가 들려왔다.

"덕실 서방님, 인제 오시능교!"

우리는 가게에 놓인 기역자 판의 나지막한 등받이 없는 의자에 앉았다.

"덕출아, 뭐 먹을래?"

"아무거나 좋습니다. 아재 좋아하는 것 시키소."

그러자 아재는 씩 웃으면서 내게 물었다.

"난 술 좋아하는데. 니도 술 먹을래?"

"나, 술 냄새만 맡아도 얼굴이 빨개지는데, 나중에 아재가 업고 갈라 꼬요?"

이런저런 승강인지 농인지를 되고 말고 씨부리다가, 아낙이 소고기 육개장, 밥 따로 해서 내 앞에 차려 왔다. 아재 앞에는 커다란 막걸리 대접에 안주가 여러 가지 조금조금하게 차려졌다.

아재는 술잔 하나를 내 앞에 놓고 쪽박으로 조금 따르고 자기에게는 낭창낭창하도록 술을 따랐다. 그리고 술잔을 들고 나에게도 술잔을 들라고 했다. 우리 둘은 술잔을 부딪쳤다. 아재는 첫 잔을 죽 들이켰다. 나는 술잔을 반 잔도 못 되게 마셨다. 달큼하면서도 시큼했다. 그리고 나는 국밥을 먹는 데만 관심이고 바빴다. 아재는 술잔을 계속 비웠다. 점심때가 조금 일찍인지라 주모가 곁에서 빈 잔을 채워주고 있다.

나는 점심이 끝나고 이젠 할 일이 없는지라 집에나 한 번 가볼까 하다가 그만두기로 했다. 만일 내가 집에 간 일을 놈들이 안다면 그로써 당할지도 모르는 할머니의 고초를 생각하지 않을 수 없었다.

이때쯤에는 우리들을 잡는 일이라면 나이도 없고 인간의 도리조차도 외면했다. 이웃이 이를 보고 소문이나 나서 그놈들 귀에 들어간다면 식구를 몽땅 남녀 불문, 노소 불문으로 잡아가서 몽둥이로 치고 불로 지지고,

천장에 매달아 비행기를 태우고, 얼굴에 물수건으로 덮고 물고문을 하고……. 일제가 우리 민족에게 하던 고문을 동족이 동족에게 그대로 했던 시절이다.

아무리 생각해도 집에는 갈 수 없다. 그런데 꼭 가보고 싶은 데가 한 곳 있었다. 김정애 형수님을 만나고 싶었다. 그런 생각이 들자 몸이 옥죌 만큼 보고 싶어 견디기 어려웠다. 나는 조심스레 아재에게 말했다.

"아재, 내 잠깐 어디 가볼 데가 있는데요. 한 시간 정도 걸리겠는데, 아재 혼자 있겠는교?"

아재는 나의 귀에다 입을 갖다 대고 말했다.

"여기는 위험한 곳인데, 괜찮겠나?"

"집에 가는 건 위험하지만, 거긴 놈들이 생각도 못 하는 곳이라……."

"그래, 갔다 온나. 나도 그동안 볼일도 좀 보고. 그래, 우리 정확히 두 시간 후 오후 2시 반에 여기서 만나자."

나는 거기서 동문고개로 약간 올라가다가 오른편으로 난 영남루로 올라가는 골목길을 잡았다. 그리로 해서 올라가면 말수 형의 집으로 가는 길이다. 집 앞에 도착해서 형편을 살펴보니 집 안이 너무 조용했다. 아무도 없는 것 같았다. 환자가 있는데 아무도 없다니! 그때 뒤에 인기척이 나기에 뒤돌아보았다. 전혀 모르는 아주머니가 뒤에 서 있다. 아주머니는 내게 말했다.

"누구십니꺼?"

나는 그 태도에서 이 집 주인임을 느꼈다. 그래서 물었다.

"이 집에 사시던 분이 이사 갔는갑지요?"

"예, 이사 간 지 한 보름쯤 됩니다. 뉘신데요?"

"그럼 아주머니, 어디로 이사 갔는지, 아시면 가르쳐주이소."

"이사 갈 때, 할머니가 자기 집 찾는 분이 있으면 가르쳐주라고 도면을 그려서 대문 안에 붙여두었는데요. 안에 들어가 보이소."

그리고 대문을 열고 앞서 들어갔다. 나는 뒤따라 들어가 대문을 보았더니 이사 간 집의 약도를 알기 쉽도록 그려 붙여두고 있었다. 바로 가까이였다. 버스정류소 골목 안에 오른편으로 난 곁골목이 있고, 그쪽으로 들어가 둘째 집이다. 나는 집주인에게 고맙다는 절을 하고 버스정류소로 가는 골목길로 해서 신작로로 나왔다.

나는 바지저고리에 망태를 어깨에 걸치고 창날이 든 기다란 작대기에다가 자동차 타이어 고무신을 신은, 눈을 아래로 하고 입을 헤벌쪽 벌리고 있는, 내가 아무리 생각해도 매가리 빠진 총각이다. 이런 꼴로 형수를 보면 형수가 얼마나 마음 아파할까 하는 생각이 들었다. 그래서 복장을 달리하고 총기 있는 눈매와 꼭 다문 입매로 해서 다시 올까도 생각했으나, 그보다 보고픈 생각이 앞섰다. 그래서 집을 찾아 대문을 두드렸다. 안에서 작은형수의 음성이 들렸다.

"누구십니꺼?"

"형수요. 나 재굽니다."

"아니, 재구 총각이라고? 아이고, 어무이요. 재구 총각이 왔습니다."

안에서 어머니의 말소리가 들렸다.

"빨리 문 열어라. 뭐 하노!"

문이 열리고 나는 뛰어들었다. 어머니는 신을 신는 것도 잊고 축담에 버선발로 서 계셨다. 나는 어머니 앞으로 가 고개를 깊이 숙였다.

"어무이, 그사이 안녕하신교!"

"오냐, 너그 집도 괜않고?"

"예."

"보아하니 네가 고생이 많은갑제."

"저야 이렇게 사는 것이……. 그런데 어무이요. 형수님은요?"

"죽어뻣다……. 이제 한 달쯤 되는갑다."

나의 행동은 갑자기 얼어붙었고 머릿속이 텅 빈 것 같았다.

"여기서 이럴 게 아니고 얼른 올라가자."

올라가서 나는 어머니에게 절을 했다.

"죽은 년은 이미 죽은 것이고, 산 놈은 그냥 살아야지."

어머니는 한숨을 쉬신다. 그리고 말씀하셨다.

"그래서 살려고 만쇠는 일본 갔다. 저그 작은형한테로 갔다. 우리도 나중에 모두 그리로 갈 거다. 조상 선산이 있는 곳이라 해서 해방됐다고 왔는데, 사람 하나만 굳히고 가게 됐다. 그것도 제 서방하고 갈려서 말이다."

만쇠(晚釗)는 나의 동무 박말수 형의 아명이다. 앞서 말한 바 있지만 말수 형은 삼형제이고 누이가 하나 있다. 맏이 큰형은 이름이 박정쇠(朴丁釗)이고 필명은 박석정(朴石丁)이다. 동요 시인으로 일제 때 조선의 어린이를 위해 좋은 동요를 많이 지었고 《샛별》 잡지를 했다. 해방 후 많은 예술가들이 월북할 때에 월북했고, 조선문학가동맹에서 동요 작가로서 활동했다고 한다.

가운데 형은 일본에서 사업을 한다고 이야기를 들었는데, 다른 일은 잘 모른다. 이 작은형이 아까 문을 열어준 작은형수의 남편이다. 이들은 모두 일본에서 살다가 해방 전해에 작은형만 두고 조국으로 귀환했는데, 이때부터 모두 일본으로 도로 들어갔다.

나의 동무 박말수는 밀항선을 타고 일본으로 건너갔으나 곧 밀항이 발각되었다. 일본의 조선인 밀항자 수용소인 '오오무라 수용소'에 수용되어 있다가 남조선으로 송환되어 간첩으로 몰려 이루 말할 수 없는 생사의 갈림길을 넘나드는 고난을 겪었다. 이로써 집도 팔고 해서 겨우 감옥을 면하고 일본으로 귀환했다. 이러한 고난의 뒤끝인지 지금은 치매를 앓아 사람을 못 알아본다고 한다. 어머니는 돌아가셨고, 누이만 건강하게 살아 있다.

어머니는 고향 밀양에 계실 동안 늘 대문을 열어놓고 사셨다고 했다. 그 이유는 여성운동가인 며느리 김정애 선생과 아들인 박말수의 친구들 중 많은 사람들이 당시 해방운동을 하고 있어서였다. 그들이 위급할 때 당신의 집으로 올지도 모른다고 하시면서 언제든지 자기 집에 들어올 수 있도록 하신 것이다.

실제로 나는 어머니의 이와 같은 배려로 기적 같은 도움을 받았다. 이해, 1948년 11월의 어느 날 손전등과 단파라디오의 배터리를 사려고 밀양 읍내에 들어왔다가 아지트로 돌아가려는데 내게 미행이 붙은 일이 있었다. 당시 배터리는 판매자가 사러 온 사람을 의무적으로 경찰서에 신고하기로 되어 있었다. 나는 이 미행자를 밀양 읍내의 이곳저곳으로 좀 끌고 다니다가 어머니 집을 이용하기로 하고 버스정류소 골목으로 들어갔다. 미행이 계속 따라오는 것을 보고 오른편으로 난 골목으로 들어가 바로 어머니 집의 열린 대문을 열고 안으로 들어가 대문의 빗장을 걸어 잠갔다.

미행이 그 골목으로 따라 들어왔는데 내가 보이지 않자 이 집 저 집 기웃거렸지만 모두 문이 잠겨 있었다. 골목 전체를 뒤졌으나 그 골목은 밀양 읍사무소로 가는 도로로 빠지고 있어서 추적 대상인 내가 그리로 빠져나간 줄 알고 추적을 포기하고 말았던 것이다.

이때 나는 어머니가 따뜻하게 차려주신 저녁밥을 잘 먹었고, 자고 가라는 말씀을 시간 약속으로 받아들이지 못하고 나갔다. 어머니는 말수 형이 입던 것이라면서 모직 내의 상하 한 벌을 내주시고는 빨지 못했던 나의 내의를 벗고 바꾸어 입도록 하셨다. 그해 겨울은 이 내복으로 정말 따뜻하게 보냈다. 옛날의 우리 어머니들은 아들딸의 동무도 이처럼 자기 아들과 똑같이 보살피고 사랑을 주셨다. 그리고 그들의 잘못도 자기 아들딸들의 잘못처럼 꾸중을 해서 바로잡아 주셨다.

나는 박말수 동무의 그간의 변동을 듣고, 돌아가신 형수님, 김정애 선생님의 영별을 슬퍼했다. 또 동무가 일본으로 돌아갔음을 듣고 몹시 허전한 느낌을 가지고 덕실 아재와 헤어진 그 장터의 주막으로 찾아갔다. 우리 둘은 이날 밤이 상당히 늦어서 다원에 돌아왔다.

5 · 10 단선
반대운동

5월에 들어서자 '5 · 10 단선 반대운동'은 열기를 띠기 시작했다. 당의 모든 역량은 이 투쟁에 투입되었다. 다원 아지트로 돌아온 이튿날 아침 일찍 지도원 동지가 내 방으로 찾아왔다. 긴급히 각 면당 앞으로 전달할 것이라면서 미농지에 프린트한 지령문을 내놓았다. 이를 적어도 오늘 안으로 각 조직에 전달하라는 것이다.

11개 읍 · 면당에 전달해야 하는 문건이다. 이 문건을 적당히 위장해서 내 몸에 지녀야 했다. 내가 입고 다니는 조끼는 이러한 위장에 쓰이도록 만들어져 있다. 호주머니는 모두 이중으로 되어 있다. 문건을 그 안에 넣어서 기우면 겉보기로도 물론이고 손을 넣어 만져보아도 전혀 문건이 감지되지 않는다. 전달할 때는 실올 한 가닥만 바늘 끝으로 양단을 뽑아 당기면 주머니가 열리도록 만들어놓았다. 종이는 미농지라서 겉으로 만져보고서는 모른다. 더구나 조끼감은 좀 풀기가 있기 때문에 그 안에 미농지가 한두 장 정도 들어 있어도 그냥 만져보고서는 모른다. 이 작업을 하는 데 1시간 반 정도 걸렸는데, 식전 작업으로 끝났다.

그런데 마침 차편이 있어서 이번 연락 업무는 호사를 하게 되었다. 차편은 이 연락을 위해 조직한 것이다. 단장면 표충사 아래 산판에서 벌목해 온 나무 중에서 화목을 싣고 오는 차편을 타고 밀양읍 나무전에다 부리고, 수산장으로 가서는 파장 장군들의 짐을 싣고 밀양읍으로 오는데, 그때 나를 그 중간에 있는 파서막에 내려주면 되는 것이다. 그러면 나는 파서막 정미소의 하남면 '트'에 가서 지령 문건을 전하고, 거기서부터 갓골로 해서 남산리를 거쳐 종남산 남쪽 능선을 질러 예림재 앞을 지나 삽개 '트'로 가서 문건을 전하고, 곧바로 긴늪다리로 올라서면 거기서 기다리고 있는 덕실 아재와 함께 다리를 건너 다원으로 돌아오면 된다.

나는 이 노정에 수산 장터 주막에서 점심을 국밥으로 때우고, 떡전에서 시루떡과 찰떡 두 봉지를 샀다. 이것을 망태에 넣어 비상식량으로 준비했다. 차는 수산 장터의 동쪽 변두리에서 밀양읍으로 들어가는 도로 가에 세우고 파장 장꾼을 모으고 있었다. 나는 혹시 아는 사람이나 만나게 될까 걱정되어 조수석에 앉아 얼굴을 폭 숙이고 졸고 있는 시늉을 하고 있었다. 바깥이 좀 시끌벅적하더니 운전수가 자리에 올라탔다.

"이 사람, 자네가 타선지 오늘은 일찌감치 다 찼네. 그만 가세."

운전수는 곧바로 시동을 걸었다. 그리고 바깥에 나가 트럭 짐칸의 짐구럭 사이에 있는 사람들을 보고 몇 마디 주의를 주더니 이내 운전수 자리에 올랐다. 그러고는 좀 시간을 기다리는 듯하더니 운전대 지붕, 바로 내 머리 위에서 '탕탕' 소리가 났다. 그때야 비로소 나는 알았다. 아까 아침에 내가 탈 때 나보다 작은 소년이 짐칸의 장작더미 구석에서 보였는데, 그 소년이 조수였다는 것을. 나는 괜히 미안한 생각이 들었다. 그래서 운전수 아저씨에게 그 소년을 조수석에 함께 태우자고 말하려 했지만, 차는 속력을 내어 가고 있어서 그 말을 미처 못하고 말았다. 이 일이 아까부터 내내 마음속에 두고 걸렸다.

차는 파서막 동네를 지나 콘크리트 다리에서 섰다. 낯선 사람이 커다란 트럭을 타고 동네 앞에서 내려 방앗간으로 들어간다는 것은 눈에 띌 일이기 때문에 나는 운전수와 의논해서 파서막 동네를 지나 콘크리트 다리에서 내렸다. 거기서 200미터쯤 길을 되잡아 걸어 연락 '트' 인 정미소로 걸어 들어간 것이다. 나는 망태를 안고 내렸다. 그러자 소년이 짐칸에서 내려왔다. 나는 그 소년의 손을 꼭 잡아주었다. 그리고 말을 얼버무렸다.

"아까 함께 타도 되는데……."

그 소년은 그냥 미소로 대답했다.

나는 파서막 동네로 걸어 들어가 정미소 안으로 들어갔다. 거기 일꾼을 보고 말했다.

"여기에 동산 어른 댁 사람을 찾아왔는데요."

일꾼은 잠시 기다리라고 하고서 안으로 들어갔다. 잠시 후 연락원이 나왔다.

"총각, 이리 들어오게. 월산 어른은 편안하시고?"

"예, 편지를 한 장 적어 줍디다."

"그래, 이리 들어오게."

나는 그 연락원을 따라 정미소 뒤안에 있는 지난번 그 방으로 안내되어 들어갔다. 거기에서 조끼 안주머니에 들어 있는 미농지 지령문을 전해 주었다. 그리고 둘은 정미소로 도로 나와 인사를 했다.

"돌아가거든 월산 어른께 안부 전하시고."

"예, 안녕히 계십시오."

나는 파서막 콘크리트 다리로 되돌아왔다. 다리를 건너기 전 왼쪽으로 개울둑에 난 길을 따라가다가 징검다리를 건너 개울 왼편 둑길을 따라 올라갔다. 조금 걸어가자 조그마한 갓골 동네가 나왔다. 갓골 동네 어귀에서 산허리를 감아 올라가는 길을 한참 올라갔더니 남산리가 나왔다. 그 산골을 따라 올라가자 골짜기는 점점 좁아지고 골짜기를 이루는 두 능선이 하나로 모이는 주능선에 올라선다. 거기에서 산 아래에 기와를 인 담장으로 둘러싸인 큼직한 골기와집이 나타났다. 이것이 예림재이고 바로 그쪽으로 난 길이 보였다. 지난번에는 밤이어서 보지 못했는데 이제는 길과 방향이 뚜렷하게 잡혀서 알 수 있게 되었다. 예림재에서 모렴재로 가는 길도 이곳 높은 데서 확실하게 보였다.

서편에 산이 가려서인지 여기는 해가 벌써 졌다. 마을에는 저녁 끼니를 짓는 연기와 김이 안개처럼 깔리고 있었다. 이곳은 벌써 땅거미가 지는 판인데 밀양읍 쪽은 환한 햇빛이 봄볕과 함께 아직도 한창 대낮이었다.

부북면당 '트'의 삽짝에 '트'지기 월산 어른이 서 계셨다.

"어허, 동무. 그쪽에서 어인 일이오?"

"급한 연락이 있어서 하남면당으로 해서 이쪽으로 왔습니다."

부북면당 월산 어른은 급히 안으로 들어갔다. 나도 따라 들어갔다. 우리가 모이는 방으로 들어가자 나는 조끼를 벗어 한쪽 주머니에 있는 실밥을 따서 그 속에 들어 있는 미농지 문건을 꺼내놓고 말했다.

"이를 산하(傘下) 읍·면당에 전달하시고 지령대로 투쟁하시기 바란다는 연락입니다. 이상"

이와 같이 해서 연락 업무를 모두 마치고 다원의 나의 '트'로 돌아왔다.

이로부터 이틀이 지난 5일부터 밀양군 내의 마을마다 시끌시끌했다. 내가 있던 다원 마을도 이번 5·10 남조선 단독선거의 의미를 해설하는 모임이 밤마다 열렸다. 그 선거는 우리 배달민족이 하나의 나라로 반만년을 살아온 삼천리강산에 미국 놈이 들어와서 38선을 그어놓고 이남을 점령해 군정을 펴더니, 우리나라와는 아무런 관계도 없는, 미국 놈이 시키는 대로 손을 들어주는 유엔이 오스트레일리아, 캐나다, 중국(대만), 엘살바도르, 인도, 필리핀, 프랑스, 시리아 8개 나라로 유엔 임시조선위원단이라는 것을 만들어놓고, 이남만 선거판을 벌여 남쪽 단독으로 정부를 만들려는 판이다.

이들 8개의 나라가 지금 이 선거를 감시한다는 것이다. 그들 각국의 대표와 사무원을 포함해서 총원 30명을 넘은 일이 없었다. 이 인원으로 이남 땅 전체의 선거를 감시한다는 것이다. 이는 누가 들어도 말이 안 되는 웃기는 소리다. 이건 바로 미 군정과 이승만, 김성수를 비롯한 한민당 패거리들이 몽땅 해처먹자는 소리다. 바로 이들로써 미국 놈 앞잡이 정부를 만들려는 짓이다.

선거란 인민의 의사가 자유롭게 표현되는 분위기 속에서 치러져야 한다. 그런데 수많은 인민들을 감옥에다 처넣어 놓고, 향보단과 같은 경찰의 폭력 업무를 대행하고 있는 폭력단체를 만들어 공포 분위기를 조성하고 선거를 치른다는 것이다.

뿐만 아니라 남조선 단독선거와 단독정부 수립을 반대해 궐기한 제주도 인민들을 군대를 동원해 학살하고 있는 가운데 남조선 단독선거를 한다는 것이다. 이는 바로 미국 놈이 총칼로 남조선 정부를 만들어놓고 그 주구들을 통해 영구 점령하려는 것이다.

"단선·단정을 끝까지 반대해 남북이 하나인 나라를 만들자."

이와 같이 모든 인민들이 남조선 단독선거를 보이콧하자고 호소했다. 이러한 결의 밑에 도시와 소읍에서는 야간에 구호를 외치고, 햇불을 올리고, 파업을 하고, 삐라를 뿌리고, 벽보를 붙였다. 이런 투쟁은 경찰의 탄압을 피해 돌연히 나타나서 하고, 뜻밖의 장소에서 실행하고 내뺌으로써 게릴라식으로 전개했다. 농촌에서는 마을마다 '투표장에 안 가기 운동', '향보단 추방 및 가입 안 하기 운동'을 벌이기도 했다. 그리고 투표 당일은 '집 떠나기 운동'도 했다.

투표일이 가까워지자 단선 반대운동도 격렬했지만, 이에 대응하는 폭력도 극렬했다. 밀양 고을에서도 수많은 인민들이 체포되어 악질 경찰관으로부터 폭력적인 고문을 받았다. 그래서 숱한 사람들이 고통을 겪었다.

5 · 10 선거 반대투쟁은 전국적으로 확산되었다. 5월 3일 저녁 8시를 기해 1시간 반 동안 서울의 북악산, 남산, 삼각산 등에 봉화를 올려 반대운동의 기세를 올렸다. 서울대학교 문리과대학 학생들은 동맹휴학을 했다. 5월 6일 강원도 삼척에서는 해안경비대가 시위했는데 이를 진압하려는 경찰과 무력충돌해 사상자가 발생했다. 5월 8일에는 전평 산하 노동조합이 오전 8시를 기해 총파업에 돌입했고, 서울 시내 대학 · 전문 · 중학교 등 18개교에서 맹휴에 돌입했다. 또 이날 오전 6시에는 서울 성동구 투표구 선거위원장이 타살당했다. 5월 9일 지방에서도 파업 · 맹휴 · 시위가 벌어졌고, 전선 · 전화 · 철도 · 교량 등이 곳곳에서 파괴되고 경찰서가 습격당했다. 5월 10일 투표 당일에는 거의 전국적으로 투표소와 경찰파출소 등이 수류탄 · 사제폭탄으로 파괴되었고, 경찰 · 선거위원 등이 테러당했으며, 무기 탈취와 봉화 시위 등이 일어났다.

밀양에서도 실제로 투표 참가가 부실했는데도 투표함에는 표가 가득했다. 상남면 예림국민학교에 설치된 투표함은 청년들이 사제폭탄을 들고 들어와 봉땅 불 싸질렀는데, 어찌 된 셈인지 개표 때에는 그 투표함과 투표지가 건재했다는 말이 전해졌다. 단장면과 산내면은 모든 동네가 비다시피 하고 산으로 올라가 투표를 피했지만 투표함에는 표가 가득됐다고 한다. 이처럼 5 · 10 단선은 아예 선거인은 있으나 마나 한 선거였다.

이와 같이 해서 치러진 5 · 10 선거에서 국회의원으로 당선된 자들은 어떤 자들인가. 그들의 성분을 분석해 보면 노동자·농민은 한 사람도 없다. 친일관리에다 지주·자본가·사무원·문화인·종교인 등 친일역적 놈들이 거의 다였다. 이런 자들이 국회의원들이 되어 헌법을 제정하고 정부를 세웠으니 그 정부는 과히 친일역적들의 정부라고 해도 심한 말이 될 수 없을 것이다.

그 이후부터 투쟁은 선거무효 운동, 남조선 단정 수립 반대운동으로 전환되었다. 투쟁은 더욱 극렬해졌고 탄압은 더욱 가혹해졌다. 이러는 가운데 저항조직들은 심대한 타격을 받았고, 그 역량은 점차 쇠잔해 들어가기 시작했다.

남북조선 제 정당·사회단체 연석회의

유엔 감시 하에서 실시하는, 아니 모두 합쳐 30명도 안 되는 유엔 임시조선위원단이 감시하는 5·10 선거가 결정되자 조국 분단을 반대하는 애국세력은 하나로 뭉치기 시작했다. 앞으로의 투쟁 방향과 투쟁 역량을 총결집하기 위한 운동이 일어났다. 그 운동의 결과가 평양에서 열리게 된 '남북조선 제 정당·사회단체 연석회의'이다. 이 연석회의는 당시까지 여러 정파의 여러 입장들로 나뉜 애국진영이 서로 속을 털어놓고 토론함으로써 분단의 위기에 처한 민족을 살리기 위해 하나의 뜻을 모으기 시작한 것이다.

가장 먼저 한국독립당(한독당)에서 움직였다. 한독당은 1947년 10월 중순에 한독당 중앙위원회를 열고, '남북조선의 제 정당 대표자회의의 소집 문제', '양군 철군 문제', '38선 철폐 문제', '남북 총선거 실시 문제', '중앙정부 수립 문제' 등을 논의하고 결의를 채택했다. 북조선로동당도 한독당의 이러한 결의를 접하고 그 정치노선을 높이 평가했다.

이를 계기로 중간 정파들도 통일정부를 수립하기 위한 남북연합의 실현 방침을 제기하기 시작했다. 그 며칠 후 근로인민당의 여운홍(呂運弘, 여운형 선생의 동생), 사회민주당의 홍명희, 신진당의 이용, 인민공화당의 김원봉 등 중간파 5개 정당들이 한데 모여 소련이 제기한 '미·소 양군 동시 철수안'을 지지하는 한편, 한독당과 유사한 내용으로 공동성명을 발표했다.

이러한 정세 속에서 새로이 남북연합의 필요성이 제기되기 시작했다. 이에 대해 북조선로동당도 긍정적으로 받아들이고 있었다. 이는 여러 가지로, 여러 방면으로, 여러 곳에서 제기되어 오는 문제들이 모두 하나의 중심으로 집중되는 과정이기도 했다.

1947년 11월 초에는 한독당, 근로인민당, 인민공화당 등 13개 정당이, 10월의 한독당 결의를 거듭 확인하고, '미소 양군 동시 철수'와 '남북 제 정당 대표자회 소집', '남북 총선거 준비기구의 결성' 등의 문제들을 협의했다. 이처럼 운동은 이남만의 단선·단정을 반대하고 통일정부를 수립해야 한다는 입장으로 뭉치고 있었다. 결과적으로 남북연합이 반드시 필요하다는 데에 인식을 같이했다. 이러한 기초 밑에서 1948년 4월에 '남북 제 정당·사회단체 연석회의'가 열리게 된 것이다.

특히 2·7 구국투쟁 직후인 2월 10일에 김구 선생은 '삼천만 동포에게 읍고함'이라는 단독정부 수립 반대 성명을 발표했다. 민족자주연맹을 이끌었던 김규식 선생과 한국독립당을 이끌었던 김구 선생이 '남북 정치지도자 회담'을 개최하기로 합의하고, 김일성 장군과 김두봉 선생에게 2월 16일자로 서한을 보냈다. 이리하여 남북 협상이 실행 단계에 접어들게 된 것이다. 그 후 남과 북의 제 정당과 사회단체의 대표자들은 38선을 넘나들며 서신을 교환했고, 방송을 통해 입장 설명과 절차들에 대한 교류가 있었다.

한편 남조선에서는 조선민주주의민족전선(약칭 민전)에서 각 개별 정당·사회단체와 토론하여 참가자들을 선정하고 본인에게 통보했다. 대표자들은 몇 명씩 38선을 몰래 넘어가기 위해 4월의 차가운 임진강, 양양의 남대천을 건넜다. 북조선의 안내원을 따라 일정한 곳에 집합한 뒤 교통편을 제공받아 평양으로 올라갔다. 그때가 대개 4월 7, 8일부터 14, 15일 사이였다. 나의 할아버지는 밀양의 민전 의장단을 대표해 양양의 남대천을 건넜다고 하셨다. 나는 그때는 할아버지를 만날 수 있는 입장이 못 되었다. 할아버지가 평양에 가셨다는 말조차 5월인가 6월에 가서야 겨우 알게 되었다.

당시 남로당은 극도의 지하당 조직으로 서로가 조직선으로만 교류할 수밖에 없는 상황이었다. 그 이듬해 4월이 되어서야 겨우 조손 상면이 이루어질 수 있었다. 그때 가서 비로소 나는 할아버지로부터 여행의 행정과 평양에서 일어났던 일, 또 김일성 장군을 뵌 일, 그리고 이남으로 돌아오신 후 체포를 피해서 근 1년 동안 고생하신 일들을 들을 수 있었다(이에 대한 이야기는 뒷부분에 나올 것이다).

통칭 '남북 제 정당·사회단체 연석회의', 정식 이름 '전 조선 정당·사회단체 대표자 연석회의'는 4월 19일 평양 모란봉극장에서 열렸다. 참가 정당·사회단체는 56개로, 그중에서 41개 단체가 남조선에서 올라갔다.[16] 대표자 수는 모두 695명으로, 노동자 154명, 농민 111명, 정치인 195명, 기업가 9명, 상업가 39명, 공공기관 간부 86명, 종교인 14명, 문학·예술가 28명, 학생 22명, 도시빈민 37명 등이다. 나이별로는 20세 이하 1명, 20~26세 94명, 27~30세 116명, 31~40세 197명, 41~50세 208명, 51~60세 64명, 60세 이상 15명이었다. 이 중 여성이 57명으로 전체의 8.2

---

16) 그 정당·사회단체의 이름은 《남노당연구(南勞黨硏究)》(김남식 지음, 돌베개)에 들어 있다.

퍼센트를 차지했다. 또 8·15 이전 반일운동가들이 모두 249명에 달했다. 이때 보고자는 주영하(朱寧河)였다. 그는 이 회의에 참가한 대표자들은 남북 조선의 각계각층을 진실로 대표하고 있다고 말했다.

1948년 4월 19~23일 4일간에 걸친 '남북 연석회의'는 5·10 단독선 거를 반대하기 위한 대책을 토의했다. 앞으로 일어날 여러 가지 문제를 협 의할 '정치협상 회의'의 필요성이 제기되면서 각 정당·사회단체 대표자 1 명씩으로 구성한 '남북조선 제 정당·사회단체 지도자협의회'를 조직해 5·10 선거를 파탄낼 문제와 양군 철퇴 등 여러 가지 문제를 토의하고, 공 동성명서를 작성했다. 그 내용은 주16)에 든 책에 상세히 나와 있다.

1948년 5·10 단선의 결과, 유엔 임시조선위원단은 실제야 어떻든 등 록된 유권자의 93퍼센트 참여라는 높은 비율로 선거를 무사히 치러 198명 의 국회의원을 선출했고, 정권을 수립하게 되었다고 발표했다. 이로써 이 들 단선에서 당선된 국회의원들이 정부를 구성하고 남조선 정권을 가지게 된다는 것이다. 더구나 이승만이 5·10 선거에 당선된 자들로 구성된 남조 선의 국회의장이 되어 이 국회를 조선 민족의 유일한 대표기관이라고 선언 하고 있었다.

이에 대해 애국진영은 1948년 6월 29일부터 7월 5일까지 7일간 평양 에서 '남북조선 제 정당·사회단체 지도자협의회'를 열어 남조선의 국회와 는 달리 전 조선적 통일적 입법기관의 선거를 실시해 헌법을 제정하고 통 일적 민수정부를 수립할 것을 결의하고 발표했다. 한편, 북조선인민회의 특별회의에서는 당시 헌법기초위원장인 김두봉 선생이 남북 연석회의에 참가한 제 정당·사회단체 대표들이 방청한 가운데 보고한 내용을 듣고서 약간의 수정과 보충을 가해 그 이튿날 헌법 초안으로 통과시킨 바가 있다 (이 특별회의에 김구 선생과 김규식 선생은 참가하지 않았다). 이로써 헌법의 초안이 바로 준비된 셈이다.

'남북조선 제 정당·사회단체 지도자협의회'는 8월 25일 남북 전 조선을 통한 총선거를 실시해서 이 헌법 초안을 통과시키고 전조선적인 통일정권을 수립하기로 결의했다. 8월 25일의 선거는 북조선에서만 실시해 212명의 대의원을 뽑고, 남조선의 대의원은 이중선거에 의해 뽑기로 결정했다. 남조선에서는 대의원 선거를 공개적으로 할 수 없기 때문에, 각 시군에서 5~7명의 대표자들을 해주에 모이도록 하고 인민대표자대회를 열어 360명의 대의원을 선출하는 방법으로 한다는 것이다. 남조선에서는 남로당이 이와 같은 결정에 따라 민전으로 하여금 선거지도위원회를 조직하도록 해서 해주의 인민대표자대회에 참가할 각 지방 대표들을 선출하고, 38선을 넘어 해주로 월북시켰던 것이다.

한편 민전 산하단체의 대표들은 그 지역의 인민들로부터 이 선거인들의 선거를 지지한다는 서명투표로 연판장 운동을 벌였다. 이 서명 운동은 7월 15일부터 시작해서 8월 초까지는 끝내야 하는 것이다.

조선민주주의
인민공화국 선포

남북조선 제 정당·사회단체 지도자협의회는 먼저 전 조선의 남북 인구의 비례에 따라 대의원 수를 남조선에 360명, 북조선에 212명을 할당했다. 북조선은 8월 25일에 대의원 총선거를 하기로 했고, 남조선은 앞서 말한 바대로 각 시군에서 5~7명의 인민 대표자를 선발해 해주에서 열리는 남조선의 인민대표자대회에 참가하도록 해야 했다. 인민 대표자를 선발하고, 이들을 해로로, 육로로 해주로 보내는 일을 남조선의 민전 주도 하에 '선거지도위원회'를 조직하여 담당하도록 했다.

먼저 각 시·군의 민전은 산하의 정당·사회단체로부터 인민 대표자를 추천받아 '선거지도위원회'에서 대표자를 결정하고 이들을 해주로 보내는 일을 집행했다. 이 일은 7월 초순에 결속을 보았고, 7월 중순부터는 이들 대표들과 이들 대표들로부터 선출되는 입법기관의 대의원을 지지한다는 서명의 연판장에 도장을 받아야 했다.

'남조선인민대표자대회'의 대표자 선발 과정에서 각 정당·사회단체가 추천한 후보를 토의해서 대표자 결정을 결속하는 일과 이들을 해주로 보내는 일은 조용하게 치러졌다. 하지만 연판장에 서명 날인 받는 일은 매우 힘든 일이었다. 경찰과 극우단체의 감시의 눈을 피해 동네의 골목을 누비고 다녀야 했고, 대중들을 만나 설득도 해야 하는 힘들고 또한 위험한 일이기도 했다. 남로당의 세포조직을 동원했고 당원이 속한 대중단체, 즉 노동조합·농민위원회·시장상인상조회·민애청·여성동맹·민주학생동맹 등이 적극 나섰다.

연판장에 서명 날인하는 일도 그리 쉬운 문제는 아니었다. 똑같은 날인을 5부씩 작성해야 했다. 연판장을 보낼 곳은 남조선 군정청, 북조선 주둔 소련군 사령부, 미국 정부, 소련 정부, 국제연합, 이렇게 5곳이었다. 나도 연판장에 서명 날인을 받는 일에 직접 참가했다. 밀양읍의 내이동, 내 고향집 연계소의 언저리에 2, 3일을 돌면서 받았다. 특히 교동 고모 동네에 파고들어 가서 고모와 고모부 내외의 도움과 국민학교 동창들의 후원으로 연판장 서명 날인을 받았는데, 하룻밤 새 200명 가까운 서명을 받기도 했다.

여기에는 5·10 단선에서 당선된 한민당 국회의원들의 덕을 톡톡히 보았다. 이들은 거의 모두가 친일지주이고, 또 이들을 싸고 있는 자들은 거의 그 지역의 부랑자들이거나 폭력배들이기에 민중들로부터 인심을 톡톡히 잃은 자들이었다. 민중들은 이들이 미워서 오히려 연판장 서명에 동조적이었다. 남조선이 다시 미제의 식민지로 되고 있다는 데 대한 대중들의 분노를 느낄 수 있었다.

특히 교동에서는 나를 고모 집에 그냥 있으라고 하고 동기동창 동무들이 들고 나가 돌아다니면서 집안의 봉건적인 노인을 따돌리고 도장을 거의 다 받았다. 그날 나는 아주 편안하게 맡은 분공을 초저녁에 다 마쳤다. 덕분에 오랜만에 연계소 집의 할매 곁에서 잠을 잤다. 그래도 할매는 아침 일찍 내 안전을 위해 아직도 덜 샌 새벽 어두움에 새벽밥을 차려주셨다.

조직선을 타고 삽개의 연락 '트'로, 파서막의 정미소 '트'로 해서 밀양군 서남지대 8개 면의 연판장 작업 진행 정형을 보고받았다. 대중의 호응도가 생각 밖으로 높았고, 그럼에도 불구하고 사고는 하나도 없었다. 이대로 나가면 연판장 운동은 90퍼센트 가까이 될 것 같았다.

공개적으로 하는 선거가 아니라서 각 면의 18세 이상 선거권자 수를 미리 정확하게 파악할 수 없어서 그 퍼센트는 알 수 없지만 호응도가 엄청나다는 것을 알 수 있었다. 각 면의 행동대원들이 가는 동네마다 환영이었고, 반동이 없는 민주부락에서는 그날이 무슨 휘초날(彙草日)처럼 막걸리에다 단술도 담고 묵도 치고 닭도 잡고 지짐도 굽고 했다. 그래서 한 잔 들어가면 동네 바깥마당에는 자연히 풍물소리까지 났다.

7월 하순부터는 연판장을 수집하고 그것을 정리해서 곱게 철하고 제본했다. 보통 한 면에서 유권자의 연판장을 받을 때 그 일부가 미농지 150~200매 정도인데, 제본해야 할 것이 모두 5부였다. 미농지는 아주 엷은 종이인데 3,000~4,000명 정도의 주소 성명을 세로로 쓰고 날인한 명부이다. 이를 다시 미농지로 꼰 노끈으로 맨 것이 최종 서류가 된다. 그 한 부가 한 개 면의 선거인 전부로 보면 된다. 밀양읍은 좀 두텁게 되겠는데, 그래도 다 합해서 한 부가 군 전체로 12권, 5부 모두 합쳐 60권 정도였다. 이를 각 면마다 수집 날짜와 시간을 정해서 연락 '트'에서 주고받아야만 했다.

다음에 이 연판장을 백두대간 산줄기를 따라 이북으로 전달해야 한다. 그러기 위해서 새로운 연락 '트'를 설치해야 했다. 그곳이 상동면 도곡리(道谷里)이다. 지금의 경부선 상동역에서 도로를 따라 북으로 올라가다가 동창천(東倉川)을 건너지 않고 강을 따라 동북쪽으로 올라가면 강이 오른편으로 굽어 길도 동쪽으로 트는 곳이 나온다. 여기서 오른편으로 1차선 도로가 나 있고 방향은 남쪽이다. 그 길을 따라 가면 도곡리라는 마을이 나온다. 그 길을 따라 더 남으로 가로막힌 산을 향해 가면 지금은 5~6호가 되는 (1948년에는 15~16호나 되었다) 마을이 나오는데 이를 상도곡리(上道谷里)라고 부른다.

상도곡리는 남가실을 지나 엄광으로 해서 안당골 고개를 넘어서도 갈 수 있다. 밀양시에서 산외면으로 들어서는 긴늪 밀산교를 지나 상동역 방향으로 가지 않고 산외면 다원으로 가는 갈림길에서 북에서 남으로 내려오는 개천을 오른편으로 해서 개천을 따라 올라가면 남가실(南沂里)이라는 자그마한 동네가 나온다. 남가실은 1948년에는 15~16호나 되었던 동네이지만 지금은 10호도 채 안 된다. 남가실에서 개천을 따라 올라가면 엄광이라는 산으로 둘러싸인 작은 동네에 이른다. 남가실에서 약 4킬로미터쯤 된다. 그 안 골짜기를 안당골이라고 부르는데 바로 빤히 고갯마루가 보인다. 이 고개를 넘으면 바로 도곡리 마을이 보이고 좀 떨어져 상도곡리가 보인다.

나는 이 상도곡리를 1948년 7월 하순에서 8월 초까지 거의 하루 걸러 뻔질나게 다녔다. 도로에서 엄광으로 가는 길 첫 동네인 남가실에는 조선조 정조(正祖) 시대에 우리 가문의 지손(支孫)으로 갈라진 5형제 집안 중 끝에 집안의 한 갈래가 일가를 이루며 살고 있었다. 당시 연세가 환갑이 좀 넘은, 솔례(率禮) 할아버지라고 부르는 우리 일가의 할아버지가 사셨다. 그 아들이 일제 식민지 시대에 한때 노동운동으로 이름을 떨쳤던 안영달(安永達)이다.

안영달은 8·15 해방 이후 미제의 정보공작원 로빈슨에 고용돼 박헌영, 이승엽과 더불어 북 공화국을 전복하려는 음모 활동을 벌이다가 공화국 당국에 붙잡혀 죽었다. 나는 당시 안영달을 우리 일가로서 유명한 사회주의자로만 알고 있어서 존경하고 있었다. 솔례 할아버지도 그의 아버지로서 물론 존경하고 있었다. 나중에 어떤 기록에서 솔례 할아버지도 한때 의열단에 가담해 광복운동을 했다가 일제에 붙잡히자 곧 동지를 배반하고 일제에 전향했다는 사실도 알게 되었다.

하지만 그 당시는 이러한 사실을 몰랐다. 그래서 1948년 7월부터 8월 초까지 도곡리로 가기 위해 중간에 있는 남가실의 솔례 할아버지 댁을 지나갈 때마다 들러서 할머니의 인정스런 대접을 받았다. 솔례 할아버지, 할머니는 일제 말기에 알곡을 구하기 어려울 때 나의 할머니가 그 일갓집에서 먹을 양식을 구해 오시기도 해서 지금도 그 고마움을 잊을 수 없다. 아무튼 이들 가족을 생각할 때마다 내 가슴에는 묘한 갈등이 넘실대기도 한다.

내가 이 동네를 지나게 되는 시간은 언제나 밤 8시에서 9시쯤이었다. 나의 다원 '트'에 연판장 서류가 모이면 이를 정리해서 노끈을 꼬아 제본해 무거운 다듬잇돌로 눌러둔다. 그러면 서류가 곱게 간추려진다. 대개 오후 7시쯤에 이를 유지(기름종이)에 싸서 지게의 짚 등받이 속에 넣고, 지게에는 나무토막 여남은 개를 얹어 밧줄로 매고 짊어지고 다녔다.

한편, 북조선에 있는 남녘 동무들도 이번 연판장 선거를 적극 지원해 나서기로 했다. 남녘 야산대에서 활동하다 앞으로 벌이게 될 유격전을 위해 강동정치학원으로 가서 학습하고 있던 동무들이 이 연판장을 나르기 위해 남쪽으로 내려온 것이다.

밀양군당과 민전에서 연판장을 모아 내가 담당한 8개 면당과 지도원 동지가 맡은 4개 면당의 연락 '트'에 보내 오면 이를 다시 산외면 다원에 있는 나의 '트'에 모으고, 이를 하루 걸러 상도곡리에 있는 밀양군 농민위원회 '트'에서, 당시 우리들이 '강동 사람'이라 부르던 강동정치학원 동무들에게 건네주었다. 이들이 백두대간을 타고 가서 해주에 있는 선거지도위원회로 전달하는 것이다. '강동 사람'은 각 군마다 2명씩 배치되어 있었다.

상도곡리라는 마을은 반동이 없는 민주부락이다. 이는 해방구라는 뜻이기도 하다. 아이도 어른도, 남자도 여자도 〈적기가〉를 모르는 사람이 없다. 〈민청가〉와 당시 10월 인민항쟁을 생각하면서 임화가 작사하고 김순남이 작곡한 〈인민항쟁가〉를 많이 불렀고, 또 〈결전가〉라는 새로운 노래도 불렀다. 그 밖에 〈국제가〉라고 하던 〈인터내셔널가〉도 많이 불렀다. 이곳에서는 모두 거리낌 없이 힘차게 불렀다.

'강동 사람'들은 내 망막 안에서 아직도 살아 있다. 그 노랫소리도 여전히 내 고막에 남아 있다. 하지만 우리 민족사에서는 영영 떠나버리고 만 사람들이다. 박헌영 종파의 한 놈인 치안국 대공분실장 백형복의 모략적 배신으로 거의 모두 희생되고 말았던 것이다.

분단을 반대한 연판장 투쟁에서 남조선 전체 유권자의 77.52퍼센트에 해당하는 673만 2,407명이 연판장에 서명 날인했다. 이들의 선거 참여로 1,080명의 대표를 선출했고, 이들 중 1,008명이 해주에 모여 '남조선인민대표자대회'에 참석했다. 참석 못 한 72명은 북조선 해주로 가는 동안 38선을 넘다가 희생되기도 하고 체포되기도 했던 것이다.

'남조선인민대표자대회'에서는 비밀투표에 의해 남조선 인구 5만 명당 1명 비례로, 모두 360명의 '최고인민회의' 대의원을 선출했다. 마침내

1948년 8월 25일, 북조선에서 실시한 총선거에서 당선된 212명과 합해 전체 572명의 남북조선 대의원으로 '최고인민회의'가 성립되었다. 이는 남조선 군정 경찰과 극우 폭력테러의 탄압 속에서 헌신적으로 싸웠던 우리들과 1,080명의 대표자, 그리고 우리들이 '강동 사람'이라 불렀던, '남조선인민유격대'의 시작이었던 청청한 젊은 동지들의 피로써 이루어낸 승리의 결과이다.

이로써 그해 1948년 9월 9일 조선민주주의인민공화국이 선포되었다.

폭력적 탄압과
처절한 저항

1948년 7, 8월에 걸쳐 거의 한 달 동안 민전 산하의 당과 사회단체들은 남북 대의원을 선거하기 위한 남조선의 연판장 운동에 온 역량을 투입해 소기의 목적을 훌륭히 달성해 냈다. 하지만 미 군정과 남조선의 군정 경찰, 그리고 분열주의자들은 살인적인 탄압 소동을 벌였다. 남조선 전 지역에 비상 경계 태세를 선포하고 미군 기동부대를 38선 전역으로부터 제주도 끝까지 배치했다. 군정 경찰과 반동 테러단들을 총동원해 검거 선풍과 살인적인 폭력 테러를 들씌웠다.

8월 20일 하루 동안만 하더라도 남조선 전역에서 1,370명이 검거됐다. 연판장 선거의 전 기간을 통해서는 수만 명이 체포 투옥당했으며, 수천 명이 테러로 살상당했다고 했다. 이로써 많은 역량이 손실되었고, 그에 따른 조직선의 노출도 생겨 운동조직에서는 많은 허점도 드러나고 있었다.

그러나 남로당의 지도부는 연판장 운동이라는 큰 투쟁을 치르고도 그 역량 보존과 조직선의 복구에 대한 관심을 기울이지 않았다. 투쟁 후에도

'트'는 그대로 그 '트'였고, 조직선은 그대로 그 선이었다. 군당 연락부 레포의 '트'와 '선'도 그대로였다. 이처럼 복구되지 못한 조직과 선을 그냥 그대로 가지고 9월에 들어서자 당 중앙조직에서는 공화국 선포를 선전하는 '공화국기 게양 투쟁'을 전국적으로 전개하라고 지령했다.

연판장 투쟁과 같은 큰 투쟁을 한 다음에는 비판과 자기비판으로 반드시 그 투쟁에서 나타난 우점(優點)과 결점(缺點)을 파악하고, 노출되고 파괴된 조직선을 복구하는 일을 바로 당면 문제로 삼아야 한다. 투쟁이 성공적이라 해서 그대로 계속 밀고 나가기만 하면 우와 결이 혼동되며, 노출점이 바로 파열구로 전변되는 수가 있음을 알아야 하는 것이다. 하지만 남로당의 공화국기 게양 투쟁은 그러하지 못했다.

공화국기 게양 투쟁은 면사무소의 깃발 게양대, 국민학교의 깃발 게양대 두 곳 또는 어느 한 곳에 공화국기를 게양하는 투쟁이었다. 대개 깃발 제작은 면사무소와 국민학교 소재지의 마을에서 했다. 하지만 그 동네에는 경찰관 지서도 함께 있다. 소재지 마을이라 해야 20~30호 정도이고 국도를 따라 취락이 이루어지고 있을 뿐이다.

이런 조건에서 깃발 제작을 위한 광목천과 물감을 가지고 제작 장소로 정한 집에, 마을에서 얼굴이 잘 알려진 청년들이 들락날락한 사실은 몇 사람 안 거쳐 금세 드러나게 되어 있다. 비록 조심해서 지서의 경찰관에게 들키지 않도록 했지만 사건이 일어나고 문제가 될 때는 경찰의 수사가 바로 들어온다는 것은 별로 어려운 짐작이 아닐 것이다.

수사가 어렵지 않으니 곧 수배가 되고 따라서 투쟁에 참가한 성원은 도피해야 한다. 그러면 그 성원이 관련된 조직은 깨지고 만다. 어쭙잖은 투쟁 한 번에 조직은 만신창이로 되고 만다. 혈기왕성한 아까운 청년 성원이 일다운 일도 못하고 도피하는 성원으로 되고 마는 것이다. 그런데 당 조직에서는 이 공화국기 게양 투쟁을 계속하라는 것이다. 이 때문에 이 투쟁을 9월 중순부터 10월 중순까지 계속하게 됐다.

공화국기를 게양해도, 그것은 별 성과를 거둘 수 없었다. 애써 제작한 공화국기는, 또한 애써 밤중에 게양했지만 날이 새자마자 발각되었다. 비록 깃발을 내리기 어렵도록, 깃발을 내릴 줄을 풀기 어렵도록 묶어 매달았지만 단칼에 풀어졌다. 그도 저도 안 되면 깃대 자체를 톱으로 썰어 눕히면 끝나는 일이었다. 정말 한심한 생각이 들 만큼 수고에 비해 선전 효과는 없었다.

나는 이 투쟁에 깃발 제작을 맡아 참가했다. 깃발을 올렸으니, 그것은 '바로 날 찾아봐라!' 라고 떠드는 격이었다. 그래서 경찰 수사를 일단 피하지 않을 수 없어 군당 연락부 아지트를 떠나야만 했다.

군당 조직에서는 나를 밀양군 농민위원회 조직지도원으로 소환했다. 나는 군 농민위원회 아지트가 있는, 연판장 투쟁 때 '강동 사람' 들과 만났던 상동면 상도곡리의 그 '트' 로 갔다. 그곳에는 군 농민위원장이신, 김씨 성에 택호로 '옥산 어른' 이라 불리는 나이 40대 중반의 어르신이 계셨다. 눈이 서글서글하고 마을에서 좋은 일이건 궂은 일이건, 마을 일이건 개인 일이건 가리지 않고 헌신적으로 일하시는 어른이었다. 가근방에서 아이 어른 할 것 없이 존경받고 있는 어른이었다.

마을 한가운데 소달구지 두 수레가 서로 마주 지나갈 수 있는 큰길이 훤히 틔어 있는데 동네 밖으로 향해 오른편은 구릉이다. 아래쪽은 황토밭이고 위쪽은 다복솔이 촘촘한데 황토가 군데군데 맨몸을 드러내고 있는 솔밭이다. 이 길의 왼편은 논이 펼쳐져 있고 그 아래에는 개천이 흐르고 있다. 마을은 길의 오른편에 있는데, 옥산 어른의 집은 가운데쯤에 있었다.

큰길에서 산 쪽으로 수레 길이 나 있는데 그 길가의 언덕바지에 공동

우물터가 있다. 우물은 쪽박으로 물을 퍼 담을 수 있는 야트막한 샘이지만, 그 언덕 아래에 뿌리를 박고 있는 향나무 밑에서 지하수가 퐁퐁 소리가 나듯이 솟아나왔다. 그 물은 깊이가 한 자 정도이고 폭이 석 자쯤 되는 샘이다. 샘에서 넘쳐나는 물과 거기에서 쌀이나 남새 등 다른 먹새를 씻은 허드렛물이 흘러내려 수레 길 밑으로 난 수로로 해서, 또한 큰길 밑으로 묻은 콘크리트 토관으로 흘러 개천으로 빠지고 있었다.

그 샘에서 길 아래쪽으로 조금 내려가면 언덕에 비스듬하게 도로 올라가는 경사진 좁은 길이 나 있다. 그 길로 올라가면 그곳으로는 귀한 돌로 쌓은 축대가 있다. 그 축대 위에 안쪽으로 5미터 들어가서 아담한 3간 초가집이 있다. 방문 앞에는 두어 자 폭의 좁은 툇마루가 놓인 방 두 칸이 서로 나란히 있고, 그 왼편 한 칸은 부엌이다. 그 부엌은 두 방 중에서 왼편 방에 군불을 때는 역할만 하는 것 같다. 오른편 방은 그 오른편 뒤안에 아궁이가 있다. 바로 이 오른편 방이 내가 거처할 방이었다. 나는 끼니는 옥산 어른의 집에서 하고, 거처는 이곳 초가집의 오른편 방, 바로 작은방이라고 불리는 방에서 잤다.

옥산 어른은 이 동네 상도곡리 마을과, 거기에서 아래쪽으로 1킬로미터 좀 못 되는 거리에 있는 하도곡리 마을을 합쳐 도곡리 전체의 마을 구장을 맡고 있었다. 이 도곡리는 김씨 일족의 마을이어서(관향 이름은 기억나지 않는다) 나처럼 타성 사람들은 '옥산 어른'이라고 부르고, 동네 사람들은 '옥산 아재'라고 불렀다.

나는 이 마을에서는 옥산 어른 집의 머슴으로 살고 있는 것이다. 머슴이라지만 그냥 일하는 흉내만 내고 실제는 다원에서 노출을 피해 이곳 '트'로 피신 온 것이다. 때때로 나무지게를 지고 나무꾼으로 행세하며 군당 연락부의 지도원 동지인 '청도 샌님'과 엄광에서 또는 안당골에서 접선하고 상황을 분석 토론하고는 했다.

5·10 선거 이후 남조선의 정세는 미제의 신식민지 예속정권을 창출해 나가는 과정에서 폭력적 탄압 기관의 체제를 정비해 나가는 중이었다. 특히 대동청년단과 서북청년단 등을 비롯해서 김두한, 시라소니 이성순, '양호단' 등이 살인적인 폭력을 휘둘러댔고 온 남조선 사회를 공포의 도가니로 만들고 있었다. 이 폭력단에게 걸리는 날에는 인사불성이 되도록 두들겨 맞았다. 불구가 되는 것은 그나마 다행한 경우이고, 타살, 익살, 교살, 압살, 생매장도 했다. 특히 대동청년단과 서북청년단의 테러는 1948년 하반기에 이르자 그 폭력성이 날이 갈수록 더해 갔다. 그중 정치깡패 김두한은 이승만의 양아들이라면서 무소불위의 폭력으로 수많은 애국자와 민주 인사들을 죽였다.

이 시기에 밀양에서도 극우폭력은 다른 지방에 질세라 그 격렬함이 극에 이르렀다. 이들 중 안영이라는 자는 술자리에서 술이 얼큰하게 오르자 그 당시 단장면에서 부린 자신의 폭력 행각을 무슨 무용담처럼 추억하면서, 그의 특기인 사람을 생매장하는 광경을 실감 있게 내게 토로한 바가 있다. 그의 입을 통해 여러 폭력배들의 살인 행각의 무용담도 들었다.

이러한 살인적 폭력 테러에 의해 민족분단을 반대하고 자주독립을 위해 투쟁하는 민족해방운동 세력은 날이 갈수록 허물어지고 조직이 와해되고 붙잡혀 맞아 죽어갔다.

경주 내남면에서는 대동청년단의 이협우(李協雨)라는 자가 좌익운동을 했던 농민들에게 다가가 잘 봐준다면서 토지 문서를 잡은 다음, 이들을 산골짝에 끌어가서 학살하고 그 토지 문서로 그 땅을 자기 소유로 등기해 엄청난 부를 챙겼다. 그 돈으로 국회의원을 세 번이나 해먹었다. 4·19 이후 재판을 받아 사형이 확정되었으나 박정희의 군사쿠데타로 군사정권이 들어서자 석방돼 더러운 잔명을 유지했다.

　날이 갈수록 탄압은 혹독했고 테러는 살인적이었다. 따라서 운동조직
은 와해되고 있었다. 그러면서 투쟁은 더욱 격렬해졌다.●

열둘 ─ 파국과 이탈

66

박헌영이 이북에 가서 50만 당원을 자랑했다는데 그 50만 당원은
바로 당원 배가, 5배가, 10배가라면서 뻥튀기한 것인가.
당원 명부에 실재(實在)로 있어서 그들로 하여금 1948년 12월 1일
발포한 '국가보안법'으로 몰려 국방경비대로 들어가거나,
도망 다니다 끝내 자수하고 도리어 동지를 밀고하도록 만들고 말았으니,
그런 50만 당원을 만들기 위해 뻥튀기한 것인가.

99

사상전향서와
탈당성명서

'5·10 단독선거'를 끝낸 뒤 남조선에서는 국회를 구성하고 헌법을 제정하더니 '대한민국'이라고 국호를 가지고 남조선 단독정권이 성립되었다. 그 수장인 대통령으로 이승만을 내세워 미 군정청으로부터 정권을 인수받았다. 경찰과 사법권을 미 군정으로부터 인수받음으로써 단선·단정을 반대하는 민중을 탄압하는 수단을 확보했다.

이때까지 남조선에 주둔하는 미군의 주둔군 사령관이 쥐고 있는 남조선 국방경비대의 통수권을 인수받아 이를 '대한민국 국군'으로 호칭했다. 이로써 이승만은 미제가 쥐어준 남조선의 통치권과 국군이라는 이름을 가진 '국방경비대'의 통수권을 쥐게 된 것이다.

이때까지 단선·단정을 반대해 투쟁해 온 절대다수의 민중들을 '치안'이라는 명목으로 눌러버리고, 조국의 분단을 반대해 궐기한 제주도 민중의 인민유격대와 이 토벌을 반대해 궐기한 '여수·순천 반란군'을 정벌하는 일이 이승만 정권의 목전에 놓인 과제로 되었다. 따라서 정세는 바로 단선·단정 반대 세력에 대한 대대적인 탄압 국면으로 이어지게 되었다.

이러한 정세를 맞아 당과 전선은 단선·단정 반대운동과 연판장 투쟁에서 고양된 인민대중의 역량을 계량해 이를 조직적으로 묶어세워야 했다.

하지만 제주도의 인민항쟁과 이에 따라 발생하고 있는 남조선 국방군의 반란투쟁이라는 외형적인 국면에만 매몰돼 투쟁의 기초라 할 인민대중의 역량을 묶어세우는 일에는 소홀했다.

이렇게 된 데는 투쟁의 지휘부가 남조선 현장에 있지 않고 북조선의 책상 위에 있었기 때문이다. 이들은 두드러진 무장투쟁 부분에만 관심을 가지고 지도했다. 그것도 연락선으로만 지도하고 있었다. 당연히 그 투쟁을 뒷받침하는 대중적 역량의 조직에는 관심도 역할도 하지 못했다. 오히려 무장투쟁이라는 두드러짐 때문에 조직역량은 적의 집중 표적이 되고 있었다. 결국 투쟁이 자리 잡히기도 전에 집중 공격을 받아 조직은 점차 무너지고 말았다.

그 예로서 대구의 '6연대 반란투쟁'을 들 수 있다. 만일 6연대의 반란투쟁이 그 토대로서 인민대중의 투쟁과 어우러졌다면 가야산, 팔공산, 금오산, 황악산 일대를 하나의 커다란 전구로 구축할 수 있었을 것이다. 하지만 연판장 투쟁에서 고양되었던 대중적 역량이 아무 실효성도 없는 '공화국기 게양 투쟁'으로 감추고 있어야 할 역량이 드러나면서 가혹한 탄압을 불러들이는 바람에 6연대 반란투쟁도 단발적으로 끝날 수밖에 없었다.

그리고 제 정당·사회단체 연석회의와 남조선 대의원 선거를 위한 '남조선대표자대회'에 참석하기 위해 많은 남조선 역량이 이북으로 갔는데, 대부분 이북에 주저앉아 이남으로 오지 않았다. 이들은 남조선에서 당면하세 일해야 할 성원이자 빨리 귀환해야 할 일꾼들이기도 했다. 이들의 공백으로 생긴 역량의 부족을 메우는 방도를 세우지 못하는 바람에 조직역량은 현저히 줄어들었다. 물론 귀환하지 못한 일꾼들이 대부분 강동정치학원에서 학습하고 있었고 그 후에 돌아오게 되었지만, 남로당 종파분자들의 음모로 대부분 귀환 중에 희생되고 말았다. 이로써 남조선 운동은 회복 불가능한 피해를 입게 되었다. 그 결과 대중적 역량의 발전에서 그대로 장애를 받게 되면서 역량을 회복하지 못했고, 마침내 대중으로부터 조직이 증발되고 마는 결과를 낳게 된 것이다.

밀양군당에서도 1948년 10월에 들자 대중조직 역량의 양적 부족현상이 나타나기 시작했다. 여기에다 '공화국기 게양 투쟁'에 따른 체포, 피신으로 더욱 양적으로 피해를 입었다. 게다가 이러한 탄압 속에 대중의 신임마저 줄어들면서 역량은 질적으로도 축소됐다. 즉, 대중의 지지와 신망도가 줄어들어 조직이 대중으로부터 뜨기 시작한 것이다. 이 틈을 비집고 적의 공세는 더욱 세차게 몰아쳐 왔다.

탄압은 경찰의 구금보다 극우 폭력조직의 테러가 더욱 극심했다. 극우폭력조직은 사람을 죽이는 폭력을 예사로 휘둘렀고, 고문으로 육체적 · 정신적으로 회복할 수 없는 피해를 주었다. 그들은 대창으로 산 사람의 팔다리를 찌르고 거꾸로 매달아 닥치는 대로 몽둥이로 쳤다. 이는 죽고 사는 것을 생각하지 않는 폭력이었다. 특히 여성에게는 성폭력이 으레 따르는 것이고, 그래서 정신적으로 불구가 되는 경우가 허다했다.

단장면 안법리에서는 남편을 잡으러 온 극우 폭력단이 남편을 잡지 못하자 그 아내를 대신 잡아가서 남편이 있는 곳을 대라면서 말로는 도저히 표현할 수 없는 성고문을 가했다. 이 때문에 아내는 평생을 정신적으로 치욕을 안고 살아야 했다. 이는 그 여성으로부터 간접적으로 들은 일이다. 어찌 인간으로서 그럴 수 있는지······. 조직의 말단 성원을 잡으면 그 상부를 대라고 고문을 하는데 그 생사를 묻지 않는다고 했다. 조직의 간부를 잡으면 또 그 상부와 하부 조직 성원을 대라며 신체적 수치심을 일으키도록 고문을 가했다. 고문에 못 이겨 동지를 불고 나면, 이번에는 양심을 팔아야 하는 '사상전향서'라는 것을 써야 했다.

1948년 12월 1일, 이른바 '국가보안법'이 공포되고부터는 '사상전향서'라는 것을 필수적으로 받았다. 거기에는 또한 '탈당성명서'라는 것을 필수적으로 붙여야 했다. 그 '탈당성명서'는 신문에 광고를 내고, 그것을 오려내 '사상전향서'에 붙여서 내도록 했다. 문구는 모두 똑같은 것인데 내용은 이렇다.

탈당 성명서

이름 ○○○　　단기 420○년 ○○월 ○○일생
주소 ○○○ 도 ○○○군 ○○ 면 ○○번지

소인은 무식한 소치로 단기 420○년 ○○월 ○○일에 남조선노동당에 가입한 과오를 반성하고 동당을 탈당하였기에 성명서를 냅니다.

단기 420○년 ○○월 ○○일
본인 ○○○　 인

　　그 당시 신문 광고란에는 이런 작은 광고로 가득 채워져 있었다. 특히 1949년 6월에 '보도연맹'이 만들어지고 나서부터는 도하 신문 광고란이 '탈낭성녕서'로 도배질을 했던 시대가 있었다. '탈당성명서'가 신문의 광고란에 가득하고 '사상전향서'를 내고 경찰서에서 풀려 나오는 시대에도, 사상전향을 반대하고 맞아 죽거나, 극우 폭력단에 의해 생매장을 당해 죽은, 지조를 지키고 생을 끝냈던 혁명가도 수없이 있었다.
　　이런 스산한 시대에 내가 존경하던 선배 조우재 동지가 붙잡혔다는 소식을 들었다. 그날 나는 안당골에서 연락부 지도원 동지를 만나 이 소식을 들었다. 조우재 동지에 대해서는 자료가 없어서 그의 출생과 성장은 잘 알지 못한다. 밀양의 한 철공소 집에서 태어나 밀양농잠학교를 졸업하고 일본으로 건너가 대학을 다녔다고 한다. 일제 말기에 일본군의 대포 밥으로 쓰기 위해 학병이라면서 조선의 청년학생들을 군대에 끌고 가려 할 때, 학병을 피해 밀양의 북부에 있는 화악산으로 도망해 들어갔다. 당시 화악산에는 징병·학병·징용·보국대를 피해서, 또는 못된 왜놈들에게 몽둥이 찜질을 하고 도망쳐서 숨어 살고 있는 조선 청년들이 많았다고 한다.

나의 할아버지는 이런 사실을 알고 일제가 망하기 직전인 1945년 4월에 이들 청년들을 찾아 화악산으로 들어가셨다. 이들에게 무장훈련을 시켜 앞으로 있을 연합군의 조선반도 상륙 때 이들 청년들로 무장유격대를 만들어 밀양 고을을 우리 조선 사람의 손으로 해방하려 했던 것이다.

8월 15일 일본이 망하고 해방이 되자 할아버지는 이들 청년들을 데리고 하산해 경찰서와 일제 행정기관을 접수하고 건국준비위원회를 조직하셨다. 그때 조우재 선배는 청년부장을 맡았다. 그 후 1946년 4월에 조선민주청년동맹(약칭 민청)이 결성되자 조 선배는 밀양지부의 위원장을 맡았다. 또 미 군정청에 의해 1947년 5월 민청이 해산되면서 6월에 조선민주애국청년동맹(약칭 민애청)으로 개편했을 때, 또한 밀양지부의 위원장을 맡았다.

조우재 선배가 체포돼 밀양경찰서에 구금되었을 때, 김종원이 지휘하는 '백골부대' 라고 하는 마산에 있는 5연대 제1대대의 정보대가 마침 밀양에 있어서 이들에게 고문을 엄청 당했다고 한다. 발목부터 인피를 위로 벗기는 고문을 당했는데 끝까지 항복을 하지 않았다고 한다. 고문을 하고 신문을 하는 자에게 조 선배는 다음과 같이 항변하면서 생명이 끊어졌다는 말이 전해 오고 있다.

"나는 유물론자이기에 귀신이 있다고 믿지는 않지만, 만일 내가 죽어 귀신이 된다면 까마귀가 되어 이 밀양경찰서의 지붕 꼭대기에 앉아서 밤마다 울어 친일역적 경찰을 저주를 할 것이다."[17]

조우재 선배가 체포당할 당시에 무슨 임무를 맡고 있었는지는 모르지만 군당의 중요한 부분을 맡고 있는 간부였을 것이다. 당 조직의 어딘가 문제가 크게 있었던 것 같았다.

그런데 12월의 어느 날 군당의 조직책을 맡고 있는 간부가 체포되었는데, 그 간부가 곧 변절해서 조직체계와 당원 명부를 내주었다는, 입이 딱 벌어지는 소식이 전해졌다. 이 소식과 동시에 군당 연락부의 지도원 동지가 나에게 군당 연락부로 오라는 소환이 왔다. 나는 도곡리의 옥산 어른에게 가서 인사를 하고 그날 밤으로 도곡리에서 다원으로 갔다. 다원의 나의 '트'로 도착하고 도착 신호로 약속된 석유남포 등을 켜서 방문 위에 매달려 있는 고리에 걸었다. 10분 좀 넘어 방문 앞에서 지도원 동지인 '청도 샌님'이 기척 소리를 냈다. 나는 문을 열고 지도원 동지를 맞았다.

나중에 가서야 알았지만 그 군당의 조직책은 이름이 최달현이었다. 그는 나의 연계소 고향집에서 가까운 터실이라는 논과 밭이 있는 들로 나가는 길목의 제법 큰 기와집에 살았다. 그 집의 큰아들이었다. 일제 때 일본에서 전문학교를 다녔다. 8·15 해방 이후 민청에서 청년운동을 하다가 남로당 군당의 간부로 되었고, 1948년부터 군당의 조직책을 맡았는데 체포되사 곧 선향했다. 경찰에 협력해서 많은 동지를 잡아주었고, 이 공으로 경찰에 특채돼 밀양경찰서의 사찰계 형사가 되어 팔자를 고쳤다는 것이다. 최달현의 변절로 밀양의 남로당은 회복할 수 없을 만큼 타격을 받았다. 이어

---

17) 고문은 김종원이 직접 했다는 말이 전해지고 있다. 김종원은 여러 가지 악명으로 유명한 자인데, 일본군의 헌병 오장 (伍長, 하사) 출신이다. 이승만 자유당 정권 말기에 내무부 치안국장을 했다.

모든 조직이 파탄나고 말았다.

내가 군당 연락부로 다시 소환된 것은 군당의 조직선을 검증해서 사고선을 정리하고 새로운 조직선을 회복할 방도를 찾기 위해서였다. 일단 부북면당의 '트'와 하남면당의 '트'를 통해 그 산하의 면당과 읍당의 활성을 검증할 문제가 제기되었던 것이다.

그런 중에 천만다행으로 군당 연락부의 조직선은 조직부와는 별도로 구성되어 있었다. 그 선은 군사부에서 관장하고 있었기 때문에 최달현의 변절에도 노출되지 않았다. 하지만 조직부의 직할로 되고 있는 산하 대중조직과의 연락선은 완전히 파탄났다고 보고 새로이 구축해야 하는 과제가 제기된 것이다. 결과적으로 지금 밀양군당은 알몸만 있고 알몸을 둘러싸고 있는 손발은 완전히 마비, 또는 잘려나간 형국인 것이다.

그래서 앞으로 제기되는 과제는 각 면당에서 농민·청년·문화·여성 등 각 방면의 조직을 전혀 새로 내와야 하고, 그들 대중조직을 군 지부 조직으로 묶어주어야 하는 것이다. 실로 난감하고 아득한 상황에 당면한 것이다. 더구나 정세는 시시각각으로 엄중해 가기만 하고 있는데.

당원 배가운동의
후유증

군당 연락부 지도원인 주승도 동지는 군당 '트'하고는 제2선을 통해 겨우 선을 회복하고 상부 조직과 조직선을 유지하고 있다고 말했다. 그러나 그 선은 당시 김종원의 백골대에 의해 단장면과 산내면의 면당과는 단절되고 있는데, 그 회복은 거의 불가능한 상태라고 했다.

일단 부북·무안·청도·밀양읍의 읍·면당을 장악하고 있는 부북면

면당과 하남·초동·상남·삼랑진읍의 읍·면당을 장악하고 있는 하남면 면당의 상황, 그리고 지도원 동지가 직접 장악하고 있는 산외면과 상동면의 면당을 파악하고 조직을 확보할 방도를 결정해 조직을 재정비해야 하는 문제가 제기됐다.

1947년 미·소 공위 재개 이후 당원 배가, 5배가, 10배가라고 하면서 막대한 무의식 대중을 끌어들여 비대해진 당을 이제는 그 대중을 내던지고 정예화해야 한다고 하니 이들 당원대중을 어찌해야 할지 막막했다. 당시 소년 연락원에 불과한 나로서는 당을 정예화·전투화해야 한다는 것은 이해할 수는 있지만 그 핵심을 꾸리는 문제에 대한 인식과 방도는 없었다. 다만 당이 어려운 문제를 안고 있을 뿐 아니라, 반드시 해결해야 할 과제라는 것만은 알고 있었다.

무의식 대중을 끌어안고 있는 당 조직이 살인적 탄압을 맞아 살아남을 수 있는 당 조직으로 정예화하려면 당내의 무의식 대중을 당의 지도 하에 있는 대중조직이 흡수해 강력한 당의 후방부대로 꾸려야 할 것이다. 하지만 이 대중조직을 담당하는 당의 조직책이 변절해 당 산하의 대중조직이 일시에 파괴되고 말았고, 이를 통해 당의 핵심에까지 탄압이 침투될 우려가 생기고 있었다. 그야말로 앞길이 캄캄한 지경이었다.

이에 대해 내게 제기되는 과업은 먼저 '현황을 파악하라'는 과제를 전달하는 일과, 파악해서 정리한 현황을 조속히 군당에 제출하는 것이었다. 다음으로는 군당과 그 상부조직에서 문제 해결의 방도를 결정한 조직 지도 방안을 산하 읍·면당 조직에 전달하는 일이었다. 이것이 연락부의 레포가 해야 할 일이었다. 그래서 내게는 세 차례의 레포 활동 일이 제기됐다. 그것도 잡히면 살인적인 고문을 당하다가 좋내는 생매장을 당해 세상에 살았던 흔적조차 없애는 위험을 안고서 말이다.

그런데 산외면의 면사무소와 경찰지서의 소재지 동네인 다원에 있는 군당 연락부의 '트'는 '등잔 밑이 어둡다'는 것인지 별다른 낌새가 없었다. 8·15 해방 이후 내내 우익조직이 발붙이지 못하고 있는 민주부락이었지만, 내 마음은 불안했다.

그해 1948년 연말의 초겨울은 일찍부터 추위가 몰아쳤다. 그해 1월 말에 밀양에 올 때 이모가 형의 교복과 내복, 외투에다 방한용 장갑과 양말 일체까지 장만해 주신 덕으로 겨울을 지내기는 어렵지 않았으나, 숨어 사는 신분이 동네 집의 작은머슴이라 함부로 학생복을 입고 다닐 수도 없고, 내복도 시골 농민은 쉬이 사 입을 시대가 아닌지라 밖에 드러나지 않도록 조심해야 할 처지였다.

그러나 지도원 동지의 알뜰한 보살핌으로 마련해 준 솜을 두텁게 놓은 바지저고리에 안에다 토끼털을 댄 조끼는 정말 따뜻했다. 도곡에서 다원으로 오고부터는 한쪽 어깨에 메고 다니던 망태가 아닌, 장날 등짐장수가 메고 다니는 멜빵을 단 등짐자루에다 두터운 털실 목도리까지 갖췄다. 얼음 구덩이에서도, 맞바람 속에서도 얼어 죽지 않을 만큼 차비를 차렸다. 이러고도 지도원 동지가 늘 나를 바라보면서 하는 말씀은, 60년이나 먼 세월의 그늘 속에서도 생생히 귀에 들리는 듯하다.

"덕출이 동무. 동무를 보고 있으면, 한창 공부하고 집안 어른들에게 고임받을 나이 어린 소년이 이런 고생을 하고 있는 걸 보면, 지금이라도 당장 집에 가도록 하고 싶지만…… 일을 내 맘대로 할 수도 없거니와 동무가 받아들이지도 않을 테니…… 정말 가슴이 답답하구만."

이런 말씀을 한두 번도 아니게 들었다. '이 고생 그만하고 집으로 가라'는 듯이. 그래서 어느 날 나는 대답했다.

"지도원 동지, 지난 봄 2·7 투쟁 때 함께 투쟁했던 동무들이 모두 투쟁대열에서 일하고 있습니다. 그들과 함께 맹세한 일도 있고, 비록 따로따로 떨어져 있기는 하지만 조직적으로는 일심동체입니다. 목숨이 붙어 있으면 바로 한 몸으로 되고 있습니다. 하나의 몸으로 된 제가 이탈하면 몸이 찢어지는 것인데 맹세한 그 동무는 어쩌라고 나만 투쟁의 대열을 떠나겠습니까! 지도원 동지, 그런 말씀 하지 마십시오."

그러자 지도원 동지는 내 손을 힘껏 잡으면서 말했다.

"덕출이 동무, 동무 같은 동지가 있어 우리는 희망을 가지고 싸울 수 있습니다. 우리 힘냅시다."

12월 초순쯤 되어 나는 첫 번째 과업으로 삼개에 있는 부북면당의 연락 '트'와 하남면당의 파서막 정미소의 연락 '트'를 찾아가기로 했다. 미농지에 쓴 문건 2장을 미농지 봉투에 넣어서 조끼 안의 토끼털 안쪽에 붙여서 바늘로 꿰맸다.

이번 행정은 갈 때는 몸에 문건을 지녔기에 걸어서 가기로 하고 올 때는 버스를 타기로 했다. 버스는 파서막에서 8시쯤에 타고 밀양읍에서 내리는데, 장날을 택하는 것이 좋을 듯했다. 그러고 보니 간 날이 12월 6일인 것 같다. 밀양 장날은 2일·7일 장이다. 그래서 돌아오는 날이 7일이었다.

긴늪다리를 건네줄 덕실 아재와 함께 날이 어둡기를 기다려 밤 8시쯤 출발했다. 이미 이때쯤에는 긴늪 철교에는 '민보단'[18]이 죽창을 가지고 지키고 있고 또 감내 콘크리트 다리에도 '민보단'이 서 있었다. 마침 날씨가

---

18) 5·10 단선을 앞두고 인민들을 투표장으로 몰고 가기 위해 경찰의 협조기관 성격을 띠고 조직되었던 향보단은 우익 테러의 하수인으로 활동하고 이를 경찰이 지원하고 있었다. 그런데 민간 유지들에게 기부금을 배당해 강요하는 등 행패가 사회적 물의를 일으키고 있었다. 이 때문에 선거 직후 5월 25일에 해산되었지만, 바로 그 다음 달에 규모를 더 크게 해서 이름을 '민보단'(民保團)으로 바꾸고는 다시 등장했다. 경찰은 이를 자신들의 보조 단체로 삼았다. 경찰이 직접으로 민폐를 끼치지 않고 민보단을 통해 경찰 후생비 등 기부금을 강요했다. 심지어 협조하지 않는다면서 테러를 하고, 이러한 불법을 취재하는 기자를 폭행하는 일이 잦았다. 게다가 이번에는 저들이 한 테러를 방지한다는 명목으로 자위와 테러 방지를 내걸고, 불순분자 침입 방지 등을 명목으로 그 경비를 인민들에게 할당하는 고지서까지 발부했다.

추웠다. 민보단원들은 추위를 피해 다리 곁에 있는, 서까래 나무 너덧 개를 얽어 짚 이엉을 둘러친 움막 안에 들어가 있었다. 그래서 경비가 그리 엄하지는 않았다. 긴늪다리는 덕실 아재가 데리고 가서 그냥 무사히 건넜다. 감내다리는 그냥 건널 만하기는 해도 만약을 위해서 다리 못 미쳐 다리에서 보이지 않는 곳을 택해 발을 벗고 건넜다. 강물은 생각보단 덜 찼다. 그냥 제방 밑까지 맨발에 타이어신만 신고 가서 거기에서 양말을 신고 신을 신었다.

제방을 넘어 좀 넓은 논두렁길로 해서 무안으로 가는 자동차 도로를 건넜다. 도로 밑에 나 있는 농로를 따라 제대리(堤大里) 못 아래쪽으로 해서 삽개로 가는 길을 잡았다. 삽개 '트' 사립문 앞에 도착해 문에 걸린 요롱을 보고 안심했다. 요롱을 흔들어 소리를 냈다. 안에서 '트' 지기 월산 어른이 나오셨다. 나는 마음이 놓였다. 삽개 '트'는 읍당 연락선이 연계되어 있어서 걱정이었는데 이로써 부북면, 밀양읍의 당 핵심이 건재하고 있다는 사실을 파악했다.

나는 사랑방으로 들어가서 월산 어른께 정중하게 인사를 했다. 그리고 조끼를 벗어 토끼털 한쪽을 떼고 미농지 봉투를 꺼내 드렸다.

"문건을 자세히 보시면 아시겠지만, 이번 '조직책 변절사건'으로 파괴 또는 건재 여부를 조속히 알고 싶다는 것입니다. 제가 우선 알고 가야 할 것은 당 조직의 건재 여부입니다. 문건을 보시고 보고하실 것과 제기하실 문제들은 며칠 후 제가 다시 올 때 서면으로 해주십시오. 그 보고를 보고 사태를 정확히 인식한 토대 위에서 조직 재건의 구체적 · 일반적 방도를 제기할 작정이라고 합니다."

"알았습니다. 당의 핵심조직에는 아직 탈이 없습니다. 그러나 산하 대중운동 조직에서는 이탈자가 많이 나타나고 있습니다. 문제는 이탈분자들이 대개가 당원 배가운동 때 들어왔기 때문에 사상적으로 확고한 자들이 아닙니다. 따라서 이탈은 어쩔 수가 없지만, 그 후과로 대중조직의 조직선이기는 하지만 조직선이 노출될 가능성이 큽니다. 이 문제에 대한 방도를 지시해 주시기 바랍니다."

"그 밖에는 없습니까?"

"이번 일을 당해서 알게 되었지만 앞으로는 정예를 내세워 당을 새롭게 정리해야 할 것으로 보입니다."

"예, 알았습니다. 각 면당의 현황과 제기하실 문제들을 반영해 주시기 바랍니다. 그러면 다음 밀양 장날인 12일 저녁에 다시 오겠습니다. 준비는 12일 오후 8시 전에 마치시고 기다려주시기 바랍니다."

월산 어른과 함께 업무를 토론하고 있는 사이 밤참이 나왔다. 저녁을 먹고 2시간 넘게 걸어왔고, 또 앞으로 산길을 2시간 반 넘어 걸어야 했기에 열심히 먹었다. 월산 어른은 잘 먹는 나를 보고서 한 말씀 했다.

"참, 맛있게 먹네. 보는 사람이 즐겁도록 말일세."

"예, 저의 할배가 음식을 앞에 놓고 맛을 가리거나, 먹는 데 열중하지 않으면 복이 달아난다고 하셨지요. 그리고 저는 음식을 먹을 때 맛을 생각하지 않습니다. 음식은 먹어야 힘이 난다고 보고 먹습니다. 그러니 모든 음식이 다 맛이 있습니다."

"허허, 먹는 데도 철학이 있네."

10시 좀 지나 삽개를 출발했다. 반달보다 좀 덜 찬 달이 중천에 떠 있었다. 밤길에다 산길인데 길을 환하지는 못해도 바로 앞은 잘 비춰주었다. 남산리로 가는 능선 길을 밤길에 찾기 어려울까 걱정했는데 생각보단 쉽게 찾았다. 파서막은 밤 12시 반쯤에 도착했다. 2시간 반 넘어 오는 동안 사람도 짐승도 하나 못 보았다. 동네를 지날 때도 개 소리, 닭 소리도 나지 않는 정말 고요한 밤길을 걸었다. 그것도 혼자서 말이다. 그날 밤은 정미소 옆에 딸린 방에서 잤다. 방이 뜨거워 엉덩이가 그 뜨거움에 델까 걱정이 되어 이부자락을 요 위에다 더 깔고 잤다. 그래도 땀이 났다.

아침 5시 반쯤 일어나 밖으로 나와 소여물통 같은 나무구덕에 오줌을 한 줄기 갈기고 돌아서니 동산 어른이 계셨다. 아직 밖은 어두웠다. 나는 부끄러운 모습을 하고 인사를 했다.

"벌써 일어났는가?"

인사를 받은 동산 어른과 함께 내가 잤던 방으로 들어갔다. 내가 부랴부랴 이불을 걷어 개고 요를 걷으려고 하자, 동산 어른은 말했다.

"아직 좀 더 자지."

"아닙니다. 많이 잤습니다."

"그리 자고 되겠는가? 어젯밤에 1시 넘어서 잤는데."

"괜찮습니다."

동산 어른은 '조직책 변절사건' 후 다른 데는 별일이 없지만 수산에는 하남면 민청책이 검거됐고, 그로 해서 민청원 두세 사람이 더 잡혀갔는데, 민청책 한 사람만 아직 잡혀 있고 다른 사람은 모두 나왔다고 하셨다.

동산 어른과는 어젯밤에 도착하자 바로 하남면당의 문건은 전달했고, 토론은 날이 새면 하기로 했던 것이다. 여기서도 토론 결과, 제기되는 것이 같았다. 문제는 당원 배가, 5배가, 10배가 운동으로 당원이 된 무의식 대중들 중 일부가 공포를 느끼고 분위기가 매우 안 좋다는 것이다.

"이참에 그 당시 당원 배가운동으로 가입한 당원을 아예 모두 가입 무효로 해버리는 게 좋겠는데……."

동산 어른은 이렇게 생각의 꼬리를 달고 의견을 말했다.

아무튼 이 문제가 시급히 정리되어야 한다는 데는 이의가 없었다. 그 밖에는 부북면당의 월산 어른의 입장과 같은 내용이었다. 아무튼 12일 9시 쯤 다시 와서 제기되는 문제를 서면으로 받기로 했다.

8시 반에 파서막 정미소 앞 도로가에서 수산에서 출발하는 밀양행 버스를 기다렸다. 버스가 오자 나는 동산 어른께 인사를 하고 버스에 올랐다. 버스는 9시 좀 넘어 읍내의 버스정류소에 도착했다. 장은 아직 완전히 서지 않았다. 장꾼 속에 묻혀서 산외면 다원으로 들어갈 작정을 했는데, 그러려면 더 기다려야 했다. 그래서 나는 슬금슬금 밀양성의 동문 터 밖으로 나가 봤다. 거기에는 민보단이나 다른 무엇도 없었다. 그래서 초장이지만 장을 일찌감치 다 보고 가는 사람인 양하고 선불로 해서 돌다리를 건너 살내 앞으로 나가 다원 앞 띠다리를 건너 나의 '트'로 무사히 도착했다.

50만 당원은 뻥튀기인가, 실재인가

12월 12일 밀양 읍내 장날, 나는 아침을 일찍 먹고 행장을 갖춰 산외면 경찰지서 앞에서 첫 버스를 기다렸다. 7시가 좀 지나서 버스가 지서 앞에 도착했다. 지서 정문 입초가 버스를 세우자 차장 소녀가 내리고 이내 승객이 두어 사람 내렸다. 순경은 그들을 얼른 밑에서 위로 치켜 보고 고개만 끄덕하자 승객은 그냥 지나갔다. 순경은 버스에 올라서서 앞뒤로 시선을 주고 놀아보고선 내렸다. 차문 밖에서 기다리던 두어 사람과 함께 나는 버스에 올라탔다.

좌석은 모두 찼고 통로에는 두어 사람이 서 있었다. 그동안 차장은 차부에 갔다가 오면서 서류 한 장을 앞에 찬 조그마한 가죽 가방에 집어넣었다. 차문 벽을 두드리면서 '오라잇' 소리를 내자 버스는 움직이기 시작했다. 차장이 익숙한 동작으로 버스에 올라타자 버스는 '부르릉' 하는 모질음 소리를 한 번 내고 가기 시작했다. 이윽고 속력을 내면서 달렸다. 자갈 포장을 한 도로의 먼지를 뒤에 달고서 전후좌우로 흔들면서 나갔다.

이내 긴늪 철교 앞 검문소 앞에 버스가 섰다. 거기에서 버스를 기다리던 승객 두어 사람이 버스의 출입구로 오는데, 앞서 핫바지저고리 차림에다 봉두난발을 한 청년이 기다란 대창을 끌고 차 안으로 들어왔다. 그는 앞뒤로 한 바퀴 둘러보다가 나와 얼굴이 마주치자 씨익 웃었다.

"덕출이, 너 아침 일찍부터 어디 가노?"

다원 동네의 청년인데 나와는 내 '트' 의 앞방인 초당 방에서 안면을 트고 있는 사이다.

"응, 형아는 어제 당번인갑제. 나는 읍내 장에 심부름 간다."

"그래, 좋겠다. 이것도 한잔하겠고?"

그 청년은 한잔 마시는 시늉을 했다.

"어디, 내가 그것 할 줄 모르잖아!"

"에이고, 그럼 잘 갔다 온나."

내가 못하는 술을 제가 아쉬운 양하면서 차에서 내렸다. 곧이어 차장이 울리는 '탕탕' 소리와 '오라잇' 소리에 차는 콘크리트 다리를 건너기 시작했다. 차는 다리를 건너자 먼지 꼬리를 달고 '덜컹 투당탕' 거리면서 달렸다. 차를 타고 가는 중에, '송징이' 다리에는 부랑당 같은 우익깡패들이 검문하고 있을 것 같아 교동에서 내려 '송징이' 다리 왼편 뒷동산 산길로 해서 신당 마을 위로 올라가 읍내 장으로 가는 길로 가야겠다는 생각이 들었다. 그래서 차장에게 교동에서 내리겠다고 했더니 차장이 물었다.

"교동, 어디서예?"

"향교 가는 길목이요."

"예, 알았어예."

잠시 뒤 차가 향교 입구에 섰다. 나는 버스에서 내렸다. 도로를 건너 둑 밑으로 내려갔다. 논둑길로 좀 내려가면 추화산과 공동묘지 산 사이에 난 시내의 물을 모은 작은 댐이 있다. 그 수문으로 흘러나오는 물길인 도랑 바닥으로 해서 '송징이' 도랑의 제방 길에 이른다. 이 도랑 바닥은 겨울에는 물이 없어서 맨바닥이 모래자갈 바닥이다. 이 바닥으로 해서 나가면 도랑 바깥에서는 그 안을 보지 못해 사람이 있는 줄 모른다.

이 바닥으로 해서 나가면 이번에는 추화산과 뒷동산 사이에 그와 같은 도랑이 있어서 그 도랑과 합쳐진다. 그곳이 바로 뒷동산 밑이다. 그쪽으로 난 도랑 둑은 바로 산길로 되어 있고, 내리뻗은 나지막한 능선을 두어 개 넘으면 신당 마을로 가는 길이 나온다. 이 길로 해서 가면 바로 읍사무소 옆길로 해서 장터에 들어갈 수 있다. 장터의 남쪽으로 난 도로로 가다가 밀양교로 가는 길에서 오른쪽으로 난 길로 굽으면 당시 밀양 사람들이 '자동차부'라고 불렀던 버스정류소에 이르게 된다.

나는 시장의 지물전에 가서 창호지 열 장을 사서 두루마리로 말아, 메고 가는 봇짐 위에 구겨지지 않도록 묶어 맸다. 버스정류소로 나가는 길의 장바닥에 떡함지를 놓고 파는 할머니 떡장수에게 강낭콩이 들어박힌 찰떡을 두 개 사서 넣었다. 비상식량이다.

시간은 오전 8시 반이 좀 넘었다. 아마 차 시간은 8시 반인 것 같다. 표를 사고 버스에 탔다. 겨우 한 자리를 찾아 앉았는데 어떤 할머니가 타기에 좌석을 양보하고 곁 통로에 섰다. 차는 곧 출발했다. 차는 삼문동을 지나 가곡동까지는 천천히 가다가 예림교를 건너자 속도를 내기 시작했다. 자갈 포장이지만 훤히 뻗은 찻길이라 차는 마구 달린다.

한참 들까불다가 평촌 고개 밑부터는 오르막길이라 엔진 소리가 높은 대신 차의 진동은 덜하다. 고개를 넘어 곧 파서막교가 나오자 나는 출구로 나갔다. 차장에게 차표를 건네면서 파서막에서 내린다고 하자 차장은 문을 '탕탕' 두드리면서 소리친다.

"파서막 하차!"

차는 파서막 수로 위에 놓인 공굴 다리 둑 아래에 섰다. 나는 내리면서 차장 아가씨에게 인사를 했다.

"고맙습니다."

'아차, 또 잘못!' 하고 깨달았지만, 과오 다음의 후회는 바로 '사후약방문' 격이다. 조직원은 남에게 인상을 남게 하는 행위, 행동은 절대 금물이다. 나는 뒤도 안 돌아보고 둑으로 올라갔다. 다리를 건너 정미소 뒤꼍의 방으로 갔다.

다가가는 발자국 소리로 내가 왔음을 아셨는지 동산 어른이 기척을 내셨다.

"거기 덕출인가?"

"예, 어르신, 좀 늦었습니다."

문이 열리고 동산 어른이 얼굴을 내밀었다.

"어서 들어오게."

방 안으로 들어가 반절로 인사를 드리고 마주 앉았다.

"아침 전이지?"

"예."

"그럼 아침 가져오도록 하지."

동산 어른은 정미소 쪽으로 난 문 위에 걸린 설렁줄을 흔들었다. 좀 있자 밖에서 어린 소년의 목소리가 울렸다.

"큰아버지, 저 왔습니다."

"오냐. 손님이 왔으니 아침상 차려서 가지고 오라 해라."

"예."

조금 지난 후 밖에서 기척 소리가 나자 동산 어른은 내게 문밖에 좀 나가라고 손신호를 보낸다. 나는 얼른 알아듣고 문을 열고 밖으로 나갔다. 밥상의 그릇 소리가 나고 좀 지나자, 들어오라는 말씀이 들렸다. 들어갔더니 어르신과 겸상이다.

"우리 먹는 대로 겸상을 했네. 별난 찬은 없더라고 많이 자시게."

"예, 잘 먹겠습니다. 어르신도 아직 식전이십니까? 이를 줄 알았더라면 좀 일찍 올 걸 그랬습니다."

"아니 괜찮네. 어서 밥이나 많이 들게."

우리는 식사를 하면서 그간의 상황에 대해서 이야기를 시작했다.

남로당의 조직변절이 생기자 경찰은 수첩에다 명부를 적어서 찾아다닌다는 것이다. 그래서 마을에는 20대 이상의 청년이나, 여성도 글이라도 좀 아는 이들은 모두 피해서 없다고 했다. 늙은이들도 학식깨나 있는 자들은 피해 도망가고, 남의 동네에서 피하려고 온 사람이 좀 있는데 이들도 두려워서 벌벌 떤다고 했다.

소문으로는 일단 잡혀가면 무조건 흠씬 패고 나서 묻는다는 것이다. 이를 피하려면 청년들은 우선은 이른바 '국방경비대'로 들어가야 한다는 것이다. 그래서 많은 청년들이 국방경비대로 지원입대했다고 했다. 그런데 군내도 못 가는 중년들은 자수를 하면 받아준다는 것이다. 그래서 자수하는 사람들이 많다고 했다. 동산 어른은 한숨을 쉬며 말했다.

"무슨 일을 이렇게 한 것인지! 감당도 못하면서 배가다, 5배가다, 10배가다 하면서 줄창 받아들이더니 결국 놈들이 만들어놓은 '국가보안법'에다 걸리도록 해놓고 말았으니……. 이래 놓고도 이들에게 폭동을 일으켜 무장투쟁을 하라고 하니, 모조리 다 죽일 작정인지. 국방경비대에 입대하는 청년들은 또 어떤가. 군대에 들어가면 또 토벌하러 제주도로 가고, 지리산으로 가야 안 하는가. 동포끼리 총질하러 말일세."

그러고는 또 길게 한숨을 내쉬셨다. 내 눈에는 물기가 나도 모르게 저절로 어린다. 정말 기가 찰 노릇이다.

지금에서야 생각하지만, 그토록 만들어놓고 남로당의 지도부는 모두 평양에 가서 다리 죽 펴고 있으니……. 모두 피가 터지도록 얻어맞고, 저놈들이 안겨다 주는 총으로 같은 당원이었던 동지를 토벌하고 있는데도. 사태가 이 지경으로 되자 이렇게는 못 한다고 한 일이 반란이었다.

제주도 4·3 인민항쟁을 토벌하라고 여수 항구에 몰아간 군대에서 '우리는 동포에게 총부리를 갖다 댈 수 없다'고 일으킨 병사들의 반란이 이른바 '여수·순천 반란'이었다. 이들이 지리산으로 들어가 인민유격대가 되어 항쟁하자, 이들의 토벌에 반대해 일어난 폭동이 '대구 6연대 반란'이다. 특히 '대구 6연대 반란'에서는 병사들이 일으킨 반란 소식을 듣고 달려온 같은 편의 장교들을 자기네를 진압하러 온 것으로 판단해 사살했는데, 나중에 알고 보니 같은 남로당 동지였다고 한다. 이처럼 남로당 동지들끼리 사살하는 일이 벌어지고 말았는데, 당의 상부조직은 뭘 했다는 말인가.

박헌영이 이북에 가서 50만 당원을 자랑했다는데 그 50만 당원은 바로 당원 배가, 5배가, 10배가라면서 뻥튀기한 것인가. 당원 명부에 실재(實在)로 있어서 그들로 하여금 1948년 12월 1일 발포한 '국가보안법'으로 몰려 국방경비대로 들어가거나, 도망 다니다 끝내 자수하고 도리어 동지를 밀고하도록 만들고 말았으니, 그런 50만 당원을 만들기 위해 뻥튀기한 것인가.

이런 상황은 글로써 시각적으로 알게 되는 것보다 감정을 담은 말로 들어서 알게 되니 당시 내 감정도 폭발의 임계점에 이를 지경이었다. 그것이 눈물로 나타나자 동산 어른도 종내 눈물을 보이셨다.

점심상을 내어갈 때 가는 실과 가는 바늘을 부탁했다. 가는 바느실을 가지고 오자 미농지에 작은 글자로 적은 보고서를 미농지 봉투에 넣어서 봇짐을 뒤집어 안쪽 아래쪽에 테두리를 한 양 만든 좁다란 주머니 안에 집어넣고 입구를 표가 안 나게 기웠다. 바늘에 꿴 실째로 바늘을 조끼 안섶에 꿰어 삽개 '트'에서 받을 문건 처리를 위한 준비로 했다.

미농지에 쓴 문건은 물을 잘 빨아들이고, 물에 젖으면 섬유가 풀려 종이는 분해된다. 바닥 테두리로 깁는 것은 비상시에는 바로 물에 적시려고 하는 것이다.

출발 준비를 마치고 동산 어른께 인사를 드리고 나왔다. 길은 익숙하지만 정세가 험한지라 도중에 검문에 걸릴까 염려됐다. 전방 100~200미터를 내다보고 북쪽으로 훤히 튄 갓골, 남산리 앞들을 경계하면서 남산리 뒤 능선까지 될수록 빨리 넘어야 했다. 그리고 하산하는 길도 조심해야 한다. 철이 겨울의 시작이라 나무꾼도 별로 안 보이는 시절이다. 산길을 봇짐만 메고 가면 보통 사람이야 먼 길 가나 보다 하겠지만 냄새 맡는 꾼들은 코를 킁킁거릴 게 당연하다. 그래서 나는 이상한 놈이 멀리서 보이면 일단 그놈의 시야를 가릴 곳을 찾아서, 거기에서 나무 그늘 틈으로 주시했다. 문제가 없다는 확실한 보장이 서기까지는 인내심 있게 기다려야 한다. 두어 번 주시할 일이 있기는 했지만 탈 없이 지나갔다.

그리고 남산리 안에, 아무도 안 보이는 곳에 있는 골짝에서 맑은 시내를 찾아 수통에 물을 담았다. 목도 좀 축이고 마지막 능선에 올랐다. 남산리 뒤 능선을 넘어 예림재 전경이 보이는 능선 위에서 그 일대와 저 멀리 보이는 모렴당의 솟을대문 일대를 둘러보았다. 그냥 겨울 한낮의 조용함이었다. 창날이 든 작대기를 짚으며 내려가다가 바람도 가리고 햇볕도 쪼이는 따뜻한 곳이 있어서 봇짐을 풀고 아침에 사서 넣었던 찰떡을 한 개 꺼냈다. 반으로 잘라서 한 입 베어 먹었다. 찰떡과는 입안 볼에서 닿는 느낌이 달랐다. 강낭콩이 팍신한 게 또 다른 고소한 맛을 낸다.

물통을 조끼 주머니에 불룩하게 넣고 다시 봇짐을 뗐다. 떡을 왼손에 쥐고, 오른손에는 작대기를 짚으면서 걷다가 또 한 입 베어 씹으면서 길을 내려갔다.

모렴당 대문 앞으로 해서 삽개 마을 앞 큰길 못 미치는 곳에 있는 부북면당 연락 '트'에 도착했다. 사립문에 요롱이 달려 있어서 안심하고 흔들었다. '지렁지렁' 하는 소리에 안채 뒤꼍에서 월산 어른이 나오셨다. 나는 열린 사립문 안으로 들어가면서 인사를 했다.

"월산 어르신, 그사이 별고 없으셨는지요."

"오시느라고 수고했소. 오늘은 산 너머부터 먼저 가셨는갑제."

"예, 오늘이 읍내 장날이라서요. 그 덕으로 버스를 타고 바로 너머까지 가서 그쪽 일 마치고 곧바로 왔습니다."

"그러면 아직 점심 전이겠네."

"점심은 괜않습니다. 읍에서 요깃거리로 찰떡을 사서 오다가 남산리 산마루 너머 볕 잘 드는 곳에서 요기를 했습니다."

"아무튼 방 안으로 들어갑시다."

"예."

우리는 사랑방으로 들어갔다. 방에 걸려 있는 기둥시계는 오후 1시 반이었다. 월산 어른이 말씀하시는 상황은 마찬가지였다. 다만 읍내는 사람을 잡으러 다니는 것과 가족에게 치는 공갈이 좀 덜하지만 그 내용은 하남의 동산 어른 말씀과 마찬가지였다.

월산 어른은 당원 배가운동 때 열심히 해서 그중에서 몇 사람이 자기를 원망하는 것 같아 얼굴을 들 수 없다고 했다. 역시 이곳도 청년은 국방경비대 지원으로, 장년은 자수하는 일로 해서 여간 문제가 아니라고 했다. 그래서 나는 월산 어른의 신상이 걱정이 되어서 물었다.

"월산 어른으로 해서 입당한 분이 자수해서 월산 어른을 신고하는 일은 없겠습니까?"

"그건 염려 없네. 그럴 정도의 무의식은 아니거든. 당원으로 인입할 때 상당히 의식을 올렸고, 지금도 의지는 굳다고 보는데……. 지금 경찰이 수배하고 있어서 피신 중이지. 자수하는 일은 없을 거야. 그러나 붙잡혀 고문을 걸면 장담 못 하지. 그래서 그들 중 누가 잡히면 그때부터는 나도 피신해야지."

정말 딱할 지경이다. 마치 시한폭탄을 안고 사는 격이다. 하남면당 '트'에서처럼 보고문을 받아 봇짐을 뒤집어 안쪽 솔에 붙은 좁다란 주머니에다 넣고 다시 기웠다.

월산 어른은 나를 한참 보시더니 말했다.

"좀 핼쑥하고 많이 고단해 보이네. 시간이 조급하지 않으시면 한숨 자고 저녁식사 하고서 가시지?"

"아닙니다. 제가 좀 빨리 와서 1시간 정도는 일없지만 너무 오래는 곤란합니다."

"그럼 그동안만이라도 좀 쉬지. 거기 있는 요 이불 펴고 맘 놓고 자요. 1시간 후에는 틀림없이 깨울 테니."

월산 어른 덕분에게 1시간을 푹 자고 나니 머리가 개운하고 힘이 났다.

"보고문은 상부 당에서 검토하고 방도를 지시해 주실 것입니다."

그리고 다시 정중히 인사를 하고 다원의 나의 '트'로 출발했다. 다원

'트'에는 오후 4시 반 조금 넘어 도착했다. 나를 기다리시던 지도원 동지는 나로부터 상황을 보고받았다. 보고받는 표정이 심각했다. 그리고 내가 받아 온 보고문을 접수하고 이를 군당에 전달하겠다고 말했다.

와해되는 군당 조직

나야 레포 일이나 하고 쏘다니는 통에 농사 일에는 별반 하는 일 없이 가을걷이는 끝났다. 가을걷이가 끝나도 농촌에는 일거리가 산더미처럼 쌓여 있다. 이제 막 김장 뒤끝이라 무 구덕을 파고 무를 묻어서 그 위에 겨울 빗물이 구덕에 들지 않도록 커다란 고깔처럼 이엉을 엮어서 구덕 위에 씌워야 했다. 또 집이야 기와집이라서 초가지붕 덮을 일은 없지만 헛간이나 정침 뒤꼍과 대문에 붙어 있는 정랑(변소)과 잿간은 이엉을 엮어 지붕을 씌워주어야 했다.

이런 일은 덕실 아재가 주로 하는 일이었다. 하지만 나도 곁에 앉아서 거들기도 하고 짚으로 이엉 엮는 일을 배우기도 했다. 처음에는 엮은 것이 조금만 힘을 주면 풀어져서 못쓰게 되고 말았다. 하지만 "모든 일이 어머니 뱃속에서 배워서 나오는 것이 아니다"라는 덕실 아재의 말대로 한나절 비비적대다 보니 이엉을 단단하게 엮을 수 있게 되었다.

12월 중순부터 연말까지는 낮에는 이처럼 덕실 아재를 따라 주로 집안 일을 하고 밤에는 초당의 내 방 호롱불 밑에서 책 보는 재미에 파묻힐 수 있었다. 1949년 정초에 들어서자 지도원 동지는 자리를 비우는 일이 잦아지더니 어느 날 저녁에 초당의 내 방에 들어왔다. 그리고 심각한 어조로 내게 말했다.

"덕출이 동무, 조직운동에서 한 번 잘못 들면 그 후과는 걷잡을 수 없다는 것을 이번에야 뼈에 새겨지도록 보게 되었소. 작년 미 · 소 공위에서 협의 대상 문제를 회원 수에 비례해 정한다고 하는 바람에 우익진영이 유령회원을 만든다고 설치자 남로당도 덩달아서 당원 수 배가, 5배가, 10배가 운동이라면서 마구잡이로 입당시킨 일이 있었소. 그 결과가 이제는 조직 자체를 와해시켜서 수많은 당원들이 체포되고 이탈되는 현상이 일어나고 있소. 이런 현상은 당 조직 자체에서도 큰 문제이지만, 인민의 믿음 속에서 살아야 할 당이 인민으로부터 불신을 받고 오히려 원망의 대상으로까지 되고 있는 것이 더욱 심각한 실정이오. 이를 수습할 방도를 찾아내기가 좀체 쉽지 않단 말이오. 인민들은 그때, 이제 입당만 하면 그 숫자로 모든 문제가 다 해결된다고 해서 들어갔는데, 이제 그것 때문에 집에도 못 있고 도망만 다녀야 한다고, 원망이 하늘에까지 닿을 지경이오. 이를 어째야 할지 참으로 막막하오."

주승도 지도원 동지는 이런 말을 하고선 땅이 꺼지도록 한숨만 쉬고 있었다. 지도원 동지는 계속해서 많은 당원들이 자수를 하고 탈당성명서를 내고 해서 당이 완전히 분해될 상황이라고 했다. 그런데 아직 조직에서는 이에 대한 대책이 없고 다만 기다려달라고만 하니……. 이제는 기다려달라는 말도 못 하고 개별 당원이 하는 대로 보고만 있을 수밖에 없는 상황이었다.

이런 와중에 상부의 지도방침이 내려온 것은 1월 중순경이었다. 그 지도방침이라는 것이 '당원을 정리해 당을 정예화한다'는 것이었다. 그것은 개별 당원의 의식수준에 따라 조직을 정리하라는 것이다. 도대체 받아들일 때는 무의식 대중을 무슨 마음으로 받아들였으며, 이제 와서 살인적인 탄압의 와중에 그들을 무의식 대중이라고 정리하라니, 이는 내다 버리는 것과 무엇이 다르다는 말인가. 그리고 당원을 무엇을 기준으로 무의식 대중이라고 낙인찍는단 말인가. 당에 입당한 자는, 즉 당원은 당에서 모두가 평등하고 당의 규약에 따라 간부를 선출하기도 하고 간부로 선출되기도 하는 것인데, 누가 누구를 무의식 대중이라고 낙인한단 말인가.

이러한 이의가 나오자 군당은 급히 각급 조직에 지도원을 파견해 '당 조직 정예화는 적의 탄압 국면을 맞이해 당 조직을 옹호, 유지하기 위한 전략이고 전술적 실천'이라고 합리화했다. 그러면서 면당의 핵심조직에게만 지도선을 유지하고 모든 조직의 선은 별명이 있을 때까지 단절하라고 했다. 이는 손발을 다 잘라버리고 몸뚱이만 남기라는 것과 같다. 손발이 없는 생명체가 어찌 그 생명을 보존한단 말인가.

지도원 동지는 일단 이 지도방침을 산하 면당 조직에 전달해야 한다고 했다. 또 이를 위해 연락사업을 기획하고 집행해야 한다는 것이다.

1949년 신년에 들자, 나는 이 탐탁잖은 연락사업을 맡아 군당 연락선을 따라 두어 번 레포 활동을 했다. 이 레포 활동으로 나는 각 면당에서 당면하고 있는 문제를 파악할 수 있었다. 각 면당에서는 많은 당원들이 탈당을 하고 있었다. 하지만 당 조직에 탈당 원서를 내는 것이 아니라 경찰서 또는 경찰지서에 탈당성명서를 내고 그 탈당 의지를 담보하기 위해 신문에 광고를 내는 것이었다. 이 모든 것이 당과는 일체 단절된 상황에서 경찰의 지시에 따라 이루어지고 있었다.

이런 상황에서 경찰은 더욱 확고한 담보로 동지 밀고를 장려하고 있다는 것이다. 이러한 밀고로 많은 당원들이 체포됐다. 이들의 대부분은 또한 탈당을 선언하고, 개중에는 동지를 파는 경찰의 체포 작전에 적극 나서는 자들도 있었다. 이리하여 '당원을 정리해 당을 정예화한다'라는 지도방침은 동지를 적의 수중으로 그대로 밀어 넣는 꼴이 되었다. 당연하게도 지지 대중의 기반은 말라버리고 말았다.

결과적으로 남로당의 밀양 조직은 이때 이미 지지 대중의 뿌리가 뽑혀

버리고 만 셈이다. 그 후 밀양의 산악지대인 운문산, 가지산, 천황산, 신불산 일대에서 빨치산 전투가 몇 번쯤 있었고 더러 남로당의 존재가 들리기도 했다. 하지만 이는 밀양에다 대중적 기반을 둔 빨치산도 아니었고, 그런 남로당도 아니었다.

나는 이러한 레포 활동 중에 뜻밖에도 하남면당의 파서막 '트'에서 나의 삼종숙인 계음 아재를 만나게 됐다. 1949년 2월 초의 어느 날이었다.

당시 나는 이른바 '당 조직 정예화를 위해 지도한다'는 사업의 레포 업무로 밀양 읍내 버스정류소에서 아침 8시 반에 출발하는 버스를 타야 했다. 그때는 긴늪 콘크리트 다리의 검문소에서 검문이 까다로워 아침 일찍 죽남 단장천에 놓인 띠다리를 건넜다. 살내 앞 여울의 돌다리를 건너 활성리로 해서 경부선 철로 둑 밑 굴을 지나 동문 안으로 들어가 읍내 장터로 들었다.

8시 좀 넘어 버스정류소에 도착해 버스표를 사고, 8시 반에 출발하는 수산행 버스를 탔다. 9시쯤 파서막 다리에 내려 좀 걸어 정미소로 갔다. 뒷곁의 방으로 들어가면서 늘 보던 총각에게 동산 어른을 찾았다.

동산 어른은 곧 나오셨다. 동산 어른이 방에서 좌정하기를 기다렸다가 곧 절을 하고 인사를 했다.

"그간 별고 없으셨는지요?"

"오느라고 고생 많았네."

"요즘은 긴늪다리에 검문이 심해 선불로 해서 동문 안으로 읍에 들어와 자동차를 타고 왔습니다."

"아직 식전일 텐데 우선 식사부터 하세."

동산 어른은 설렁줄을 당겨 아이를 불렀다.

"손님 오셨다. 아침상 가지고 오너라."

이윽고 상이 나왔다. 내가 아침식사를 하는 동안 동산 어른은 그쪽 형편을 말했다. 역시 이탈자가 많고 개중에는 변절해서 동지를 밀고하는 놈이 생겨 문제가 많다고 했다. 하나가 붙잡히면 그와 상종했던 사람은 무조건 도망친다는 것이다.

"경찰과 서청 놈들은 도망간 사람의 집에 가서 형제를 끌고 와 패며 못 잡은 화풀이를 한다네. 좀 똑똑한 놈치고 좌익 아닌 놈이 어디 있는가. 그러니 면에 똑똑한 놈은 하나도 없다네. 이래저래 도망치고 없으니……. 도망 다니다가 못 견뎌 자수하는 놈도 많고, 여간 낭패가 아닐세. 자수하는 놈은 제가 아는 것은 다 불고 나오는 것 같네."

사정을 들으니 우리가 듣고 아는 그대로다. 나는 그래서 군당의 방침이라면서 면당 조직을 정예화하라는 방침을 이야기했다. 그랬더니 동산 어른은 화를 벌컥 냈다.

"그게 어디 정예화란 말인가. 안 잡히고 당 생활을 하고 있어야 정예화고 뭐고 있지, 당 생활을 떠나서 무슨 정예화가 있단 말이고!"

워낙 지당한 말씀에 나는 할 말이 없었다.

"조직의 상부에서 틀고 앉아 하는 소리가 겨우 그것인가? 말하자면 귀찮은 놈은 떼버리란 게 아닌가! 그딴 소린 귀에 안 들어오니 그만두게."

화를 가라앉히시는 듯 심호흡을 몇 번 하시던 동산 어른은 나에게 다그쳤다.

"정말이지 이를 어쩌면 좋은가?"

나는 한참 동안 아무 말도 못 하고 있다가 겨우 한마디 했다.

"조직에서 무슨 방도를 내지 못하는 상태이기에 각자 개인적으로 역량을 발휘해 이 난국을 이겨내는 수밖에 없는 것 같습니다. 난국에 처해서 해야 할 일과, 해서는 안 될 일을 구별해 많은 동무들이 피해를 입는 일이 없도록, 아니 최대한 피해를 줄이도록 처신해야 하지 않겠습니까? 이런 일에서 선배나 어른들에게 들은 이야기인데 게우면 게운 만큼 냄새만 더 피운다고, 그래서 또 더 많이 게운다고 하던데요. 상부 조직에서 정예화라는 추상적인 말보다 오히려 놈들과 대처할 방도를 학습하는 것이 낫겠네요. 그러면 서로 격려도 되겠고요."

내 말을 듣고 계시던 동산 어른이 갑자기 뭔가 생각난 듯이 말씀을 꺼냈다.

"자네를 꼭 만나고 싶어 하시는 분이 있는데, 오늘 바로 넘어갈라고 하는가? 늦게 가도 될 것 같으면 만나고 가지."

나는 좀 생각을 했다. 누굴까? 동산 어른은 하남면당이 관장하는 4개 면의 연락원이다. 동산 어른이 그 부탁을 들어주려고 하신다면, 바로 하남면당의 당책일 것이다. 그러면 혹 계음 아재가 아닐까 하는 생각이 들었다. 종남산을 넘어 당동에서 헤어진 지 1년이 다 되어간다. 보고 싶다.

"동산 어른, 짐작은 갑니다. 월선 금지의 원칙에서 벗어나지는 않을 것 같은데……."

"그러면 지금 연락을 보내겠네. 여기서 그 사람과 셋이 저녁밥을 함께 하도록 합세."

동산 어른은 밖으로 나갔다. 아마 누구를 심부름으로 보내려는 듯했다. 좀 있다가 다시 들어오는데, 요 이불과 베개를 젊은이에게 들려서 왔다. 그리고 내게 말했다.

"아침에 일찍 출발해 나섰고 저녁엔 밤길을 가야 할 테니 몸 좀 눕혀 쉬시게나. 그 사람이 오려면 한참이나 될 테니."

동산 어른이 나가고 나는 이불을 편 뒤 누워서 이 일 저 일 생각하다가 잠이 들었다. 잠결에 나를 부르는 소리가 들렸다.

"재구야, 재구야. 이 사람, 날세. 내가 왔네."

나는 눈을 떴다. 아는 얼굴이다. 누굴까? 아이고, 계음 아재다. 나는 벌떡 일어났다.

"아이고, 아재요. 그사이 안녕하신교!"

"오냐, 내다. 아재다. 오랜만이구나."

얼굴이 좀 여윈 듯한데, 눈초리는 예리했다.

"아재, 오랜만입니다. 절 받으이소."

"오야, 앉구마. 그래 절하자."

내가 큰절을 올리자, 아재는 정좌해 고개와 허리를 숙이고 답례했다.

"할아버지는 뵈었느냐?"

"못 뵌 지 오래됐습니다. 이북에서 돌아오셨다는 소문은 들었습니다."

곁에서 동산 어른이 아재를 보고 말씀을 곁들였다.

"우정(于正) 선생님이 이처럼 몸도 마음도 훌륭히 장성한 손자를 두셨습니다."

"우정 선생은 우리 큰집 아재이고, 우리 집안에서도 지도자이십니다."

계음 아재도 틈을 넣어 대답했다.

동산 어른과 계음 아재, 그리고 나는 일대 탄압국면을 맞이한 당이 제자리를 못 잡고 우왕좌왕하는 모습에 대해 걱정을 하면서 이야기를 나누었다. 이에 대해 세 사람이 하나로 모은 견해는 다음과 같았다.

첫째, 당의 방침이 조직 원칙에서 벗어났다. 당원 배가, 5배가, 10배가 운동은 조직 원칙에 크게 벗어나 돌이킬 수 없는 후과를 내도록 했다.

둘째, 당이 하부 당원에 대한 비판은 있으나, 상부는 자기비판이 없다. 그 결과 과오는 늘 되풀이된다.

셋째, 당의 민주집중제에서 하부는 상부에 복종한다는 것이 있지만, 상부는 하부에 하방한다는 것이 없다. 그리고 과오는 단 한 번으로 족하고,

잘하는 일은 만 번이라도 부족이다.

우리들은 이른 저녁밥을 먹고 헤어졌다. 아재는 나를 끌어안고 말했다.

"우리는 혁명을 꼭 성취시켜, 자주·통일·민주주의의 나라를 이루어 내자."

이 맹세를 마지막으로 아재와 나는 헤어졌다. 그러나 이 이별이 그 숱한 영별 중의 하나로 되고 말았다. 아재의 이름은 안경환(安景煥), 1916년생이다. 나와 헤어진 후 2주 뒤인 1949년 2월 20일에 하남면 동산리 마을에 있는 하남면당의 아지트가 경찰과 극우깡패들의 습격을 받았을 때, 아재는 교전하면서 집 뒷담을 넘어 후퇴하던 중 총탄을 맞고 전사했다.

'트'의 안전을 확인하라

2월에 들어서자 곳곳에서 체포와 변절이 일어났지만 그래도 군당의 선은 확보하고 있었다. 지도원 동지는 군당으로부터 받은 과업이라면서 3일에 한 번씩 그 선을 점검하라는 것이다. 그래서 나에게는 군당 연락부의 레포로서 부북면당과 하남면당의 '트'의 안전을 확인하는 임무가 주어졌다.

먼저 두 당의 연락 '트'에 가서 안전신호를 정하고, 내가 3일에 한 번씩 그 안전신호를 확인하는 방법으로 선 점검을 하도록 했다. 정해진 날에 약속된 장소에, 약속된 안전신호가 없으면 사고로 인정하고 처리하는 방법이었다. 이를 위해 포스트를 정하고 안전신호를 확정했다.

포스트는, 부북면당은 삽개 모렴당의 솟을대문, 하남면당은 밀양–수산 간 도로의 파서막 콘크리트 다리 밑 기둥으로 했다. 안전신호는 '△'로 하고, 사고 발생은 '▽', '트' 폐쇄는 '×', 접선은 'O'인데 그 옆에다 날짜와 시간을, 예컨대 '○5/15'로 쓰기로 했다. 이는 5일 15시에 이 포스트에서 만나자는 것이다. 이와 같은 약속을 2월 중순의 이른 날에 부북면당의 연락 '트'에서 토론해 정했고, 이를 하남면당 연락 '트'로부터 동의를 받아 확정했다.

이렇게 함으로써 서로 직접 만나는 일이 없이도 내가 두 면당의 상황을 파악할 수 있었다. 또 이를 통해 그 산하 각 읍·면당의 상황도 직접 만나지 않고 파악할 수 있었다. 이때부터 나는 부지런히 쏘다니면서 상황을 파악하러 다녔고, 그 결과를 지도원 동지에게 보고했다. 하남면당 '트'의 피습으로 당책이 전사했음을 그 이튿날 오후에 면당의 연락 '트'에서 동산 어른으로부터 보고받았고, 이어 군당 연락부로 보고할 수 있었다.

이 과업을 수행하기 위해 나는 2월 중순부터 3월 한 달 동안 부지런히 쫓아다녔다. 그 지역의 사람들로부터 얼굴이 알려질까 염려돼 갈 때마다 복장을 바꾸었다. 또 얼굴이 알려지지 않도록 길에서 사람들을 만나면 정면으로 보는 일을 피하고 먼 산을 보는 체하면서 얼굴을 돌려버렸다.

탄압은 계속됐다. 탄압을 피해 집을 떠난 사람들은, 그때만 해도 일가 친척들이 모두 자기 일처럼 걱정을 하던 때라 얼마 동안은 그들에게 얹혀 지낼 수 있었다. 하지만 아무리 귀한 손일지라도 경찰이나 우익청년들에게 발각되는 날이면 숨겨준 일가친척도 화를 당하기에 피해 있는 당자는 그야말로 좌불안석이었다. 결국 마지막에 가서는 자수를 하게 되고 또 전향해서 동지를 불게 되는 것이다. 이 문제는 도무지 수습할 방도가 없었다.

3월 하순의 어느 날, 하남면 파서교 밑에 있는 하남면 연락 '트'의 포스트에 갔다. 이때까지는 늘 '△'표만 있었는데 '○ 22/14'라고 분필로 쓴 글씨가 있었다. 나는 그 옆에다 보았다는 신호로서 안전신호 '△'를 그려놓고 나왔다.

포스트의 신호에 따라 22일 오후 2시 정각에 약속 장소인 파서교에서 20여 미터 떨어진 논둑길에 서 있었다. 이미 이쪽을 알고 있는, 지팡이를 짚은 갓 쓴 노인이 나를 향해 오고 있었다. 바로 동산 어른이었다. 동산 어른은 나를 지나 내가 지나다니던 은산 들로 향해 그냥 걸어가고 있었다. 나도 아무 말 없이 그 뒤를 멀찌감치 떨어져 따라갔다.

종남산 남쪽의 여러 골짝 물이 모여 이루는 좀 널찍한 시내가 나왔다. 거기에는 돌무지로 만든 징검다리가 있다. 내가 부북면 삽개에서 파서막으로 오고 갈 때 늘 건너던 곳이다. 동산 어른이 징검다리를 건넜다. 잠시 후 나도 뒤따라 건너자 동산 어른은 시냇가에 펼쳐져 있는 잔디밭에 마치 다리쉼을 하는 양 앉았다.

"어르신, 은산이라는 동네가 이쪽이라는데 어딥니까?"

나는 곁에 다가가면서, 보리밭을 매는 사람들이 들을 수 있을 만큼 큰 소리로 물었다. 동산 어른도 근방에 일하는 농군이 들을 수 있도록 대답을 했다.

"총각, 은산이 동네로 가는갑제. 은산이 뉘 집에 가는공?"

"예, 성만이 댁에 갑니다."

"나도 그 집은 아니지만 은산이로 가는 길인데 함께 가면 되겠구먼."

"아이구, 어르신 고맙습니다."

이와 같이 해서 자연스레 길을 가다가 생긴 동행인으로 되어 서로 어깨를 나란히 하고 걸었다. 그리고 나는 정식으로 안부 인사를 했고 동산 어른도 안부 인사를 받았다. 그리고 동산 어른은 나를 만나자고 한 일에 대해 이야기를 시작했다.

"자네도 이미 알고 있겠지만 지난번 하남면당이 습격을 받으면서 당책이 전사하는 바람에 면당이 결판났다네. 그러니 이제는 면당과 군당의 연락 '트'를 지키는 일이 소용없게 되었네. 다시 면당의 핵심이 꾸려질 때까지는 폐쇄할 필요가 있다고 생각하네. 그 문제를 제기하기 위해 자네를 만나자고 한 걸세."

나는 동산 어른의 문제제기가 일단 이유가 있다고 보고 지도원 동지를 통해 군당 조직부에 보고되도록 하겠다고 말씀드렸다.

동산 어른은 경찰이 자기 주변을 조사하고 있는 것 같아 매우 불안하다고 했다. 자기 주변 사람들 중에 몇 사람이 이미 조사를 받았다는 것이다. 아직 자기에게까지 문제점을 제기해 오지는 않지만, 그들의 눈에 잘 띄지 않으면 관심이 묽어져 조사받을 일도 없을 것 같아 이참에 안동 쪽의 일가들에게 갔으면 한다는 것이다. 그 일가들은 해방 후에 한 번 지나가듯이 만난 일밖에 없다고 했다.

"지금의 상황에서 내가 꼭 연락 '트'를 지킬 이유가 없을 것 같으니 레포 동무인 자네가 상부에 잘 말씀드리도록 하게. 난 이참에 내일 길을 나설 작정이네."

"동산 어르신의 입장을 지도원 동지를 통해 군당 조직에 잘 전달되도록 하겠습니다. 어르신은 어르신에게 쏠리고 있는 시선에서 벗어나야 한다는 입장이 있다고 생각합니다. 그러니 비상선을 하나 정해 놓고 내일이라도 출발하시지요."

이렇게 해서 일단 하남면당과, 거기에 선이 연결되어 있는 초동면, 상남면, 삼랑진읍 4개의 읍·면당이 동면상태로 들게 되었다. 당시 상황으로서는 이 길밖에는 어쩔 도리가 없었다. 나는 동산 어른에게 잘 다녀오시라는 인사를 하고 헤어졌다. 나는 다원 아지트에 돌아와 하남면당과 그와 연결된 4개 읍·면당의 입장을 지도원 동지에게 보고했다.

다음으로 부북면당의 삽개 연락 '트'로 길을 잡았다. 은산 동네 앞들까지 오는 동안 동산 어른과의 토론은 끝나고 결말도 낸 것이다. 나는 오른편에 빤히 보이는 갓골 동네를 향해 논두렁길을 잡고 걸었다. 갓골 동네 뒷산으로 올라 능선에 올라서니 낙엽수의 가지에 더러 눈이 트기 시작하고 여린 싹이 보이고 있다. 그 나뭇가지 사이로 예림재의 팔작지붕이 모습을 드러냈다. 저 멀리에는 모렴당의 솟을대문이 희부연 안개에 잠겨 있었다.

걸음을 성큼성큼 걸어서 모렴당 솟을대문 오른편 문기둥에 다다랐다. 기둥 아래에 흰 분필로 '△' 기호가 적혀 있다. 이상 없다는 신호다. 그 기호를 곁눈으로 힐끗 보고 그 걸음으로 내려갔다. 연락 '트'의 집으로 가면서 사립문을 지날 때 또한 곁눈질로 보았더니 안전신호의 요롱이 문짝 기둥에 걸려 있다. 지금이라도 '지렁지렁' 소리가 곧장 들리는 것 같다. 시계를 보니 시간은 오후 5시가 다 되어가고 있다.

3·1절을 기해서 무장습격이 있을 것이라는 소문이 무성해서, 3·1절 전후해 잔뜩 긴장을 하고 있던 경찰과 우익 폭력테러 단체도 이제는 지겨운지 경비, 검문이 좀 뜸해졌다. 그래도 송징이다리의 검문소는 피하는 것이 안전했다. 감내다리에서 북쪽으로 강둑을 따라 올라가서 오례들 건너 쪽에서 감내를 건넜다. 오례들을 질러 지동 앞들로 해서 교동 앞으로 나와 범북고개를 넘었다. 그러고는 산외면으로 가는 도로를 따라 긴늪다리를 건넜다. 다리 양쪽에는 민보단이 번으로 나와 있었다.

하지만 지나가는 나를 한 번 힐끗 보기만 하더니 입을 생긴 대로 다 벌려 하품을 길게 하고는 못 본 체했다. 나는 한쪽 손을 들고 아는 체를 하고 그냥 다리를 건넜다. 다리의 산외면 쪽은 초소막에 들어가 있는지 코빼기도 안 보였다. 그길로 곧장 다원으로 들어왔다. 아지트에 들어온 다음 석유 남포에 불을 켜 등불을 문 쪽에 걸어두고 바깥에서 불빛이 잘 보이도록 해두었다. 지도원 동지에게 내가 도착했음을 알리는 신호다.

좀 지나자 지도원 동지가 나의 '트'에 들어왔다.

"동무, 잘 다녀왔소? 수고했소."

"예, 지도원 동지."

인사를 마치고 먼저 하남면당의 상황을 보고했다.

동산 어른이 제기하는 하남면당의 연락 '트'를 당분간 폐쇄하자는 것과 동산 어른이 자기에게 집중되는 시선을 피하기 위해 안동으로 해서 한 바퀴 돌고 오겠다는 의견에 대한 비준을 요구한다는 말을 보고했다. 또 이에 대해 내가 좋은 제안이라 하고, 지금 집중되고 있는 시선을 피하기 위해서는 빨리 실행하는 것이 좋겠다고 하면서 찬성했다는 것도 보고했다.

"덕출이 동무, 잘 처리했소. 적의 눈길이 쏠릴 때는 일단 피하는 것이 좋소. 지금 하남면당은 당책이 전사해서 다시 핵심을 꾸리자면 시간도 있어야 하고, 이참에 저들이 보기엔 아무것도 없다는 듯 위장해 두는 쪽이 나을 것이오. 내가 이 문제를 군당 조직에 보고하겠소."

나는 또한 부북면당의 포스트에는 안전신호가 있어서 그냥 지나왔다고 하고, 일간 '트지기' 월산 어른을 만나 밀양읍당의 형편을 알아보려 한다고 곁들여 보고했다. 객관적 상황에 따라 처리했다고는 하지만 당의 역량이 현저히 줄어든 것만은 속일 수 없다. 당장 하남면당이 틀어쥐고 특색 있게 사업을 잘하고 있던 하남면, 상남면, 초동면, 삼랑진읍, 4개 읍·면당이 당분간 문을 닫는 꼴이 되었다. 내 마음도 내내 허전하기만 했다.

파국과 이탈

밀양군당은 결국 동남의 평야지대인 하남면, 초동면, 상남면과 삼랑진읍에서 그 지지 기반을 상실하게 되었다. 내가 부북면당의 선을 통해 레포 활동으로 조직선을 유지하고 있는 밀양읍당, 부북면당, 무안면당, 청도면당 등 4개 면당과, 군당 연락부의 지도원인 '청도 샌님' 주승도 동지가 선을 맡아 연락 업무를 관장하고 있는 동북 산악지대의 산외면, 산내면, 단장면, 상동면 등 4개 면당의 선은 그대로 유지되고 있었다.

내게는 3, 4일에 한 번씩 부북면 삽개에 있는 연락 '트'에 다니면서 선의 안전을 확인하는 일만 남게 되었다. 결국 우리들은 투쟁에서 주동을 잃고 피동으로 몰리고 만 것이다. 그러나 피동에서 벗어날 수 있는 방도는 보이지 않았다. 그러니 파국은 시간문제였다.

그 파국은 4월 8일에 오고야 말았다. 그날은 아침 일찍 덕실 아재가 초당집의 내 방으로 찾아와서 지도원 동지의 전갈이라며 말했다.

"덕출이, 청도 샌님이 오늘은 오랜만에 셋이 함께한 상에서 아침을 먹자고 하시네. 빨리 채비를 하고 나와 함께 큰집에 있는 우리 방으로 가세."

"아재, 참 그렇네요. 늘 두리상에서 조석을 함께했는데, 한동안 못 했지요. 정말 오랜만이네요."

나는 좋아했다. 나는 덕실 아재가 식사 때 자주 이야기했던 그 근면하고 소박한 농사일 이야기가 참으로 재미있었다. 아재는 농사일을 천직으로 알았고, 이야기의 마무리는 늘 한가지였다.

"내 땅 가지고 내 농사를 짓는 일이 소원이라네."

그러면서 자기 힘으로 할 수 있는 농량을 가늠했다.

"내가 지을 농량은 논 열 마지기하고 밭 다섯 마지기면 된다."

그러면 나도 말을 거들었다.

"아재 농사가 논 열 마지기, 밭 다섯 마지기만 아니지. 앞으로 좋은 세상이 되면 농사도 기계 힘을 빌리고 금비를 써서 지을 텐데, 그러면 아재 힘으로 스무 마지기도 못 할까, 서른 마지기도 못 할까. 나중에는 백 마지기라도 할 끼요."

내 말에 아재는 기분이 좋아서 늘 같은 말로 받았다.

"그래 이 사람 덕출이, 그러면 기계 운전도 배워야 하고 금비 쓰는 법도 배워야겠네. 그러면 일자무식꾼은 농사도 제대로 못 짓겠네."

"아재, 그래서 공부를 해야지. 그라이 야학에 나가서 한글을 깨달아야지. 부지런히 공부하소."

"응, 그래야지. 그런데 덕출이, 그놈의 공부라면 늘 잠이 쏟아지는데 우짜면 좋노!"

그래서 나는 덕실 아재에게 〈아리랑〉이나 〈양산도〉, 〈도라지타령〉 등을 적어주고 한글을 익히도록 거들어주었지만 별 효험을 보지 못했다. 덕실 아재는 목청이 좋아 노래는 잘했지만, 그 노래는 노래 따로, 글자 따로였다. 그래서 글자를 익힐 수가 없었다. 내가 좀 더 다잡아서 가르쳐주었더라면 하고 나중에 후회했지만.

그날의 아침상은 우리들의 이별 상이 되고 말았다. 그날 나는 3, 4일에 한 번씩 방문하던 부북면당의 연락 '트'로 가는 날이었다. 그날도 감내를 건너서 제대리 수리못 둑 아래 논둑길로 가는 길을 잡았다. 삽개 마을로 들어가는 큰길을 잡아 동구 앞에 다다랐는데, 어쩐지 기분이 허전했다.

모렴당 솟을대문이 보이고 그쪽으로 들어가는 길모퉁이에 있는 바깥마당 가에 머리가 허연 50대 할아버지가 망건을 쓰고 긴 담뱃대를 들고 서 있었다. 나는 노인이라 마음은 좀 놓였지만 노인의 모습에는 어딘지 모르게 불안한 기운이 번지고 있었다. 나는 주저하면서 사립문을 바라보았다. 그런데, 안전신호인 요롱이 없다. 나는 고개를 갸웃거리면서 집 안에 들어가기를 주저하고 막 돌아서려고 하는데 등 뒤에서 부르는 소리가 들렸다.

"거기 총각."

뒤돌아보았다. 바로 그 노인이 나의 시선을 피하면서 내 곁으로 다가왔다. 그리고 작은 목소리로 말했다.

"총각, 어서 이곳을 피해서 빨리 떠나게. 그 집 사람들 오늘 모두 잡혀 갔네."

나는 그 소리를 듣고 노인을 보고, 다시 사립문을 보았다. 그러자 다시 뒤에서 말이 쫓아온다.

"그 요롱 말인가? 그 요롱 내가 떼버렸네."

나는 이제야 상황을 완전히 파악했다. 나는 노인을 보고 말했다.

"할배, 고맙습니다."

노인은 담뱃대 든 손으로 동구 밖을 가리키며 나를 재촉했다.

"어서 가게. 좀 전까지 여기 있었는데, 잠깐 어디 간 것 같으이. 어서!"

나는 다시 눈인사만 하고 큰길로 나왔다. 그 길 아래 논둑으로 내려 허리춤에 차고 있던 권총을 뽑았다. 격철쇠를 잡아 뒤로 당겨 철컥 하고 장탄을 했다. 그 다음 망태에 넣고 그 위에다 보자기를 덮었다. 그제야 두려움이 가셨다. 사물의 모습이 뚜렷했다. 바로 총의 힘이었다.

그러고는 마치 모판에 물을 받아놓은 논을 보러 가는 사람인 양하고 천천히 걸어 모판 쪽으로 내려섰다. 거기에서 뒤를 힐끗 돌아보았다. 노인은 그대로 큰길 가에 서 있었다. 동네는 고요했다. 이때 비로소 나는 오금이 저려 왔다. 그리고 이마에 땀이 번지고 있음을 알았다. 월산 어른은 어찌되었을까 하고 생각이 났다. 하지만 우선은 이 자리를 피하는 데만 정신이 빠져 있었다.

그때로부터 20년이나 지난 1979년 가을, '남민전 사건'으로 수배되었을 때, 속옷을 얻어 입기 위해 그 동네 삽개 사람으로 나의 초등학교 친구이고 2·7 구국투쟁 때 밀양농잠중학교 동지였던 박순희의 집에 들른 적이 있었다. 그때 월산 어른의 소식을 물었다. 박순희는 눈물을 글썽이면서 말했다.

"나와는 촌수는 멀지만 한 동네에 살아서 작은아버지처럼 지내던 월산 아재다. 그 이후는 소식이 없네. 그때 밀양에 '백골대'가 한창 설쳤을 때 아닌가. 그 월산 아지매도 몇 해 후에 돌아가셨네. 자식이 없어 양자를 들이기는 했지만 어디 사는지 모른다네. 어디 '빨갱이'라고 해서, 그 연좌제 때문에 '우리 아버지요'라며 제사라도 지내주고나 있는지……."

이제는 박순희마저 고인이 되었으니.

나는 그냥 걷기만 했다. 감내를 향해 논둑길을 걸었다. 저쯤 왼편에 감내 콘크리트 다리가 보였다. 물가에 내려가 좌우로 살폈다. 징검다리도 없었다. 어디 얕은 데는 없을까 하고 두루 살폈다. 갈수기가 되어선지 좀 깊은 데라도 무릎 깊이쯤 될 듯해서 발을 벗고 물에 들어갔다. 물은 보기보다 얕아서 쉽게 건널 수 있었다. 물가에서 수건으로 발을 닦고 버선을 신었다. 그러고는 타이어 고무신을 신고 둑 위로 올랐다.

둑길을 따라 남천강 쪽으로 갔다. 밀양 사람들이 '둘끝'이라고 부르는 남천강 제방 끝에 올라섰다. 여기까지 오자 이때까지 나도 모르게 흥분되어 있던 심장이 좀 고요해진 것 같았다. 그래선지 바람도 좀 찬 것 같다. 확 트인 강 쪽의 바람을 피해 반대편 제방 비탈 아래 널찍하게 평평한 잔디밭 가에 난 길을 따라 걸어갔다. 곧 옛 밀양감영의 진장 터에 있는 마을, 이제는 '진장'이라는 마을 이름으로 된 몇 집 안 되는 동네가 나왔다.

진장 마을의 북쪽은 저지대여서 미나리 논이 펼쳐져 있다. 그곳을 왼쪽으로 해서 나가면 잔디밭은 끊어지고 길은 제방 위로 오른다. 제방 밑에 뚫려 있는 수로는 해천다리의 밀양성 해자의 물을 남천강으로 흘러나가도록 하는 물길 굴이다.

여기서부터 제방 오른쪽에는 일제 식민지 시대에 왜놈들의 유락촌이 있었던 곳이다. 그 가까이에 밀양권번(密陽券番)이라는 공창(公娼)이 있다. 왜놈들은 이 권번 곁에 고급 일본식 여관과 요릿집으로 이루어진 유락촌을 만들어놓고 있었다. 왜놈들이 물러가자 미 군정은 이곳을 모두 이른바 적산이라 해서 군정청 적산관리청이 차지했다. 일본 유락촌의 집은 다시 미 군정의 식민지 재편 정책에 협력하고 있는 친일·친미 사대주의 지주들에게 임대해 주었다. 이것을 또다시 우익 정당·사회단체에 빌려줘 그들의 사무소 또는 숙소로 이용하도록 했다.

거기에는 '독촉(獨促)'이라 부르던 대한독립촉성회와 대동청년단, 서북청년단과 '학련(學聯)'이라 부르던 반탁전국학생연맹 등 우익 폭력단체들이 있어서 학생들이 그곳을 지나가기를 두려워했던 곳이다.

당시 나는 상당히 흥분했던 것 같았다. 총을 가진 나는 아무것도 두려운 것이 없었다. 내가 그처럼 의지했던 당 조직선이 무너지고 있는 상황에서 그 어떤 체념까지 겸해서 그야말로 폭발하기 직전의 상태였다고나 할까. 하지만 부북면의 사고를 빨리 지도원 동지에게 알려야 하는 것이다. 그래서 당장이라도 폭발하려는 가슴을 안고 무사히 그곳을 지나왔다. 그리고 바로 영남루에 올랐다. 아무 생각 없이 무봉암으로 해서 그 뒷산 무봉산에 올라 볕이 잘 든 후미진 곳을 찾아 잡초가 섞여 난 풀밭에 드러누웠다. 그리고 새파란 하늘을 보고 흥분된 마음을 가라앉혔다.

그럭저럭 시간은 오후 3시가 지났다. 아무 생각 없이 지내자니 시간이 지겨웠다. 시간을 보내는 데 수학 책만큼 좋은 것은 없다. 망태 안을 뒤져 해석기하 책을 꺼냈다. 2차곡선의 장에서 연습문제를 펼쳤다. 한참 책에 빠져 시간이 가는 줄 모르고 있었는데 으슬으슬 몸이 추워졌다. 해가 서쪽으로 기울어지자 내가 있는 곳에 그늘이 지기 시작했고, 배도 고팠다.

다시 영남루로 내려왔다. 왜놈 신사로 올라가는 계단 들머리에 조그마한 차일을 쳐놓고 영남루에 오는 사람들을 상대로 시루떡을 파는 떡장수가 있었다. 떡장수는 흙으로 이겨 만든 부뚜막에 솥을 걸어두고 떡시루에 시루떡을 앉혀서 떡을 찌고 있었다. 손님 두 사람이 기역자 판에 앉아서 썰어놓은 떡을 먹고 있었다. 그 곁에는 우거지된장국 솥도 있어서 김이 무럭무럭 일고 있었다. 떡과 우거지된장국이라, 요기로는 그만이다. 나도 그 차일 밑에 들어가 한 자리를 차지하고 떡과 우거지된장국을 청했다.

떡장수는 기다란 기역자 판의 내 자리에 수저를 간추려 놓고 떡시루 뚜껑을 열고 납작한 쇠 주걱으로 금방 지어놓은 떡 조각을 부서지지 않게 잘 들어서 접시에 담았다. 그 다음 무김치 조각을 좀 크게 썰어 접시에 담아 찬으로 내놓고, 우거지된장국을 조그마한 대접에 퍼 담아 내놓았다. 떡은 콩고물 떡과 팥고물 떡 두 가지다. 콩고물 떡은 엄지손가락만큼 썰어 넣은 곶감 쪼가리가 씹히는 게 더욱 맛을 돋웠다. 큼직하게 썬 무김치 한 접시에다 국 한 대접으로 배를 채우고 나니 허기진 배도 배거니와 추위도 함께 가셨다.

해도 서산으로 기울어 종남산 아래 삽개 동네는 저녁 안개가 엷게 덮여지고 있었다. 부른 배도 좀 잠재우고서 5시 좀 넘어서 영남루를 벗어나 산외면 다원을 향해 길을 떠났다. 무봉산 아래 남천강 '꼬꾸랑바우' 위 기슭을 지나는 길을 따라 용평리 앞들을 지났다. 선불 밤밭으로 나가 징검다리를 건너 살내 동네 앞에서 강을 따라 단장천 남쪽 강변을 오른편으로 굽어 나아갔다.

이미 해는 지고 날은 어두워지고 있었다. 죽남의 띠다리를 건넜다. 이번에는 강을 따라 반대 방향으로 내려 다원으로 들어가는 농로에 들어섰다. 서쪽으로 좀 가다가 면소재지와 경찰지서가 있는 곳을 피해 동네 서쪽에서 동네 안으로 들어가는 길을 찾아 도로를 건넜다.

이제 날은 완전히 저물었다. 반달이 훨씬 넘는 달이지만 겨우 동천에 떠 있어선지 엷은 봄 안개 속이라 사람 얼굴도 구별할 수 없을 만큼 어두웠다. 동네의 초입 길로 막 들어서는데 장골 한 사람 나타나 갑자기 내 팔을 붙들었다. 나는 깜짝 놀랐다. 나도 모르는 새 손이 망태 안으로 들어가 총을 잡았다.

"이 사람 날세, 덕출이."

가만 보니 초당방에서 만나던 형이었다. 이름은 지금 기억이 없다. 그 형은 나를 잡고 내 귀에다 입을 갖다 대고 작은 목소리로 말했다.

"덕출이, 이 동네에 큰일 났네. 일단 여기를 빨리 벗어나세. 오늘 몽땅 잡혀갔다네."

나는 그만 정신이 아찔했다. 내 몸이 주저앉을 것 같았다.

"아니, 청도 샌님도? 그리고 덕실 아재는?"

그 형은 나를 부축하고 대답했다.

"그렇다네. 모두 다. 일단 여기를 얼른 벗어나세."

나는 그에게 이끌려 도로를 도로 건넜다. 우리 두 사람은 한 100미터쯤 논둑길을 따라가다가 수로의 마른 바닥에 주저앉았다. 거기에서 그 형은 그새 일어난 일의 전말을 이야기했다. 그날, 4월 8일 오후 3시쯤 일어났던 일이다.

"갑자기 군복만 입은 군인인지 경찰관인지 모르는 청년들과 사복을 입은 자들 합쳐 십수 명이 트럭을 타고 청도 샌님이 있는 집에 들이닥쳤다네. 샌님과 덕실 아재를 붙잡고 마침 거기에 있던 동네 청년 두 명까지 합쳐 모두 네 사람을 붙잡아 그냥 데리고 갔다네. 그 집을 사랑채는 물론이고 안방까지 신발을 신은 채 들어가 마구 뒤지고, 사당에까지 들어가서 신주단지

뚜껑까지 열고 난리를 쳤다는구만."

이로써 일의 전말을 알았다.

군인인지 경찰관인지 모르는 청년들이란 당시 밀양에 들어와 있는 이른바 '백골대'라는 김종원 부대의 G2 성원이다. 그들이 우익 청년단체의 깡패들을 데리고 온 것이다. 아마도 어느 누가 일러준 정보를 가지고 들이닥친 것일 게다. 이들이 정보를 가지고 사전조사를 했더라면 나까지 파악했을 것이다. 그랬다면 기다렸다가 내 '트'를 습격해서 나까지 검거했을 터인데, 내 '트'가 그대로라니. 당시 군대의 정보조직은 일제의 고등경찰 수준의 군정 경찰 수사력보다 못했던 것 같다. 하지만 이들은 무지막지한 고문으로 캐고 덤비기 때문에 하루나 이틀 이내에 내 실체까지 파악하고 곧 덤벼들 것이 뻔하다. 순간 나는 생각했다.

'가만있자, 이들이 아직 나를 파악하지 못했으니 지금 내 '트'는 안전하다. 그러면 거기에 있는 내 물건을 가지고 나올까?'

하지만 당장 고문으로 내 존재를 파악했을는지도 모르는데 이는 모험이라고 생각했다. 그런 모험을 할 만큼 중요한 것이 지금 내 짐에는 없었다. 키슬링에는 지금 입고 있는 학생복 이외에 내복과 수학 책, 사회과학 책 몇 권이 있을 뿐이다. 이를 위해 모험할 일은 아니라는 생각이 들었다. 그래서 이대로 여기에서 그냥 떠나야 한다는 결론을 냈다.

'그럼, 이제 나는 어디로 가야 하나?'

일단 제2선, 비상선을 찾아가자. 이렇게 다음 행동을 결정하자, 나는 곧 그 형에게 말했다.

"형, 나는 이제 다원으로 들어갈 수 없게 되었소. 그럼 여기에서 헤어지도록 합시다."

형은 너무나 갑작스러운 나의 제의에 놀라면서 말했다.

"덕출이 이 사람, 초당집 자네 방에 물건은 아무것도 없는강? 지금 짐을 가지고 와도 되겠는데."

"형, 지금 그건 위험해. 형은 그냥 들어가시오. 그리고 나중에 형이 내 물건은 모두 불에 태워 없애주소. 내 룩색에는 옷가지와 책이 몇 권 들어 있는데 쓸 만한 것은 형이 가지고, 아니면 태워버리소. 내가 그것을 가지러 들어갔다가 잡히면 그런 어리석은 일이 어디 있겠소. 다시 무를 수도 없는 낭패지요. 그보다야 그냥 버리는 것이 낫지."

"오냐, 알겠다. 그게 젤 미덥구나. 그렇게 하지."

그리고 우리들은 악수를 하고 헤어졌다.

나는 건너온 띠다리를 되돌아 건너 단장면 미촌리 귀미 마을로 갔다. 거기서 귀미 마을까지는 걸어서 20분 정도 거리다. 귀미 마을에 있는 '트'는 무릉동 '트'로 갈 때 하룻밤을 자고 갔던 곳이었다. 서공생 동지의 '트'였다. 나는 곧바로 찾을 수 있었다. 시간은 밤 8시가 좀 넘었다. 나는 마당에 들어서서 이쪽 접선 암호를 보냈다.

"여보세요, 주인 계십니까?"

안에서 누가 대답했다.

"거기 누구십니까?"

그래서 나는 암호를 댔다.

"살내 마을의 도동댁에서 씨나락(볍씨)을 가지고 왔습니다."

한참 동안 대답이 없었다. 좀 기다렸더니 대답이 나왔다. 그런데 올 대답이 아니었다.

"우린 그런 소리 들은 일이 없는데요."

나는 뜻밖의 대답에 어이가 없어 말이 나오지 않았다. 겨우 정신을 수습하고서 말했다,

"아니 여보세요. 씨나락 부탁한 일이 없다니요. 찹쌀 2되하고 멥쌀 6되가지고 온다는 말을 못 들었는교?"

대답은 안에서 퉁명한 목소리로 나왔다.

"우린 살내 도동댁도 모르고, 씨나락 부탁한 일도 없소. 그라이 그만 가보이소."

이럴 수가! 나는 기가 차고 어처구니없어 더 이상 말할 기운도 없었다. 아무 소리도 못 하고 그냥 서 있었다. 그러자 안에서 낯익은 다른 목소리가 나왔다.

"마, 그만 가라카이까네. 허 참, 그냥 가란 말이옷."

나는 그때 살갗에서 싸늘한 한기를 느꼈다. 나는 본능적으로 손이 허리춤으로 가고 말이 이리저리 튀어나갔다.

"뭐라고요? 아니, 그러니까…… 예, 알겠습니다. 그만 갑니다."

그러자 안에서 대답이 나왔다. 그 목소리는 떨리는 목소리였다.

"그만 잘 가이소……."

내 말도 떨려 나왔다.

"예, 편히 계시이소……."

나는 총을 빼들고 뒷걸음질해서 사립문 밖으로 나왔다. 나는 그길로 밖으로 나왔지만 어디로 가야 할지, 정말 막막했다. 그리고 눈물이 왈칵 나왔다. 울음소리는 가슴속 깊은 곳에서 통곡이 되어 나왔다. 한동안 그 통곡을 소리 죽여 울면서 서 있었다. 그리고 그냥 아무 생각 없이 걷기만 했다.

총을 버리고
살길을 찾다

아무 생각 없이 걷다가 물이 여울이 되어

흐르는 물소리가 들렸다. 그때서야 사방을 둘러보았다. 단장천이 좁은 물목이 되어 띠다리 밑을 흘러가는 급한 물살이 내는 소리였다. 띠다리를 건너면 죽남이라고 따로 부르는, 다원 마을의 동편에 있는 다죽리에 속하는 마을이 나온다. 어제까지는 길도 들고 정도 든 마을이지만 이제는 적지와 같은 마을이다. 내 몸 하나 은신할 수 있는 마을은 거기에는 이미 없다.

오던 길을 되돌아 귀미 마을 입구로 들어가는 강둑길 위에 올라 살내 마을로 들어가는 길을 따라갔다. 넓은 강변의 자갈밭을 질러 달빛에 일렁이는 물빛을 보다가, 바지를 걷어 허벅지까지 감아올리고서 여울을 건넜다. 깊은 데라야 무릎 위라서 쉽게 건넜다. 건너편은 좀 가풀막진 언덕인데 길이 비스듬하게 나 있었다. 거기로 해서 올라가니 구 철로의 철길을 걷어내고 도로로 만든 길이 나왔다.

일제 때 경부선을 처음 놓았을 때는 단선이었는데, 1940년대부터 시작해 경부선 철도를 복선으로 확장했다. 이 구 철도를 폐선하고 지금의 철도를 새로이 놓고, 추화산 밑으로 약 1킬로미터나 되는 터널을 뚫어 철길을 단축시켰다. 이 복선 공사 이전의 경부선은 용두목 철교를 건너면 철로가 오른편으로 완만히 굽어가다가 추화산 동쪽 자락의 벼랑길로 들어가면서 왼편으로 굽어진다. 강변으로 쑥 나온 산줄기 두 군데는 터널을 뚫어서 기차가 다녔다. 물론 그때 기관차는 석탄을 때는 증기기관차였다.

구 철길이 놓였던 언덕길에 올라 도로로 된 길을 상행으로 가면 터널로 들어가기 전에 산 위로 올라가는 길이 나 있다. 그 길을 따라 60~70미터 올라가면 밀양 고을에 사는 여주(驪州) 이씨 집안의 정자가 있다. 그 이름이 월연정(月淵亭)이다. 이 월연정을 지나 강 쪽으로 나온 두 산줄기 사이에는 백송나무 두 그루가 하나로 어울려 뻗어 있는 천연기념물이 있다. 그곳은 가근방 초등학교 학생들의 봄가을 소풍 코스로도 되고 있다.

나는 이 구 철도길 도로로 올라 사방을 살펴보았다. 개미새끼 한 마리도 없이 조용했다. 일단 굴 안으로 들어가서 산 위에 백송나무가 있는 골짜기 출구 쪽으로 나왔다. 달빛이 환하게 강을 비추고 있다. 바로 산 밑이라 물이 깊어서인지 수면은 달빛을 받아 조용히 빛나고 있다. 일단 나는 급한 곳으로부터 벗어난 것 같았다. 그리고 세상만사가 그냥 고요하기만 해서 사색하기가 좋았다.

그때서야 맑은 정신이 생겼다. 내가 한 일에 대해, 즉 아무 생각도 없이 그냥 환란에서 일단 피하고 본다는 생각으로만 해왔던 일을 비로소 되돌아보게 되었다.

제일 먼저 제2선을 찾겠다고 간 귀미 동네 아지트에서 당한 일이 다시 되살아났다.

'마, 그만 가라카이까네. 허 참, 그냥 가란 말이웃.'

그 낯익은 목소리의 임자가 서공생 동지라는 생각이 이때서야 났다. 그 목소리는 틀림없이 서공생 동지의 목소리였다. 왜 나를 만나주지도 않는가? 그리고 그 떨리는 목소리가 더욱 마음에 걸렸다. 그래서 생각이 깊어지게 되었고 그 어떤 짐작을 할 수 있게 되었다. 물론 그것도 짐작일 뿐이지만.

그때는 이미 천황산 밑의 아지트가 김종원 부대에 의해 산산이 짓밟히고 파괴되고 있었다. 그러니 귀미의 제2선에서 천황산 쪽으로는 갈 수 없던 것이었다. 김종원 부대가 그 일대를 싸잡아 뒤져 생명이 있는 것은 기어다니는 벌레까지 모조리 학살했다는 말이 전해 왔던 것이다. 그래서 서공생 동지는 그처럼 매정하게 나를 떼어낸 것이었다. 차마 말로써 나타내지는 못 하고 그냥 '네 갈 데로 그만 가라'는 뜻이 담긴 메시지였던 것이다.

그럼 어디로 가야 하나? 이제 갈 데는 없다. 그러자 두려움이 생겼다.

그리고 할배가, 할매가 보고 싶었다. 또 엄마가, 아버지가, 그리고 동생들이…… 가족이 그리워서 가슴이 옥죄었다. 그러면서 생각했다.

'만약 내가 연계소 집에 들어갔다가 붙잡히면 식구들은 괜찮을까?'

'지금 몸에 지니고 있는 이 무기는 어찌 할까?'

무기를 버리면 당장 어느 놈이 달려들 것 같은 환상이 생겼다.

'그렇지, 이 무기가 없으면 마지막 도망인 죽음도 스스로 못 하게 되는 거지.'

그래도 그냥 지니고 갈 수는 없다.

'그래 적들에 붙잡혀 무장해제당하는 것보다 버리자.'

'그래도 이 무기가 어떤 무기인데, 목숨을 걸고 동지들이 얻은 것인데.'

마음속에서는 이런저런 생각들이 충돌하고 있었다. 결국 이제부터 전투의 마당으로부터 떠날 바에야 버리기로 결심했다.

달은 중천에서 서쪽으로 기울었다. 추화산의 동쪽 벼랑 언덕의 내가 있는 자리도 곧 어두워지기 시작했다. 일단 강가에서 나온 뒤 언덕 위로 올랐다. 허리춤에 차고 있는 권총, 콜트45를 뽑아 들었다. 총탁을 얼굴에다 갖다 댔다. 찬 밤공기를 많이 받아선지 총탁의 싸늘한 냉기가 내 마음을 진정시켜 준다. 마음이 어느 정도 고요해지자 나는 총을 어깨 너머 뒤로 해서 어깨를 잔뜩 젖힌 뒤 힘을 주어 던졌지만 총이 무거워서인지 멀리 강심까지 못 가고 벼랑 밑 가장 깊은 곳으로 보이는 수면에 떨어졌다.

'풍덩!'

이때껏 했던 고민까지 한꺼번에 안고 나를 떠난 것인지 시원하지만 섭섭한 마음도 들었다. 이제 모든 번민을 버리고 전장을 떠나 집으로 가자는 생각만 났다. 그러자 할매의 품이 그리워졌다.

첫 굴은 짧지만 두 번째 굴은 약 200미터는 좋이 되었다. 여기는 불빛

없이는 방향을 잡지 못할 것 같아서 마른 나뭇가지를 기다랗게 묶어서 횃불을 만들었다. 그리고 굴 안으로 들어갔다. 불빛에 굴벽이 드러났고 가는 길이 환하게 나타났다. 이윽고 굴을 빠져나왔다. 달빛은 어둔 곳에서 나와서인지 너무나 밝았다. 긴늪 콘크리트 다리에서 범북고개를 넘는 도로 아래 왼편 잘록이를 넘어 공동묘지의 왼편 고갯길을 넘어갔다. 시간은 자정이 다 되어 갔다. 나는 송징이다리 밑에서 도로로 올라 사방을 휘둘러보았다. 인기척 하나 없는 밤이었다.

서문다리로 가는 수로를 따라 어둠 속으로 몸을 숨기면서 서문다리를 건넜다. 동가리 신작로를 보니 달빛을 받은 신작로는 저 멀리 우리 집 앞까지 환하게 보였다. 인기척 하나 없고, 소리 하나 안 나는 고요한 거리였다. 마침내 연계소 우리 집 대문에 다다랐다.

닫혀 있는 대문을 손을 대고 가만히 안으로 밀었더니 대문은 소리 없이 열렸다. 나중에 할머니에게 들은 말인데, 내가 집을 나간 날부터 대문의 빗장을 잠그지 않았다고 하셨다. 집 나간 손자가 언제 올는지도 모르고, 또 급하게 올는지도 몰라서 늘 빗장을 걸지 않고 살았다는 것이다.

나는 발소리를 내지 않고 집 안으로 조용히 들어갔다. 그리고 가만히 할매를 불렀다.

"할매, 할매! 내 왔다. 재구가 왔다."

인기척이 없다. 그래서 목청을 조금 더 크게 해서 다시 불렀다.

"할매, 내다. 재구다."

그러자 그 말소리가 끝나기도 전에 할매 목소리가 들렸다.

"밖에 누고! 아이구, 저거 재구 목소리 아이가!"

그리고 방 안에 전등이 켜졌다. 그러자 뜻밖에 키가 큰 남자가 대청으로 나오고 바로 맨발로 마당으로 내려서더니 다급하게 말했다.

"니, 재구제! 재구 맞제!"

아이구, 이럴 수가. 뜻밖에도 아버지다. 나는 그만 아버지 가슴에 얼굴을 파묻었다.

"네가 우짠 일고! 이 밤중에. 어서 올라가자."

이때 할매가 마당에 내려와서 나를 잡고 반 울음으로 소리쳤다.

"아이고, 내 새끼야! 네가 이 밤중에. 어서 올라가자."

아버지는 밖에 놓인 기다란 바지랑대를 들고 대문 밖으로 나가 사방을 둘러보고 들어오셨다.

"혹시, 누가 너를 따라오는가 싶어서."

혹시 나를 잡으러 뒤따라오는 놈이 있고, 나는 어떤 놈으로부터 도망해서 오는 줄 아셨는지, 그래야 별수 없지만 아들을 지키겠다는 아버지의 마음이었던 것이다. 그때 아버지의 사랑이 담긴 눈빛은 팔순이 넘는 지금도 종종 떠오른다.

그러고는 방에 들어오셔서 기쁨과 당황스러움이 겹치는 얼굴로 나를 쳐다보셨다.

"너, 지금 괜않나?"

"예, 괜않습니다."

한 소동이 가시고 나서 나는 그동안 있었던 일을 할매와 아버지가 너무 걱정하시지 않도록 일없는 투로 이야기를 했다. 그리고 오게 된 전말도 이런 수준으로 대강 여쭈었다. 그러자 아버지가 말씀하셨다.

"이번에 내가 정말 잘 왔구나. 어매요, 정말 조상이 야를 지켜주시는갑제. 이제부터 제사를 밀양에서 구지로 옮겨 지내려고 내가 오늘, 아니 이제는 어제지, 내가 어제 안 왔나. 제사에 쓰이는 제상과 향로반, 향로와 제기를 가지고 가려고. 그런데 내와 꼭 서로 약속이나 한 듯이 오늘 니가 여기로 왔으니, 이 얼마나 때를 잘 맞춘 기고. 내일 제기들과 농짝하고, 다른 살림 살이들을 싣고 갈 트럭을 맞춰 놨다. 그것 타고 나랑 가자. 정말 조상 할배 할매들이 너를 지켜주고 있구나. 그래, 내일 그 차 타고 바로 구지로 가자."

할매도 말씀하셨다.

"네가 집 떠나고 나서 내가 사는 기, 사는 기 아니다. 잠자리에 들어도 니 걱정, 앉아도 서도 니 걱정이지, 이눔아! 어떤 소문만 들어도 니가 혹시나 하고, 방정맞은 생각이 자꾸 떠올라서. 더구나 계음 아이 죽고부터는 정말 사는 기 아니었다. 니 계음 사람 죽은 소문은 들었나?"

"돌아가시기 한 열흘 전에 한 번 봤다. 생각하면 절통할 노릇이다. 계음 아지매는 말이 아니제?"

"세상에 무슨 원수가 졌다고 죽일내기야. 왜놈 시대에 조선왜놈 노릇 그렇게나 해도 해방되고 어디 한 사람이나 다치게 했나. 저그가 동포들에게 한 노릇을 생각하면 어디 한 번만 죽어서도 안 되지. 그 짓거리, 어디 다 갚을 수가 있어야제. 그런데도 무슨 원수가 졌노, 사람을 마구 죽이고."

비통한 심정으로 울듯이 말씀하시던 할매는 이윽고 감정을 추스르고 말씀하셨다.

"야야, 이제 이야기 그만하고 일찍 자자. 내일은 짐도 싣고 가야지. 재구 너도 일단 잠부터 자고. 그리고 내복 내줄게. 속옷 갈아입고 자거라."

그러고는 아재가 입던 내복을 내주었다. 모두 잠자리에 들었다. 나는 잠자리에 들자 늘 버릇이던 할매 젖가슴 만지는 것도 잊고 그냥 내 몸에서 무엇이 쏘옥 빠지듯 하면서 잠이 들었다.

이튿날 아침 대문 밖에 미제 '스리쿼터'라고 하는 반트럭이 왔다. 그리고 운전수와 아버지가 짐을 싣는 소동에 나는 잠을 깼다. 나는 급히 일어나 얼굴에 물을 찍어 바르듯이 세수를 하고, 짐 싣는 것을 거들려고 나섰다.

하지만 짐을 이미 다 싣고 운전수는 고무 밧줄로 실은 짐이 이동 중에 흔들리지 않도록 짐칸의 테두리 걸개에다 걸어 바짝 조이고 있었다.

이윽고 짐을 다 싣고 출발 준비를 끝내자 운전수와 더불어 모두 대청으로 올라와 아침상에 둘러앉아 식사를 했다. 할머니는 장기인 시원한 북어국과 간고등어에 묵은지를 얹어서 조린 짭짤한 조림과 여러 가지 다양한 밑반찬으로 맛깔스럽게 상을 차렸다.

세 사람 모두 든든하게 아침식사를 마치고 차를 탔다. 할머니는 어느새 말았는지 김밥을 담고 묵은지 속에 박아놓은 짭짤한 무를 꺼내 납작납작하게 썰어서 담은 3층 찬합을 보자기에 싸서 내게 안겨주었다.

"가다가 배고프면 노나(나눠) 묵거라."

차는 무안으로 해서 영산과 창녕을 지나 현풍 못 가서 유가에서 구지로 들어갔다. 거리는 약 60킬로미터 정도인데, 당시 도로 사정이 나빠 중간에 잠깐 쉬는 시간까지 쳐서 2시간 정도 걸렸다. 밀양 연계소 집에서 아침 9시에 출발했는데 구지 집에는 11시 좀 넘어 도착했다.

차가 도착하니 모두 차에 시선이 몰렸다. 내가 차에서 내리자 모두 놀라 멀쑥하게 쳐다보더니 그 눈이 활짝 열리는 듯하다가 그만 반가운 목소리와 함께 웃음꽃으로 펴나면서 소리쳤다.

"와! 재구야, 니가 웬일고!"

엄마의 목소리였다.

"힝야!(형아)"

재두와 용아의 반가움이었다.

"오빠야!"

향아의 외침이었다.

엄마의 팔이 내 어깨에 감겼다. 재두, 용아가 각각 오른손과 왼손을 차지했고, 향아가 내 허리에 매달렸다. 엄마는 그 외침이 곧 넋두리로 변했다.

"고게 나서 복도 지지리도 없이 오라비도 못 보고 그만 가버렸지. 삼신 할매가 무슨 용렬로 도로 데려갔는가. 그래, 고게 너를 불러오려고 가버렸구나. 그 불쌍한 것!"

그러자 나는 구지를 떠날 때 그 유달리 부른 엄마의 배가 푹 꺼져 있음을 깨달았다.

"어매! 아이는?"

"그래, 고게 세상에 나서 돌도 못 지내고 그만 가버렸다. 한참 재롱부리다가 그만 가버렸다."

내가 없는 동안에 태어난 여동생이 내가 집에 돌아오는 것도 못 보고 가버렸다는 사실을 알았다. 죽은 아이가 정말 불쌍했고, 아이를 잃은 어머니가 가여웠다. 나는 어머니를 가슴에 보듬어 안고 있었지만 어떻게 위로해야 될지 알 수가 없어서 그냥 서서 눈물만 흘리고 있었다.

나중에 호적을 보았더니 이름이 안재정(安在貞), 1948년 3월 25일 구지에서 출생했고 내가 집에 돌아오기 석 달 전인 1949년 1월 16일에 사망했다. 이건 정말 시대가 내게 주는 한이었다.

1948년 11월에 들어서서 홍진을 했는데 12월 하순경에는 다 나았고 회복된 줄로만 알았다. 그래서 양력 설 제사를 지내려고 어머니가 아이를 업고 구지에서 밀양 연계소 고향집으로 오셔서 설 제사를 무사히 잘 마쳤다. 그런데 아이가 갑자기 열이 나고 발진이 생기면서 앓기 시작했다. 그것이 곧 폐렴으로 변하더니 걷잡을 수 없게 되었다고 했다. 아버지가 급히 밀양에 와서 밀양의 병원에 진료를 부탁했으나 의사는 병세가 너무 늦었다고 했다.

밀양의 추화산과 아북광산 사이에 있는 조그마한 산에 밀양의 공동묘지가 있는데, 죽고 난 다음에 거기에 있는 애장터에 묻었다고 한다. 무심한 오라비는 그 곁을 몇 번이나 그냥 지나치기만 했구나…….●

열셋

—

아기 선생

"여러분, 나는 방금 교장 선생님으로부터 소개받은 안재구입니다.
오늘부터 여러분의 학교인 구지국민학교에서
여러분들에게 무엇을 가르친다는 선생이라기보다
함께 공부하고 함께 놀아줄 동무가 되겠습니다.
때로는 형처럼, 그리고 오빠처럼 여러분의 생활과 공부를 도우며,
여러분과 함께 한 가족으로 이 학교에서 살겠습니다.

새로운
살길을 찾아

재회의 반가움과 우리 가족에게 일어난 시대의 한으로 생긴 모자의 설움을 울음으로 푼 다음, 나는 어머니를 뫼시고 안방으로 들어갔다. 어머니의 몸과 마음을 수습하고 다시 나만 문밖으로 나와 대청으로 열린 문턱에 섰다.

"엄마! 아들 절 받으소."

나는 어머니께 큰절을 올렸다. 그리고 방 안으로 다시 들어가 어머니 곁에 앉아 어머니 품에 얼굴을 묻었다. 재두, 향아 그리고 용아가 따라 들어와 나와 엄마를 둘러싸고 서로 몸을 비비며 끌어안았다. 우리들의 반가운 만남을 듣고 안채의 박진목 씨 부인인 의성댁이 아들딸들을 데리고 왔다. 방문이 비좁도록 들어와 우리 가족의 반가운 재회에 웃음꽃을 거들었다. 나를 무척 따르던 희진이와 희선이가 장난스런 얼굴로 나를 보고 있었다.

곧 점심때가 되었다. 어머니는 부엌으로 가셨다. 의성댁 아주머니도 아이들을 데리고 안채로 들어갔다. 나는 그동안 아래 면장 사택에 외할아버지를 뵈러 가야겠다면서 밖으로 나갈 양했다. 그러자 어머니는 나를 한참이나 바라보더니 말했다.

"거기에는 가도 아무도 없다."

그러면서 또 울음소리로 내게 말했다.

"외할배는 지난 초여름의 어느 날 장대같이 비 오는 날 밤에 돌아가셨다. 외할배는 니가 병문안 간 후 한 달쯤 지나 퇴원하셨는데, 병 차도가 없으셨다. 결국 지난해 양력 7월 7일 밤에 억수같이 오는 비를 타고 가시는지 그날 밤에 돌아가셨다."

"그럼 정업이 아재 식구는?"

"그래, 거창댁 엄마 데리고 저그 고향 거창으로 도로 갔는데 그 후론 소식이 없구나. 그래도 나를 누님이라 부르는 정은 남아 있어 보고 싶네. 너를 만났으면 얼마나 반가워했을꼬."

나는 이때 정말 인생이 무상함을 느꼈다.

어머니는 그동안에 일어난 이야기를 틈틈이 했다. 외할아버지가 돌아가시고 면장은 이 지방에서는 잘 모르는 분이 왔다가 곧 그만두고 아랫담에 있는 정미소 주인인 범안골 최씨 마을의 최종대(崔鍾大) 씨가 면장이 되어 지금까지 하고 있다고 했다. 최종대 씨는 구지고등공민학교도 맡아 외할아버지의 뜻을 이어오고 있다고 했다.

어머니의 이야기 중에 그동안 우리 집은 여기 구지에서도 큰 환란을 겪었다는 것을 알게 됐다. 바로 지난해(1948년) 11월 초에 일어난 '대구 6연대 반란사건'으로 말미암은 일이었다.

전에 내가 있을 때 얌전하고 인사성 바른 윤청길(尹淸吉)이라는 사람이 구지경찰지서장이었는데 외할아버지가 돌아가시자 곧 딴 곳으로 전근을 가고, 이북 평안도 출신인 김정구(金貞九)라는 자가 왔다.

이자의 애비는 일제 때 악질지주로, 그의 고향에서 지주의 권세로 양갓집 여자를 욕보여 인민들의 원망을 받았다. 그러다 8·15 해방을 맞아 인민들에게 붙잡혀 거세를 당하고 그 지방에서 쫓겨났다고 했다. 그래서 그는 자기 애비를 데리고 이남으로 도망 와서 서북청년단에서 활동하다가 나중에 경찰에 들어와 남대구경찰서 구지지서장이 되었다고 했다. 이자가 구지에 오고부터 조용했던 이 지방도 시끄러워졌다고 한다. 청년들이 붙잡혀 오면 지서 안에서 매를 맞아 울부짖는 소리가 났는데, 이자가 술이 취하면 유치장에 갇힌 농민들을 꺼내 마구 몽둥이질을 한다는 것이다.

그런데 대구의 앞산 밑에 있었던 일본군 보병 80연대의 진터(지금은 앞산비행장)에 주둔하고 있던 국방경비대 6연대에서 반란이 일어난 것이다. 반란병들은 진압군과 교전해 물리치고 대구-진주 간 국도로 해서 진격해 왔다. 이들이 그대로 진격해 오면 곧 현풍을 거쳐 구지로 당도하는 것은 시간문제인 것이다.

이 일로 해서 구지지서장 김정구는 바짝 얼어서 '이젠 죽었구나!' 라고 생각한 것 같았다. 그래서 술을 잔뜩 퍼 마시고서는 이 지방에서 좌익운동을 하던 샛담 마을의 박씨와 곽씨 두 분을 잡아 오고 난데없이 나의 아버지와 밀양에서 내가 뫼시고 온 손기용 선생을 잡아 즉결처분을 한다면서 총을 빼들고 야단이었다는 것이다. 이 소리를 들은 당시 구지면장인 최종대 씨가 경찰지서에 들어가서 그놈에게 야단을 쳤다.

"니가 조용한 우리 고을에 와서 고을에서 존경을 받고 있는 두 분 선생을 죽이면 너는 살아서 돌아갈 것 같으냐? 차라리 나를 죽여라. 만일 나를 죽이지 않고 우리 고을을 위해 일하시는 두 분 선생을 죽인다면, 우리 학생들과 고을 사람들이 너와 너의 계집과 자식을 한 사람도 남겨두지 않을 것이다."

그러면서 최종대 씨는 김정구가 겨누고 있는 총 앞에 가슴을 헤쳤다.

"그러니 이 사람들 죽이기 전에 나부터 죽여라."

이 소리를 듣고 김정구의 아내가 달려왔다.

"당신, 지금 제 정신인가! 고향에서 그처럼 당하고도 정신을 못 차렸는가! 아버님이 그처럼 당하고도 정신을 못 차렸는가!"

김정구의 아내는 이렇게 소리치면서 술 취한 그놈을 사택 안으로 끌고 들어갔다고 한다. 이런 소동이 어찌 구지뿐이겠는가. 이남의 곳곳에서 일어나고 있었고, 실제로 이렇게 해서 죽임을 당한 사람이 수없이 많았다. 반란의 사태는 반란군이 가야산으로 들어가서 진지를 구축하고 터를 잡자 조용해졌다. 그 뒤 김정구라는 놈은 지방민의 진정과 당시 국회의원이었던 나의 외가 큰집 할아버지의 호통으로 떨려나가고 말았다.

이처럼 내가 없을 때 일어난 사건들을 들으면서 나는 그동안 익숙했던 아지트 생활에서 조금씩 벗어나기 시작했다. 어머니의 살가운 보살핌 덕분에 나는 몸을 추스르며 건강을 회복했다. 한동안 함께 다녔던 구지고등공민학교의 친구들과 배구도 하고 축구도 하면서 지냈다. 특히 학교의 사환으로 일하고 있는 김치선 형과는 속마음을 터놓고 이야기하면서 구지 생활에 길들어가고 있었다.

하지만 아버지는 걱정이 이만저만 아니었던 것 같다. 그 위험한 생활에서 벗어나기는 했지만 남 보기에 놀고 있는 것이 불안했고, 낮에는 아무 하는 일 없이 방에서 책만 보고 있는 것 또한 불안해 보였던 것이다. 그래서 자꾸 구지고등공민학교에 다시 입학하라는 것이다. 그럴 때마다 나는 말씀드렸다.

"아버지, 제 일은 제가 생각하고 있습니다. 아직 갈피를 잡지 못해 말씀드리지 못하고 있지만 생각이 정리되면 말씀드리겠습니다. 그때 아버지의 도움이 필요하면 말씀 여쭙겠습니다."

"오냐, 알았다."

아버지는 겉으로는 그렇게 말씀하시지만 영 못마땅한 빛이 얼굴에 오르신다.

당시 나의 고민과 문제는 두 가지였다. 하나는 생활 문제이다. 그것은 자활이 원칙인데 그 방도를 찾기가 쉽지 않았다. 자활을 한다는 것은 생활비를 스스로 벌어서 해결해야 하는 것이 기본이다. 이는 곧 취직을 해서 노동을 하는 것이다. 하지만 내가 무엇을 가지고 일해서 생활을 해야 할지 쉽게 정할 수가 없었다.

이를 해결하기 위해서는 일단 집을 나가고 보아야 하겠는데, 이때껏 집을 나가 생명의 위험을 안고 살아온 내가 다시 집을 나간다고 하면 부모가 받아들일 수 있겠는가. 그렇다고 야반도주할 수도 없는 처지였다. 부모의 가슴에 못을 박는 일이 되기 때문이다. 그런 일은 두 번 다시는 할 수가 없었다.

그 다음 하나는 나 자신의 발전 문제이다. 내가 아무리 독학을 한다고 해도, 그래서 내 자신이 아무리 성과를 올려도 아버지나 어느 누구에게도 인정받기는 어려운 것이다. 학교에 다니면 한 해가 지나고 학년이 올라가니 그 자체만으로 누구에게든 인정받을 수 있는 성과가 된다. 하지만 독학은 그렇지 못하다. 독학으로 아무리 실력을 올려도 나만 알 수 있을 뿐이다. 내가 노력해서 얻은 결과를 남에게 인정받을 기회가 없는 것이다.

우선 내가 공부한다고 낮 동안 방 안에 죽치고 책을 펴놓고 있으면, 남들이 보기에는 공부가 아니고 그냥 시간 보내는 것으로만 보일 뿐이다. 오후에 집에 잠깐 들르실 때, 내가 건넌방 책상머리에 있는 것을 보는 아버지 얼굴에는 '맨날 책만 보는 할 일 없는 놈팽이' 라는 표정이 담기셨다. 그래선지 지금 당장 시킬 일이 아닌데도 한소리 하시는 것이다.

"야, 그 방 꼴이 뭐야!"

"너는 마루 밑에 장작도 안 보이나! 그것도 안 패고 뭐 하노!"

아버지는 곧잘 내게 호통을 치셨다. 내가 집에 오고부터 한 달이 좀 더 넘었을까. 아침에 출근하실 때 어머니가 아버지에게 말씀하셨다.

"어제 도동(나의 외가 동네) 갔다 와보니 내일 제사에 쓸 쌀이 모자라는 데 큰일 났네요. 내겐 돈도 없네요."

그러고선 나를 쳐다본다. 아마 아버지가 돈을 마련하고 내가 현풍 장이나 십이리 장에 가서 팔아 오라는 암시다. 그래서 나는 머리를 끄덕하고 '알았다'는 수긍을 보냈다. 아버지는 지갑을 꺼내 돈을 내게 주고 출근을 하셨다. 나는 그 돈을 받아 호주머니에 넣고는 다시 책상에 펴놓은, 지금 한창 읽고 있는 미분적분학 책에 머리를 처박았다. 책과 펴놓은 시험지에 계속 눈을 박고 머릿속은 온통 수식으로 엉켜 있었다.

그러는 가운데 점심시간이 다 되었는지 아버지가 내 방문을 열었다. 방 안에서는 내가 아침에 출근하실 때 그 모습으로 책에 눈을 박고만 있는지라, 그만 아버지의 화증이 폭발하고 말았다.

"이놈아! 아직도 책상머리에 머리만 처박고 있나! 아침에 쌀 팔라고 한 소리 못 들었나!"

이렇게 고함소리가 났고, 이어 아버지는 마루 밑에서 장작개비를 한 가치 빼들고 방 안으로 들어와 그냥 나를 팼다. 나는 머리를 두 팔로 감싸고 방 밖으로 내뺐다. 나를 놓친 분을 내가 펴놓은 책과 계산노트에다 푸시는지 책상 두드리는 소리와 종이 찢어지는 소리가 들렸다. 참으로 어처구니없는 봉변이었다. 내가 안채로 몸을 피하자 의성댁 아주머니는 나를 뒤꼍에 피난시켰다. 그런 다음 어머니에게 갔다. 조금 있으니 어머니가 내 옷과 신발, 그리고 쌀자루와 멜빵끈을 가지고 오셨다. 그러곤 아들이 다쳤을까 염려되는지 말을 건네셨다.

"야야(얘야), 어디 다친 데는 없나?"

"괘않다."

나는 바지를 입고 웃옷을 걸치고 운동화를 신고 집을 나섰다. 십이리 장터로 출발했다. '십이리'는 경남 창녕군 대합면 십이리인데 5일장이 서는 곳이다. 이날이 장날이어서 쌀을 팔러(사러) 갔다. 구지에서 거리는 8킬로미터 정도인데 그때 나서면 오후 5시쯤 되어야 집에 돌아올 수 있었다.

나는 바빴다. 나는 당시 미적분학에서 기초개념을 공부하는 중이었다. 아무 도움 없이 내 스스로 깨달아야 해서 힘이 더 드는 부분이었다. 길을 가면서도 내내 생각이 거기에 머물렀다. 극한의 개념과 연결에서 미분의 기초개념을 잡으려니 생각이 좀체로 정리되지 않아 벌써 사흘을 그 대목에서 보내고 있었다.

십이리 장에 도착하는 대로 곧장 싸전을 찾아가 쌀 한 말을 샀다. 그러고 보니 배가 고팠다. 점심때가 훨씬 지났다. 장터 한쪽에 솥을 걸어놓고 국밥과 국수를 파는 집이 있었다. 손님들이 기역자 판을 둘러싸고 먹고 있다. 나는 방금 판 쌀을 한쪽 어깨에 둘러메고 그 가게로 갔다. 그러곤 아주머니에게 말했다.

"아지매, 얼른 국수 곱빼기로 한 그릇 말아주소. 아직 점심을 못 먹었더니 뱃속에서 거지벌레가 한창 지랄을 하구마."

아지매는 맞장구를 쳤다.

"거지벌레는 안 달래주면 저승까지도 따라간대요, 총각."

"그래서 얼른 달래려고 이 야단 아닌교."

아지매는 널찍한 대접에 그득히 한 그릇 말아 나한테 건네주었다.

"아 그 총각, 말도 걸쭉하게 잘하네. 장차 누구 사위가 되는지!"

"아따, 아지매 딸 있는교? 있으면 남이 채가기 전에 얼른 사윗감으로 채가뿌소, 그만."

그러자 기역자 판에 그득히 둘러앉은 장꾼들이 모두 폭소를 터뜨린다.

이런 말 속에 국수는 언제 들어갔는지 배를 슬슬 쓰다듬으면서 일어났다. 쌀자루에 멜빵을 둘러치고선 팔을 그 멜빵 속에 집어넣어 일어서면서 한 번에 우쭐거리며 짊어졌다. 그리고 바지 주머니에 손을 집어넣어 쌀값을 주고 남은 돈을 꺼냈다.

"아지매, 돈 여기 있소. 국수 맛있게 잘 먹었습니다. 그럼 안녕하소."

"예, 총각. 잘 가이소. 그리고 또 오소."

그리고 집으로 오는 길에 과자 가게에 들러서 굵다란 눈깔사탕 한 봉지를 샀다. 동생들이 좋아하는 얼굴을 떠올리면서.

오후 4시가 넘었을까. 6월 초순이라 해도 많이 길어져 서쪽으로 기울기는 했으나 아직도 서산에 한 뼘 넘어나 있다. 대문으로 들어서면서 소리를 쳤다.

"엄마, 내 왔다."

엄마는 뒤꼍 부엌에서 반가운 얼굴로 나오셔서 나를 맞았다.

"일찍도 왔네. 아이구 이 땀 좀 봐라. 얼른 샘 가로 가자. 등물 좀 쳐줄게."

"아니 괜찮아. 도랑가에 가서 좀 씻을래."

내가 무명베 수건과 비누를 가지고 나오자, 어느새 용아가 알고 나를 따라온다.

"형아, 도랑에 가서 우리 물싸움하자."

"좋지. 용아 옷을 몽땅 다 젖도록 물을 뒤집어씌워야지."

용아 손을 잡고 공출미곡 창고 위쪽으로 갔다. 거기서 조금 더 도랑을 따라 올라가면 도랑 양옆에 무논이 있는데 도랑과는 1미터쯤 높은 논바닥이다. 도랑물은 폭이 2미터 정도인데 양 기슭에 각각 한 사람씩 서서 두레박줄을 잡고 웅덩이 물을 퍼 올리도록 자리가 만들어져 있다. 웅덩이 깊이는 물을 댈 때는 허리 높이 정도는 되지만 물을 댈 때가 아니면 물꼬를 낮춰 깊이를 줄여서 아이들의 물놀이에 안전을 보장하고 있다. 나와 용아는 거기에서 물놀이를 하려는 것이다. 용아는 발가벗고 나는 위통만 벗고 팬티 바람으로 물에 들어가 땀도 씻고 용아의 물놀이 상대가 돼주기도 했다. 그곳은 응달지고 그늘이 깊어 곧 추워진다. 그래서 용아와 30분쯤 놀다가 집으로 돌아왔다.

집에 돌아왔더니 저녁에 배달되는 《영남일보》 신문이 있다. 나는 대강 기사 제목만 보다가 평소 관심이 없는 광고란에 우연히 눈이 갔다. 거기에는 경상북도의 이름으로 광고가 나 있었는데, 큰 활자로 '초등학교 교원 모집'이라고 나와 있었다. 중학교 1학년 때 퇴학을 맞은 나인지라 별 관심을 가지지 않고 그냥 훑어보다가 응시자격이라는 란에서 눈길이 멈췄다. 괄호 속에 중학교 3학년 졸업 또는 수료 미달자는 응시자격 시험을 쳐서 그 합격자는 본시험에 응시할 수 있다고 나와 있는 것이었다.

나는 눈이 번쩍 뜨였다. 다시 관심을 가지고 자세히 읽어보았다. '나도 시험을 칠 수 있는지'라는 데 관심을 집중해서 읽었다. 결론은 먼저 응시자격 시험을 치고 자격을 얻은 다음 일주일 후에 본시험을 치면 된다는 것이다. 나는 여기에 시험을 보자는 생각이 들었다. 시험은 국어, 영어, 수학, 사회(공민, 역사, 지리), 과학(물리, 화학, 생물, 생리), 음악, 미술, 체육이론에다 교육이론이었다. 다른 과목은 아무튼 해볼 모퉁이는 있는데, 교육이론은 전혀 낯설다. 그래도 대구에 가서 서점을 둘러보면 무슨 방도를 찾을 수 있을 것 같았다. 그 이튿날 당장 대구로 갔다.

대구 중앙로에 서점이 여러 곳 있는데 모두 둘러보았다. 교육이론으로 오천석이 쓴 《새 교육》이라는 책이 있었다. 이것이 가장 적당할 것 같아서 샀다. 그 밖에 악보를 해설한 음악 교과서와 미술 교과서, 체육 교과서 등을 사 가지고 구지로 돌아왔다. 그날부터 밤낮을 가리지 않고 벼락치기로 공부를 시작했다. 다른 과목은 자신이 있고 책도 있지만 생판 처음인 것은 교육이론이고 미술과 음악, 그리고 체육이었다. 아무튼 나는 건넌방에 틀어박혀 곁에 누가 있든 관심 밖으로 하고 밤낮으로 책에 매달렸다.

시험은 응시자격 시험이 1949년 6월 하순의 어느 날이었고, 본시험은 7월 상순의 어느 날이었다. 장소는 대구시 봉산동에 있는 대구국민학교였다. 나는 이 시험에 두 번을 모두 합격해서 초등학교 준교사 자격을 얻었다.

선생이 되는
손자

7월 달에 들어서자 합격자 소집 날짜를 통보 받았다. 그날부터 대구국민학교에서 일주일 간 교육실습을 한다는 것이다. 나는 그 전날 대구 대봉동에 있는 이모 집에 가서 그동안 거기에서 숙식하기로 했다. 이종형과 누나는 학년 말 시험도 끝나고 학교 공부도 끝난 뒤라 일갓집으로 나들이에 바빴다. 나 역시 형의 책장에 있는 책을 보는 데 정신이 팔려 있었다.

형과 누나는 내가 1년 넘어 보이지 않다가 갑자기 초등학교 교사자격 시험에 합격했다면서 나타나자 영문을 몰라 이상한 눈으로 바라보았다. 그러다가 누나가 알았다는 듯이 갑자기 눈이 동그래져서 말했다.

"그래, 우리 학교 아이들 중에서도 그 시험에 합격해서 교생실습을 한다고 하던데 바로 그거야? 그 시험이 그리 쉬운 것은 아니라는데, 니가 거기 합격했나? 거기는 중학교를 졸업해야 한다는데……."

"그래. 그런데 중학교 3년을 졸업 못 한 사람은 응시자격 시험을 미리 일주일 전에 치러 합격해야 하고, 그 다음에 본시험을 치르더라고. 나는 두 번 시험에 모두 합격했거든."

"아무튼 너는 좀 이상한 애야. 한 번도 남들은 죽는다고 하는데 두 번을 치고 기어이 붙었구나. 정말 대단해. 우리 반 아이 아무개하고 아무개하고는 합격했고 많이 떨어지기도 했는데, 그 애들은 중학교 4학년을 졸업했잖아. 너는 중학교도 다 못 다녔잖아. 야, 너 한턱내야겠다."

우리들이 하는 이 말을 듣고 있던 이모는 정말 기분이 좋으신 것 같았다. 이모는 눈물을 글썽이면서 내게 말했다.

"재구가 그 환란을 겪고도 이제 선생이 되었으니 이보다 더 좋은 일이 있겠나. 그래, 오늘은 우리 모두 축하의 의미로 불고기를 해먹자."

이모는 내가 산에 들어갔던 일을 어머니로부터 들었던 것이다. 하지만 조심스러워 아무에게도 말을 못 했다고 하셨다. 그래서 내 손을 잡고, "재구야, 너 정말 이번에는 장하구나"라고 하신 것이다. 이모는 시장에 나가 불고깃거리를 사오셨다. 그날 저녁 나와 이종 형제자매 모두 잘 먹었고, 모두가 나를 축하해 주었다.

대구국민학교에서 일주일간의 벼락치기 교육실습을 했다. 한 학급에 7, 8명의 교생이 배당되었다. 나는 4학년의 한 학급에 배치되었다. 그 학급의 담임 선생님인 나의 지도교사는 머리칼이 곱슬한 남자 선생님이었다. 그 선생님은 나중에 내가 1956년 경북대학교 사범대학 졸업학년 때 대학의 부속국민학교에서 교육실습을 할 때도 거기에서 또 나의 지도교사가 되었다. 정말 나와는 인연이 있는 분이다. 하지만 자그마한 얼굴 모습은 떠오르는데 애석하게도 성함은 오랜 세월의 흐름에 씻겨버려 아무리 기억을 되돌려보려 해도 되찾을 수가 없다.

처음으로 교단에 섰을 때, 천진한 어린 학생들의 초롱초롱한 시선이 내게 집중되자 내가 과연 이 학생들을 잘 가르칠 수 있을까라는 생각만 가득

했다. 그 밖에는 아무 생각도 나지 않았다. 수업을 마치고 난 다음 내가 무엇을 가르쳤는지 생각해 보려 해도 머리가 그만 텅 비고 아무것도 생각나지 않았다.

일주일 동안 실습을 하면서 수업을 맡으면 그 수업의 '교안'이라고 하는 학습지도안을 작성해 미리 지도교사의 검열을 받았다. 수업 후에는 강평도 받았다. 교사로서 사무적인 일도 지도교사의 사무를 대신하면서 실습했다. 그야말로 벼락치기 같은 실습이었다. 그래선지 마치고 난 다음에 무엇을 했는지, 무엇을 배웠는지 생각도 잘 나지 않았다.

실습을 마치는 날이 바로 학년 말 여름방학이 되는 날이었다. 그날 학교 강당에서 교육실습 수료식을 마치고 초등학교 준교사 자격증서를 받았다. 그리고 학교를 배치받고 사령장을 받기 위한 여러 가지 서류 양식을 받았다. 호적초본, 보증인 등 구비할 서류가 많았다. 이것들을 모두 8월 초순의 어느날까지 경상북도 학무과에 제출해야 했다.

나는 호적초본을 떼기 위해 고향 밀양에 가야 했다. 밀양의 투쟁조직에서 이탈돼 구지로 온 지 3개월이 좀 넘었다. 그동안 할아버지는 주변의 밀양 고을 유림에서 힘을 써서 합법 신분을 찾으셨다고 했다. 거기에는 그럴 만한 일이 있었다.

할아버지가 1948년 4월 남북조선 제 정당·사회단체 연석회의에 민전 밀양지부를 대표해서 참석하셨는데, 회의를 마치고 많은 사람들이 남북조선 최고인민회의 대의원 선거 남조선 대표자 해주 회의에 인민대표자로 남았다. 하지만 할아버지는 지금 급박한 시기에 자리를 비워서는 안 된다고 하시고 바로 내려오셨다. 할아버지가 내려오신 일을 알고 있는 경찰당국은 할아버지를 잡으려고 피눈이 되어 설쳤다. 당시 밀양 고을 유림에서는 그들이 모임을 가질 수 있는 회관이 필요한데, 마땅한 곳이 없었다. 새로 건

축하자니 비용이 너무 많이 들 것 같아서 고민 중이었다. 구 왕조 말에 지은 연계소가 안성맞춤이기는 하지만 소유권이 할아버지께 있으므로 말을 낼 입장이 못 되는 터였다.

그러던 중에 할아버지가 평양에서 돌아오신 것이다. 유림에서는 이 기회에 연계소를 유림에서 받고, 대신 할아버지의 비합법 신분을 보장하고, 할아버지가 살 수 있는 적당한 깨끗한 기와집을 유림에서 구입해 연계소와 교환하자는 데로 뜻을 모았다. 이를 할아버지에게 제안했던 것이다. 이 제안에 대해 할아버지는 선뜻 받아들였다. 단, 할아버지는 집을 교환하는 문제는 받아들이는 대신 신분 문제에 대해서는 조건으로 달지 않기로 하자고 하고 합의를 했다. 그러나 유림에서는 이와 별도로 할아버지의 체포에 대해 유림의 대표적인 인사라는 명목으로 경찰 측과 해결을 보았다는 것이다.

이리하여 우리 고향집 연계소는 밀양 유림의 소유로 되었다. 그래서 기둥에는 한자로 밀양유도회(密陽儒道會)라고 쓴 간판을 1970년대까지 달고 있었다. 그 기둥이 기울어 있었는데, 지금은 건물도 없어졌고 집터에는 온갖 콘크리트 건물들이 차지하고 있다. 이제 연계소는 옛이야기로만 남게 되었다.

할아버지의 체포 문제가 이처럼 해결되고 나도 초등학교 교사로 취직이 결정되자, 나는 하루라도 빨리 할아버지를 뵈러 가고 싶었다. 마침 본적지에 가서 호적초본을 떼 와야 하는 상황이라 나는 서둘러 밀양에 내려가기로 했다. 새로 이사하신 집은 터실에 계신 할아버지의 사촌이신 도동 할배 집과 골목을 마주하고 있다고 했다.

교생실습을 마치고 집에 돌아오자마자 나는 호적초본 때문에 밀양에 간다고 어머니에게 말씀드렸다. 어머니는 깜짝 놀라며 말렸다. 어머니로부터 이 이야기를 들은 아버지도 어머니와 같은 말씀이었다.

"네가 어떻게 그 죽음 구덕에서 빠져나왔는데 다른 곳은 몰라도 거기는 안 된다."

그러고는 서류 내는 기한까지 아버지가 직접 갔다 오시겠다는 것이다. 그래서 호적초본 일 가지고는 안 되겠다고 생각한 나는 직격으로 덤볐다.

"아버지, 할아버지가 그놈들이 잡으려고 해서 이곳에도 못 오셨고, 그래서 아버지도 아이들도 못 보고 계시는데 얼마나 보고 싶겠습니까? 근근이 살아서 집에 돌아온 제 마음은 어떻겠습니까? 잡는다는 일이 풀리고 할아버지가 집에 와 계시는데 제가 당장 뵈러 가야지요. 별 탈 없이 지내는데 제가 뵈러 못 간다는 건 결국 미리 겁부터 내고 안 가는 것이 아닙니까? 저 내일 당장 갈랍니다."

"허! 이놈 봐라. 어디 말로 해서 내가 너를 당하겠나. 그래도 네 어미는 안 된다고 할 건데."

이쯤이면 반은 승낙을 얻은 셈이다. 나는 어머니에게도 같은 말을 여쭈었다. 어머니는 한참 생각하시더니 말했다.

"재구야, 밀양 가면 니 아는 사람이 많을 텐데, 그 사람들 만나면 뭐라 할래?"

"뭐라기는, 시치미 딱 떼고 인사하지 뭐. 그 사람들이 날 좋아하는 건 엄마도 알잖아."

이렇게 나는 설레발을 쳤다. 결국 나는 '오냐, 좋다'라는 말은 아니지만 '알았다'는 양해를 얻을 수 있었다. 그 이튿날 일찍이 대구로 가는 버스를 탔다. 다시 대구역에서 기차를 타고 12시쯤 밀양에 도착했다. 역에서 읍내로 가는 자그마한 버스를 탔고, 곧 읍내 차부에 도착했다. 빠른 걸음으로 연계소 고향집으로 가서 그 대문 맞은편에 트인, 터실로 가는 골목길로 들었다. 연계소 고향집은 수리를 하고 있었다. 고불고불 골목길을 돌아 도동 할배 집을 찾았다. 그 맞은편이 할아버지가 새로 이사하신 집이다.

먼저 도동 할배 집으로 들어갔다. 대문이 열려 있어서 나는 '할매' 소리를 힘차게 내고 안으로 들어갔다. 그러자 안방의 미닫이문이 활짝 열리더니 우리 할매의 얼굴과 기다란 얼굴에 귀가 길쭉한 한목 할매의 얼굴이 함께 나왔다. 나는 반가워서 소리쳤다.

"우리 할매도 여기에 계시네."

나를 보고 깜짝 놀란 할매가 말했다.

"한목 할매께 인사만 드리고 곧장 집으로 가자. 너그 소문도 듣고. 너그 할배는 아침에 나들이를 가셨는데, 들어오셨는가 모르겠네."

그래서 나는 물었다.

"요즘, 할배는 출입도 하시는가뵈."

"응, 요즘은 박시제 씨 집에 자주 가시지."

박시제(朴時濟) 씨는 나의 존고모, 그러니까 할아버지의 누이인 조음 할매의 시숙이다. 할아버지와는 초동면 고향 사람으로 《동몽선습(童蒙先習)》을 함께 배웠던 서당 친구이다. 일제 때 한때 의열단에 들어 활동했으나 붙잡혀 고문을 받고 못 견디어 전향했다. 북성거리에서 조그마한 정미소를 하고 있었다. 당시 왜놈들은 독립운동을 하다가 변절하면 그 변절의 정도에 따라 정미소, 양조장, 금융조합 이사나 서기 등의 자리를 내주었다. 말기에는 식량배급소 등등 먹고사는 데 일없도록 해주었다.

8·15 해방 이후 이들 친일파 또는 변절자들은 친미우익으로 가서 다들 한자리씩 한다고 설쳤다. 하지만 박시제 씨는 그냥 조용히 정미소나 하고 지냈다. 그러고는 일제 때 함께 고생했던 어려운 동지들을 보면 쌀말이나 노잣돈이라도 도와주었다. 말하자면 양심적인 운동의 동조자라 할까. 이번 나의 할아버지의 신분 합법을 위해서도 많은 수고를 했다. 일제 때에

도 우리 집이 식량으로 어려울 때면 쌀이 아니더라도 식량을 구해 보내줘 우리들이 어려운 고비를 잘 넘기도록 해주었다.

할매와 나는 새로 이사 온 집으로 왔다. 집 대문을 열고 들어갔더니 남향 집으로 전체로는 4간 2줄의 기와집이었다. 서쪽 대문인데 집에 들어서면 집 남쪽 앞에는 널찍한 마당이 있어 채전으로 사용되고 있었다. 집의 오른편 2줄 1간은 부엌간인데 안쪽에는 찬방이 있다. 2줄 3간은 1간 반의 방이 세 개이고, 남쪽으로 3간 반 줄은 퇴청으로 되어 있어서 방도 넓고 퇴청도 폭이 넓다. 할아버지 할머니 내외분과 작은아버지 세 식구 살기에는 넉넉했다.

할매하고 함께 집에 들어갔더니 제일 안쪽에 있는 방에서 작은아버지가 나왔다.

"그동안 고생 많았지."

아재는 내 손을 잡고 반가워했다.

"아재, 할배는?"

"아마 북성거리에 가셨는가 보다. 늘 그 집 사랑에서 친구들과 소일하시지. 점심 자시러 올 때도 있고, 그 집에서 잡술 때도 있고 하지. 오늘은 너도 왔고 하니 아마 점심때는 오실 게다."

"허허, 아재는 요즘 점도 치는가뵈."

내가 웃자, 아재도 웃으며 대답했다.

"그럼 우리 내기 할까?"

그러고 보니 점심때가 다 되었다. 할매는 부엌간에 들어가서 점심상을 차리고 있었다. 아재는 마루에 두레상을 펴고 부엌간으로 들어가 찬과 밥을 담은 상을 가지고 나온다. 막 마루에 상을 갖다 놓자 대문을 열고 할아버지가 들어오신다. 나는 마루에서 내려와 할아버지 곁으로 다가들며 손을 잡았다.

"할아버지! 저 왔습니다."

"오냐, 네가 왔구나. 어디 보자. 그래, 몸은 건강하지? 그새 키도 훤출하게 컸고 몸도 확실해졌구나. 어디 한번 안아보자. 내 새끼야!"

좀체 반가운 표정을 안 내시는데, 할아버지도 나처럼 나를 많이 보고 싶었던 것 같다. 그러고는 나를 떼놓으시고 성큼 마루 위에 오르신다. 나도 뒤따라 마루 위에 올랐다. 할아버지는 방 안으로 들어가신다. 내게 절을 받으시려는 것이다. 나는 할아버지가 방에서 좌정하시기를 기다렸다가 방문 문턱까지 가서 열린 문 안의 할아버지를 향해 큰절을 올렸다.

"할아버지, 그동안 기체후 만강하십니까?"

"그래, 나는 건강하다. 그동안 고생 많았제? 내가 밀양에 와서부터 네 안부는 줄곧 들어왔다. 모두 네 칭찬이더라. 그런데 우리 어른들의 일이 신통찮아서 네들 고생만 시켰구나. 정말 너희들에게 미안하구나."

"할아버지, 그 어른들로부터 많이 배웠습니다."

"오냐! 마루로 나가자. 오늘은 좀 덥구나."

모두 마루로 나왔다. 절하고 이야기하는 동안 할매와 아재는 두레상에 상을 다 차려놓았다. 할머니는 자그만하고 나지막한 상에다 밥과 허드레 찬을 얹어 따로 잡숫는다. 모두 잡숫는 차림이 다 되었을 때, 나는 말씀을 여쭈었다.

"할아버지, 제가 지난달에 초등학교 교사 채용시험을 쳤는데, 합격했습니다. 그리고 교생실습도 어제 다 마쳤습니다. 9월 1일자로 교사 발령이 나온답니다. 어느 학교로 발령이 나게 될지는 몰라도 아무튼 9월부터는 학교 선생이 된답니다."

내가 보자기에 싸들고 온 초등학교 준교사자격증과 합격통지서를 내놓자, 할아버지는 깜짝 놀라시면서 자격증과 통지서를 보셨다.

"야야, 그게 정말이가? 정말이구나! 장하구나. 네가, 어린것이 벌써 선생이 되었구나. 이제 다 키웠네!"

"니가 선생이라?"

아재는 정말 어이없는지, 너무나 뜻밖이어서인지 입만 벌리고 있다. 할매가 무슨 영문인지 모르고 물었다.

"누가 선생이라고? 뭘 가르치는데?"

할아버지와 아재가 한목소리로 말했다.

"재구가 선생이 되었다네. 소학교 아이들을 가르친다고!"

"아이고, 무슨 아가 아를 가르친다고."

할매는 말도 아니라는 듯이 픽 웃는다. 할배는 어처구니없다는 얼굴을 하고서 앞에 놓인 증서와 통지서를 할매한테 내보이셨다.

"이제 재구는 다 키웠다. 이제 장가만 보내면 다야."

할매는 그제야 나를 부둥켜안고 울음소리로 말씀하셨다.

"저작년(재작년) 작년 섣달그믐께 너를 보내고 무슨 일만 생기면 '우리 재구가?' 라며 벌떡 일어나곤 했는데, 이런 쾌한 소식이라니. 재구야 정말, 이제는 좋은 일만 생길 것 같네. 아이구 이리 와라, 내 새끼야. 안아보자."

이처럼 숙질, 조손간에 모두 반가움과 그 웃음으로 점심밥 먹는 것도 잊고 좋아했다.

할배의 평양 이야기

이날 나는 오후에 읍사무소에 가서 호적등본과 초본을 떼고 바로 집으로 돌아왔다.

"할매, 할배는 어디 가셨노?"

"점심 잡숫고 북성거리 정미소 사랑방에 가셨다. 저녁은 집에 오셔서 잡숫는다고 하셨으니 저녁때는 오실 끼다."

할매는 저녁 찬거리를 위해 저자에 가신다며 바구니를 들고 나오셨다.

"재구야, 네 뭘 먹고 싶노?"

"나야 뭐든지 잘 먹는 줄 알면서 와 묻노. 할배 할매 좋아하시는 거면 다 잘 먹는다 아이가. 아무거나 사오면 된다."

"그래. 네 천어조림 좋아하잖아!"

밀양 남천강에는 민물고기가 많이 잡혔다. 민물고기는 디스토마충 때문에 날로 먹으면 위험하지만 끓여서 찌개나 조림으로 해서 먹으면 맛도 좋고 영양에도 좋다. 그러나 나이 든 어른들은 회를 쳐서 먹기를 좋아했다. 특히 밀양 남천강의 잉어회와 은어회는 유명하지만 지극히 위험했다. 그래서 밀양에는 황달병(디스토마) 환자가 유달리 많았다.

끝에 방에는 아재가 대청 쪽 마루 미닫이를 열어놓고 글씨를 쓰고 있다. 가서 보니 그 필체가 갈수록 아름다워지는 것 같았다. 내가 집 나간 1년 전보다 글씨가 더욱 세련되었다. 나와 아재는 2년 전 밀양중학교 메이데이 사건으로 퇴학을 맞았다. 아재는 밀양공설운동장 메이데이 행사에 나가지도 않았는데, 한민당 위원장이던 교장 이주형이 할아버지가 좌익이라고 아재까지 싸잡아 나와 수환이 아지매를 한 묶음으로 해서 퇴학시켰던 것이다. 아재는 이 울분을 붓글씨 쓰기로 삭이고 있었다.

아재 방의 책상은 언제나 먼지 하나 없이 깨끗하다. 그런데 이날 책상 책꽂이에는 낯선 책들이 많이 있었다. 나는 그 가운데서 최현배 선생이 쓰신 《우리말본》 책을 빼냈다. 책꽂이에는 주시경 선생의 《조선어 문법》이 있고, 그 밖에도 조선어 문법에 관한 책이 많이 있었다. 또 일본어 문법 책도 많이 있었다. 벌써 아재 책상에는 내 책상에서 수학 냄새가 나듯 조선어 문법 냄새가 진동했다. 나는 웃으면서 말했다.

"아재, 이 방은 조선어 문법 냄새가 진동하네. 그동안 문법 공부를 많이 했구나."

"그래 사람마다 각기 재미 붙일 곳이 생기는 것 같다. 니가 수학을 유달리 좋아하듯이."

아재는 웃으면서 말했다. 그리고 지금 자기가 공부하고 있는 부분에 대해서 소개해 주었다. 오후는 아재 방에서 아재 글씨를 감상하고, 곁에서 먹을 갈아주며 함께 지냈다.

저녁때가 되자 나와 아재는 할아버지를 모시러 북성거리 정미소로 갔다. 거기에는 밀양 유림에서 진보적인 어른들이 많이 모여 계셨는데, 특히 이진화 선생님을 뵈었다. 이진화 선생님은 나에게 《통감》 책 한 질을 주신 동진학교 교장 선생님으로, 우리 독서회의 민청 지도원 선생이신 구정식 선생의 스승이시다. 나는 그 어른의 앞에 서서 정중히 인사를 올렸다.

"선생님, 그동안 기체 안녕하셨습니까?"

"오냐, 괜찮다. 이렇게 살아 있으니 서로 만나는 것 아니가. 그런데 우리 정식 군은 생사를 모르니 정말 답답하구나."

이진화 선생님은 한숨과 함께 인사를 받았다. 그러자 박시제 선생이 들어오셨다. 박시제 선생은 내가 어릴 때부터 우리 집에 자주 오셨고 나와 잘 놀아주신 분이다. 그래서 내가 제법 커서도 버릇없이 굴었다. 나는 일어섰고 좌정하기를 기다려 정중히 절을 올려 안부를 여쭈었다.

박시제 선생은 만면에 웃음을 띠고 장난기 어린 목소리로 말했다.

"재구, 이놈. 니가 인제 선생이 된다면서? 이제부터 너를 함부로 못 하겠구나. 니 할애비에게 이야기 잘 들었다. 그래, 참으로 반갑다."

거기에 계신 여러 어른들로부터 많은 덕담을 받았다. 할아버지는 아무 말씀도 안 하시고 그냥 웃기만 하셨다. 기분이 좋으신 것 같았다.

"할아버지, 할매가 장을 보시고 저녁 진지를 차렸습니다. 얼른 갑시다. 할버지가 가셔야지 아재하고 저하고 모두 저녁을 먹을 수 있습니다. 그만 얼른 가입시다."

나의 이 말에 모두 박장대소가 났다.

"왓핫하. 그놈, 지 할애비 때문에 가자는 게 아니라, 지 때문에 데꼬 갈 작정이네. 하하하……."

이렇게 한바탕 웃음소리를 뒤로하고 나와 아재는 할아버지를 뫼시고 집으로 돌아왔다. 할아버지는 양옆에 막내아들과 손자를 데리고 오랜만에 하는 바깥출입이 좋으신 것 같았다.

집으로 돌아왔더니 이웃에 사는 갑이 아지매와 남편인 새아재도 와 계셨다. 갑이 아지매는 나의 종고모, 아버지의 사촌 누이동생이시다. 교동 고모 생각이 나서 안부를 물었더니 갑이 아지매가 모두를 대신해 말씀하셨다.

"재구, 너 아직 모르제? 교동 새아재(나의 고모부)는 지난 연말에 가석방으로 나오셨다. 지금 교동에 계시는데 '손 박사'[19] 댁 사랑채를 빌려서 거기에서 살림을 차리고 있다. 내일 시간 내서 가봐라. 고모도 새아재도 재구너라면 깜박 넘어가잖아."

"그래, 정말 반가운 소리네. 새아재 건강은 어떤고?"

할머니가 말씀하셨다.

"겉으로 보기에는 멀쩡하지만 5년이나 징역을 살았으니 괜않을 턱이 있나. 속 골병은 다 들었겠지."

"그래, 내일 아침에 일찍이 가봐야겠다. 지금 당장이라도 가고 싶지만."

---

19) 손 박사의 '박사'는 근대 학제의 박사가 아니라 조선시대의 벼슬 중 하나이다. 성균관에서 5경(시경, 서경, 역경, 예기, 춘추)의 교수를 관장하는 직책의 벼슬이다.

그러자 할아버지가 말씀하셨다.

"내일 일찍이 일어나던 길로 바로 가봐라. 거기 니 아지미가 차려주는 아침 먹고 내려와서 바로 구지로 가면 된다."

그러자 할머니는 펄쩍 뛰듯이 말했다.

"그게 무슨 소리고! 겨우 하룻밤 자고 갈라고! 안 된다, 안 돼. 교동 가는 건 되지만 내일 가다니, 말도 안 된다."

"걔가 그냥 인사하러 왔나. 읍사무소에 가서 호적등본을 떼러 왔지. 빨리 서류를 갖춰 내야 하는데, 일 다 마치고 천천히 또 오면 안 되나. 그때는 며칠을 있어도 될 거다. 재구야, 내일 고모한테 가서 아침 먹고 바로 내려와서 대구로 가거라. 할 거 다 마치고 난 뒤 다시 내려오거라."

할아버지는 딱 잘라 결정하셨다.

"예, 알겠습니다. 이력서는 경북도에서 주는 양식대로 기재하면 되고, 보증인 2인은 대구에 가서 외가 쪽 사람들에게 부탁하려고 합니다."

"그것 잘 생각했다. 그쪽에는 우익이 많아서 그쪽 보증을 하면 경북도에서도 잘 해주겠지."

할머니는 자초지종을 들으시고 아무 말씀도 안 하셨다. 하지만 몹시 서운하신 듯했다. 나는 어리광스런 소리로 말씀드렸다.

"할매, 나야 할매하고만 있으면 다 아니가. 선생이 되고 나면 얼마든지 또 올 수 있다."

"시끄럽다, 고만! 선생질하는데 바빠서 올 여가나 있는강."

"그럼 할매가 구지로 오면 되지. 그래, 할배하고 아재하고 그만 몽땅 우리 구지로 가자. 나도 월급 타면 할매 용돈도 드리고, 할배 담뱃값도 드리고 할게. 우리 그만 구지로 가자, 응?"

이렇게 여러 이야기를 하면서 저녁밥을 먹었다. 자잘한 붕어와 피라미에다가 은어 새끼도 더러 낀 천어를 된장으로 간을 하고 갖은 양념을 넣고 조린 천어조림은 통째로 씹으면 뼈까지 모두 맛이 들어 그만이었다. 식사를 마치고 저녁시간에는 우리 네 식구와 터실의 새아재 내외가 한참이나 놀았다. 새아재 내외가 가시고 곧 이부자리를 폈는데, 나는 할아버지 잠자리 옆에 자리를 폈다. 할아버지도 고단하신지 곧 잠자리에 드셨다. 나도 겉옷을 벗고 잠자리에 들었는데 잠이 오지 않았다. 할아버지도 잠이 오시지 않는 것 같아 내가 이야기를 걸었다.

"할버지, 평양 가신 이야기 좀 해주이소."

"그래. 할 이야기가 한두 가지라야지. 무슨 이야기를 듣고 싶은데?"

"그거 몽땅 말인데."

"이놈이, 욕심은."

나는 이야기의 실마리를 풀기 위해 할아버지께 질문했다.

"38선을 어디로 해서 넘었는데요?"

"강원도 양양에 가서, 남대천이라는 강이 있는데 그 강이 38선 경계라더구나. 산골 강이라 그리 깊지는 않지만 그래도 허릿물쯤은 되지. 양력 4월 초이레라 철은 초봄이라서 따뜻하지만 이쪽 '38경비대' 몰래 건너는 일이라서 가장 어두운 2, 3시쯤에 건너다 보니 물이 정말 찼지. 아랫도리를 벗고 건너는데 그 찬 기운이 그냥 뼈를 깎는 듯하더구나. 아마 이남 경비대 쪽에도 연통이 되고 있는지 조용하더라."

할아버지 일행이 강을 넘자 이북 쪽 사람들이 강둑에서 나와 담요를 씌워주고 짐을 들어주었다고 한다. 할아버지는 그들의 안내로 이북 경비대에서 준비해 놓은 널찍한 방이 있는 집으로 들어가셨다. 거기서 옷을 차려입고 이북의 통일전선 사람들을 만났다고 한다.

"따뜻한 약차를 마시고 나니 추위가 완전히 가시더라. 북측 대표자가 앞에 나와 환영하는 말을 한 뒤 바로 준비해 놓은 승합차(버스)를 타고 원산시의 한 여관으로 안내되었다. 거기서 전복죽인 것 같은 간단한 죽으로 아침을 때우고 나니 자리를 펴고 한숨 푹 자라고 하더군. 오후 1, 2시나 되었을 때 준비를 하고 나오라고 하더구나. 그리고 버스를 타고 한참을 달렸다. 그 옆으로는 철도가 깔려 있는데 평원선(平元線)이라고 하더구나. 한밤중이 되어서야 평양에 도착했고 바로 정해 둔 여관으로 안내되었지."

이렇게 해서 평양에 도착한 할아버지는 4월 19일로 잡혀 있는 '연석회의' 전까지 8·15 해방 이후 이북의 반일 민족해방 민주주의 혁명운동의 성과를 보여주는 각종 시찰을 다녔다고 한다.

"아무튼 돌아올 때까지 연석회의가 없는 날이나 없는 시간에는 모두 시찰로 꽉 짜놓고 단 하루도, 한 시간도 헛되지 않게 계획을 빈틈없이 집행하더구나. 그 이야기를 다 하자면 몇 날 밤을 새워야 할 거다. 어디 하룻밤으로야 말이 안 되지."

그래서 나는 제일 궁금한 것으로 두 가지를 제기했다. 그중 한 가지는 공산주의라면 가장 싫어하시는 '김구 선생의 평양에서의 태도 문제'이고, 다른 하나는 '반일 민족해방 민주주의 혁명의 실현으로 이북 사회가 어떤 모습으로 변하고 있는가'였다. 내가 이렇게 문제를 제기하자 할아버지는 나를 대견한 듯이 바라보셨다.

"허, 이놈이 제법 말꼬리를 트는 법도 아는구나."

8·15 후 중국에서 돌아온 김구 선생은 친일지주 세력의 집단인 한민당이 그들 세력의 보호막으로 내세웠던 임정 추대에 올라타고 민주주의 혁명 세력과 정면으로 대립해 나섰다. 또 모스크바 3상회의 결정이 전해졌을 때는 '신탁통치 반대 국민총동원위원회'를 결성하고 이승만과 더불어 쌍벽이 되어 반탁운동을 주도했다. 미·소 공위의 결정 사항인 민주주의 임시

정부 수립을 반대하는 데도 적극적으로 앞장섰다.

이렇게 되면서 그 밑에 결집되었던 극우폭력단들은 선생의 이름을 빌려 횡포한 백색테러를 감행하고 다녔다. 당시 북조선임시위원회 서기장이었고 김일성 수상의 외숙인 강량욱 목사의 아들딸들이 김구 선생의 명함을 가진 테러단에 의해 살해당한 일도 있었다. 이러한 일들로 인해 김구 선생은 '테러의 두목'으로 불리게 될 정도로 민주세력에게는, 특히 이북 인민들에게는 증오의 대상이기도 했다.

해방 전 임정 때도 그는 공산주의자들에 대한 테러를 서슴지 않았다. 그의 영향에서 임정과 기맥이 통하고 있던 간도 일대의 민족주의자들은 조선인민혁명군을 찾아가는 청년들을 부당하게 살해한 일도 있었다.

김구 선생이 공산주의자들을 미워하는 중요한 이유인즉, 공산주의자들은 민족은 안중에 없고 소련을 거리낌 없이 '조국'이라고 한다는 것이다. 또 자기들의 주장과 다르면 다 '보수반동'으로 몰아붙이면서 민족의 이익을 해친다는 것이다. 말하자면 김구 선생은 해방 전부터 화해할 수 없는 반공주의자였던 것이다. 그래서 당시 우리들은 이러한 '반공주의 꼴통'과 합작한다는 것이 도무지 이해가 안 되었다. 그런데 이러한 김구 선생이 미제의 단선·단정 음모로 민족분열의 위험이 조성되고 있는 상황에서 미제의 회유와 공갈도 물리치고 단정 반대의 기치를 선명하게 들었던 것이다.

1948년 2월 13일 김구 선생은 '삼천만 동포에게 읍고함'이라는 성명서를 발표하고 자기 소신을 이렇게 밝혔다.

"……나는 통일된 조국을 건설하려다가 38선을 베고 쓰러질지언정 일신에 구차한 안일을 취하며 단독정부를 세우려는 데는 협력하지 않겠다. 나는 내 생전에 38선 이북에 가고 싶다. 그쪽 동포들도 제 집을 찾아가는 것을 보고서 죽고 싶다. 궂은 날을 당할 때마다 38선을 싸고도는 원귀의 곡성이 내 귀에 들리는 것 같았다."

이처럼 김구 선생은 일대 인생 전환을 한 것이다. 김구 선생이 인생 전환을 하게 된 이유는 물론 4월 남북연석회의를 계기로 북조선의 진면목을 접하고 이북에 대한 인식을 달리하게 된 데에 있다. 그는 황해제철소를 참관하면서 출선의 장쾌한 광경을 보고 "신흥의 기상이 약동한다"고 감탄을 금치 못했고, 이때까지 가지고 있던 이북에 대한 견해를 씻었다고 한다.

또 한 번은 김구 선생이 만경대혁명유자녀학원에 들른 일이 있었는데, 가보니 그곳 원장이 뜻밖에도 임정에서 교육부장을 지낸 일이 있는 이종익 선생이었다. 거기에다 학원 원아들 속에는 독립군 사령이었던 양세봉 선생을 비롯한 독립군 유자녀들이 있었다. 김일성 수상께서 세우신 학원이니 항일유격대 유자녀들만 있을 것이라고 생각하고 있었는데 거기에 독립군 유자녀들까지 있는 것을 보고 그는 놀라움과 감동을 금할 수 없었다고 한다.

그는 또한 체류 기간 중에 도산 안창호의 누이동생인 안신호 선생과 상봉하는 기회를 가졌다. 안신호 선생은 당시 북조선여성동맹 남포시위원회 위원장이며, 북조선인민회의 대의원으로 폭넓은 사회 · 정치 활동을 하고 있었다. 공산주의자들이 민족개량주의자들을 좋지 않게 여기고 있다는 것을 잘 알고 있었던 김구 선생인지라 전형적인 민족개량주의자라고 할 수 있는 안창호의 누이동생이며 목사에게 출가한 독실한 교인인 안신호가 그런 요직에 있으리라고는 짐작조차 할 수 없었다. 그런데 그녀는 엄연히 북조선 사회의 요직에서 사업하고 있었던 것이다.

이러한 사실 앞에서 김구 선생은, 김일성 수상이야말로 탁월한 경륜이며 위대한 인품임을 알게 되었고, 김일성 수상에게 진실한 믿음을 가질 수 있게 되었던 것이다. 이리하여 김구 선생은 마침내 임정의 법통(法統)을 김일성 수상께서 받아주실 것을 요청하기까지 했던 것이다.

연석회의가 끝나고 김구 선생은 평양을 떠나기에 앞서 김일성 수상과 단독회담을 가졌다. 단독회담이 끝나자 김구 선생은 숙연히 자세를 바로잡고 자신의 소청이라면서 상해 임시정부의 인장을 내놓고 그것을 받아달라고 김일성 수상께 요청했다고 한다.

그 인장으로 말하면 김구 선생과 그 동지들이 피어린 3·1 운동을 계승하는 것으로 자부하는 임정의 상징이었다. 김구 선생이 그렇듯 소중히 간직하셨던 인장을 내놓은 것이다. 물론 김일성 수상은 사양하셨다.

반일 민족해방 민주주의 혁명의 실현에 대해서는 첫째가 토지개혁 사업이었다. 이 사업으로 이북 사회에는 영원히 지주가 없는 세상이 되었다. 농민들이 모두가 제 땅을 가지고 제 농사를 짓는다는 것이다. 그래서 농민들의 얼굴이 옛날처럼 가난에 찌든 모습이 아니고 너무나 당당한 모습이었고, 30퍼센트의 현물세를 물고도 그 사회의 주인으로서 자신 있게 할 일을 한다는 것이다. 모두 힘을 모아 학교도 세우고, 수리시설도 농민의 것이다 보니 물세를 물라는 놈은 이젠 세상에 없다는 것이다. 특히 평양의 보통강은 8·15 광복 전에는 홍수방지 시설이 없어 큰비만 내리면 막대한 피해를 입었다. 1942년 홍수 때에도 많은 사람들이 희생되었는데, 2,000여 정보의 경작지와 1,000여 호의 주택이 물에 잠겼다.

광복 후 평양인민위원회에서 제일 먼저 시작한 사업이 바로 대대적인 개수공사와 하천정리 사업이었다. 강물의 흐름을 봉화산 기슭에서 곧바로 대동강으로 흐르게 함으로써 수해 문제를 해결했다. 본래 강줄기인 9킬로미터 넘는 구간에는 보통강 운하를 건설했으며, 이를 중심으로 300여 정보의 보통강 유원지를 조성하고 홍수 지역 인민들의 집터를 마련했다고 한다.

그 밖에 황해제철소 방문에서 출선되어 철도의 강선이 되어 나오는 과정을 보고 방문자들은 감탄과 감격의 아우성이었다고 한다. 식은 철로가

자기 앞에 머물자 모두 그 철로에 뺨을 갖다 대었다는 것이다.

할아버지는 김일성 수상이 제일 먼저 세운 공장인 연필공장에도 가보았다고 하셨다. 이 공장은 단순히 연필을 만든다는 것만이 아니라 해방된 우리 사회의 성격을 말해 주는 것이기도 하다고 말씀하셨다. 무엇보다 후대를 위한 교육사업을 앞세운다는 의미가 담겨 있다는 것이다. 또 곳곳에는 새로운 병원이 생겨났다. 이 속에는 인민들의 무상치료라는 목표가 담겨 있었다.

나는 밤이 이슥하도록 할아버지와 이야기를 하다가 잠이 들었다. 아마 할아버지는 곁에서 자는 나를 보느라고 잠을 축내셨을 것이다.

아재와 아지매들의 사랑

이튿날 나는 아침 일찍 일어나 교동으로 갔다. 고모가 이사 간 집을 몰라 나의 초등학교 동무인 병우 집으로 가서 병우를 데리고 고모 집으로 갔다. 집은 엄청나게 큰 기와집이었다. 솟을대문으로 들어가 바로 마주하는 곳에 사랑이 있고, 그 사랑을 향해 오른쪽에 큰 별채 사랑이 있었다. 거기에 고모 내외가 살고 계셨다. 시집가고 5년이나 지나 늦게 신접살림을 차린 것이다.

내가 높은 축담에 올라서자 미닫이문이 와락 열렸다.

"이게 누고! 재구 아이가! 니가 우짠 일고."

울음 반으로 소리치며 고모가 나오셨다. 대청으로 올라가는 축담의 섬돌에서 신을 벗고 마루에 올라서자 고모부가 큰방에서 나오셨다. 고모는 막 부엌으로 가서 아침밥을 준비하러 나갈 양으로 차림을 하셨다. 고모부는 벌써 동네를 한 바퀴 돌고 오셨는지 작업복 차림이었다. 그 부지런함은 여전하셨다.

내가 방문 앞에 서자 두 분은 얼른 방 안으로 들어가 나의 인사를 받을 채비를 하셨다. 방문 맞은편 방 안의 상좌에 나란히 좌정하시는 걸 본 뒤 나는 그 앞에서 절을 올렸다.

"새아재, 그동안 오래도록 고생 많으셨지요? 건강은 괜찮으십니까?"

"오냐, 너그 집도 다 무사하시지? 그리고 너도 별일 없지? 이야기는 좀 들었지만, 밀양에 와도 되나?"

"인제는 좀 괜않겠지요. 하지만 조심해야지요."

이처럼 수인사를 마치자 나는 고모 곁으로 가서 손을 잡고 웃으면서 덕담 비슷하게 했다.

"아지매, 새아재가 계시니 이제 얼굴이 환하고 옛날 우리 고모 같네."

고모는 이 장난꾸러기 조카 입에서 또 무슨 농이 나올까 못 들은 체하고 얼른 말꼬리를 돌리려는데, 이때 병우가 방 안으로 들어와 한마디 거들었다.

"읍내 아재요, 읍내 아지매가 아재 안 계실 때는 그렇게 못난 얼굴이 요즘은 우리 교동 어느 아지매들보다 달덩이같이 더 훤하거든요."

머슴애 둘과 새아재는 허허 웃고, 아지매는 내 등짝을 때리고 병우에게는 곱게 눈을 흘기셨다.

"둘이 죽이 맞아 욕보는 건 아지매다. 오냐. 병우 니 나중에 보자."

"나중에 보자는 사람, 겁 안 나지."

이렇게 수선을 떨고 아지매는 아침상 준비로 부엌으로 나가셨다. 나는 나가시는 등을 보고 말했다.

"아지매, 나 퍼뜩 아침 먹고 대구로 가야 한다."

"그 무슨 소리고? 1년을 훨씬 넘어 못 보고 지냈는데, 아침만 먹고 달아나다니! 말이 되는 소리를 해라."

이래서 내가 초등학교 교원 시험을 쳐서 합격한 이야기를 하게 되었다. 이번에는 교사 발령을 받기 위한 서류 제출 때문에 읍사무소에서 호족등본과 초본을 떼러 왔다고 말했다. 고모는 깜짝 놀라는 표정이셨다.

"우째 니가 선생이 되노? 초급중학교도 졸업 못 했는데. 선생이라니."

"그래서 응시자격 시험을 먼저 치고 합격해서 본시험을 쳤는데, 다행히 둘 다 합격했다 아니가. 그래서 준교사 자격을 받았지."

고모 내외는 자기 일처럼 반가워했다. 병우도 눈을 동그랗게 해서 말을 거들었다.

"야! 니가 선생이 되다니. 아지매, 하여튼 이 친구는 시험이라는 시험은 다 붙는다니까. 그것도 1등 아니면 2등이니. 그러나저러나 니한테 배우는 아이들이 정말 걱정이구나. 산술, 국어 학과목은 잘 가르치겠지만 니가 오죽 요란해야지. 동무들이 오죽해서 '개뚜뱅이'라고 별호를 붙였겠나. 니 제자가 되는 아이들이 정말 불쌍하겠다."

"이거 오늘 괜히 데리고 와서 욕보네. 허 참! 새아재, 이놈아가 하는 말 믿지 마소."

내가 손을 내흔들자 고모부 내외는 폭소를 터뜨렸다. 나는 화제를 돌리기 위해 고모에게 괜히 소리를 쳤다.

"아지매, 뭐 하노, 아침밥 안 가지고 오고!"

"그래, 니 많이 바쁘제. 마침 어제 저녁에 새아재가 동네 일갓집에서 저녁진지를 잡숫고 오셔서 이불 밑에 넣어둔 저녁밥이 그대로 있다. 국만 잠깐 데우면 되니 잠깐만 기다려라."

고모는 급히 밖으로 나가면서 말했다.

"병우는 집에 가면 밥이 있을 게고, 새아재는 좀 있다가 새로 지어서

상 차리면 되겠네."

그러자 고모부도 한 말씀 하셨다.

"안 준다는 소리가 없으니 고맙게 생각하고 기다리지요. 마님."

이 말에 모두 웃음꽃이 피었다.

새아재는 앞서 말한 바 있지만, 8·15 해방 직후 정치범과 경제사범들이 석방될 때, 부산형무소에서는 경제사범을 제외하는 바람에 탈출을 조직하고 실행하다가 잡혀 가형을 2년 받았다. 그래서 도합 5년을 감옥살이했던 것이다. 왜놈이 준 징역에다 미국 놈이 곱빼기로 붙여주어 그야말로 곱징역을 산 셈이었다.

아침을 먹고 나서 나는 바로 고모 집을 나왔다. 동구 밖까지 배웅 나온 병우에게 서류 접수를 끝내면 시간 내서 꼭 다시 한 번 오기로 기약하고 헤어졌다. 병우는 초등학교 다닐 때 몹시 조용한 아이였지만 나하고는 아주 친했다. 고모가 병우의 동네로 시집을 가자 나로 해서 고모와도 매우 가까웠다. 중고등학교를 밀양에서 다녔고, 대학은 서울에서 중앙대학교 약학대학을 졸업했다. 한동안 제약회사에 근무했고, 정년이 되고부터는 강원도의 어느 곳에서 약국을 차렸다는 소식을 들었으나 자세한 일은 모른다.

병우와 헤어지고부터 나는 마음이 바빠졌다. 종종걸음으로 터실에 있는 할아버지 집으로 갔더니 할아버지는 북성거리 정미소 사랑에 가고 안 계셨다.

"재구가 집에 오면 시간이 없을 테니 바로 밀양역으로 가도록 하라."

할아버지는 할매에게 이렇게 말씀하셨다고 했다. 이리하여 나는 아재와 할매의 전송을 받으면서 역으로 갔다. 대구로 가는 상행 열차는 오전 10시 좀 넘어 있었다. 나는 정오가 안 되어 대구시 대봉동에 있는 이모 집에 도착했다.

대구에서 할 것은 이력서 몇 통을 준비하고 보증인 2명을 정해 서류에 도장을 받는 일이었다. 우선 이력서에 붙일 사진이 필요했다. 보증인 동의 서에다 도장을 받는 일은, 한 사람은 이모부에게 부탁하면 되겠고, 다른 한 사람은 이종형이 오면 의논하면 될 것 같았다. 이모에게 형이 언제 오는지 물었더니 이모가 말했다.

"네 형이, 안 그래도 오늘 네가 오면 저녁에 동인동 도청 사택에 가서 큰집 위원장 어른의 보증을 받는다고 하더라. 형이 오거든 형하고 동인동 도청 사택에 가보도록 해라. 할배가 안 계시면 우산 아재가 설두를 해주실 게다."

이로써 보증인 문제는 쉽게 해결될 것 같았다. 나는 이모가 차려준 점심을 먹고 우선 사진관을 찾아 나섰다. 대문을 나서 대봉동에서 대구중학교로 가는 큰 도로로 나가는 골목길을 빠져나왔다. 바로 도로 건너편에 경북중학교 교문으로 들어가는 널찍한 길이 있다. 그 길 들머리 오른편 길모퉁이에서 두어 집 건너 사진관이 한 곳 있었다.

사진관의 미닫이 유리창 문을 드르륵 소리 나게 열고 들어갔더니 내 나이 또래의 소년이 있었다. 나는 그 소년에게 작은 명함판 반신 사진을 찍으러 왔다고 했다. 소년이 안으로 들어가 사진사에게 말했는지 40대 아저씨가 나왔다. 그는 탁자 위에 있는 앨범을 펴놓고 판 크기를 고르라고 했다. 나는 그 앨범에서 작은 명함판 반신 사진을 가리켰다.

나는 회색빛 배경 앞에 섰다. 사신사는 사진기에 덮어놓은 빛가리개 보자기 안에 머리를 넣었다. 무슨 조절을 하는지 좀 있다가 나온 사진사는 원판을 넣고 고무공 누르개를 쥐더니 한 손으로 나에게 얼굴을 바로 세우도록 이리저리 지시를 했다. 그러고선 정지를 명하고 '하나, 둘, 셋'이라는 구령소리와 함께 고무공 누르개를 눌러 렌즈 셔터를 작동시켰다. 사진은 5장을 부탁하고 이튿날 아침 9시에 찾기로 했다.

　나는 곧바로 이모 집으로 돌아와서 형이 올 때까지 형의 공부방에서 책 꽂이에 있는 책을 몇 권 빼서 읽으며 기다렸다. 여름방학이라 다른 아이들은 모두 이모부의 고향 마을인 고령 개실로 갔고, 형은 대구농림학교에서 계성중학교로 옮겼다. 당시 형은 6년제 중학교에서 농구 선수로 이름을 날리고 있었다. 그래서 코치와 감독의 지도에 따라 이 학교 저 학교로 자주 바꾸어 다녔다. 그러니 학교의 운동선수들은 학교 공부하고는 담을 쌓고 있었다. 방학인데도 형은 아침부터 학교 농구장에서 맹훈련을 하고 있는 것 같았다.

　형은 3시가 넘어서 집으로 왔다. 커다란 가방을 메고 왔는데 그 안에는 농구화, 유니폼, 타월 등으로 가득했다. 형은 들어오자마자 나한테는 겨우 '재야, 왔나!' 라는 말소리 한마디만 던지고는 이내 창가에 놓은 야전침대에 운동복을 입은 채 드러누워 잠이 들고 말았다.

　나는 형의 잠에 방해가 될까 해서 이모가 있는 큰방으로 옮겨 갔다. 거기서 책을 보며 종종 이모의 말상대도 하면서 오후의 시간을 한가롭게 보내고 있었다. 이모는 8월이 되면 고령 개실로 가서 시어른들을 뫼시고 시집살이를 할 작정이란다. 나도 서류만 제출하면 한동안 구지에 가서 도동에 계신 외할머니 곁에서 푹 쉬면서 9월 새 학년 개학 때까지 지낼 작정이라고 했다. 이제 나의 삶도 터를 잡을 듯하자 좀 쉬고 싶었다. 그래서 구지에 가면 외갓집에서 개학 때까지 틀어박힐 작정이었다.

　오후 6시 가까이 되자 형이 일어났고, 곧 이모부도 퇴근하셨다. 저녁식사 시간이 되어 큰 두레상에 둘러앉았다. 이모 내외 두 분과 형과 나, 그리고 이모의 수양딸인 삼순이 모두 다섯이었다. 방학이 되자 딸 셋, 아들 하나는 시골로 보내고 네 식구만 있는 셈이다.

식사를 마치자 형은 깨끗한 여름옷으로 갈아입고 나왔다. 나도 채비를 했다. 나는 보증인 서류 용지를 새아재 앞에 내놓았다. 새아재는 이름란에 서명을 하고 주머니에 간직하고 있는 도장을 꺼냈다. 인주에 몇 번 누르더니 그 아래에다 선명하게 도장을 찍었다. 그리고 나에게 주면서 농반진반으로 격려해 주셨다.

"안재구 선생, 아이들 잘 가르쳐주소."

"새아재, 좋은 선생이 되겠습니다."

이러는 동안 형은 외가 큰집에다 전화를 걸어 나를 데리고 간다고 선통을 넣어두었다. 그리고 나와 형은 책장이 넓은 책 안에 또 한 장의 보증인 용지를 넣은 책을 끼고 나왔다.

경북중학교 앞으로 나와 남북으로 뻗은 도로를 북쪽을 향해 나갔다. 동서로 뻗은 도로와 마주치는 봉산동 네거리를 지나 계속 올라가면 키네마극장에서 동으로 뻗은 도로와 만난다. 여기에서 오른쪽으로 돌아 좀 가면 도청 관사촌이 나온다. 도지사 관사 바로 맞은편에 외가 큰집 할배 댁이 있다.

둘은 대문에 섰다. 형이 문기둥에 박아놓은 초인종 벨 단추를 눌렀다. 문이 자동으로 덜컥 열렸다. 둘은 현관 옆에 붙은 응접실로 들어갔다. 그러자 곧 우산 아재 내외가 응접실로 들어오셨다. 아재는 그냥 나오라는 손짓을 하고 앞서 안으로 들어가셨다. 우산 아지매는 내 손을 잡고 안으로 인도했다. 그 뒤를 형이 따라왔다. 널찍한 방으로 안내되어 들어갔더니 의성 할매가 계셨다. 할머니는 반가운 얼굴로 나와 형을 보고는 말씀하셨다.

"이리로 와 앉아라. 이름이 '재야'라 했나?"

이제 두 번째 보는 할매인지라 그냥 어리광조로 '응'이라고도 할 수 없고, 그냥 엉거주춤하게 이도 저도 아닌 말로 대답 형용만 했다. 영남지방에서는 할매, 아지매, 엄마는 언제나 어리광 부리는 대상이어서 말에 경어를 잘 쓰지 않는다. 우산 아재도 내가 인사로 절을 하려는 몸짓을 하자 나의 어깨를 누르며 말했다.

"무슨 절은! 그냥 앉거라."

나는 그냥 앉았다. 모두 빙 둘러앉았다. 안에 둘러 있는 미닫이 종이 문이 열리자 한 아주머니가 외와 수박, 과자를 담은 접시를 얹은 상을 두어 상 내왔다. 의성 할매는 내 곁에 바싹 다가앉으면서 들기를 권한다.

"아직 철이 좀 덜 되어 맛이 날는지……."

"할매, 잘 먹겠습니다."

내가 수박 한 쪽을 들자 모두 외와 수박을 들고서 먹는 분위기가 잡혀 나갔다.

"큰집 할배는 서울에 계시는가뵈?"

내가 물었더니 우산 아재가 대답했다.

"걱정 말거라, 모든 것을 다 내게 맡겨두고 있으니."

나는 책갈피에 보증인 용지를 끼워둔 책에서 용지를 꺼냈다. 아재는 용지만 빼가지고 옆방으로 가서 좀 있다가 나오셨다. 거기에는 큰집 할배 이름인 '김우식(金禹埴)'이라는 한자가 적혀 있고 굵직한 도장이 점잖게 찍혀 있었다. 우산 아재는 그 서류를 내게 건네주었다.

"이만하면 됐지?"

"우산 아재, 고맙습니다."

그러자 형이 내게 말했다.

"국회의원 보증인이라, 그만하면 재야 너는 정말 든든하겠구나."

"국회의원 빽 가지고 한번 설친다?"

내가 익살조로 말하자 모두 웃었다. 우산 아지매도 말했다.

"재구야, 너 참 대단하구나. 학교도 안 다니고 시험을 두 번이나 치고 교사자격 합격이라니. 밀양 형님은 너를 보기만 해도 든든하시겠네."

이렇게 해서 나는 고맙다는 말로써, 아재, 아지매, 할매는 모두 나를 축복해 주는 말로써 그야말로 말꽃이 만발했다. 나는 우산 아재에게 말했다.

"아재가 석당 할배께 말씀드려 주이소. 제가 좋은 선생이 되겠다고 하더라고. 그리고 '고맙습니다' 라고."

"오냐, 뵙거든 말씀드릴게. 안 그래도 재구 네 말을 하시더구나."

석당(石堂)은 이 할배의 호이다. 한참 놀다가 우리 종형제는 인사를 하고 나왔다. 우산 아재는 따라 나오시면서 나에게 살짝 귀엣말로 했다.

"내가 도 학무과장에게 말해 둘게. 임지는 구지로 해달라고."

나는 그 이튿날로 모든 구비서류를 갖춰 도 학무과 서무계에 제출했다.

열일곱 살
아기 선생

"여러분, 나는 방금 교장 선생님으로부터 소개받은 안재구입니다. 오늘부터 여러분의 학교인 구지국민학교에서 여러분들에게 무엇을 가르친다는 선생이라기보다 함께 공부하고 함께 놀아줄 동무가 되겠습니다. 때로는 형처럼, 그리고 오빠처럼 여러분의 생활과 공부를 도우며, 여러분과 함께 한 가족으로 이 학교에서 살겠습니다. 좋은 일이 있으면 함께 기뻐하고, 걱정스런 일이 있으면 힘께 걱정하며, 서로 도우고 살겠습니다. 이것으로 교단에 처음 서는 나의 인사를 드립니다. 여러분 정말 반갑습니다."

"차렷, 선생님께 대하여 경례!"

열일곱 살이라지만 아직 만으로는 열여섯 살이 좀 모자라고 빡빡 깎은 중학생 까까머리 차림에다 검은 목단이 학생복을 입은, 그래서 아이들이 나중에 별명으로 '아기 선생' 이라 붙인, 선생으로서 했던 나의 첫 인사말이다.

내가 구지에서 구지고등공민학교 1학년에 다니다가 사라지고는 1년 반이 되도록 소식도 없었는데, 갑자기 1949년 9월 초하루에 구지국민학교 교사가 되어 나타났으니 조그마한 시골 면소재지에서는 그 소식이 벌써 차고 넘쳤다. 온 면내가 소문으로 쫙 퍼졌다. 그래서 '아기 선생' 이라는 말도 면내의 온 마을에 퍼졌다.

아무튼 그 시절은 교육자의 사회적 지위가 매우 높았다. 가령 면에서 가장 지위가 높은 사람은 초등학교 교장이고, 그 다음이 면장, 그 다음은 전관예우를 받는 유지쯤 되었다. 경찰지서장은 그 다음쯤이나 될까. 그런 시절에 내가 교사가 되었고, 거기에다 열일곱 살의 까까머리 소년이었으니, 면에서는 이 일을 경사로 여겨 모두가 자기 일처럼 반가워했다. 참으로 순박하고 정다운 농촌 사람들이었다.

나의 첫 담임 학급 반은 4학년 2반인데, 4학년은 두 반이 있었다. 1반은 나이가 지긋하신 노련한 선생님이 계셨다. 처음 교단에 서는 나는 그 선생님께 많은 의지를 했다. 이름이 곽룡암(郭龍岩)인 선생님은 해방 후부터 교단에 섰지만 당시 나의 아버지 연세쯤 되시는 분이었다. 아마 교장 선생님이 나이 어린 나를 염려해 내가 의지할 수 있도록 배려하신 것 같았다.

교장 선생은 신응철(申應哲) 선생이셨다. 경북도립중학교 출신으로 일제 식민지 시대에서는 출셋길이 훤히 열린 신분인데도 초등학교 훈도가 되어 일생을 초등교육에 바친 교육자이셨다. 술을 밥보다 더 좋아하셔서 아침식사는 주로 술도가에서 막걸리 한 되에 소금 안주로 하시는 분이셨다. 언제나 웃음으로 교사들을 대하시고 특히 나에게는 선배로서 충고해 주셨다.

"초등학교 선생으로 파묻히지 말고 하루빨리 이 틀에서 벗어나라."

그토록 내 장래를 걱정해 주셨기에 2년 후 내가 진학을 한다고 사직서를 낼 때 진정으로 반가워해 주시고 격려해 주신 선배 교육자셨다. 형과 같고 아재와 같은 여러 선생님들에 대한 기억은 지금도 또렷하지만 회갑이 넘는 세월인지라 간혹 그 이름이 잘 떠오르지 않기도 한다. 아마 내 자신의 늙음으로 기억의 이음새가 끊어지다가 붙어지다가 하기 때문이리라.

곽종간(郭鍾干) 교감 선생님과, 나를 아우처럼, 조카처럼, 때로는 교육자의 길을 함께하는 동지로 품어주시던 선배 선생님들, 김형복(金炯福) 선생, 이광희(李光熙) 선생, 곽윤섭(郭九燮) 선생, 임명선(林明善) 선생, 그리고 몇 분 선생, 아마 거의 세상을 달리하셨을 것이다. 또 동료로 손잡아 주시던 배상도(裵相度) 선생, 이성호(李性浩) 선생, 하성수(河聖洙) 선생과, 같은 날 교단에서 함께 인사를 했던 친구 여선생인 이미경(李美瓊) 선생, 최정만(崔貞萬) 선생, 김금숙(金琴淑) 선생…… 이들 모두 한 하늘 밑에 계시기나 할지.

나는 학교의 일을 열심히 했다. 교사의 일을 정말로 좋아했던 것 같다. 지금도 나는 교육자가 나의 천직이라 생각하고 있다. 그래서 학생들만 보면 공연히 웃음이 나오고 내 아들딸, 손자손녀들을 보는 것처럼 마음이 흐물흐물해진다. 나의 이런 관점은 아마 그때 그 시대에 이루어진 나의 인생관 때문일 것이다. 나는 학교 일이 그저 마냥 좋았다. 그리고 재미가 있었다. 그래서 환경정리도 도맡아 했다. 복도 이쪽 끝에서 저쪽 끝까지 우리나라 역사 연대표를 상세히 적어 붙여 겨레의 자랑스러운 역사를 아이들이 익히도록 했다.

학년 초, 학기 초에는 가정방문을 했다. 그때는 지금과는 달리 교사의 사회적 지위가 높았기 때문에 구장(동장)이 직접 안내를 했다. 구장 집에서는 소박하지만 점심 대접까지 했다. 점심때는 보리로 담은 농주이긴 하지만 머리가 희끗희끗한 구장이 정중하게 술잔을 권했다. 나는 몇 번이나 사양하다가 권에 못 이겨 잔을 받곤 했다. 식후에는 담배까지도 한 대 담아

불을 붙인 다음 물뿌리를 손바닥으로 쓱 닦고 권하기도 했다. 못 피운다고 해도 자꾸 권했다. 아마 장난기도 좀 있었던 것 같다. 그 바람에 나는 담배를 너무 일찍이 배웠다. 지금은 다 끊었지만.

낮은 울타리 너머로 '아기 선생'을 보려고 몰려든 동네 처녀들의 댕기 머리가 담 위로 올랐다가 급히 내려가곤 했다. 당시 '아기 선생'인 내가 동네 어르신들과 처녀들에게 인기가 있었던 것 같다. 그렇게 해서 받았던 인사였던 것이다.

지금도 그 소박한 60여 년 전의 농촌 인심이 그립다. '아기 선생' 시절이 눈물이 나도록 그립다. 그래서 나는 평생 선생으로 사는 것을 천직으로 생각하고 있다. 비록 민주주의 운동, 통일 운동으로 군사정권, 유신정권 그리고 파시즘 정권으로부터 그 천직을 박탈당하고 있지만 나는 교사라는 천직을 내 마음속에 늘 가지고 살았으며 한시라도 떠난 적이 없다.

한편 세월은 1948년 5 · 10 선거로 해서 남조선 단독정권이 수립되었고, 이를 반대하는 인민들의 항쟁을 토벌하고 있던 이승만은 1949년 1월 12일에 기자회견을 가지고 '북진통일'의 방침을 내놓았다. 동족상잔의 전쟁을 정면에다 내건 것이다.

이런 방침을 준비하는 듯 5월에 들어서 이남의 국방군 병력을 대거 38선 연변으로 본격적으로 산개하기 시작했다. 강릉 · 주문진 일대는 8사단을, 춘천 · 원주 일대는 6사단을, 동두천 일대에는 7사단을, 개성 일대에는 1사단을, 수도사단은 의정부 일대에, 그리고 육군본본 직속 17연대는 옹진 일대로 배치시켰다. 그러는 한편 호림부대라는 모략부대를 38선 이북의 후방에 침투시켜 앞으로 북진통일을 위한 정보를 수집하고 테러를 하고 다녔다.

이리하여 1949년 한 해 동안 2,600여 회의 충돌이 일어났다. 그중에서 대규모 충돌로는 벽성군 태탄지구와 은파산, 개성지구의 송악산, 양양지구의 고산봉에서 일어난 충돌 등이 있었다. 이 지역들에 대한 무력충돌은 그저 단순한 충돌이 아니었다. 그 치열함과 규모, 그리고 전선의 폭으로 보아 사실상 전쟁 규모였다. 바로 그렇기 때문에 이런 충돌을 외국의 보도기관은 38도선에서는 늘 일어나고 있는 '작은 전쟁' 이라고 부르고 있었다.

이처럼 거의 매일 38선 일대의 충돌이 보도되자 이 충돌이 전쟁으로 확대될 때 우리 가족들이 입을 고난을 상상하지 않을 수 없었다. 그래서 정세의 빠른 인식이 필요했다. 나는 이를 위해 단파라디오를 구입하기로 하고 내가 탄 첫 월급으로 소니 6구짜리 단파라디오를 샀다. 또 한 가지로는 밀양에 계신 할아버지 내외분과 아재 세 식구를 구지로 모셔 오는 문제가 제기됐다. 마침 10월 초 일요일과 개천절이 연이은 연휴라서 내가 밀양으로 내려갔다. 그리고 할아버지와 그 문제를 놓고 토론했다.

할아버지도 남로당에서 자수한 자들을 모아 보도연맹[20]을 조직한다는 신문 보도도 있어서 밀양에 있기가 곤란한 상황이셨다. 할아버지는 자수한 것은 아니지만 보도연맹이 조직된다면 할아버지의 이력을 잘 아는 밀양의 반동들이 그냥 두고 보지는 않을 것이니 보도연맹 가입을 모면하기 어려운 입장이었다. 그래서 집을 급히 팔고 밀양 살림을 정리해 구지로 이사하기로 할머니와 아재까지 모두 한가지로 결속지었다. 집이 팔리면 그 즉시 이사하기로 했다.

당시 보도연맹은 1948년 12월에 공포한 국가보안법에 저촉되는 좌익

---

20) 보도연맹은 1949년 6월, 좌익운동을 하다가 체포되거나 자수해 변절하고 전향을 한 사람들을 별도로 관리하기 위해 조직한 단체이다. 일제 식민지 시대 친일전향 단체인 대화숙(大和塾)을 본떠 만든 것으로, 당시 이른바 반공사상 검사로 이름을 떨친 선우종원(鮮于宗源)과 오제도(吳制道)가 주도해서 만들었다. 보도연맹의 초대 간사장은 그러한 단체답게 조선민주주의민족전선(약칭 민전)의 조직부장을 하다가 변절한 박우천이었고, 초대 회장은 8·15 직후 제일 먼저 조선공산당 간판을 장안빌딩에다 내걸었던, 이른바 '장안파' 의 공산주의 운동가라고 하는 정백(鄭栢)이 맡았다.

사범이라는 대상자를, 말은 보도하기 위한다지만 앞으로 있을 전쟁이나 정권이 불안한 사태가 생길 때 몽땅 잡아 처분하려는 모략적 계책이었다. 이는 6·25 전쟁에서 이들을 몽땅 학살한 사실로 명백하게 증명된 셈이다.

밀양 연계소 고향집 대신으로 받은 터실의 집을 팔려고 내놓자 곧 살 사람이 나왔다. 그 덕분에 할아버지와 할머니, 그리고 아재는 10월 하순의 어느 날 구지로 이사 오셨다. 마침 박진목 씨의 집 아래채가 비어 있어서 거기에 있는 두 개의 방 온돌을 손보고 도배를 깨끗이 해서 세 식구를 맞이할 수 있었다. 이리하여 우리 집 식구는 난리를 피해 모두 구지로 옮겨 앉을 수 있었다.

이남의 이승만 정권은 보도연맹을 만들어 국민을 세 가지로 분류하는 작업을 서둘렀다. 그 하나는 이른바 '도민'이라고 해서, 분단을 반대하는 투쟁에 가담한 일이 없다고 분류된 사람들에게는 '도민증'을 주어 관리했다. 분단을 반대하여 운동하다가 체포되어 사상전향을 한 사람들은 보도연맹에 가입시켜 '보도연맹 맹원증'을 주어 관리했다. 그 밖의 사람은 적으로 간주하고 감옥에 가두어 관리했다.

감옥에 들어갈 자들 중에서 사상전향을 한, 즉 변절한 사람들은 감옥살이를 면했지만 보도연맹이라는 창살 없는 감옥에서 '맹원증'을 안고 살아야 했다. 그러다 정권이 위급한 상황에서는 그냥 소리 없이 죽어야만 했다. 이승만 정권은 이를 '처분'이라고 했다. 그래서 '도민증'이라는 것이 필요했다. 1949년 연말까지 이 도민증을 받아 가지고 다니라는 것이다. 도민증에는 작은 명함판 사진이 붙어 있었다.

나의 아버지는 원래 직업이 사진사였다. 당시 사진은 일종의 사치에 속하는 것이었다. 그렇다 보니 사진 찍는 일을 업으로 하는 사람에게는 수입이 꽤 괜찮았다. 들어가는 밑천보다 이익이 몇 배나 되었다. 그래서 도민증

용 사진을 맡으면 상당히 많은 돈을 벌 수 있었다. 갑자기 엄청난 수요가 생긴 데다가 사진사의 수는 엄청나게 모자랐다. 아버지는 나의 외가 쪽의 도움으로 달성군의 구지면, 현풍면, 유가면 등 3개 면의 도민증 사진을 맡게 되었다. 당시 사진 원판은 A5판 크기로 가로 5간이고 세로 4간이었다. 그래서 20명을 찍을 수 있다. 사진은 5명씩 나란히 세워놓고 한 샷으로 찍으면 되는데, 4간은 원판의 감광 자리를 까만 종이로 가려서 위로부터 아래로 각각 감광할 수 있도록 원판 케이스를 만들어야 한다. 아버지는 이런 문제를 잘 해결하셨다.

아무튼 11월부터 사진 일을 시작했는데 그야말로 눈코 뜰 새 없이 바쁘셨다. 그래도 일을 감당 못 해 조수를 한 사람 양성했다. 조수로 발탁된 사람은 고등공민학교 사환으로 있던 김치선 형이었다. 치선이 형은 이때 배운 사진기술로 사진사가 되어 6 · 25 전쟁 후 고향에서 사진관을 개업했다는 소식을 들었다.

아버지한테 차근차근 요령과 기술을 배운 치선이 형의 실력은 일취월장으로 늘었다. 한 달쯤 지나자 제 혼자 모두 처리할 수 있을 정도로 성장했다. 아버지는 치선이 형이 눈썰미가 있고 머리가 영리해서 혼자서도 원리를 깨우칠 줄 알고 어려운 점도 잘 풀어나간다며 칭찬이 자자했다. 나중에 치선이 형은 촬영도 거의 다 맡아서 했고, 가장 어려운 과정인 원판을 수정하는 일도 아버지 말씀처럼 역시 눈썰미가 좋아서 거뜬히 합격이었다. 우리 집은 아버지가 박봉으로 고생이었는데 이 도민증 사진 일 때문에 생활형편이 좀 나아졌다.

나는 학교 근무를 마치면 집에 와서 그동안 못 했던 중학교 과정[20]을 계통지어 공부하는 데 몰두했다. 그런데 아버지와 어머니, 우리 4남매 6식구와 할아버지와 할머니, 아재 3식구를 합쳐 모두 9식구가 방 셋을 쓰고 있어서 내가 공부할 방이 없었다.

이러한 내 형편을 듣고 초등학교 김형복 선생님이 제안해 주셨다.

"방이 하나 있기는 한데, 하 선생이 허락을 할는지 모르겠네. 내가 한번 알아보지."

한 이틀 지나서 방과 후에 김형복 선생님이 얼굴에 웃음을 가득 띠고 나를 불렀다. 그리고 하성수 선생님의 교실로 나를 데리고 갔다. 하성수 선생을 나를 보자 활짝 웃으면서 말했다.

"안 선생, 김 선생님한테 이야기를 들었어요. 내가 있는 사택에 방이 세 개인데, 우리 집 식구(아내)하고 갓난애, 셋이 쓰고 있어서 여유가 있답니다. 그런데 애가 울어서 괜찮을는지……."

"하 선생님, 나, 아기 우는 소리 참 좋아합니다. 아기가 안 울면 일부러 집적거려 울리기도 하는데요. 하하하, 그건 걱정 마이소."

그러자 김 선생님도 옆에서 말을 거들었다.

"참 별난 사람도 보네. 일부러 집적거려 울린다고? 허허허. 그럼 됐네."

하 선생님은 쾌히 승낙했다.

"이번 학기에 전근 올 선생님들 생각해서 학교에서 도배도 잘 해주었는데 언제라도 좋구마."

"내일, 아니 교장 선생님이 계시면 지금이라도 당장 말씀드리고 허락 받도록 하이소. 아마 교장 선생님도 좋아하실 거야."

"쇠뿔은 단김에 뺀다고, 지금 갈까요?"

---

21) 당시 중학교는 6년제와 4년제 중학교가 있고 3년제 초급중학교가 있었는데 지금의 중학교이다. 따라서 6년제 중학교의 4~6학년이 지금의 고등학교 과정이었다. 4년제 중학교는 실업중학교나 여자중학교인데 1년은 실업교육이나 가사교육으로 덧붙었다. 그래서 내가 그때 독학으로 공부하는 과정은 바로 이 4~6학년 과정인 것이다. 이 공부를 독학으로 공부하는 것은 6년제 중학교 과정의 졸업 학력 자격시험, 즉 '대학 입학자격 검정시험'을 쳐서 합격하는 일을 목표로 하고 있는 공부였다.

그래서 나와 하 선생님은 교장실로 갔다.

교장 선생님은 안락의자에 앉아 책을 보다가 졸고 계셨다. 나는 잠이 깊이 드신 줄 알고 그냥 나갈까 하고 돌아섰더니, 뒤에서 '안 선생!' 하고 부르는 소리가 났다. 나는 깜짝 놀라 돌아섰다.

"아이고 교장 선생님, 잠을 깨시게 해서……."

"괜않소. 고단해서 눈만 감고 있었소. 무슨 일이라도 있소?"

그러자 하 선생님이 나서서 말했다.

"지금 제가 있는 사택에 빈방이 있어서 안 선생 공부방으로 하나 드렸으면 해서요."

"왜, 안 선생 집에는 공부방 할 방이 없나?"

"할아버지와 세 식구가 오셔서 좀 비좁게 되었답니다."

"그럼 그렇게 하지. 안 선생이 가거든 하 선생 아이도 좀 봐주고 하지."

나는 의외로 쉽게 허락이 나자 기쁜 마음에 신소리까지 나왔다.

"저야, 애 보는 것보다 울리는 걸 더 잘하지요. 교장 선생님, 고맙습니다. 하 선생님, 앞으로 신세 많이 지겠습니다."

이렇게 해서 서재가 하나 생겼다. 집에 가서 어머니에게 학교 사택 방을 하나 빌려 공부방이 생겼다고 하자, 어머니도 좋아하셨다.

"아이고, 진짜 잘됐네. 안 그래도 재구 너 공부방이 없어서 마음에 걸렸는데."

그날 밤으로 당장 짐을 옮겼다. 집에서 약 200미터 좀 못 되는 거리였다. 사택 집은 삼간 두 줄의 집인데 남향 집이었다. 남쪽에 가운데 대청으로 한 간이 있고, 방 두 개가 양쪽으로 갈라져 있다. 또 안쪽에는 두 간짜리 큰방이 있고, 그 왼편에 부엌이 있었다. 남향 자리 두 방 중 왼편이 내 공부방이었다.

천직이었던
교사 생활

　　　　　　　　나의 초등학교 교사 생활은 6 · 25 전쟁의
　　　　　　　　피난을 전후로 전혀 환경이 달라져 버린
두 가지 시기를 겪었다. 교사로 부임된 1949년 9월부터 1950년 6월까지 열
달 동안은 참으로 평화롭고 낭만적인 시기였다. 하지만 전쟁으로 집도 학
교도 불타 버린 폐허로 돌아와서는 흙담과 맨땅바닥에 짚으로 엮은 덕석을
깔고 앞에는 말뚝 기둥에 칠판을 걸어놓고 수업을 하던 절박한 시기도 겪
었다. 이 시기는 북의 인민군이 후퇴하고 낙동강에 총소리가 없어져 복귀
허가가 난 10월 초부터 그 이듬해 8월, 내가 대학에 진학하려고 사표를 제
출할 때까지 11개월간이었다.

　　처음 부임할 때는 교실도 복도도 나뭇결이 반질반질 윤이 나는 멋진 마
룻바닥을 가진 교사였다. 대청소할 때 5, 6학년 학생들이 마루에 초칠을 해
서 양말 신은 발로 다니다가는 미끄러져 넘어지기도 했다. 그 복도를 1, 2
학년 아이들이 콩콩 소리를 내며 달리는 소리가 지금도 귀에 들리는 듯하
다. 그때의 그리움은 아직도 내 가슴에 안겨들고 있다.

　　부임하자 곧 학교 생활이 몸에 익어갔다. 처음 긴장되던 수업도 한 두
어 달이 지나자 서서히 긴장이 풀렸다. 여러 선배 교사들이 방과 후에 벌이
는 막걸리판에도 자주 어울리기 시작했다. 좀 주기가 오르면 노래판이 벌
어지는데, 그때의 지휘자는 당연 기타를 잘 타는 임명선 선생님이었다. 임
선생님은 오른손 집게손가락 한 마디가 없는 손이었음에도 기타를 타는 모
습이 정말 멋있었다. 누가 무슨 노래를 하건 기타 반주를 잘 맞췄다. 나도
풍금으로 그리 잘은 못하지만 더러 반주해 주었다.

　　내가 초등학교 1학년 때 경주에서 잠시 살았는데, 그때 아버지가 피아
노를 사주시고 아버지로부터 피아노를 배운 일이 있었다. 그 덕분에 풍금

을 그런대로 연주할 수 있어서 아이들에게 노래를 가르칠 수도 있었고, 아이들 노래에 반주도 좀은 해줄 수 있었다.

10월에는 가을운동회가 있었다. 당시 초등학교 운동회는 시골 면민들의 체육대회이기도 했다. 아이들의 운동회 순서는 주로 오전에 거의 다 마치고, 오후에는 면의 각 동리별로 청년들이 겨루는 계주가 있었다. 이때 초등학교 교사들도 면민들과의 친목을 위해 한 팀을 만들어 참가했다. 선생님들이 나더러 선수로 뛰라고 했지만 나는 유달리 짧은 다리로 달음박질은 전혀 아니라서 사양하는 데 진땀을 뺐다. 그 대신 '아기 선생'이라는 별명 때문에 아이들의 손님 찾기 놀이에서는 인기가 많아 서너 번이나 불려나가 달렸다. 아무튼 이리저리 그날은 바쁘게도 돌아쳤다.

구지는 제법 큰 5일장이 열리는 곳이고, 낙동강 가의 물풍한 곳이어서 인심도 넉넉했다. 이웃 현풍보다는 번성함이 덜해도 대신 유장한 풍류가 있는 곳이었다. 특히 돼지가 유명했다. 머리가 길쭉한 멧돼지 같은 돼지는 이 지방의 특산물로 '구지 돼지'라는 이름으로 불리며 전국적으로 팔리고 있었다. 겨울방학 때 교무실 난로 위에 신문지를 깔아놓고 그 위에 그 돼지고기를 적당한 두께로 썰어 구워서 소금에다 찍어 먹는 맛과 막걸리판의 분위기는 지금도 그립다.

차차 아이들과도 친해지자 일요일이나 겨울방학 때는 아이들이 내 공부방으로 놀러 오기도 했다. 그래서 나는 늘 아이들의 모잇감을 넉넉하게 장만해 두었나. 7, 8명이 뇌년 마낭에 싶 덕석을 깔아놓고 수건 놓기 등을 해서 벌로 노래를 부르기도 했다. 하도 세월이 오래 지나서 그 아이들의 이름은 고사하고 얼굴도 잊혀졌다. 구지라는 시골 장터도 이제는 대구광역시에 들어가 아파트 마을이 되었다.

겨울방학 때는 도동 마을에 있는 외갓집에서 한 열흘쯤 지냈다. 이때는 낙동강이 얼어붙어서 나룻배는 강가로 끌어올려지고 사람들은 등빙(登氷)을 해서 건넜다.

외아재는 이 시기가 한몫을 단단히 보는 때였다. 낙동강 강변의 모래땅 밭에는 낙화생이 특산물이다. 외아재는 11월부터 이듬해 1월까지 한창 추위에 강 연안의 마을을 다니면서 낙화생을 사서는 짐배에 싣고 강을 거슬러 올라가 저 멀리 다사(多斯) 강창(江倉)까지 갔다. 가는 길에는 5, 6명의 배꾼이 어깨에 걸빵을 멨다. 걸빵의 등에는 뱃머리로부터 나온 굵은 밧줄이 여러 가닥 길게 나와 있다. 거기에 매달려 있는 걸개에 일꾼들의 걸빵 줄이 걸려 있다. 배꾼들이 몸을 땅과 40도 정도 기울여 숙이고 힘을 모아 뱃머리에 걸려 있는 밧줄을 통해 배를 끌고 가는 것이다. 배꾼의 노래, 좀체로 알아듣기 힘든 노래를 부르면서 고된 힘을 짜내 모아 나갔다.

나와 외아재는 배 한가운데 두터운 요를 깔고 솜을 두텁게 넣은 이불을 어깨까지 걸치고 있었다. 배를 끌고 있지만 강심은 고요해서 아무런 느낌을 받지 않았다. 그저 주변 경관이 천천히 뱃머리 반대쪽으로 가고만 있었다.

이렇게 해서 올라가면 바람이 밀바람일 때는 23시간 정도 걸리고, 마주바람일 때는 25시간 정도 걸렸다. 새벽에 출발하면 대개는 그 다음날 아침에 강창나루에 도착했다. 강창나루에 나와 있는 매집상(買集商)에게 싣고 간 낙화생을 다 팔고 내려올 때는 주인과 일꾼이 모두 함께 타고 내려왔다. 강의 흐름에 따라 오는 길이라 10시간 정도 걸려서 되돌아왔다. 이때는 모두 배 안에서 밥도 해먹고 두터운 이불을 덮고 잠자는 것이 또한 일이었다.

외아재는 늘 혼자 배를 타려 했지만 외할매는 세월의 인심이 흉흉한지라 외갓집 장골 청년을 데리고 다니도록 했다. 나는 장골 축에는 못 끼는지라 그냥 여수(餘數)로 따라가기만 한 것이다. 외아재는 겨울에는 이 뱃길을 쉬지 않고 다녔다.

겨울방학 동안 나는 학력을 올리는 데 모든 힘을 기울였다. 제일 힘든 공부는 영어였다. 그 당시 실력은 겨우 중학교 3학년 정도나 될까? 이놈의 영어 공부는 무조건 외워야 하는 것이다. 그러니 재미가 날 게 없다. 재미가 없으니 나중으로 미루게 된다. 그래서 점점 더 멀어지고 만다. 목적은 가능하면 1950년 7월에 있는 '대학 입학자격 검정시험'을 쳐서 입학하는 것이다. 이때 합격한다면 대학을 1년 빨리 들어갈 수 있다. 늦어도 1951년 7월에 합격하면 제 학년을 찾아 대학에 들어가는 것이다. 목표는 이렇게 세웠지만 그놈의 영어 때문에 늘 골치였다.

학교 근무를 마치고 오후 5시에 퇴근하면 저녁식사 후에 아우, 누이들과 좀 놀다가 할아버지와 세상 돌아가는 이야기를 나누었다. 공부 때문에 라디오는 할아버지께 맡기고 뉴스는 주로 할아버지를 통해 들었다. 그러면 자연 토론을 하게 되고, 할아버지의 지혜도 배우게 되는 것이다.

어머니는 지난해 둘째 딸 정아가 죽고 나서 몹시 애달파했는데, 지난해 가을부터 점점 배가 불러왔다. 어머니는 정아가 죽은 슬픔을 새로운 생명의 탄생을 기대하는 마음으로 이겨냈다. 마침내 1950년 5월 29일, 나는 새로운 남동생의 출생을 보게 되었다. 할아버지는 용아의 족보 이름인 재우의 다음이라 해서, 우(宇)의 다음에 짝진 주(宙)를 따 재주(在宙)라고 지으셨다. 두 형제가 하나의 우주(宇宙)가 되라는 기원을 담은 것이다.

학교 직원은 교장, 교감과 교사 12명이었다. 그중 여교사가 3명이었다. 남자 교사 9명이 숙직을 해야 하기 때문에 9일마다 한 번씩 숙직 당번이 돌아온다. 사환 1명, 청부 1명이 있었는데, 이들은 교대로 숙직 근무를 해야 했다. 이렇게 교사 생활도 몸에 익어가면서 재미를 붙이고 있었다. 교장 선생님도, 교감 선생님도 나에게는 특별히 사랑을 베풀어주셨다. 나도 그 사랑에 부응하기 위해 스스로 학교 일을 찾아서 했다. 이렇게 공부에다, 여러 가지 잡무를 거들고 지내는 중에 겨울방학도 끝났다.

당시 학제로 신학년은 9월 1일에 시작했다. 1학기는 9, 10, 11, 12월이었다. 12월 25일부터 방학을 해서 1월 25일에 개학을 했다. 2월 20일까지는 1학기에 들고, 그 다음 2월 말까지는 봄방학이었다. 3월부터는 2학기가 시작되는데 7월 25일까지였다. 당시 초등학교에서는 4, 5월의 봄이 되면 학예회라는 행사가 열렸다. 그동안 학교에서 배운 노래와 장기, 유희 등으로 학부형들에게 재롱을 보이는 행사였다.

교사 된 이는 누구라도 자신들이 가르치고 있는 학동들이 배운 성과를 학동들의 부모에게 보이고 싶은 마음을 가지고 있다. 이는 당연한 바람인 것이다. 그래서 교육적 행사로 봄·가을의 좋은 날을 정해 학예회라는 잔치를 벌였다. 이때는 남자 교사도 애를 쓰지만 여자 교사들의 수고가 더 많다. 아동들의 예능 교육은 남자 교사보다 여자 교사가 더 잘 알고 있기 때문이다. 특히 1, 2학년 저학년의 유희나 노래에서는 여교사의 세심한 배려와 지도가 중요하다. 그래야 아이들이 자신들이 가지고 있는 본래 천성인 예능을 발휘할 수 있기 때문이다.

나는 그때 무엇을 했는지 하도 오랜 세월이 지난지라 다 기억할 수 없다. 단지 〈그리운 강남〉이라는 노래를 열심히 가르쳤고, 이를 합창으로 불러 학부모들로부터 대단한 갈채를 받아 '아기 선생'의 인기를 한껏 올렸다는 것만 생각난다. 그 노래의 가사를 그만 까먹어 아쉬웠는데, 백방으로 찾아 그때 그 가사를 온전히 전할 수 있어서 정말 다행이다.

1. 정이월 다 가고 삼월이라네
강남 갔던 제비가 돌아오면은
이 땅에도 또다시 봄이 온다네

(후렴) 아리랑 아리랑 아라리요
아리랑 강남을 어서 가세

2. 하늘이 푸르면 나가 일하고
별 아래 모이면 노래 부르니
이 나라 이름이 강남이라네

3. 그리운 저 강남 두고 못 감은
삼천리 물길이 어려움인가
이 발목 상한 지 오램이라네

4. 그리운 저 강남 건너가려면
제비 떼 뭉치듯 서로 뭉치세
상해도 발이니 가면 간다네

　그 후 이 노래는 아이들에게 큰 인기를 얻어 고무줄놀이 때 부르는 노래가 되었다. 그래서 쉬는 시간에 운동장에 나가면 1, 2학년 어린아이들이 내게 안겨들고 매달리고 했다. 그중에는 제 형이나 오빠처럼 여기는지 어떤 아이는 내게 말도 놓았다.

　1950년, 새봄이 들자 38선 일대는 남과 북의 군대들이 서로 총질을 하고 충돌이 날이 갈수록 잦아졌다. 점차 그 규모가 커지고 있어서 그것이 언제 동족상잔의 전쟁이라는 어처구니없는 상황으로 될지 알 수 없는 지경이었다. 한 해 전인 1949년 6월에 남북 민전이 하나의 민전으로 통합된 '조국통일민주주의전선'에서 평화적 통일 방책을 제의한 바 있었다. 1950년에 들어 민전에서는 8 · 15 해방 5돌을 조국통일을 이루어 기념하자고 호소하면서 다음과 같이 평화적 조국통일 방책을 제의했다.

1. 8월 5~8일에 전 조선적인 남북 총선거를 실시하고 통일적 최고입법기관을 창설하며 8 · 15 해방 5돌 기념일에 서울에서 최고입법기관회의를 소집하자.
2. 이를 위해 6월 15~17일에 해주 또는 개성에서 조국의 평화적 통일을 원하는 '남북 민주주의 제 정당 · 사회단체 대표자협의회'를 소집해 여기서 평화통일을 위한 제 조건과 총선거 실시의 절차, 중앙선거지도위원회 창설 문제를 토의 결정하자.
3. '대표자협의회'에는 조국의 평화적 통일을 계속 반대하는 민족반역자들은 참가시키지 말 것이며 조국통일 사업에 '유엔 임시조선위원단'의 간섭을 허용하지 말자.

민전의 방안에 대해 남조선의 반동들은 적화통일의 한 수단으로 하는 '평화공세'라면서 헐뜯었다. 미제와 이승만 정권은 북진통일을 부르짖으며, 이 내용을 담은 서한을 가지고 온 인사들을 전선에서 바로 잡아 감옥에 가두어버렸다.

한편 5 · 10 선거 이후 날이 갈수록 민심을 잃어가고 있던 이승만 정권은 1950년 5월 30일 총선거에서 대패함으로써 민심이반의 절정을 맛보았다. 선거는 이승만의 직접적인 감독 밑에 30명의 반대파 입후보자를 가두어 놓고 테러를 감행하는 공포 속에서 진행됐다. 그럼에도 이승만의 지지자는 210석 가운데 겨우 47석밖에 당선되지 못했고, '남북협상파'를 비롯한 '반이승만파'가 압도적 다수를 차지했다.

이러한 선거의 결과는 비단 이승만 독재정치의 파멸을 가져올 뿐 아니라 남조선에 대한 미제의 식민지 통치에도 심각한 위기를 초래할 수 있었다. 이런 정세를 뚫고 식민지 통치체제를 지탱하려면 다수파를 꺾어 누르고 이승만 체제를 유지해야 했다. 이를 위해서는 전쟁밖에 없다는 것을 미제는 확신하게 된 것이다.

이렇게 해서 세운 방침에 따라 미제는 6·25 전쟁을 일으킬 것을 결정했다. 트루먼의 명령에 따라 덜레스는 국방장관 존슨과 합참본부장 브래들리, 그리고 맥아더와 더불어 '도쿄 4자회담'에서 6·25 전쟁에 관한 모든 문제를 서둘러 결정했다.

6월 17일 남조선에 들어온 덜레스는 그 첫 행각으로 6월 18일 38도선 시찰에 나섰다. 그는 여기서 북반부의 방어 형편과 남조선 국방군의 전쟁 준비상태를 검열한 후 국방군 장병들을 격려했다고 한다.

6월 19일 덜레스는 5·30 선거로 구성된 새 국회의 개원식에 참가해 미국의 극동정책을 설명하고는, 공산주의자들과의 투쟁에서 '당신들은 외롭지 않으며'라고 하면서 전쟁을 내비쳤다. 또 '언제나 미국의 강력한 정신적·물질적 지지를 받을 것'이라며 그 전쟁을 담보해 주었다. 이와 같은 준비와 격려, 그리고 담보를 받은 이승만은 결국 전쟁으로 발을 내딛었다.

마침내 1950년 6월 25일 아침 서울방송에서 38선 일대에서 남북 군대의 대규모 충돌이 일어났다고 보도했다. 이북 평양방송에서는 남측 국방군이 38선을 넘어 침략했고, 영용한 인민군은 이를 격퇴하고 있다는 방송이 곧이어 나왔다. 이리하여 동족상잔의 비극이 시작된 것이다.●

열넷 — 헐뜯기는 조국

　　　　　　　　❝

1949년, 1950년 신문광고 면에 그 많던 전향성명서, 탈당성명서를 낸
　　　사람들이 거의 다 그 죽음 속에 들어 있었다.
　그들이 '반공투사'가 되겠다고 맹서를 했는데도 말이다.
동지를 잡아다 주었는데도 말이다. 그들은 보도연맹에 들어갔다.
　그렇기 때문에 더 조직적으로 학살을 당해야 했던 것이다.

　　　　　　　　❞

7월,
대학살의 달

1950년 7월 4일, 6월 25일에 터진 전쟁으로 학교는 무기 휴교되었다. 교사들은 교무실에서 잔무를 정리하며 더러 모여서 모두 그늘진 얼굴로 전쟁의 귀추를 이야기하고 있었다. 시간은 정오를 한두 시간 지난 듯했다.

갑자기 교무실 문이 드르륵 하고 열렸다. 전투복을 입고 카빈총을 멘 경관 둘이 들어섰다.

"안재구 선생이 누구요?"

"전데요. 왜 그러시오?"

"지서장이 부릅니다. 잠깐 지서로 갑시다."

서두르는 품이 자못 날이 섰다. 그들을 따라 지서로 들어갔다. 지서장의 날선 눈이 나의 얼굴에 박힌다.

"집어넣어!"

순경 하나가 벽에 붙은 지서 유치장 문을 열고 내게 턱짓으로 들어가라는 눈치를 준다. 허리를 굽히고 들어갔다. 그곳은 궤짝 같아서 앉기만 하고 설 수 없는 곳이다. 문이 덜컹 하고 닫혔다. 나는 어마두지에 당한 일이라 어리둥절했다. 지서장은 나의 외가 집안 사람으로 내게는 할아버지뻘이 된다.

"할배요! 우짠 일인교?"

"이 자식아! 가만히 있거라! 본서에서 잡아 보내라 해서 그렇다. 나도 모른다."

이 할배는 한민당 국회의원을 하는 외가 큰집 석당 할배의 호위경관 출신이었다. 그 덕분에 금테 두른 경찰인 경위로 특채됐다. 외가 큰집 할배가 5·30 선거에서 떨어지자 호위경관을 면하고 이곳 구지의 경찰지서장이 되어 전근 온 것이다.

면장 하시던 외할배는 이미 2년 전에 돌아가셨고, 이승만이 부르짖는 서울 사수를 철석같이 믿었던지, 외가 큰집 할배는 못 내려오는지 안 내려오는지 소식이 없었다. 아무튼 이젠 나를 보호해 줄 사람은 아무도 없다. 이들이 하는 품을 보니 '속절없이 죽었구나'라는 생각이 들었다. 어제부터 면민 중에서 모모라고 하는 사람들이 숱하게 잡혀 갔다. 아침나절부터 똘똘 묶여서 본서에서 온 트럭에 실려 갔다. 쑥덕거리는 소리가 '모두 골로 간다'는 것이다. 그건 산골에 데려가 총살해서 끌어다 묻는다는 말이다.

곧 어두워졌다. 아무 생각도 없다. 나이 18살에 피지도 못한 인생이다. 어머니 생각이 났고, 할아버지 생각으로 눈물이 났다. 하지만 피지도 못하고 죽은 사람이 어디 나뿐이랴. 2·7 구국투쟁 이후 야산에서 활동하다가 붙잡혀 죽었다는 동무들을 생각하니 슬픔이 좀 가셨다.

이렇게 죽음의 슬픔과 두려움을 짓씹고 있던 중 시계는 자정을 지나 두 점을 친다. 좀 지나자 유치장 문이 덜컹 하고 열렸다. 지서장 할배다.

"이리 나와!"

나를 자기 책상 앞에 놓인 의자에 앉혔다.

"이 사람, 내가 우째 우리 집안 외손을 죽을 곳에 보내겠노. 내보내 줄 테니 도망가라. 본서에는 못 잡았다고 할 테니."

"할배요! 고맙구마."

나는 일단 집으로 갔다. 엄마가 나를 끌어안고 울음을 터뜨렸다.

"하느님요, 자식을 살려줘서 고맙습니다."

할매는 눈물 젖은 얼굴을 내 얼굴에 부비면서 모두에게 다짐하듯 말씀하셨다.

"야(이 아이)는 죽지 않는다! 죽지 않고말고."

지서장은 내가 월급 받은 돈으로 어머니가 사 모은 금붙이와 아버지의 최신형 시계를 받고 내준 것이다.

해마다 7월에 들어서면 저승 문 앞까지 갔던 이 시절의 일이 떠오른다. 7월! 7월은 대학살의 달이었다.

나는 지서장 할배의 말 따라 도망을 쳤다. 그 이튿날 새벽에 나는 할아버지께 절을 올리고, 어머니의 권에 따라 거기서 10리쯤 되는 유가면 한정리 원산이라는 마을에 사는 어머니의 고모 집으로 갔다. 우리들이 '원산이 할매' 라고 부르는 그 할매는 나를 보고 눈이 동그래지셨다.

"네가 우짠 일고, 이 소란스런 때에?"

"할매! 날 좀 숨겨줘."

나는 일의 전후를 말씀드렸다. 그때는 새벽이라 동네 안쪽에 들어 있는 할매 집까지 가는데 어느 한 사람 만난 일도 없었다. 할매는 불문곡절 내 손을 잡아 끌어들이고 앞장서 갔다.

"그래, 걱정 마라. 여기 숨을 데가 한 곳 있다. 이리 따라오너라."

할매는 옆문을 열고 가더니 대밭으로 삼면이 둘러싸인 사당으로 들어가 모신 신주 앞에서 고개를 숙여 작은절을 했다. 그러고는 바로 밑 청마루의 한 끝을 힘들여 쿵 하고 밟자 마룻장 한 장이 내려 구멍이 열렸다. 할매가 내려간 마룻장을 집고 당기자 경첩으로 이어진 마룻장이 한 장 더 따라 열렸다. 침침한 어둠에서도 안으로 내려갈 수 있는 계단이 보였다.

"이 안에 숨어 있으면 세상 어느 누구도 못 찾는다. 내, 곧 자리와 요이 불을 가지고 올 테니 낮에는 이 안에 숨었거라. 너도 여기에 모신 불천위(不遷位) 할배의 외손이니 이 할배가 너를 지켜주실 것이다."

"그럼 할매, 불천위 할배께 절부터 해야지."

나는 모신 신주함을 향해 공손히 절을 올렸다.

이 불천위 할배는 나의 13대조 할아버지의 장조(丈祖) 어른이시다. 이 집안에서는 불천위 감사공 할아버지로 부르고 있는 신위는, 성이 현풍(玄風) 곽씨이고, 휘(諱)는 월(越)이며, 감사 벼슬을 했다. 당시 임진전쟁을 앞두고 동북아시아의 복잡한 정세로 해서 생긴 조·중 간의 외교 문제를 잘 해결한 공로로 시호를 받고 불천위까지 오르신 할아버지이시다. 이 할아버지의 맏아들 휘 재지(再祉)가 나의 13대조 할아버지의 장인이시고 둘째 아들이 임진전쟁 때 의병장으로 조국을 지킨 유명한 망우당(忘憂堂) 곽재우(郭再祐) 장군이시다. 그러니 나의 13대 조모는 바로 망우당의 질녀(姪女)이시다. 나는 이 외족고모의 보호로 꼭 한 달을 숨어 살 수 있게 되었다.

7월이 다 끝나가자 대포 소리가 멀리서 들리더니 그 소리가 점차 가까워졌다. 그러다가 8월에 들어 4일 아침에 바깥이 매우 어수선했다. 나는 마룻장을 올리고 가만히 사당 문을 열고 내다보았다. 그런데 이게 웬일인가. 내 동생 용아와 새로 생긴 동생인 재주를 업은 향아가 사당으로 들어오는 문 곁에서 장난을 치며 놀고 있지 않은가. 이어 외사촌 누이동생 쾌야도 사당으로 오는 실로 나서고 있다. 나는 일단 사당 안으로 들어와 문을 안에서 잠갔다. 곧이어 원산이 할매가 나를 부르는 소리가 들렸다.

"재구야, 내다. 원산이 할미다. 인자 나오너라. 너그 집 식구들과 외갓집 식구들이 모두 여기로 피난을 왔다. 이제 나와도 된다. 지금은 네 잡을 경찰들이 모두 없어졌다."

이 소리를 듣고 나는 문을 열고 나가면서 소리쳤다.

"향아! 용아! 쾌야!"

"형아! 오빠!"

모두 뛰어와서 내 두 팔에 매달렸다. 나는 아이들을 데리고 할아버지가 계시는 사랑채로 갔다. 사랑채의 큰방은 할아버지와 아버지, 아재 형제가 계셨고, 작은방은 외아재와 외가 큰집의 진잠 아재가 어린 아들을 데리고 계셨다. 방금 집도 살림살이도 모두 버리고 들어와서 그런지, 몸도 마음도 모두 걷잡을 수 없어서 그런지, 멍하니 그냥 앉아만 있었다.

이러한 어수선한 분위기는 그 이튿날 새벽에 일어난 사건으로 온 동네 사람들과 피난 온 사람들 모두 전쟁을 실감하도록 만들었다.

새벽 5시쯤이었을까, 아랫도리가 물에 푹 젖은 채로 낯선 붉은 별표를 단 모자를 쓴 병정 10여 명이 아래에 이상한 통을 매단 총[22]을 가지고 낯선 눈빛으로 동네로 들어와서는 비슬산으로 들어가는 길이 어디냐고 물었다고 한다. 그리고 들어가는 길목까지만 안내해 달라고 해서 동네의 한 청년이 따라나섰다.

한 두어 시간이 지나자 국군 몇 사람이 와서 그 군대가 간 길을 물었다. 그들이 돌아간 다음 좀 지나자 산에서는 콩 볶는 소리를 크게 내는 것과 같은 소리가 일어났다. 그리고 한참 지나자 부상자를 담가에 싣고 국방군 30~40명이 내려왔는데 그 꼴이 말이 아니었다. 그 이튿날 국군이 동네에 들어와서 동네를 비우라고 했다. 원산이 할매 식구도 외갓집 식구들과 같이 피난길을 나서야 했다. 피난지는 거기에서 동남쪽으로 4킬로미터 조금 못 되는 경남 창녕군 성산리 곽천 냇가에 정한 '피난민 수용소'라고 했다.

---

22) 나중에 이 총을 '따발총'이라 했다.

그날 점심때에 곽천 마을에 도착했는데 그 마을은 창녕 성(成)씨의 집성촌이었다. 우리 집과 외갓집이 혼인관계로 이리저리 사돈 간이 되어 방을 내줘 한뎃잠을 피할 수 있었다.

5월 말경에 태어나 아직 백일도 못 된 나의 막내동생 재주는 그 8월의 뙤약볕에 얼굴 껍질이 벗겨지기는 했지만 건강하게 이겨내고 있었다. 모두 피난 짐을 지고 가는 터라 재주를 업고 가는 몫은 어린 향아의 어깨가 맡았다. 피난 짐으로 가져온 것이 덮고 잘 홑이불들과 옷가지, 그리고 취사할 양은냄비와 양은그릇, 수저 등이었다.

그런데 재주보다 두어 달 먼저 태어난 외사촌 누이동생은 몸이 약했다. 자꾸 열을 내고 앓았다. 피난 중이라 약도 구할 길이 없고 외아지매는 근심이 여간 아니었다. 그래서 또 피난을 가라고 하면 어쩔까 하고 걱정이 이만저만 아니었다. 여기에서 피난을 또 가라고 하면 비슬산 산줄기를 넘어 청도 땅으로 가야 했다. 청도 땅으로 가면 연척이 사는 두어 동네가 있지만 곽천 마을처럼 넉넉한 마을은 없다.

전세는 날이 갈수록 급박하게 돌아가고 있었다. 소문에는 여기도 얼마 못 있다는 것이다. 이처럼 애를 태우고 있는데 곽천 마을도 비우라는 것이다. 그날이 8월 16일이었던가, 그날 오전 중에 곽천 마을을 비워야만 했다. 모두 아침밥을 먹는 둥 마는 둥 또 피난 짐을 쌌다. 그 마을, 이때까지 우리들에게 고맙게 했던 곽천 마을 사람들과 함께 다시 피난 봇짐을 메고 모든 가신을 버리고 가는 것이나. 그것노 언제 놀아올지 모르는 기약 없는 날짜에 생사조차 모르는 피난길을 말이다.

아침에 열을 내고 있는 어린 외사촌 누이동생이 외아지매 등에 업혀 가는데, 중간중간 쉬면서 아이를 내려 젖을 먹여도 잘 빨지 못했다. 외아지매는 길가에 앉아서 눈물을 흘렸다. 나는 그 곁에 앉아 근심 어린 얼굴로 보기만 했지 그야말로 유구무언이고 속수무책이었다.

그런데 외아지매가 갑자기 큰 소리를 냈다.

"아이구, 우짜꼬. 그만 물고 있는 젖꼭지가 그냥 나왔네. 이를 우짜꼬! 지나가는 사람 중에 의사 없는교? 내 아이 좀 살려주이소. 제발 내 아이 좀 살려주이소. 아이고, 이를 우짜꼬!"

외아지매는 절규했다. 나의 어머니, 외가 큰집 아지매 그리고 아재들이 둘러섰다. 한참 지나자 외아재가 아지매 곁에 앉아서 타이르듯 말했다.

"이제 그만 울고, 그 아이 내가 안을게. 이리 줘."

그래도 아지매는 그저 멍하니 먼 하늘을 보고만 있었다. 나의 어머니가 아지매 품에서 아이를 안아 오자, 아지매는 마치 먼 하늘로 아이가 가고 있는 것을 보는 양 그저 하늘 한 곳에 시선을 멈춘 채 눈물이 가득한 눈만 번히 뜨고 있을 뿐이다.

어머니는 아지매의 한쪽 어깨를 흔들면서 좀 큰 소리로 말했다.

"이 사람아, 정신 차리게. 죽은 아이는 빨리 잊어버리는 게 죽은 애한테도 좋고 그 어미한테도 좋다네. 이제 산 아이 걱정을 해야지. 지금 우리는 피난길이 아닌가! 이 사람 정신 차리게."

어머니는 그러면서 잡은 외아지매의 어깨를 흔들었다. 그러자 외아지매는 어머니의 가슴에 얼굴을 묻고 그만 큰 소리로 통곡을 했다. 어머니도 마주 안고 통곡을 했다. 아마 나의 어머니는 내가 한 번도 못 본, 죽은 내 동생 정아 생각이 나서 통곡이 났는가 보다. 그때 못다 운 서러움을 벌충이라도 하는 듯이. 두 시누이와 올케의 통곡 소리에 곁을 지나가던 피난민 어머니들도 산 아들딸, 죽은 아들딸의 걱정인지 모두 눈물을 뿌렸다. 더러는 소리 내어 울면서 이 졸경을 보다가 지나갔다.

좀 지나자 외가 큰집 아재와 아버지가 가까운 동네에 들어가 연장을 빌려 오셨다. 나는 어머니가 안고 있는 아이를 받아 안고 동네 어른의 안내에 따라 산골짝 안으로 들어갔다. 골짝의 약간 비탈진 남향 마른 땅을 골라 구더기를 팠다. 두세 자 깊이로 팠다. 구더기 안에 포근한 부드러운 흙을 깔고 거기에 마른 홑이불을 펴 아이를 눕히고 양쪽 자락으로 덮어 포근하게 감아 쌌다. 그리고 홑이불로 덮은 몸이 보이지 않도록 부드러운 흙을 덮었다. 그 다음 파놓은 흙을 그 위에 덮으면서 삽으로 두드려 튼튼하게 묻었다. 그리고 곁에 좀 굵은 나무를 베어다가 말뚝을 만들어 표지로 박아두었다.

돌아와서 나는 외아지매에게 말했다.

"고종사촌 오빠가 마른자리를 골라 보드라운 흙으로 덮어서 여름에는 시원하게, 그리고 겨울에는 따뜻하게 잘 묻었다. 그라이 외아지매, 이제 아무 걱정하지 마라."

우리들은 발이 떨어지지 않는 걸음을 걸었다. 저녁녘이 되어서야 고개 넘어 청도 풍각면 흑석이라는 좀 큰 마을 곁에 흐르는 냇가에 자리를 폈다. 그리고 저녁밥을 준비했다. 저녁밥을 지을 부뚜막을 만들고 마른나무를 해다가 불을 피워 밥을 하고 있는 중에 이건 또 뭔가. 흑석 마을의 청장년들 10여 명이 손에 몽둥이를 들고 와서는, 피난민은 딴 곳으로 가라는 것이다.

"어디로 가라는 것이오?"

우리들이 항의하자 산동의 매전면에 '피난민 수용소'를 만들어놨으니 그리로 가라는 것이다.

이래서 승강이가 붙었다. 자연 분위기가 험해졌다. 그래서 오늘은 밥만 해먹고 자는 것은 도로가에서 자겠다고 부탁했다. 처음은 그것도 안 된다고 했지만 솥에 끓고 있는 밥을 버리고 가라고는 할 수 없었던지 밥만 먹고는 떠나라고 했다. 그들이 몽둥이로 지키고 있는 가운데 우리는 서둘러 밥을 해먹고 자리를 떴다. 그날은 도로가 풀밭의 포플러 가로수에 기대어

밤을 보냈다. 밤공기가 차지자 아이들을 꼭 품고 잤다.

아침에 외갓집 식구들과 의논을 했다. 외갓집은 원산이 할매의 언니가 밀양의 살내 마을에 계셔서 그쪽으로 가기로 한다고 했다. 우리 식구들은 밀양으로 갈 수는 없었기에 외갓집 식구들과는 헤어지기로 했다. 외아재는 밀양에 가서 그쪽 형편이 괜찮으면 소식을 전하겠다고 말했다.

우리들은 외갓집 식구들과 헤어져 녹명동(鹿鳴洞) '녹갈' 이라는 동네로 들어갔다. 그곳에서 좀 촌수가 먼 일가의 취객(娶客) 집에 찾아들어 헛간채라도 부탁할 요량으로 들어간 것이다. 일가들은 서로 알고 있는 처자라 거절을 못 했다. 소여물간을 빌어 아이들만 안에다 들이고 어른들은 그 처마 밑에서 자리를 깔고 한뎃잠을 잤다. 그 모습이 안되었던지 일가 아지매가 나와서 할아버지만 데리고 가서 사랑채에 붙은 보리씨를 넣어둔 골방을 내주었다. 그런데 그 이튿날 아침 동네 구장이 찾아와서 그 집, 우리 집안 취객인 '이 서방' 이라고 부르는 새아재와 하는 이야기를 내가 무심코 엿들었다.

"이 사람아! 자네 우짤라고 그러나? 빨갱이를 재워주었다고 소문나면 자네들이 그 감당을 우짤라고 하는가! 나도 책임 추궁을 당할 것이니 내라도 신고를 해야겠네."

"아무리 그렇지만 어찌 처삼종숙을 신고하겠습니까? 아재, 한 번만 그냥 봐 넘겨주소."

이 말을 들은 나는 소름이 끼쳤다. 나는 할아버지께 당장 달려가서 고했다.

"할배, 큰일 났습니다. 구장이라는 놈이 와서 이 집 새아재에게 할아버지를 신고하라고 닦달을 하고 있습니다. 할버지, 빨리 나오이소. 다른 식구야 별일 없을 테니 할버지만 피하시고, 저는 구장 놈이 신고하러 가는 길목에서 기다렸다가 재껴버리고 달아나겠습니다."

그러면서 곁에 있는 기둥에 걸린 낫을 벗겨 들었다. 그러자 할아버지가 말씀하셨다.

"아니다. 내가 없으면 그놈이 신고하지 않을 것이다. 일찍 신고 안 해서 놓쳤다고 오히려 야단맞을 테니까. 우리들이 달아나서 어디 가까운 데서 망을 보다가 식구들이 나오면 그때 함께 가기로 하자."

할아버지의 말씀대로 하기로 하고, 나는 이 말을 아재에게 전한 뒤 바로 출발하겠다고 했다. 할아버지와 나는 큰길 가로 나와 식구들이 나오도록 기다렸다. 한 시간쯤 지나서 모두가 한곳에 모였다.

할아버지는 또 한 군데 연척이 있는데 거기로 가보자고 하셨다. 우리는 할아버지를 따라 어제 온 도로를 건너 북동쪽 방향으로 난 도로를 따라갔다. 얼마 안 있어 이서면(伊西面) 면사무소에 이르렀다. 할아버지는 면사무소에 들러서 직원에게 몇 가지를 묻고 어딘지 전화를 걸었다. 그러고선 미소를 띠고 기다리셨다. 한 10분쯤 지나자 중년 신사가 와서 할아버지께 아주 정중하게 절을 했다. 할아버지는 그냥 절을 받았다. 그러고서 아버지와 아재, 그리고 나를 불러 인사를 시켰다. 이름이 반상호(潘相鎬)라고 했다. 반상호 선생은 한때 서울에서 공부를 했고 그때 할아버지가 운영하셨던 '노동학원'에서 사회주의 강의를 많이 들었다고 했다.

그날 점심은 반상호 선생 댁에서 오랜만에 정식 주방에서 한 음식으로 대접을 받았다. 반 선생은 할아버지께 지금 어디로 가실 작정이시냐고 물었다. 할아버지는 산동으로 가서 십안의 한 쥐객을 찾아 거기에서 피난을 할 작정이라고 하셨다. 그러자 반 선생이 말했다.

"그렇다면 차라리 여기에서 피난을 하시면 어떻습니까?"

"반 선생도 알다시피 내가 이쪽 당국이 기피하는 인간인지라 반 선생에게 폐가 될 수 있습니다. 말씀은 고맙지만 그렇게는 못 하지요."

아무튼 반 선생과 우리와의 인연은 그것으로 끝났지만 나의 기억에 유달리 남는 분이다.

그날은 오후에 비가 추적거리며 왔다. 반 선생은 우리가 떠날 때까지 좀 푹 쉬시라고 하면서 사랑채를 통으로 비워주셨다. 우리는 비가 추적대는 오후의 나른한 때를 만나 이틀 동안 한뎃잠으로 고생했는지라 모두 눕자마자 곯아떨어졌다. 반 선생은 그동안 안에 들어가서 미숫가루를 비롯해 간단한 간이식사 재료를 급히 만들도록 하고, 다른 식료품도 많이 찬합에 담도록 했다.

우리가 한 두어 시간 잤을까, 할아버지가 모두를 깨우셨다. 너무 오래 쉬면 몸이 퍼져 오히려 몸에 해롭다면서 일어나 떠날 준비를 하라고 다그치셨다. 오후 4시경에 출발하려고 했더니 반 선생은 행선지를 물었다. 늦은 오후에 출발하려는 것을 보고 그리 멀지 않은 곳이면 집안 일꾼을 시켜 짐을 져주려고 한 것 같다. 나는 이때 상대에게 부담스럽지 않게 배려하는 방도에 대해 반 선생으로부터 많은 것을 배울 수 있었다.

우리들은 백곡(栢谷) 마을의 김해 김씨 종갓집으로 찾아갔다. 백곡은 무오사화로 점필재(佔畢齋) 선생이 부관참시를 당할 때, 그의 제자로 참형을 당한 김일손(金馹孫)의 후손이 집성촌을 이루고 사는 동네다. 이곳으로 우리 식구 성인(내가 성인은 못 되지만 성인 축에 넣고) 여섯에다 아이 넷, 모두 열 명이 대거 피난을 구실로 갑자기 쳐들어간 것이다.

밀양과 청도는 유림의 일로는 두 고을이 합사하는 게 보통이다. 그래서 바깥사람들은 자주 만났던 사이라 친목이 돈독했다. 어머니 또한 그 집 종부와 가까운 연척이어서 서로 반가워했다. 하지만 윗대의 어른들이 안 계신 지금, 그 연고를 밝히는 일은 매우 어려워 산동으로 가는 길에 하룻밤을 자고 가기로 했다. 그날 우리 식구들은 잇달린 두 방을 쓰게 되어 그동안의 노독을 풀 수 있었다.

그 이튿날 그 집에서 챙겨주는 아침을 먹고 청도의 산동 지역으로 출발했다. 비슬산 너머 낙동강 연변의 마을마다 동네를 모두 비우고 청도의 산동 매전면(梅田面) 동창천의 강변으로 정해진 피난민 수용소로 수없이 모여들었다. 그렇게 모여드는 피난민을 따라 청도천을 따라 내려가다가 경부선 철도의 철교 밑에 놓인 진금다리를 건너 산자락에 붙었다. 관하고개를 향해 계속 오르막길로 나아갔다. 피난민들은 소 등에 짐을 싣고 가는 사람도 있고, 소달구지도 간혹 보이기도 하지만, 대개는 등짐으로 솥, 양식과 간단한 여름 침구를 뭉쳐서 지겹게 걸어간다. 산자락에 붙어서는 그리 물매가 급하지 않지만 계속 오르막길이었다.

마침내 청도 고을의 산동과 산서를 가르는 관하고갯마루에 올라섰다. 이 고갯마루를 넘어 조금만 내려가면 관하면(管下面) 면사무소가 있는 마을이 나온다. 그래서 그 고개를 관하고개라고 피난민들은 불렀다.

전쟁과 피난,
헐뜯기는 조국

고갯마루에 올라서자 생선 썩는 냄새보다 더 지독한 냄새가 풍겨 온다.

"아이구 지독해라. 할배! 이게 무슨 냄샙니까?"

"이놈아! 아무 말 말고 그냥 내려가사."

짐을 풀고 골짝으로 몇 걸음 내려가자 희뜩희뜩한 것이 군데군데 보였다. 검붉은 빛깔도 보였다. 송장이다. 설묻은 것을 짐승이 파헤친 것이다. 그 냄새는 바로 송장이 썩는 냄새였던 것이다. 나는 아무 소리도 못 하고 그 자리에 펄썩 주저앉고 말았다. 눈물이 났다.

나중에 휴전이 되고 고향 마을에 갔더니 수많은 할배, 아재들이 보이지 않았다. 아무도 그 보이지 않은 할배, 아재들 이야기는 하지 않는다. 애써 묻지도 못했다. 이렇게 죽은 할배, 아재들이 30만이라고도 하고 50만이라고도 했다.

1949년, 1950년 신문광고 면에 그 많던 전향성명서, 탈당성명서를 낸 사람들이 거의 다 그 죽음 속에 들어 있었다. 그들이 '반공투사'가 되겠다고 맹서를 했는데도 말이다. 동지를 잡아다 주었는데도 말이다. 그들은 보도연맹에 들어갔다. 그렇기 때문에 더 조직적으로 학살을 당해야 했던 것이다. 마치 독일의 히틀러 시대처럼. '내가 유대인이오'라고 하는 '다비드의 별'을 붙인 유대인처럼.

6 · 25라면 언제나 떠오르는 몇 가지 잠재의식이 나를 깨워준다. 청춘의 시작인 열여덟 살의 채 익지 않은 청소년인 내가 죽음을 앞에 놓고 궤짝 같은 조그만 경찰지서 유치장에서 앉아 지새우던 기막힌 밤, 청도 산서에서 산동을 넘어가는 피난길 관하고갯마루에서 불어오는 역한 시취(屍臭)와 설문은 것을 들짐승들이 마구 파헤쳐 놓아 사람의 것이라고 보기 어려운 시체들, 피난길에서 젖먹이 아이를 굳히고 슬피 울던 외숙모의 처절한 모습, 지금도 팔순 넘은 내 늙은 오감을 뒤집어 놓는다.

이것은 어느 곳의 어느 사람만이 당했던 것이 아니다. 삼천리강산에 삼천만 동포가 당했던, 그것도 동족상잔의 어처구니없는 민족적 고난이었던 것이다. 어찌 자기 권세가 위태롭다 해서 이처럼 처절한 고난을 동포에게 안겨준단 말인가. 나라를 배반하고 겨레를 배신하는 자의 말로가 이처럼 지독한 악귀로 되었단 말인가. 남의 나라를 침략하는 자의 잔학이 늑대조차 외면하도록 만든단 말인가.

벼룩도 얼굴이 있는가. 그들은 침략을 수호라 하고 반역을 애국이라 했다. 하기야 일제 식민지 시절에 왜놈에게 붙어서 잘나가던 놈들이, 미제의 식민지 통치 기반이 되었다. 이들은 미국에서 동포가 거두어들인 독립군 자금으로 호의호식하며 박사 공부했던 자와 더불어 나라를 반동강 냈다.

그러다 미국 놈이 만든 예속정권에서 자신들이 만든 법으로 선거한 5 · 30 총선에서 패배하자 그들은 권좌에서 쫓겨날 위기에 처했다. 미국 놈은 이자들이 쫓겨나면 닭 쫓던 개 꼴이 되기 십상이었다. 이들과 미국 놈이 이남 땅에서 떨려나지 않으려면 전쟁밖에 없었다.

이승만과 미제는 이 전쟁을 통해 '싹쓸이'를 했다. 5 · 30 국회의원들에게는 '서울을 사수한다'고 속여 이들 대부분이 서울에 남도록 만들었다. 미군이 서울에 다시 올 때는 이른바 '부역자' 문제로 걸고 나왔다. '부역자'로 몰리지 않으려면 이북으로 갈 수밖에 없었다. 결국 이들 중 상당수가 이북으로 올라가도록 만든 것이다. 그래서 국회에는 이승만의 반대세력이 크게 줄었다. 그 밖의 반대세력은 이미 전향한 보도연맹 맹원까지 모조리 잡아서 30만을 산골짝에, 광산 폐광에 몰아 총으로 난사해 죽여 없애버렸다. 미제는 우리나라를 그들의 서부 변경으로 아는지 서부 인디언을 학살하듯이 마구 학살했다. 전쟁을 피해 피란 가는 행렬을 기총소사로 학살했고, 비행기에서 네이팜탄을 뿌리고 소이탄으로 불바다를 만들어 태워 죽였다.

특히 1950년 가을에 이북으로 침략해 들어간 미군은 이북 인민들의 굽힐 줄 모르는 저항에 부딪히자 침략자의 포학함을 그대로 드러냈다. 이북 천지를 지옥의 피바다로 만들었다. 황해도 신천에서만도 3만 5천여 명의 인민을 학살했다. 이는 당시 신천군 인구의 4분의 1에 해당하는 수다. 이런 사실들은 전쟁이 끝나고 몇 년이 지나서 외국 기자들의 기사를 통해 알게 된 것이다.

그 지독한 냄새로 결국 모두 뛰다시피 고개를 넘었다. 관하 마을을 지나 마을 아래 무심히 흘러가는 동창천 강가에 이르렀다. 어린아이들이 딸린 열 식구가 누가 기다려주는 곳도 없는 피난길이었다. 가다가 쉬고 쉬다가 가는 길이었다. 날이 가는지 달이 가는지 아무런 관심도 없는 날짜였다. 오늘이 며칠인지도 아리송했다. 우리들은 동창천 건너 강가 풀밭에다 자리를 정하고 한뎃잠을 자기로 했다.

아재와 나는 학산 마을의 반상호 선생 집에서 얻어 온 낫과 톱을 들고 강가에 비스듬히 내리뻗은 산자락으로 갔다. 팔목 굵기만 한 나뭇가지 몇 개를 장만하고 거기에서 쳐낸 잔가지를 칡넝쿨로 묶어서 강가로 내려왔다. 거기서 어린 재주를 안고 있는 어머니, 할매, 그리고 재두, 향아, 용아가 들어가 잘 수 있는 천막을 쳤다.

천막이래야 이슬을 막을 홑이불 두 장을 이어서 네 기둥 위에다 새끼로 묶어서 덮고, 사면 중 바람막이 한 면만 겨우 가린 것이다. 재주를 안고 자는 엄마를 모두 둘러싸고 자는 잠자리를 만든 것이다. 할배와 나, 그리고 아버지와 아재는 언덕 가의 풀밭에서 맞춤한 평평한 돌에 보따리를 얹어 베개로 해서 그냥 홑이불 한 장에 두 사람이 함께 덮고 누웠다.

이렇게 자는 둥 마는 둥 하는 잠을 자고 날이 훤히 밝자 나는 강가로 갔다. 돌무더기를 쌓아서 부뚜막을 만들고 아궁이만 조그맣게 낸 뒤 모두 진흙으로 발랐다. 이런 부뚜막을 두 군데 만들었다.

공사를 마치고 양은냄비를 얹자 어머니가 나와 어제 낮에 삶은 보리쌀에 쌀 몇 줌을 씻어 얹고 불을 땠다. 찬은 반 선생 집에서 찬합에 담아 온 것으로 했지만, 아무리 여름이라 해도 한뎃잠이라 따스운 국으로 속을 데워야 해서 한 냄비에는 국을 끓였다. 따스운 국이래야 된장에다 멸치 한 마리도 없이 그냥 우거지를 넣어서 삶은 국이다. 이렇게 해서 지은 밥을 쌀은 가려서 아이들에게 갈라 먹이고 어른들은 꽁보리밥을 먹었다. 그리고 곧 천막을 헐고 설거지를 한 뒤, 짐을 챙겨 보따리를 싸고는 출발 준비를 했다. 이때 돌무지 돌다리를 건너가는 이곳 사람들이 있어, 할아버지는 그들에게 길을 물었다.

"여보, 길 좀 물읍시다. 여기서 오봉으로 가려면 어느 쪽으로 갑니까?"

"오봉 뉘 집으로 갑니까?"

할머니가 대답을 했다.

"성만댁으로 갑니다."

"아. 그렇습니까? 우리도 오봉으로 갑니다. 어디서 옵니까?"

"예, 구지에서 옵니다. 피난 옵니다."

"아이고, 애 자십니다. 아이 딸린 내권도 있고……. 저도 그 집하고 일 갑니다."

"예, 그렇습니까? 그럼 우리 인사합시다."

할아버지께서 먼저 통성명을 했다.

"저는 안석산이라고 합니다."

나는 좀 의아했지만 늘 가명을 쓰는 데 익숙한지라 과연 우리 할아버지답구나 하고 씩 웃었다. 그러자 그 편에서도 응대해 왔다.

"저는 이○○ 라고 합니다."

이름은 기억에 없고, 나이는 50 중반인 듯한데 할아버지보다 서넛은 적은 듯했다. 사람은 서글서글해서 붙임성이 좋은 것 같았다. 우리들은 이들 일행을 따라 쉽게 오봉이라는 마을에 들어갔다. 이제 걸음도 몸에 익었는지 아이들도 더운 날씨에 칭얼거리지 않고 잘 따라왔다. 향아도 아직 세 달이 채 안 된 어린 동생을 두터운 누비 강보에 싸서 띠로 묶어 등에 업고, 뙤약볕에도 군소리 하나 없이 잘 걸어왔다. 하도 보기가 안쓰러워 내가 좀 업자고 해도 고개를 흔들며 말했다.

"오빠 무거운 짐은 우짜고?"

그러면서도 내 말이 고마운지 생긋 하고 웃는다.

이렇게 쉬엄쉬엄해서 10리쯤 걸어갔더니, 길은 오른편으로 굽어들어 양 비탈이 가파른 골짜기로 들어간다. 골짜기 밑은 맑은 물이 쏴 소리를 내면서 흐르고 있다. 길은 오른편 비탈에 붙어 나 있다. 한참 올라갔더니 골짜기 맞은편이 편편한 비탈로 되고, 이랑이 보이는 밭도 나타났다. 20호가 안되는 마을이지만 그 비탈에, 아래에서 위로 초가집들이 옹기종기 겹쳐 보였다. 조금 올라가자 골짝 개울을 건널 수 있는 널찍한 반석이 양쪽에 있고 그 사이는 작은 바위돌이 끼어 있어 징검다리로 건널 수 있도록 되어 있다.

우리와 동행이었던 이씨 일행 중 젊은이가 먼저 재바른 걸음으로 가서 이곳 오봉 마을의 새아재 집으로 통기를 보냈는지 골짜기 징검다리 건너편에서 30대 중반의 장년 내외가 나와 기다리고 있었다.

여인이 앞으로 나와 나의 할매 손을 잡고 미소를 띠며 인사를 했다.

"석산 아지매. 난리통에 이곳 골짝까지 오셨네. 그래도 조카딸의 시집까지 오셨으니 아무리 난리라도 반갑다고 해야지."

좀체 못 만나는 친정 일가를 만나서인지 여인은 반가운 눈물을 흘렸다. 할매를 안고 그 품에 얼굴을 묻고 옷고름으로 눈물을 찍어냈다. 그 옆에 선 새아재도 할아버지께 허리를 깊숙이 굽히고 절을 했다.

"먼 길 오시느라 얼마나 고생이십니까. 집안은 협소하지만 곧 계실 곳을 장만하겠습니다."

그리고 아버지 쪽을 향한 채 오봉 아지매를 보며 묻는다.

"이이가 남양 갔다가 돌아오셨다는 일가 처남인가 보네?"

아버지도 새아재와 악수를 하며 인사를 건넨다.

"이 사람이 가미실 아재의 사위로구먼. 반갑네."

둘은 처음 인사라 좀 어색하면서도 반가워하는 모습이었다.

이렇게 서로 인사를 마치자 새아재의 인도로 징검다리를 건너 새아재 집으로 들어갔다. 비록 초가이지만 두터운 용마름하며 튼실한 기둥이 이 마을에서 새아재 집안의 위치를 알 수 있게 해주었다. 집의 정침은 서남향이지만 오른쪽에는 동남향의 행랑채가 있으며 그 밑으로 한 축 내려서 사랑채가 있다. 행랑채와 마주 보는 헛간채에는 커다란 암소가 제법 자란 송아지의 등을 핥아주고 있었다. 그 품이 이 집은 우리가 아니면 전쟁을 모르고 사는 집 같다는 느낌이 왔다. 남정네들은 사랑으로 들었고, 여인들은 안으로 들었다. 집 같은 집으로 들어서인지 아이들은 방으로 들어가자 드러누웠고, 눕자마자 곧 잠이 들었다.

어른들은 이런저런 이야기를 하다가 점심을 맞았다. 보리밥이지만 군데군데 울콩이 곁들여져 보리밥의 구수함과 어울려 더욱 밥맛을 돋우었다. 점심을 끝내고 새아재는 할아버지와 아버지, 그리고 아재와 나, 또 할머니까지 해서 개울을 건너 오른편 비탈에 있는 제법 반듯한, 지은 지 얼마 안 되는 초가집으로 안내했다. 그리고 말했다.

"석산 어른, 한 울 안의 집에 계시면 마음으로 부담이 될 것 같아 이 집에 계시는 것이 나을 것 같습니다. 석산 어른 생각은 어떻습니까?"

모두들 이게 웬일인가 하는 표정이었다. 할아버지께서 말씀하셨다.

"날수는 얼마 아니라 해도 서로 다른 식구끼리 한 울에서 지내자면 좀 불편하겠나. 그런데 이 집은 빈집이 아닌 것 같은데……."

"예. 저의 어른들이 거처하시던 집인데 지금은 아우 집으로 가셔서 비었습니다. 내외분이 오셔도 저의 집에 방이 많아 이 집에 안 계셔도 됩니다."

"우리야 생광스럽기 짝이 없는 일이지."

집도 깨끗하고, 방문을 열어보니 두 방이 모두 당시 유행하던 황토 방바닥인데 콩댐을 해서 반질반질했다. 세 간 두 줄인데 오른편 큰방은 두 간 방이고 앞 두 간은 청이다. 뒤 한 간은 부엌이다. 우리 열 식구에겐 좀 좁지만 피난치고는 고급이다.

우리 식구 중 어른들은 곧 짐을 챙겨 이쪽으로 옮겼다. 부엌에는 쇠솥이 걸려 있다. 조그마한 부뚜막도 있다. 할매와 엄마는 좋아 어쩔 줄을 모른다. 오봉 아재 내외도 오셔서 좋아했다. 어머니가 인사를 했다.

"마치 꼭 오봉 누이 내외가 우리 피난을 기다리고 있었던 것 같네. 정말 고맙네."

이날이 8월 14일이었다. 우리가 10월 4일 이곳에서 복귀하는 날까지 해서 51일간을 여기에서 우리 집처럼 살았다. 그 이튿날 아침 일찍 아버지는 청도읍으로 나가셨다. 가지고 있던 돈이 떨어져 무엇을 팔아서 돈을 장만하시려는 것이다. 어머니 말씀에 구지지서장에게 주고 좀 남은 금을 마저 처분해서 양식을 장만하려고 가시는 것이라 했다.

그날 오후 3시쯤 아버지가 돌아오셨다. 보리쌀 한 말과 멸치 등 우선 아쉬운 찬거리를 조금씩 사 오셨다. 그런데 외아지매가 인편으로 어머니에게 써 보낸 편지가 있었다. 오랜만에 활달한 외아지매의 붓글씨체를 보았다. 그런데 그 사연이 우리들을 침울하도록 만들었다.

'형님 식구들은 어떤 일이 있더라도, 설령 죽는 한이 있더라도 밀양 고을 지경을 넘어서는 안 되옵니다.'

이렇게 적힌 글발이 우리들 눈에 두드러지게 박혀 왔다. 바로 이 오봉 골짝으로 들어가 거기에서 5리도 못 되는 능선을 넘으면 밀양 산내면으로 들어선다. 하지만 그곳으로는 절대 들어설 수 없는 것이다. 여기는 신문도 라디오도 없어서 바깥소식이나 전황은 깜깜무소식이었다. 아버지는 간간이 매전면 온막리(溫幕里) 강변에 초막을 지은 피난민 수용소에 다녀왔지만,

낙동강을 사이에 두고 혈전을 벌이고 있다는 것 외에는 전혀 새로운 소식이 없었다. 그리고 특히 청년들에 대한 검문이 심한데, 그것은 무조건 잡아다가 군대에 보충한다는 것이다. 그래서 아버지는 아재와 내게 함부로 이곳 밖으로 나갈 생각은 말라고 신신당부하셨다.

그 당시의 병역은, 일정한 법령에 따라 징집하는 절차도 없이 길에서 무조건 20, 30대 청장년을 불문곡절 잡아다가 트럭에 싣고 보충대로 끌고 가는 것이다. 도시에서는 야간에 담을 넘고 들어와 집뒤짐을 해서 잡아다가 전선에서 흘리는 피를 보충했다. 온 천지가 남편과 아들, 아버지를 빼앗긴 아내와 어머니, 그리고 아들과 딸의 통곡으로 가득 찬 나라가 된 것이다.

9월에 들어서자 밤에는 날씨가 추워졌다. 낮에는 골짝으로 들어가 썩은 가지를 꺾어 지게에 지고 와 군불을 땠다. 특히 갓난 막냇동생 주야를 데리고 주무시는 엄마를 위해 작은방은 보온에 신경을 써야 했다. 오봉 아지매는 작은 시루에 백설기를 한 시루 쪄서 우리들이 아무 가급 없이 그냥 보내는 주야의 백일을 챙겨주셨다.

9월 초순 어느 날 아버지는 전장의 소식을 얻고자 온막리 수용소에 갔다가 오셨는데, 그곳에서 구지국민학교 곽종간 교감 선생을 만났다고 했다. 그런데 교감 선생님이, 온막리 피난민 수용소에 '전시연합 국민학교'를 개교하려고 하니 그때는 거기로 오라고 하셨다는 것이다. 이 소식을 듣고 나는 이튿날 아침 일찍 온막리 수용소로 달리다시피 갔다. '매전면 온막리 피난민 수용소'라고 쓴 간판을 붙인 대형 천막 사무소를 찾아갔다. 바로 그때 입구 바깥에 놓여 있는 벤치에서 나를 부르는 낯익은 소리가 들렸다. 바로 우리 학교 신응철 교장 선생님이셨다. 나는 교장 선생님을 향해 급히 달려갔다. 그리고 꾸벅 절을 하고는 물었다.

"교장 선생님, 여기서 우짠 일입니까? 지금 어디에 계십니까?"

교장 선생님은 반가운 목소리로 내 손을 잡으면서 말씀하셨다.

"자네 찾으려고 안 왔나. 다른 선생은 여기서 다 만났는데 자네와 젊은 선생들은 만나기가 어려워."

"선생님은 어디로 피난하셨는교? 사모님은 편안하시고요?"

"우리야 괜찮은데. 아버지도, 참 할아버지도 괜찮으신가?"

인사와 안부 확인을 마치자 교장 선생님께서 말씀하셨다.

"자, 우리 먼저 사무부터 좀 보자꾸나. 자네들을 만나려고 대구에서 여기까지 온 것은 두 가지를 전해 주기 위해서라네. 우선 월급부터 받게. 이번 월급에는 전시수당이라고 한 달 월급만큼이나 더 붙여 준다네. 또 하나는 젊은이들이 모병에 걸리면 불문곡절 끌려가지만 교사는 거기서 제외되는데, 모병 검문에 걸리면 제시하는 '전시요원증'과 '전시요원'이라고 쓴 완장(腕章)이라는 게 있다네. 자, 여기에 자네 것이 있네. 이 봉투에 모두 들어 있으니 열어보게. 대조해서 모두 맞으면 여기에다 영수했다는 도장을 찍으면 된다네. 도장이 없으면 무인이라도 좋고."

나는 교장 선생님을 향해 꾸벅 절을 했다.

"선생님, 고맙습니다."

"어이, 이 사람. 내가 주나? 나는 심부름이야. 허허허."

교장 선생님은 유쾌하게 웃으셨다. 나는 봉투 안에 든 완장을 팔에다 둘러찼다. 완장은 붉은 줄이 두 가닥 비스듬하게 그어졌고, '전시요원'이라는 글씨가 씌어 있는데 커다란 붉은 도장이 찍혀 있다.

나는 곧 교장 선생님과 헤어졌다. 나는 이 소식을 엄마와 아버지께, 할배와 할매께 전하려고 바로 그 봉투를 끌어안고 오봉으로 달리다시피 해서 되돌아왔다. 나는 집에 들어가자 대문에서부터 소리쳤다.

"엄마, 나 월급 나왔다. 석 달 밀린 월급하고 전시수당까지 해서, 이 봉투에 들었어!"

어머니는 내가 흔들며 건네는 봉투를 급히 받았다.

"재구야, 이번에는 네가 크게 효도하는구나. 안 그래도 돈이 떨어져서 걱정을 하고 있는데 이번에는 네가 식구를 살리는구나."

할아버지도, 할매도, 아버지도, 그리고 아재도 반가운 웃음으로 근심 어렸던 얼굴을 활짝 폈다. 재두와 용아는 '전시요원'이라는 완장을 찬 나를 보고 신이 났다. 나는 보기가 민망해서 완장을 벗어 주머니에 집어넣었다.

피난살이는 10월 3일에, '10월 4일 복귀하라'는 복귀령이 나오면서 끝났다. 우리 식구들은 그날로 떠났다. 오봉 마을의 새아재 내외분의 전송을 받으면서 다시 만날 것을 기약하고 작별했다.

할매는 어머니와 아이들을 데리고 천천히 왔다. 중간에 이서면의 반상호 선생 댁에서 하룻밤을 자고 그 이튿날로 왔다. 하지만 할아버지와 아버지, 아재, 그리고 나는 새벽 5시쯤 출발해서 120리 길을 하루 만에 걸어 오후 4시쯤 구지면 창동의 우리 집에 당도했다.

불타 버린 교사 터에 흙벽돌 교실을

대문을 열고 집 안으로 들어서니 청이고 마당이고 집 안의 살림살이를 모두 끌어내 어질러놓아서 발 딛을 틈도 없었다. 방문은 모두 열려 있고 더러 문짝조차 없는 곳도 있었다. 일단 집 안으로 들어가서 마당의 물건은 대청 위로 올려놓고 방 안에 흩어진 살림살이는 대청에다 내다 놓았다.

부엌으로 들어가니 그릇들은 살강에 원래대로 있고 솥은 그동안 사람이 쓴 흔적이 없었다. 먼저 물통을 가지고 샘 가에 갔다. 두레박은 그대로 있어서 물을 한 통 길어 앞마당으로 나왔다.

축담 가에 굴러 있는 대빗자루를 가지고 방 안부터 쓸고 정리를 했다. 우선 앉을 자리와 밤의 잠자리를 준비했다. 아직 안채의 의성댁 아주머니 식구들은 오기 전이라 그날은 할아버지와 아버지, 그리고 아재와 나, 남자네 식구가 잠잘 수 있도록 사랑채 두 방을 청소했다. 흩어진 누더기 중 무명베를 가려서 걸레 두어 개를 만들어 두 방을 깨끗이 쓸고 닦았다.

벌써 계절은 가을로 접어들었다. 해는 짧아져 이미 서산으로 기울어지고 있다. 저녁밥을 지어야 했다. 부엌에 들어가 쌀독을 열어보았더니 바닥까지 깨끗하다. 그래서 짊어지고 온 피난 보따리를 풀어서 비상식량을 꺼냈다. 내일 아침까지 먹으면 꼭 맞을 것 같다. 내일엔 방앗간이 열릴까.

다행히 된장독이 그냥 있었다. 바깥마당 담 밑에는 가꾸어놓은 남새가 풀덤불 속에서 좀 쇠기는 해도 국거리로는 먹을 수 있을 것 같았다. 그 남새를 뜯어서 된장국을 끓이고 등짐 속에 넣어 가지고 온 찬합을 열어 겸상을 해서 두 상을 차렸다. 조손이 한 상, 아버지 형제가 한 상이다. 천지신명의 도움인지 상한 사람 없이, 아무튼 무사히 돌아와 집에서 밥상을 받게 된 것이다.

외할아버지가 전기를 끌어들이려고 그리 수고하셨는데, 지금은 그냥 전주만 군데군데 끊어진 전선을 드리우고 서 있다. 그래서 밤이 되니 하늘에 다 이지러진 그믐달만 있을 뿐 천지가 정말 암흑강산이었다. 나는 장롱과 양복장을 뒤지고 책상과 책장을 뒤져 겨우 초 동가리 두 개를 찾아냈다. 이것으로 방을 밝힐 수 있었다.

요이불도 깨끗한 것은 하나도 없었다. 누더기 같은 것으로 겨우 깔고 덮을 수 있었다. 할아버지와 나는 건넌방에, 아버지와 아재 형제 두 분은 안방에서 잤다. 집에 돌아오기는 했는데 우리가 살던 집 같지 않고 낯설기만 했다. 내 책상은 그대로 있기는 했지만 책이랑 문방구들은 이리저리 찢어지기도 하고 팽개쳐져 있었다. 내일 날이 밝으면 정리하기로 하고 어둡기도 해서 일찍 자기로 했다.

이튿날 아침엔 우선 미숫가루를 찬 샘물에 타서 한 그릇씩 마시고 나는 바로 신작로 건너 최종대 선생의 정미소로 가보았다. 쌀이 떨어졌던 것이다. 내가 쌀자루를 하나 들고 정미소로 갔더니 눈이 부리부리하고 사람 좋은 스물대여섯 살 되는, 최종대 선생의 막내아우가 반갑게 맞았다.

"재구 이 사람, 그동안 어른 모시고 피난 잘 다녀왔는가!"

"형아는 언제 왔노? 최종대 선생님도 안녕하시제?"

"그래, 우리 식구들은 모두 범안골에 다 와 있다. 형님도 거기 계시고."

범안골은 현풍 쪽으로 1킬로미터 정도 떨어진 최씨들의 집성촌인데 최종대 선생의 고향 마을이다. 방앗간 소리가 안 나는 정미소에서 쌀 달라고 말하기 민망해서 주뼛거리고 있었더니 형아가 먼저 말했다.

"집에 쌀이 떨어졌지? 피난 갈 때 집에 있는 쌀 여남은 가마니를 창고에다 넣고 그 위에 헌 가마니때기와 덕석때기를 잔뜩 덮어놓고 갔더니 그 쌀이 그대로 있대. 그래 한 말쯤 줄게. 그 자루 이리 다고."

언제나 그 화통한 성격 그대로다.

"형아, 고맙다. 장이 서면 그때 값으로 쳐줄게."

"그럴 게 없다. 우리는 버리다시피 하고 그냥 두고 갔는데 값은 무슨……."

"아무튼 회계는 나중에 하고 쌀이나 주소."

형은 내가 건네주는 쌀자루에 가득 채워 준다.

"형아, 고맙다. 나중에 보자."

나는 쌀자루를 어깨에 메고 집으로 돌아와 밥을 지었다.

아침식사를 마치고 나는 먼저 학교로 갔다. 구지경찰지서를 지나 바로 곁에 붙은 소방기구 창고 옆에 난 학교로 올라가는 오르막길을 따라 올라 갔다. 양쪽 가에는 수양버들이 교문까지 줄 서 있다. 교문 못 미쳐 왼편에 교장 선생 사택이 있는데, 일본식 목조집이다. 그 집은 아무 탈 없이 그대로 있다. 그래서 학교도 그대로 있겠거니 하고 교문의 두 기둥 사이에 들어서자 학교 뒷담만 유달리 먼 거리로 보이고 아무것도 없다.

나는 그 자리에 그냥 서버리고 말았다. 그리고 가슴이 쿵덕 하고 '이럴 수가!' 라는 말이 나도 모르게 입에서 튀어나왔다. 운동장은 있는데, 그 안쪽에 보여야 할 교사가 '텅' 하는 빈 소리가 나도록 없는 것이다.

나는 급히 운동장을 질러 아무것도 없는 빈터로 갔다. 거기에는 교사의 콘크리트 기초만, 마치 거기에 교실이 있었다는 것을 표라도 내는 듯이 네모반듯하게 나 있었다. 그 안에는 더러 숯으로 변한 타다 만 모난 것들만 이리저리 흩어져 있을 뿐 아무것도 없다. '아이고 우짜꼬!' 하는 한숨소리만 목에서 나올 뿐이었다. 교사 한가운데 교무실이 있고 교실이 양쪽으로 네 간씩 벌려 있는 본관 단층 건물과, 그 오른편에 있던 교실 두 개의 별관, 그리고 본관 너머 후관 교실 두 간, 총 13간의 교실이 재조차 없이 몽땅 사라진 것이다.

별관 뒤에 좀 떨어져 있는 창고와 운동장 오른편에 있는 숙직실은 그냥 남아 있었다. 나는 자연 숙직실로 발길이 갔다. 내 발걸음에 인기척을 느꼈던지 학교의 청부인 김씨 아저씨가 숙직실 현관 미닫이문을 드르르 소리를 내면서 열고 나왔다.

"김씨 아재요. 그사이 어떻게 지났소. 피난은 잘 하셨소?"

"아이구, 안 선생님 아닌교? 언제 돌아오셨는교!"

나는 대답했다. 그리고 혼잣말을 지껄였다. 마치 김씨 아저씨에게 들어달라는 양.

"어제 오후 늦게 왔습니다. 그런데 학교가 다 불타 버렸네요! 이제 아이들은 어디서 공부를 하죠?"

나는 학교를 나와 지서 맞은편 골목으로 들어갔다. 피난 전에 내가 공부방으로 쓰고 있던, 하 선생이 계시던 학교 사택 쪽으로 갔다. 집은 상한데 없이 그대로인데 먼지와 바람에 날려 온 낙엽이 가운데 청에 수북이 쌓여 있을 뿐이다.

내 공부방의 문을 열어보니 내 책상이 마치 어제처럼 그대로이고 책도 펴놓은 채 그대로였다. 밖으로 나가 샘 가로 나갔더니 두레박은 있는데 두레박줄은 삼이라서 그런지 팍삭 삭아서 못 쓰게 되었다. 거기에 있는 녹슨 물통과 퇴청에 있는 깨끗한 무명베 걸레를 가지고 집 오른편에 흐르는 개울로 내려갔다. 거기서 걸레를 빨아 청과 방을 쓸고 닦았다. 피난 전처럼 내 방과 그 곁의 대청을 청소했다.

그리고 그 집을 나와 골목길로 해서 창동 장터로 갔다. 도로가에 있는 버스정류소로 나왔다. 텅 빈 장터를 가로질러 화산동, 수리동, 오설동, 그리고 도동으로 가는 도로로 빠져나오자 길갓집에는 모두 피난길에서 돌아왔는지 사람 소리들이 났다.

이상곤 선생이 하는 구지의원은 문이 잠겨 있고, 곽삼달 선생이 하는 구지한의원은 문이 열려 있었다. 나는 그 현관에서 기웃거렸더니 안에서 곽삼달 선생이 나를 보고 반가운 목소리로 불렀다.

"이 사람, 안 선생. 피난 잘 다녀왔는가?"

"예, 선생님도 가족들 모두 다 무사하시지요?"

"다 무사히 돌아왔네. 자네 어른 내외분과 큰어른도 다 돌아오셨는가?"

"예, 다 근력 편하십니다. 지금 학교에 가보았더니 교실이 몽땅 타버렸습니다. 곧 개학은 해야 하는데 큰일입니다."

"그런 소문은 들었는데 집 정리하느라고 아직은 못 가보았다네. 그 문제는 면의 유지들이 모여 의논을 해봐야지. 다행히 다른 관청은 무사하고 학교만 타버려서 모두 학교 복구하는 데 힘써야지. 뭐 우째 규단이 나겠지."

곽삼달 선생은 구지국민학교 학부형 후원회장이시다. 면민들의 일에는 매우 열성적인 어른이셨다. 나는 집으로 돌아와 점심을 챙겨드리고 식구들을 마중하기 위해 오후 2시쯤 아재와 둘이 나섰다. 일단 한정리 원산 마을까지 가서 피난 복귀자들이 몰려오는 길가에서 기다리기로 했다.

원산 동네로 들어가 원산 할매 집으로 갔더니 할매 집에는 아직 아무도 없었다. 그 앞집에 있는 할매 일가 어른으로부터 할매 식구들은 며칠 지나서 올 것이라고 말을 들었다.

우리는 대구에서 창녕으로 가는 도로가 곽천에서 나오는 길과 마주치는 길목에서 기다렸다. 도로가 풀밭에 자리를 하고 퍼져 앉았다. 피난 복귀민이 처음은 드문드문하더니 오후 4시가 가까워지자 이제는 죽 잇달았다. 거의 구지 사람들이다. 사람들은 나를 만나자 마치 내가 무슨 대책위원쯤으로 여기는지 붙잡고 묻는다.

"아이구, 이게 작은 안 선생 아닌교! 구지는 괜찮던교? 다 타고 아무것도 없다는데…… 어떻던교?"

"괜찮습니다. 동네마다 어떤지는 몰라도 구지면사무소 소재지는 구지국민학교만 몽땅 타고 다른 곳은 말짱합니다. 집 한 채도 안 탔습니다. 걱정 마이소!"

이렇게 만나는 사람마다 이야기하면서 걱정을 풀어주고 있는데, 4시 반쯤 되자 저쪽 멀찌감치 머리에 잔뜩 이고, 한 손에는 보따리를 쥐고, 다른 한 손은 휘휘 젓는 우리 어머니의 유다른 걸음걸이를 발견했다. 그 곁에는 용아가 있고, 향아가 주야를 업고 온다. 할매는 재두의 손을 잡고 이쪽으로 오고 있다. 나는 뛰어갔다. 어머니 곁으로 가면서 불렀다.

"엄마! 나야, 여기야."

나는 쓰고 있는 보릿대 모자를 벗어 휘휘 두르며 소리쳤다. 어머니가 나를 발견했다. 어머니 얼굴에 웃음이 함박꽃처럼 피어났다. 나는 어머니의 머리에 인 짐을 받아 들었다. 모두 나를 둘러싸고 반가워했다. 엄마와 할매가 제일 먼저 묻는 말이 '집은 괜찮은가' 였다. 나는 자신 있게 말했다. 그리고 좀 허풍을 넣었다.

"아무 일도 없더라. 우리가 피난 나올 때 있던 그대로더라. 그리고 구지면 소재지는 아무 집도 상한 곳이 없더라."

그리고 뒤를 돌아보고 구지 사람들을 향해 소리를 쳤다.

"여러분, 구지면 창동에는 불탄 집은 한 채도 없고요, 다만 구지국민학교만 몽땅 다 타버렸습니다. 다른 동네는 어떤지 모릅니다. 창동은 '샛담'도 '창동 2구' 도 말짱합니다."

이렇게 이야기를 주고받으면서 창동으로 나갔다.

이윽고 집이 가까워지자 어머니는 좀 뒤뚱거리는 걸음새로 반달음으로 나아갔다. 그 앞에는 아재가 줄달음으로 달리고 있다. 집에서 이 모습을 보고 계신 할아버지와 아버지는 도로가로 나오셨다. 이렇게 해서 우리 식구들은 모두 무사히 집에 돌아왔다. 그사이 아버지와 할아버지는 아래채 방 두 곳을 깨끗이 정리하고 방바닥에 윤이 나도록 쓸고 닦아놓았다. 시간은 오후 5시를 훨씬 넘었다.

나와 어머니는 부엌으로 들어가 저녁식사 준비를 했다. 정침채의 의성댁 아주머니도 도착했는데 모두 면사무소 맞은편에 있는 양조장 친정집으로 가서 있겠다고 하면서 그리로 갔다고 했다.

며칠 후에 교장 선생님도 복귀했다. 하지만 교실이 전소돼 개학을 할 수가 없었다. 그래서 면장과 의논해 면내 각 마을마다 품을 내 학교 북쪽 담에 의지해서 흙벽돌로 담집을 짓기로 했다. 지붕은 가을 추수 후 볏짚으로 이엉을 씌우고 바닥은 덕석을 짜서 바닥에 앉아 공부하도록 한다는 것이다.

일단 학생들은 10월 10일경에 4~6학년을 소집해 담임 선생과 함께 흙벽돌을 만들기로 했다. 흙벽돌은, 나무로 벽돌 틀을 만들어놓고 거기에다 황토와 볏짚 썬 것을 적당히 섞어 물로 이겨 흙반죽을 해서, 그 벽돌 틀로 찍어내 볕에다 말린다는 것이다. 이 작업을 아이들과 교사들이 맡아서 한다는 것이다. 이 동안에 마을에서 가을 추수를 끝내면 마을마다 품을 내 벽돌로 담집을 짓는다는 것이다. 적당한 넓이와 높이의 흙벽돌 울타리를 쌓고 그 위에 나무로 용마름을 세운 다음 서까래를 얹고 작은 솔가지로 알매를 쳐서 그 위를 이엉을 엮어 덮어서 교실로 한다는 것이다.

10월 10일에 4~6학년 학동들이 소집돼 모였다. 오전에는 학교의 북편 담을 따라 학동들을 남향으로 앉히고 그 앞에 일단 군(郡) 학교비에서 보낸 흑판을 걸어놓고 수업을 하고, 오후에는 흙벽돌 제작 노동을 했다. 1~3학년의 저학년 학동들은 오전에 12시까지 수업이라기보다 교사가 두세 시간 데리고 노는 것이 일이었다.

흙벽돌 제작은 말이 학동들과 한다지만 전적으로 교사가 해야 할 몫이었다. 나는 4학년 담임이었지만 일하기에는 너무 어려 장난질만 했다. 그저 물 길어 오는 일과 황토흙에다 볏짚 썬 것을 고루 섞어 밟아 으깨는 데 들어와서 장난질로 거들었다. 온통 옷에는 황토흙으로 칠갑을 했다. 그 밖에는 열서너 살 되는 나이 많은 아이들이 내가 찍어놓은 벽돌을 들고 볕에 널어주는 일을 거들었다.

11월에 들어서자 마을에서 품이 들어오기 시작했다. 개중에는 이런 일에 익숙한 일꾼들도 있어서 진행에는 속도가 붙었다. 11월 중순부터는 학교 울 안 북편에, 말이 교실이지 흙담으로 울을 친 헛간 같은 곳에서 책상도 없이 수업을 했다. 수업 중에는 그래도 견딜 만하지만 쉬는 시간에는 아이들 장난 때문에 일어난 먼지로 교실은 기침이 콜록거리도록 먼지 안개 속이었다.

이런 흙담 교실이 4개가 만들어졌다. 1~3학년용으로는 한 교실이라 3부제로 수업을 했다. 4~6학년은 각 학년마다 하나의 교실이 배당됐다. 이런 수업으로 1950년도 신학년은 10월 10일에 시작됐고, 12월 20일에 방학을 했다. 그리고 1951년 1월 25일에 다시 개학해 2월 25일까지 해서 1학기를 마쳤다.

나는 1950년도 10월에 복귀해 비로소 신학년을 맞았고 5학년을 담임했다. 지난 학년에 담임한 학급을 그대로 계속 이어 담임한 것이다. 겨울방학 동안 학교는 흙벽돌 울타리 교실에서 천막 교실로 바뀌고, '에페크 원조물자'(전쟁 잉여물자)로 교실 바닥에 미송 각목으로 기둥을 세우고 판때기로 책상을 만들어 3월 2일에 2학기 개학을 맞이하게 되었다.

그 사회가 어떤 지경에 있건 후대는 생기게 되는 것이고, 그래서 후대를 가르치는 일은 멈출 수 없다. 그것은 우리들의 문화는 대를 이어 계승되는 것이기 때문이다. 전쟁이라는 혹독한 인류문화의 파탄 속에서도 교육이라는 것은 어떤 형태로든 사회적으로 이루어지는 것이다.

이처럼 발버둥질 속에서 살고 있는데 전쟁은 비극을 계속 우리들에게 주고 있었다. 전쟁은 전투라는 서로 죽일내기로 하는 행위라지만 그 전투가 끝나면 쌍방 사이에 전투의 현장을 정리하는 행위가 반드시 있어야 한다. 이를 군사용어로 '전장정리(戰場整理)'라는 것이다.

그것은 첫째로 이리저리 마구 흩어져 있는, 적아의 구별없는 전사자의 시신 수습이고, 둘째로 이리저리 마구 흩어져 있는 살상 수단을 수습하는 일이다. 그런데 미제의 전쟁에는 이런 '전장정리'가 전혀 안 되고 있었다. 이 때문에 미제가 일으키는 전쟁의 전장이 된 나라가 받는 피해는 이루 말할 수 없이 컸다. 만일 미국이, 전쟁이 자기 국토에서 일어난다면 전장정리라는 것을 안 할 수 없을 것이다. 그런데 남의 나라에서, 남의 국토에서 전쟁을 하는 침략전쟁이라 그런지 미제는 전장정리를 안 하는 것이 보통이다. 미제의 군사학에는 아예 전장정리라는 용어조차 없는 것 같다.

그래서 전장이 된 우리의 국토는 사체투성이 강산이 되었고, 살상 수단이 온 강산에 뒤덮이게 된 것이다. 우리들이 피난을 갔다가 복귀한 다음 민간인들이 불성실한 전장정리 때문에 입은 피해는 이루 말할 수 없을 만큼 컸다. 피난에서 복귀해 몇 달 동안 면내는 거의 매일이다시피 폭발물 사고가 일어났고, 오발로 인한 인명 사고도 빈번했다.

지금은 이름도 까마득히 잊은 친구이지만 박격포 포탄의 한 종류인 백린탄(白燐彈)의 폭발로, 그 백린을 뒤집어쓴 채 고통으로 일그러진 그의 모습이 아직도 내 망막에 새겨져 있다. 내 이름을 부르며 살려달라는 그 목소리를 결코 잊을 수 없다.

변절과 순절의 갈림길

1950년 겨울방학을 맞이해 나는 고향 선영을 찾아갔다. 가을 시제(時祭) 날이 학교 출근과 겹쳐 참사(參祀)를 못 한 대신 성묘를 하러 가기 위해서였다. 가을 시제는 대종묘사(大宗墓祀)를 음력 시월 보름날에 함안 봉산(蓬山)에 있는 봉산제(蓬山齊) 설단(設壇)에서 지내고, 그 이튿날 16일에는 성만의 파종묘사(派宗墓祀)가 창녕에서 있으며, 그 다음날 17일에는 우리 집안의 시제가 있다.

그해는 공휴일과 겹치는 날이 없어서 아버지가 결근을 하고 숙부만 데리고 선영에 가셔서 우리 집안의 시제를 주제(主祭)하셨다. 할아버지가 우리 집안의 6대 승손(承孫)이지만 고향에 갔다간 봉변을 당하실 염려가 있어 아버지가 할아버지 대신 주제로 가셨다. 그래서 나는 방학이 되어 전쟁의 피난을 마치고 큰집이 무사함을 고향의 일가 할배, 할매에게 아뢰기도 할 겸, 또 밀양의 정세도 파악해 할아버지께 보고도 드릴 겸 해서 고향으로 간 것이다.

12월 하순의 어느 날인데 일찌감치 첫 버스를 타고 대구로 갔다. 대신동 버스정류소에 도착했는데 9시 전이다. 전에 여기에서 차표를 부탁했던 그 아저씨가 생각나서 차표 파는 처녀에게 물었다. 전쟁이 나자 곧 초계에 있는 그의 고향으로 갔는데 그 후로는 소식을 모른다고 했다. 그 전쟁 통에 무사하기만 빌 뿐이다. 빠른 걸음으로 대구역으로 갔다. 차 시간을 보니 한 시간쯤 여유가 있었다. '양키시장'(지금의 교동시장)에 가서 세종중학교에 계시는 김기화 선생님께 드릴 양주 조니워커 한 병을 사서 보따리에 쑤셔 넣고 역으로 돌아왔다.

그때는 전세가 이남의 국방군이 한창 38선 넘어 이북으로 진격하고 있는 때인지라 초기의 혼란에서 벗어나 있었다. 민간의 교통편도 안정을 되찾아 그리 심한 연착은 없었다. 차표도 쉽게 샀고, 기차도 그리 혼잡하지 않아 큰 부담 없이 11시 좀 넘어 밀양역에 도착했다.

차표를 받는 곳 안쪽에 카빈총을 멘 검문 경찰관이 서 있었는데 경찰관이 나를 세웠다. 나는 양복 위 호주머니에서 교사 신분증과 '전시요원증'을 내주었다. 그러자 경찰관이 거수경례를 했다.

"아이구, 선생님이시군요."

그러고는 신분증을 돌려주며 한마디 덧붙였다.

"나이가 어린 사람이 신사복 정장을 해서 좀……."

"아, 예. 수고하이소."

역사를 나와 서쪽으로 난 도로로 내려왔다. 큰 도로가에 마산행이라는 행선지 표찰을 붙인 버스가 털털거리며 손님들을 태우고 있다. 밀양 성내의 차부에서 이 시간에 맞춰 온 차인 것 같다. 승강구에서 차표를 끊고 있는 차장 처녀가 나를 유심히 쳐다보고 생긋 웃는다. 아마 입은 신사복이 나이에 안 어울려 그런가 보다. 약 30~ 40분쯤 걸려 수산 정류소에 도착했다.

일단 상설시장에 들러 종중조부이신, 가근방에서는 '참위 어른'으로 부르는 윗집 큰할배께 드릴 쇠고기 두어 근하고, 그 많은 코흘리개 아재비들에게 줄 과자를 사서 보따리를 하나 만들었다. 짐을 싸들고 한 5리쯤 되는 길을 나섰다.

겨울에는 아무것도 없는 무논인 국농포(國農圃) 들판을 가로질러 두암 동네를 안고 있는 산줄기 끝을 향해 제방으로, 논두렁으로 길을 찾아 나아갔다. 산줄기 끝에서 수리제방으로 올라 산줄기의 왼편 서쪽 자락으로 나아갔다. 왼편에 흘러나온 또 한 자락의 산줄기와 함께 감싸고 있는 자그마한 마을이 그 안에 폭 안겨 있다. 두암 마을이다.

수리제방 길로 가면 바로 동구 앞에 가지가 잘 뻗은 느티나무가 한 그루 있다. 이 마을의 당상나무다. 그 안쪽에는 향나무와 느티나무로 뒤를 받쳐주고 있는 샘터가 있다. 그 위에 윗집 큰할배가 계시는 초가집의 사랑방이 보인다. 높다란 축담 위에 두 간 두 줄의 사랑이 있고, 그 너머 마당이 있으며, 또한 높다란 축담 위에 있는 보잘것없는 초가 3간 정침이 있다. 방 앞에는 퇴청이 있어 방에 들도록 되어 있다.

여기에는 윗집 큰할매와 참위 할배의 큰아들인 명례 할배 내외분이, 내가 찬이 아재라고 부르는 아들을 데리고 계셨다. 이 집을 향해 오른편에는 둘째 아들인 이덤 할배가 4남 2녀를 데리고 살고 있고, 오른편에는 보도연 맹에 들어가 학살당한 넷째 아들인 월산 할배가 살던 곳이다.

나는 이때 두 칠이 채 못 되는 막 출생한 아이를 안고 누워 있는 월산 할매의 처절한 모습을 보고 눈물마저 나오지 않았다. 다만 나를 보고 늘 "우리 장손, 우리 장손"이라고 말하던 할매의 손만 붙잡고 있을 뿐, 나는 할 말을 몰랐다.

거기에서 몇 집 건너 윗집 큰할배의 셋째 아들인 죽서 할배의 집이 있 다. 죽서 할배는 전쟁이 일어나자 곧 밀선을 타고 일본으로 도망해서 보도 연맹의 학살을 모면했다. 그때 죽서 할매는 후처로 오신 지 얼마 안 되었 고, 그 밑에 겨우 세 살 먹은 머슴애를 안고 있었다. 죽서 할배는 다시는 안 가겠다던 일본에서 살기가 어려우신 듯, 재일동포 북송 귀환 때 이북으로 귀국하셨다고 전해 왔다. 그 슬하의 두 아들, 전처 소생인 웅이 아재와 후 처 소생 관이 아재가 있었다. 웅이 아재는 아버지를 기다리다가 지쳤는지 1990년에 죽었다. 이처럼 참위 할배는 전쟁으로 가슴이 갈기갈기 찢겨지면 서 사신 것이다.

그날 나는 아재들과 전쟁 직후 이 마을에 일어난 이야기와 금포, 성만 우리 일가들이 받은 고통스런 이야기를 듣느라고 밤을 새웠다. 이덤 할배 의 맏아들 건이 아재도 붙잡혀 갔다가 처갓집 다원 사람들의 물심양면 지 원으로 겨우 죽음을 모면했다고 한다.

이승만 일당은 처음부터 보도연맹에 든 사람은 전원, 그 밖에 눈엣가시 처럼 박힌 자들도 검속 명단에 집어넣어 차제에 몽땅 없애려고 들었다. 밀 양의 피검자들은 밀양 읍내에 있는 '가타쿠라 공장(片倉工場)'[23] 빈 누에 창 고에 가두었다. 여기에서 군경은 여러 급으로 분류해 즉결처분했다. 대부 분은 A급이었다. 그래서 분류가 끝나면 7월 4일부터 트럭에 싣고 산골짝에 가서 총으로 난사해 죽이고는 끌어 묻었다고 했다.

그날 밤 나는 윗집 큰할배 곁에서 잤다. 낮에 아재들에게 들은 학살의 이야기로 흥분이 되어 좀체 잠이 오지 않았다. 그래서 할아버지와 이야기를 계속했다. 나는 그때 할아버지에게 종남산 남쪽 어느 산골짝에 있는 방동 마을의 이야기를 했다.

"할아버지, 그때 뵌 월산 할배가 마지막이었습니다. 그때 계음 아재도 뵈었는데 아재는 조직의 책임자였습니다. 계음 아재는 작년(1949년) 양력 정월이지 싶은데 또 한 번 보고 얼마 후에 전사하셨다는 소식을 들었습니다. 그때 방동에 있을 때 죽서 할배도 함께 계셨는데 그해 설날에 방동을 떠나셨다는 소문은 나중에 들었습니다."

할아버지는 나의 끝에 할배의 일에 대해 말씀하셨다.

"네 끝에 할애비 때문에 우리 집안은 우리 고을에 얼굴을 들고 다닐 수 없게 되었다. 죽으려거든 제 혼자 죽을 일이지 숱한 사람들을 일부러 찾아다가 보도연맹에 끌어들여서 숱하게 죽도록 만들었으니 그 많은 죽음을 어찌할꼬. 우리 집은 일제 때 그 극성스러운 왜놈의 전향공작을 물리치고 지조를 지켜온 집이다."

할아버지는 이야기 도중 점점 흥분이 되시는지 마침내 일어나셔서 좀체 안 피우시는 담배를 담뱃대에 꾹꾹 눌러 담으셨다. 화로의 불을 헤쳐 담뱃대 물쭈리(물부리)를 입에 넣고 화가 치솟는 만큼 힘을 들여 뻑뻑 소리가 나도록 빠셨다.

"너도 알고 있는가 모르겠다만 그놈이 거기서 훈련부장인가 뭔가를 했

---

23) 편창생사주식회사밀양공장(片倉生絲株式會社密陽工場)인데 식민지 조선의 누에고치를 수탈해서 견사(絹絲)를 생산하는 공장이다. 일본의 생사 생산의 독점기업 공장으로 조선의 각처에 공장을 지어놓고 조선 농촌에서 생산한 누에고치를 반강제적으로 독점 매수해 견사 생산을 독점한 악질적인 식민지 수탈기업이다.

다는구나. 이기(이게) 환장을 해도 분수가 있지. 월산 애도 거기에 넘어가서 그 꼴 안 됐나!"

나는 아무 말씀도 드릴 수가 없었다.

"글쎄, 그놈이 너그 할애비에게도 갔다는구나. 네 그것 알고 있나?"

그래서 나는 자초지종을 말씀드렸다. 나의 끝에 할배가 유독 월산 할배, 죽서 할배 그리고 건이 아재(윗집 큰할배 둘째 아들인 이덤 할배의 맏아들)에게만 보도연맹 가입을 권한 것이 아니라는 소극적인 나의 표현이기도 하지만. 나는 이불 밖으로 나와 일어났다.

"할아버지, 제 할아버지가 구지로 옮기시고 얼마 안 돼, 아마 4월도 거의 다 지나가고 있을 때일 겁니다. 끝에 할배가 오셔서 할아버지 방에 들어가신 지 얼마 뒤에 할아버지의 화나신 큰 목소리가 밖으로 나왔어요."

할아버지는 그때 끝에 할배에게 이렇게 호통을 치셨다.

"이놈아, 네가 보도연맹에 들어갔으면 부끄러운 줄 알고 조용히 있을 것이지, 이놈, 감히 여기가 어디라고, 내게 거기에 가입하라고? 이놈, 그래, 조카가 박영세에게 갖다주라는 솥값, 비누값을 떼먹고 밀양으로 가서 그 돈으로 한판 벌리다가 그만 붙잡혀? 이놈, 허리뼈가 부러지도록 맞고 전향했다면서? 그래 거기서 훈련부장 한다고? 그리고 온 일가 아이들 찾아다니면서 보도연맹 가입시킨다면서? 이놈, 여기서 당장 나가라! 우리 집이 어떤 집이라고, 윗대 할아버지들 중에 지조 팔아먹고 살았던 사람 있었더냐. 이놈, 네가 내 아우라니, 세상 부끄러워 못 살겠다! 이놈, 여기에서 시방 당장 나갓!"

화가 난 할아버지가 방 안의 빗자루 몽둥이를 들고 달려들자 끝에 할배는 그냥 신발을 들고 내뺐다.

내가 여기까지 말씀드리자, 윗집 큰할배는 마침내 가슴에 차 있던 울분을 탁 튄 홍소(哄笑)로 토해 내시는 듯했다. 그리고 나의 할아버지를 말씀하셨다.

"아무튼 네 할애비, 정말 속 시원하게 해붙이지."

실은, 그때 아버지가 구지로 오셔서 적은 월급으로 그 많은 식구를 먹여 살리기가 힘드셨다. 그러던 중 1949년 가을에 대구시 남산동 남문시장 안에 한의원을 하시던 박삼세 선생이 구지에 오셔서 아버지를 만났다. 박 선생의 장형이 박영세라고 하는 분인데, 대구의 남문시장 안에 주물공장을 운영하고 있었다. 이 두 분 형제는 비록 자본가이기는 하지만 진보적인 사상을 가지고 물질적으로 나의 할아버지를 지원해 오셨던 분이었다.

우리 가족이 구지에 살고 있고 장차 할아버지도 세월이 허락하면 이곳으로 합치려고 한다는 소문을 듣고 우리 가족들의 생활도 지원할 겸 자기들의 사업 영역을 확대하기 위해 구지에다 판로를 개척하려고 했던 것이다. 그래서 나의 아버지에게 상당히 유리한 조건으로 그 지역 일대의 판매 분점을 해보라고 권유했다. 아버지는 상당한 이윤이 생기는지라 이를 받아들였다.

이런 일이 있고 난 후, 이런 소문을 듣고 오셨는지 모르고 오셨는지는 모르겠으나, 끝에 할배가 구지로 오셨다. 아버지는 오랜만에 오신 숙부를 만나 그동안의 회포도 풀 겸 고기를 사다가 대접을 하셨다.

끝에 할배가 며칠 동안 집에 머물고 계시는 중, 장날에 솥과 비누를 소상인에게 넘겨주고 그 가운데 아버지가 취할 이윤을 떼고 대구 본점 격인 남산동 삼세한의원에 그 대금을 치러야 했다. 주로 이런 심부름은 내가 했다. 나는 당시 책을 사려고 자주 대구에 다니고 있었다. 그래서 내가 대구에 가는 편을 이용했던 것이다.

그 여느 날처럼 아버지는 나를 찾아 언제 대구에 갈 거냐고 물으셨다.

나는 그때 경상북도 학무과 장학시찰 대비 준비로 환경정리를 맡아 바빴다. 그래서 아버지께 말씀드렸다.

"아버지, 저 요즘 학무과 시찰 대비 준비로 이번 토, 일요일은 시간을 낼 수 없습니다. 일주일 지나 다음 주에 가면 안 되겠습니까?"

부자간의 이런 대화를 듣고 있던 끝에 할배가 말씀하셨다.

"무슨 일인데? 마침 내가 내일 대구에 가야 하는데, 내가 그 심부름을 해줄게."

아버지가 말씀하셨다.

"야, 그럼 잘되었네. 요즘 공부한다고 열심인 너를 심부름 보내기가 좀 그래서 망설이다가 한 주일이 넘었네. 그쪽에선 기다릴 텐데. 삼세한의원에 보낼 것인데, 그럼 끝에 아버지가 대신 전해 주시겠는교?"

"응, 내가 전해 줄게. 걱정 말아. 나도 거기에서 며칠 있다가 가려고 하네."

"봉투에 넣어드릴 테니 그대로 전해 주시면 됩니다."

이렇게 해서 끝에 할배가 심부름을 대신 맡았다.

그런데 이 심부름은 이행되지 못했다. 한 일주일쯤 지나자 아버지는 구지지서 지서장의 연락을 받고 지서로 갔다. 거기에는 남대구경찰서 사찰계 형사가 기다리고 있었다. 사찰계 형사는 몇 가지 조사할 일이 있어서 왔다고 했다. "안병〇 씨를 아느냐?"부터 시작해서 실로 엄청난 일을 물었다. 결국 그 조사란 것을 정리하면 다음과 같은 것이다.

끝에 할배는 그 돈을 가지고 삼세한의원에 들르지 않고 밀양으로 바로 내려가서 친구들과 기생을 불러놓고 술판을 벌였다는 것이다. 술판에서, 끝에 할배는 그 돈이 조카로부터 활동자금을 받은 것이라고 자랑했다고 한다. 그런데 거기에서 한 말이 경찰에 신고가 들어간 것이다.

아버지를 찾아온 경찰도 결국 그 말이 끝에 할배가 친구에게 호기로 자랑한 말이라고 이해하고 돌아가기는 했지만, 그렇게 해석해 주는 데는 국회의원 석당 할배의 그늘이 있었던 것이다. 만일 다른 사람이었더라면 당장 입건되어 경을 쳤을 것이다.

결국 끝에 할배는 남로당 활동에 관해 지독한 고문을 받아 허리를 숱하게 다쳤다고 했다. 끝에 할배가 고문에서 빠져나오려면 자기가 아는 모든 것을 게워내고 '전향서'를 제출하고 또 신문에 '탈당성명서'를 내야 했다. 그리고 이남 당국의 정보수사기관에 적극 협조를 해야 하고, 자기 주변의 일가친척 중에서 이른바 좌익운동을 한 사람들은 모조리 고발해야 하고, 보도연맹에 끌어들여 가입시켜야 했다.

다들 그 변절 활동의 대가로 6·25 전쟁에서 가장 먼저 잡혀가서는 가장 먼저 산골짝에서, 폐광에서, 바닷가 절벽에서 무리로 묶여 학살당했던 것이다. 끝에 할배는 보도연맹에 들어갔고, 거기에서 과거 함께 활동했던 동지들을 팔아 전향시켰다. 이런 공으로 보도연맹 밀양군지부의 훈련부장이라는 감투까지 얻어 썼다.

이런 일이 있고 반년쯤 지나 1950년 4월경에 구지에 계신 자기의 형인 나의 할아버지를 찾아온 것이다. 그때는 밀양에 계신 나의 조부모 양위와 숙부, 이 세 식구를 뫼시고 와서 구지에서 외갓집의 그늘에 들어 보호를 받고 있던 때였다. 거기에 뻔뻔하게도 형을 찾아온 것이다. 나는 두 형제 사이의 격렬한 대화를 직접 듣지는 못했지만 나중에 들은 바는 다음과 같았다.

"형님, 하루빨리 전향하고 보도연맹에 가입해야 합니다."

"네나 들어가서 잘해 보아라. 나는 어느 누구에게 보도를 받아야 할 병신은 아니다."

할아버지는 끝에 할배의 말을 잘라버리셨다. 그러고는 한탄을 하면서 말씀하셨다.

"이제 나는 너를 아우라고 보지 않는다. 어찌 한 부모 밑에 너와 같은 놈이 생겼단 말인가. 조상님요, 의를 숭상해 온 우리 조상님들요. 자손으로 어찌 저런 자손이 나왔는지, 이것이 아우를 잘못 이끈 저의 죕니까!"

결국 할아버지는 통곡을 하셨다.

피난을 끝내고 끝에 할배의 학살을 전해 들으시고 할아버지는 또 한 번 통곡을 하셨다.

"못난 내 아우로 해서 무고한 사람들이 많이 죽게 되었구나. 그들의 수많은 부모와 처자들의 천지에 가득한 그 숱한 원한을 어찌 다 풀꼬!"

나 또한 나와 혈육을 함께 받은 끝에 할배의 죄행을 이처럼 대신 고백함으로써 조금이라도 피학살자 유족들에게 대속할 수 있을까 하고 주제넘은 기대라도 가져보고 싶다.

나는 두암에서 뒷집 할배 곁에서 하룻밤을 지내고 그 이튿날 선산에 성묘를 마치고 오후 좀 늦게 밀양 읍내에 들어왔다. 밀양교의 성내 쪽 두 기둥 사이에 서서 오래도록 눈을 감고, 6·25 전쟁 시작 직후 '백골대'에 붙잡혀 그 목이 잘려 걸려 있었다는 손기용 선생님을 추모했다. 그 다음 삼문동으로 가서 옛 산업조합 창고에 설립되어 있는 세종중학교 가교사에서 김기화(金基華) 선생님을 만났다.

"선생님, 그사이 너무 격조했습니다. 죄송합니다."

"어디 그게 자네 탓인가. 자네 소문은 여러 갈래로 많이 듣고 있었네. 요사이 초등학교 선생을 한다지?"

그러면서 선생님은 반갑게 내 손을 잡으셨다.

"그래, 우리는 살아 있으니 이처럼 만나지 않는가!"

김기화 선생님은 내가 1946년 9월에 밀양중학교에 입학했을 때 수학 선생님이셨다. 중학교에서 내가 퇴학을 맞을 때 나의 담임 선생님이셨던 하성호 선생님, 손기용 선생님과 더불어 안타까워하셨다. 김기화 선생님은 그 엄청나게 변해 버린 세월에 나를 만나니 할 말을 잊어버린 듯했다. 선생님은 술을 정말 좋아하신다. 그래서 '이때다' 하고 나는 보따리를 끌러 대구에서 사가지고 온 양주병을 내놓았다.

"선생님께서 술을 좋아하신다는 걸 알고 술 한 병을 사가지고 왔습니다."

"자네를 보니 안 그래도 자네가 자네 외갓집 곁으로 데리고 갔던 손기용 선생이 떠올라 술 생각이 나던데 마침 양주라, 그 좋은 술을 여기서는 안 되지. 자네 요즘 선생질한다니 술도 좀 하겠제? 그럼 이 술병을 가지고 나감세."

여기도 방학 중이고 시간도 오후에서 한참이나 된지라 술 좋아하는 김 선생님이 술 생각이 날 시간이었다. 그래서 나는 선생님을 따라 가까이에 있는 술꾼들이 좋아할 듯한 조촐한 무슨 관이라는 술집으로 갔다. 술집 주인아주머니가 반색을 하면서 어떤 방으로 안내했다. 김기화 선생님은 술이 몇 순배 들어가자 손 선생님이 당하신 졸경을 내놓으셨다. 김기화 선생님의 이야기와 손기용 선생님이 구지를 떠나게 된 경위를 보태 이야기하면 다음과 같다.

1947년 9월에 구지고등공민학교 화학 선생님으로 오신 손 선생님은 1948년 11월에 '대구 6연대 반란사건'으로 겁을 먹은 당시 구지 경찰지서장 김정구가 나의 아버지와 밀양에서 오신 손 선생님, 김팔룡 선생님을 잡아다가 총살한다면서 설칠 때, 그 미친놈으로부터도 졸경을 당하셨다.

이런 졸경을 당하신 손 선생님은 고향 밀양으로 돌아가셨다. 손 선생님은 고향에 가서도 편할 날이 없으셨다. 아우 손기윤 형이 밀양에서 활동하다가 구지로 피신 온 일도 있었는데, 고향에 가실 때 이 아우의 주선으로 가셨다. 고향으로 가셔서 아마 두 형제분이 당 조직 활동을 하셨던 것 같다.

전쟁이 일어나자 손 선생님은 밀양의 단장면·산내면 산중으로 피하셨다. 그러다가 7월 어느 날, 밀양에서는 우는 아이도 이름만 들으면 울음을 그친다는 그 백골대에 붙잡혀 갖은 악형을 당하다가 돌아가셨다. 손 선생님을 체포한 그들은 시신을 끌고 손 선생님의 고향 마을인 다원 마을에까지 와서, 소여물을 써는 작두날 밑에 목을 걸쳐놓고 손 선생님의 숙부를 불러다가 발판을 밟으라고 하는 천인공노할 만행을 저질렀다고 한다. 그리고 이것만으로도 모자라는지 그 목을 기다란 대창에 꽂아 밀양 읍내의 남천강 밀양교 다릿기둥에 매달았다고 한다.

아버지이신 손주헌 선생님은 1948년 평양에서 열린 '남북 제 정당·사회단체 연석회의'에 참석하신 이후 줄곧 이북에 계시며 통일운동을 하셨다. 6·25 전쟁 때 참전해 내려오시던 길에 유격대에서 활동하던 막내아들 기윤 형을 만났다고 한다. 두 부자는 밀양으로 들어오는 길목인 창녕 고을 남지다리까지 왔다가 밀양까지 못 오고 돌아갔다는 말이 전해지고 있다.

손기용 선생님이 구지에 계실 때 남매를 데리고 계셨던 사모님의 온유하신 모습이 떠오른다. 그 아이들도 지금 환갑이 넘었고 일흔을 바라보는 노인이 되어 있을 것이다. 정말 한스러운 세월이다. 기윤이 형도 살아 있을까. 김기화 선생님도 그날 나와 만난 일이 이승에서 마지막 날이 될 줄이야.

나는 이처럼 많은 스승이 계셨고 많은 사랑을 받았지만 한 번도 따뜻한 밥 한 끼 대접해 보지 못했다. 감옥 살고 나오면 어느 선생님이 돌아가셨다는 슬픈 소식만 받았다.

그날 나는 선생님과 헤어져 밤차를 타고 대구역에 도착했다. 내 고향 밀양이지만 차마 하룻밤을 보내기가 송구스럽고 부끄러웠다.

이제 대학으로
가자

1951년 3월에 2학기를 맞이해 천막 교실
이지만 몇 개를 증축했다. 그래도 1, 2학년
의 3부제를 면하려면 교실이 하나 더 필요했다. 그래서 나는 교장 선생님과
교감 선생님께, 도로에서 학교로 들어오는 길모퉁이에 있는 소방기구 창고
를 빌리는 문제를 제기했다.

당시 면에는 '의용소방대'라는 민간단체가 있어서 소방 업무를 맡고
있었다. 전쟁 전에는 그 창고에 소방기구가 가득 차 있었다. 불이 나면 종
을 두드려 소방대 청년들을 모으고 그 소방기구를 동원해 불을 끄게 되어
있었다. 하지만 내가 구지에 있는 동안 한 번도 사용하는 일을 본 적이 없
었다. 이 창고를 면장에게 교섭해 빌리자고 했다. 면장은 경찰지서장과 협
의해 흔쾌히 허락했다. 그 교실은 제기한 나의 공을 생각해 나의 담임 학급
인 5학년 2반이 사용하기로 결정을 보았다.

말이 교실이지 바닥은 시멘트 바닥이었다. 짚 덕석을 짜서 바닥에 깔고
50여 명의 학동들이 책을 놓고 공책을 받칠 기다란 판때기 책상을 만들어야
했다. 짚 덕석은 창동 샛담 마을의 일꾼들에게 부탁해 해결했다. 기다란 판
때기 책상은 서무를 맡은 곽용암 선생이 현풍에 있는 제재소에서 나무를 맞
춰 가지고 왔다. 나는 나이가 좀 들고 큰 아이들의 조력을 받아가면서 책상
15개를 만들었다. 책상을 놓고 앞에다가 흑판을 걸어놓으니 임시로지만 그
런대로 교실이 되었다. 3월 2일까지 날짜를 맞추려고 이틀쯤 밤까지 샜다.

이렇게 해서 신학기를 맞았다. 곳곳에 폭발물이 산재해 있어서 어린 학
동들이 호기심으로 건드리다가 사고를 당하지 않을까 걱정이었다. 날마다,
하학할 때마다 주의를 주었다. 이런 나날을 지내면서 나는 아침저녁으로
집에 가서 식구들과 끼니를 함께하고, 학교에 근무하며 밤에는 보통 새벽

3, 4시까지 공부를 했다. 7시에는 일어나 집에 가서 아침식사를 마치고 학교에 출근을 했다. 목표는 하루빨리 대학에 입학하는 것이다.

내가 맡은 학급은 고학년이라서 매일 과제물을 주어야 했다. 국어, 산수, 자연, 사회 네 과목은 일주일에 꼭 프린트로 과제물을 만들어 주었고 응용 문제도 만들어 주었다. 아이들도 잘 따라주었고, 공부를 잘하는 학동들은 나의 이 일을 잘 거들어주었다. 그 가운데 평촌 마을에 사는 영리한 윤동렬, 윤규열 형제와 '나부실'에 사는 김태린이 나를 곧잘 거들어주었다.

이런 세월 가운데 평소 한글 문법에 관심이 있어 공부를 열심히 해오던 나의 숙부는 구지고등공민학교에서 국어를 가르치던 곽병화 선생의 추천으로 2학기 시작부터 국어말본 과목을 맡게 됐다. 아재는 몇 달 지나자 교사로 채용됐다. 그래서 아재의 경제 문제는 자력으로 해결됐다.

아버지도 피난 갔다 온 다음 당국의 '도민증' 정리로 사진 일이 많이 생겼다. 또 난리 통에 결혼을 못 한 처녀총각의 결혼도 잦아져서 사진관 일로 집안 경제가 좀 나아졌다. 그래서 나의 진학 문제에 대해서도 온 가족이 적극적으로 생각하게 됐다. 7월에 학년 말이 되고 방학이 되자 나는 진학 문제의 형편을 탐문하기 위해 대구로 가기로 했다. 그것은 먼저, 얼마 전에 구지고등공민학교에서 도 학무과의 주관으로 성인 교육 문제를 의제로 연구 모임을 가졌는데, 그때 오신 대구대학 정치학과 이종항(李鍾恒) 교수님을 아버지의 소개로 만난 것이 계기가 됐다.

이종항 교수님은 학구의 능력이 있는 청소년을 지금 초등학교 준교사로 두기에는 아깝다는 이야기를 여러 사람들에게서 듣고 아버지와 함께 나를 만났다. 그 자리에서 교수님은 나에게 방학도 됐으니 한번 대구로 자기를 찾아오라고 하시면서 명함을 주었다. 그래서 나는 진학 문제를 당면 문제로 해서 이번 새 학년에는 꼭 이루어내리라는 결심을 하게 되었다.

방학 이튿날 나는 사직서를 써 가지고 교장 선생님을 만났다.

"교장 선생님, 저 학교를 그만두어야 하겠습니다. 그래서 사직서를 내겠습니다."

교장 선생님은 놀란 얼굴을 하고 의아한 듯이 나를 보더니 물으셨다.

"이 사람 각중에(갑자기) 그게 무슨 말이고? 학교에 무슨 문제가 있나?"

"아닙니다. 공부하러 갈라꼬요."

"그래 어느 학교로 들어가기로 했나?"

"아닙니다."

"허, 이 사람. 들어갈 학교도 정하지 않고 사표부터 먼저 내다니. 무슨 일을 그래 하노!"

교장 선생님은 화를 버럭 내셨다.

"아닙니다. 물러갈 학교라는 직장이 있으면 안 됩니다. 누가 나를 기다리는 학교가 있는 것도 아니고, 정규 학력으로는 중학교 1년도 안 되는데, 그런 나를 기다렸다는 듯이 받아줄 학교는 없습니다. 그러니 그야말로 발악을 해야 합니다. 제가 이때까지 공부한 것을 가지고 인정을 받고, 참으로 이 자식은 꼭 공부를 시켜야 하겠다는 결심이 서야만 내 학력에 맞게 넣어 줄 것입니다. 그래서 이제부터 뒤를 몽땅 끊어버리고 발악을 하겠다는 것입니다."

"허 이 친구, 그야말로 대단하네. 꼭 그러게. 암, 자네를 넣어 줄 사람이 꼭 생길 걸세. 실력이라는 배경이 든든하겠다, 무작스레 고집도 대단하겠다, 꼭 될 걸세. 그래, 사표는 지금 당장 수리하겠네. 다시 이 학교에 돌아올 생각은 말고, 안 되면 끝이라는 각오로 한번 해보게."

교장 선생님은 내가 제출한 사직서를 자기가 늘 가지고 다니는 서류가방에 챙겨 넣었다.

그 이튿날, 나는 대구로 가는 버스를 탔다. 일단 대구 대봉동에 있는 이모의 집으로 갔다. 이종사촌들은 형만 빼놓고 모두 있었다. 그저껜가 방학을 해서 방학 동안 고령에 가겠다고 지금 한창 짐을 챙기며 여행 준비에 정신이 빠져 있었다. 형은 역시 농구 합숙훈련이 있어서 나중에 간다고 했다.

형 방에 들어가 조용히 앞으로의 계획을 생각했다. 아무튼 이종항 교수님을 만나 방도를 지도받아야겠다고 잠정적으로 결단을 해두었다. 정오 사이렌이 불고 얼마 안 되어 이모가 오셨다. 이모는 대청으로 올라오시면서 낯선 남자 구두를 보고 손이 온 줄 아셨다.

"누가 왔는가뵈."

나는 형의 방문을 열고 나오며 인사했다.

"아지매, 재구가 왔소. 나도 방학했다고."

"아이구, 방학하자마자 막바로 왔는가뵈."

"그래, 우리 이모가 제일로 보고 싶어서 숨도 안 쉬고 안 왔나."

"아이구 이 기특한 것, 우리 선생님."

"선생님이고 뭐고. 인자(이제)부터 공부해야지. 이번에는 그것 좀 알아볼라꼬."

"학교 선생은 우짜고?"

"학교에 다시 다니려면 그만두어야지."

"그래, 학교는 어디 정했나?"

"아니. 지금부터 알아볼라꼬."

"아이고, 우선 점심부터 챙겨야지. 규야!(이종누나의 이름) 점심 우째 됐노?"

좀 있다가 점심상이 나왔다. 나도 바빴다. 그래서 그냥 불문곡절 퍼 넣기에 바빴다. 점심을 챙겨 뱃속에 넣자 나는 일어났다.

"아지매, 내가 바빠서 먼저 나간다. 갔다 와서 이야기하자."

나는 뒤도 안 돌아보고 방을 나와 이종항 교수님께 전화를 했다. 교수님은 반갑게 전화를 받으셨다.

"안 선생, 아니, 이제 안 군이라 부르겠네. 안 군, 결단이 빨라서 좋네. 나는 지금 포정동 도청 바로 곁에 있는, 사람들이 대구야간대학이라 부르는 대학에 있네. 오후 강의는 3시부터야. 지금 대봉동이라 했나? 거기에서 걸어서 한 15분, 아니면 20분이면 충분할 거야. 기다리겠네."

나는 큰길로 나와 중앙로로 향했다. 먼저 도청을 찾았다. 도청 청사를 지나 바로 담으로 이웃한 이층짜리 바라크 건물이 보였다. 벽체는 나무판자에 검은 콜타르를 칠했고 양철 지붕이었다. 교문인지 그냥 문인지를 지나 좀 공간이 있는 마당에 들어서니 그 왼편에 허술한 건물이 서 있었다. 그 안쪽에는 단층의 교실인지 여러 개의 방이 있었다. 여기가 밤에는 대구야간대학의 강의실이고, 낮에는 대구사범대학과 대구대학이 강의실로 빌려 쓰고 있는 곳이다. 당시 학교의 건물은 모두 징발되어 군부대 막사로 사용되고 있었다. 대학이고 중학교이고, 심지어 초등학교 교사까지 모두 징발되어 있었다. 그래서 모두 가교사라는 허술한 판잣집 교사에서 공부를 가르치고 있었다.

나는 교문에 붙은 수위실에서 이종항 교수님 면회를 부탁드렸다. 수위는 좀 전에 연락을 받았다고 하면서 계신 곳으로 친절하게 안내했다. 나는 안으로 들어가 방에 기척을 했다. 문을 열고 들어갔더니 교수님은 웃음을 가득 띠고 일어나시더니 나를 맞은편 소파에 앉도록 했다. 거기에서 여러 가지를 나에게 묻고 또 의향도 물으셨다. 결론적으로 정리해서 말하면 다음과 같은 내용이었다.

"지금 안 군이 인정받을 수 있는 학력은 중학교 1학년 1학기 학력뿐일

세. 그것 가지고는 어떤 수를 써도 대학에 입학할 자격이 될 수 없네. 그러니 중학교 6학년, 올해부터는 고등학교 3학년 졸업장을 받아 와야만 대학에 입학할 수 있다네. 이런 방식은 내가 권하지 않고 그렇게 해서는 안 되지만, 요즘은 가짜 졸업장이나 재학증명서를 만들어 바라는 학년에 들어가고 졸업하기도 한다네. 안 군은 실력이 있으니 그 실력으로 인정을 받아 졸업을 하라는 것이야. 어떤 고등학교든 들어가서 졸업만 하면 되는 것이야. 자네가 그것을 찾아서 해보도록 하게. 남들은 아무 실력도 없으면서 중학교 졸업장을 가지고 온단 말일세. 그런 사람들은 그렇게 해서 의과대학에도 들어가고, 의사도 되고 있거든. 아무튼 내가 안 군 자네에게 할 수 있는 것은 이런 방법이 있다는 것을 알려주는 것뿐이네."

이런 말씀이었다. 나는 이야기를 다 듣고 교수님께 다짐했다.

"교수님, 잘 알겠습니다. 교수님께서 불가능한 일을 이야기하시는 것이 아니라는 것으로 알고 희망을 가지고 해보겠습니다. 제가 그 길을 뚫어 기어이 내년에는 교수님을 대학에서 만나 뵙도록 하겠습니다."

이종항 교수님은 나를 배웅하면서 내 어깨를 두드려주셨다.

"꼭 한번 해보게."

나는 그길로 나오면서 이 문제를 해결하자면 누구와 의논을 할까 생각했다. '이런 문제는 재치가 있는 사람이라야 할 텐데, 누구랑 의논하지? 라며 골똘히 생각하는데, '그렇다. 바로 평화당의 상정 아재다' 라는 생각이 떠올랐다.

나는 도청 앞으로 나와 한국은행 대구지점에서 중앙로를 건넜다. 오른편으로 굽어 곧 사거리를 건너 상정 아재의 상점 평화당으로 갔다. 마침 아재는 계셨고 나를 반가이 맞았다. 반가움의 인사를 끝내고, 나는 이종항 교수님과 주고받은 이야기를 했다. 아재는 듣고 한참 생각하다가 말했다.

"재구 이 사람. 꼭 한 사람이 있네. 내가 한번 부탁해 봄세."

그분은 못골 동네, 나의 외가 종손 집안의 사람으로 나이는 훨씬 많아도 나에게는 형님 항렬로 김채영(金彩永)이라는 분이다. 당시 그분은 영남중학교 서무과에 있었다. 아재는 쇠뿔도 단김에 뽑는다고 지금 당장 가서 만나자고 했다. 그리고 영남중학교의 서무과로 전화를 걸었다.

김채영 형님이 전화를 받자 어머니의 아명을 댔다. 그리고 오랜만이니 만나자고 했다. 김채영 형님은 방학도 했고 좀 조용하니 괜찮다고 했다. 한 30분쯤 되자 형님은 평화당 상점으로 왔다. 가게는 상정 아재의 생질인 형에게 맡기고 우리 셋은 가게의 다락방 같은 2층으로 올라갔다. 나는 거기에 올라가서 좀 전에 이종항 교수님이 말한 것을 모두 이야기했다.

김채영 형님은 나를 한참 보다가 이야기했다.

"하기사 요즘 학력이고 뭐고 있나. 힘센 놈이 바로 학력도 되고 있으니. 이북내기들은 이북5도청에서 위조 재학증명서에 도장만 찍어주면 진짜가 된다네. 그런데 실제 학력은 구구단도 못 외니 국민학교 3학년도 안 되지. 그런 놈도 중학교 6학년에 들어서 졸업장을 타고 나가 대학으로 들어간다네. 재구 자네야, 자네 고향 밀양에서도, 그리고 구지에서도 소문이 자자하지. 한번 해보지. 교장에게 천재라고 말해서 학력 인정을 진짜로 해보라고 할게."

나는 형님의 손을 잡고 말했다.

"형님, 고맙구마. 형님과 상정 아재의 기대에 어긋나지 않도록 열심히 공부할게요."

그러자 채영 형님은 말했다.

"내가 사전에 교장 선생에게 네 자랑을 여러 번 해놓아 교장이 관심을 가지도록 만들어놓겠네. 그러면 교장은 교무실에 데리고 가서 실력을 검사하려고 할 거야. 그때 마음에 안 들면 도리가 없는 것이고, 나도 정말 신용이 떨어지지. 나는 자네 소문만 믿고 하는 걸세. 8월 20일경에, 새 학년 시작 열흘쯤 남기고 하자고."

이리하여 8월 20일에 채영 형님이 교장을 만나도록 주선해 놓기로 했다. 구지에 돌아온 나는 하 선생님이 계시는 사택의 공부방에서 불철주야 책상머리에 붙어살았다.

마침내 그날이 왔다. 나는 8월 19일에 대구로 갔다. 대구에 도착하자 바로 평화당으로 갔다. 상정 아재도 나를 기다리고 있었다. 아재는 채영 형님에게 전화를 했다. 채영 형님은 8월 20일 오전 10시에 교장과 만나기로 약속을 잡아놓았다고 했다.

그날은 상정 아재를 따라 동인동에 새로 장만한 집으로 갔다. 보통 중산층이 사는 집으로 사랑채가 함께 붙은 기와집이다. 정침은 가운데 청이 있고 안방은 두 간 반이나 되는 큰 방이었다. 두 간 반의 대청 건너 건넌방이 두 간이고, 앞에는 퇴청 반 간이 미닫이로 들고 나고 할 수 있었다. 큰방 앞에 바로 정주간이 한 간 있고 그 앞에 방이 두 개가 있는데, 앞에는 퇴청이 있어 들고 나기가 되도록 미닫이로 되어 있다. 사랑채로 쓰이는 이들 두 방에서 바깥쪽에 있는 방은 바로 상정 아재의 아버지, 나에게는 할아버지가 되는 매원 할아버지의 빈소로 되어 있었다.

매원 할매는 당시에 예순이 좀 안 된 노인이었다. 하지만 당시로는 이 나이면 상노인이다. 나는 안방으로 들어가서 절을 하고 인사를 했다. 거기에는 상정 아재의 누님도 와 계셨다. 누님은 당시 대구의과대학 부속간호학교의 담벼락에 붙여 판잣집 잡화가게를 지어 가게를 보고 있었다. 그때 초등학교 3학년 아이를 데리고 자기 어머니 곁에 와 있으면서 나를 반가워했다. 아무튼 그날 나는 이모에게 전화를 해서 말씀드리고, 그 빈소방 옆에 있는 방에서 잤다.

그 이튿날 8월 20일, 나는 남산동에 있는 영남중학교 가교사로 갔다. 영남중학교 본교사는 당시 육군 포병사령부가 접수했다. 중학교 1, 2, 3, 4학년은 그 교사의 운동장 서편에 있는 별관교사에 수용되고 있었다. 5, 6학년은 영남중학교의 전신인 영남전수학교의 교실 2개짜리와 그 가운데에 교실 반도 못 되는 사무실을 임시 교사실로 해서 쓰고 있었다.

1951년 3월부터 학제가 개편돼 중학교는 3년제로 통일됐다. 또 3년제의 고등학교와 실업고등학교가 생겨났다. 그래서 6년제 영남중학교는 3년제 영남중학교와 3년제 영남고등학교로 분할됐다. 그래서 내가 입학한다면 새로운 학제에 따라 영남고등학교 3학년에 편입되는 것이다.

나는 이 전수학교 교사의 교무실에서 채영 형님을 만났다. 10시가 되자 채영 형님은 교무실 안쪽 문을 열고 어딘가로 나갔다. 그 안은 교장의 사가였다. 좀 있자, 눈이 위로 쭉 째진 길쭉하고 살집 많은 얼굴의 50대 초로 한 분이 교무실로 들어섰다. 교무실에 있는 교사들이 인사를 했다. 나는 즉시 교장 선생님임을 알았다. 교장 선생님은 나를 아래위로 한번 훑어보더니 채영 형님에게 물었다.

"이 사람이 말하던 그 사람이가?"

"예, 그렇습니다."

교장 선생님은 내게 말했다.

"이리 좀 와봐요!"

나는 "예"라고 대답하고 그의 가까이에 갔다. 교장은 교무실 전체를 둘러보면서 말했다.

"지금 이 사람이 우리 학교 3학년에 편입하려고 지망하고 있는데, 여러 선생님이 시험을 해서 3학년 공부를 할 수 있겠는지 알아보시기 바랍니다. 교감 선생님이 맡아서 시험을 보아주시오."

교감 선생님은 참으로 정감이 가는 인상을 하신 50대 후반의 선생님이시다. 먼저 자기 곁에 오란다. 선생님은 나에게 종이를 한 장 주고 자기가 미리 적어둔 종이쪽지에 있는 문제를 내주었다. 처용가(處容歌)의 이두가사(吏讀歌辭)를 주고 번역하라는 것과 그 밖에 서너 문제가 더 있었다. 다른 문제는 기억이 안 난다. 한 20분 좀 넘어 문제의 답을 다 썼다. 교감 선생님은 빙그레 웃으시는 것이 만족인 것 같다. 이 교감 선생님은 그후 나를 몹시 아껴주신 강창덕(姜昌德) 선생이시다. 나중에 이름을 강복수(姜馥樹)라고 개명했으며 청구대학, 나중에는 영남대학교의 교수가 되었다.

다음에는 수학 선생님께로 갔다. 나중에 안 이름이지만 입학 후 나의 담임 선생님이 되신 석종구(石鍾九) 선생님과 이원복(李源複) 선생님이셨다. 고등대수, 해석기하, 미적분학, 논증기하학 등 문제를 고루고루 내었다. 30분쯤 걸려 모두 풀었다. 물리, 화학, 생물, 문화사, 국사 등 그날은 이 선생님, 저 선생님께로 가서 의자를 곁에 놓고 하루 종일 시험을 치렀다. 문제는 영어였다. 이름은 나중에 알았지만 문덕길(文德吉) 선생님이 문법을, 노봉열(盧鳳烈) 선생님이 강독을 맡아 시험을 했다. 그런데 나는 형편없는 답안을 내놓아 두 선생님에게 실망을 주었다.

오후 3시쯤 되어 시험을 마쳤다. 교장 선생님과 채영 형님이 들어오셨다. 좁은 직원실에는 시험에 관련한 선생님들이 죽 둘러앉았다. 제일 먼저 수학 선생님이 평가했다. 석종구 선생님이 말씀하셨다. 이 말씀은 영원히 잊지 못할 것이다.

"수학은 지금 당장 고등학교 교단에 세워도 좋겠습니다. 더 이상 할 말이 없습니다."

그리고 다른 과목의 선생님도 모두 합격을 주었다. 하지만 영어 선생님들은 고개를 갸우뚱했다. 문덕길 선생님이 말씀하셨다.

"영어는 지금 중학교 3학년 정도는 평가할 수 있습니다. 합격을 주기에는 너무 모자랍니다."

나는 '그만 틀렸구나'라고 생각하고 실의에 빠졌는데, 곁에서 석종구 선생님이 말씀하셨다.

"지금 중학교 6학년 학생을 데리고 와서 시험해 보면 이 사람보다 잘하는 사람보다 못하는 사람이 더 많을걸."

그래서 나는 이 말씀에 용기를 얻어 영어 선생님들을 향해 말씀드렸다.

"선생님들께 약속을 드리겠습니다. 저를 시험에 통과시켜 주시면 제가 졸업할 때까지 6학년의 영어 실력을 가지도록 공부하겠습니다. 이 시험의 결과를 보류하신다는 생각으로 학교에 입학시켜 주시면 학년 말의 시험에서 그 결과를 보이도록 공부하겠습니다. 이를 제가 다짐합니다."

그러자 교장 선생님이 웃으면서 말씀하셨다.

"이 사람을 영어 낙제생이라 생각하고 넣어주고, 영 안 되면 그때 낙제시켜 졸업장을 안 주면 안 되겠습니까? 그만 입학시킵시다. 문덕길 선생."

"아이구, 교장 선생님이 그리 말씀하시니 우짜겠습니까? 교장 선생님 의견대로 따르겠습니다."

이렇게 해서 결말이 났다. 마침내 나는 새 학년에 개정된 학제에 따라 영남고등학교 3학년에 편입됐다.

고등학교 3학년에 입학하고부터 나는 영어만 공부했다. 급속도로 실력을 올리기 위해 당시 수험공부와 자습을 위해 《삼위일체의 종합영어의 신연구》라는 약 500페이지쯤 되는 책을 선정하고 그 책 안에 있는 내용을 예문까지 몽땅 외워버렸다. 그것을 바탕으로 해서 공부하니 날로 실력이 올라갔다. 당시 영어 시험은 매주 한 날에 시험을 쳤다. 점수가 날로 올라갔다.

입학하고 첫 실력고사 시험에서 13점밖에 못 받았다. 그랬던 것이 날로 성적이 오르니 혹 부정은 아닌가 하고 문덕길 선생은 시험 때 아예 내 책상 곁에 의자를 두고 앉아서 감시했다. 이런 일이 있고 난 다음 나를 아주 좋아하셨다.

집에서 나의 학비를 감당하려면 생활이 어려워진다. 그래서 일거리를 구해야 했다. 마침 영남고등학교 편입이라는 반가운 소식을 전하려고 이종항 교수님을 방문했다. 나의 이 소식을 듣고 교수님은 진심으로 축하해 주셨다.

나는 교수님께 학교에 들기는 했으나 그 학비 감당 때문에 부모님들이 애를 태우게 될 일이 걱정이라고 했다. 이런 이야기를 하다가 '학비에 보탬이 되는 일이라도 있으면' 하고 내가 무심중에 이야기한 것을 교수님께서 마음에 담아두셨는지 어느 날 나를 부르셨다.

"내가 오래도록 단골로 글을 쓰는 백영사라는 출판사가 있네. 마침 교정부에 결원이 생겨 그 일을 자네가 하면 학비 문제가 해결되겠는데. 어떤가, 해볼란가?"

나는 흔쾌히 응했다. 그 수입으로 내 학비와 하숙비를 해결할 수 있을 것 같았다. 하학 후 포정동에 있는 백영사(白英社) 편집부에 가서 교정 일거리를 가지고 왔다. 교정을 마치고 나면 저녁 9시쯤 됐다. 그 다음에 영어 공부가 끝나면 새벽 3시, 아침 7시에 일어나 식사를 마치고 백영사 편집실에 교정지를 갖다 주고 다시 새 일거리를 가져왔다.

그해 겨울은 유달리 추웠다. 빈소방과 한 온돌이라서 군불을 안 땐다는 것이다. 방 안에 있어도 삼한사온의 '삼한' 일 때는 잉크병이 얼어버려 쓸 수 없는 지경이었다. 나의 손등에도 얼음이 박혔다.[24] 그 한겨울을 지내자 나는 근시가 돼 도수 높은 안경을 써야만 했다.

그리고 공부하는 사람들의 시간에 관해서는 이해심이 없는 상정 아재 집에서 한 달에 쌀 한 말이라는 좀 헐한 하숙비 대신 지내주어야 하는 빈소의 상식제사는 정말 내게 시간적으로 정신적으로 엄청난 부담이었다.

1월에 들어 대학 입학에서 어느 과를 택할까 고민하다 할아버지의 조력을 얻기로 하고 할아버지와 상의했다.

"네가 기억력도 비상하고 해서 의학을 공부했으면 하지만 학비에 무리가 간다. 네 생각은 어떠냐?"

"저는 학문으로서는 사회의 병 치료 이론인 정치경제학 공부를 했으면 하지만 지금 상황으로서는 탄압받으면서 살아야 하겠고……."

이렇게 주저하니 할아버지가 말씀하셨다.

"그래. 지금의 체제에서 사회과학은 진리는 고사하고 체제의 허위를 옹호하는 반민중적인 이론만 남아 있을 수밖에 없는 상황이지. 그래야 이 사회에서 출세할 수 있어. 그래서 말인데, 네가 수학에 남달리 이해가 빠르더구나. 모든 과학과 학문은 수학적 논리, 형식논리로 그 기초를 구성하고 있지. 그래서 수학은 어떠냐?"

"예, 그것 참 좋습니다. 제게는 쉽게 다가갈 수 있고 재미가 있는 학문이 되겠습니다. 그리고 학비도 덜 들고, 졸업 후에는 일자리도 쉽고. 예, 됐습니다."

이렇게 해서 수학과로 지망하게 됐다.

1952년 1월에 나는 경북대학교 사범대학 수학과에 지망했고, 장차 졸업해서는 수학을 가르치는 교원으로 살기를 희망했다. 이제 전쟁으로 조국의 분단은 항구화되었다. 그 갈등의 골이 전쟁으로 더욱 깊어가기만 했다.

---

24) 우리가 어렸을 때 추위로 동상이 걸리면, 거기에 '얼음이 박혔다'는 동화적인 말로 나타냈다.

이런 동족상잔의 피와 살덩어리로 청년을 전선으로 끌어갔다. 자식을 하루라도 더 지키려는 부모들은 징집을 연기받기 위해 대학으로 보내려고 논 팔고 소 팔고 아우성이었다. 군대에 가지 않는 대학 4년 동안 전쟁이 끝나기를 바라고 빌면서.

이를 틈타 교육 모리배들이 기승을 부렸다. 허술한 교사와 시설로 곳곳에 대학을 만들었다. 일제 때 지주의 자식들이, 일본에서 놀이삼아 대학을 다니며 졸업장이나 받은 자들이 그때 배운 학문의 노트를 펴들고, 심지어 군국주의 철학의 노트를 펴들고, 교수라면서 엉터리 같은 강의를 하고 있었다.

이런 시대의 대학에 1월 하순 어느 날 시험을 쳐서 합격했다. 어머니는 나의 학비를 위해 박진목 씨의 미곡 창고 옆의 공터를 갈아 고추 모를 심었다. 빨갛게 익은 고추를 추수해 정성을 들여 햇볕에 말려서는 장날에 팔아 등록금을 장만했다. 사범대학이라 입학금, 수업료가 없어서 다른 대학 등록금의 반값도 못 되었다. 어머니가 그 따가운 여름 햇볕 속에 머리에 물동이를 이고 가 물을 주면서 가꾼 고추를 팔아 장만한 돈으로 등록금을 해결했다.

1952년 9월 1일, 대학에 입학함으로써 나는 이 분단된 나라의 남쪽 사회에서 출세의 끄나풀을 일단은 잡게 되었다. 그러면서 분단을 반대하는 민족해방과 민중해방의 투쟁의 깃발을 내려버리고 만 것이다.●

   대학으로 들어갈 때는 순수이론과학인 수학을 연구하는 학자로 살기를 작정했다. 그것은 분단된 조국의 미래에 대한 전망을 잃어버렸기 때문이었다. 전쟁으로 갈가리 찢긴 겨레가 너무나 가슴에 아리었고, 그 상황으로부터 피하고 싶었던 것이다.

   그러나, 그래도 겨레를 위해 일을 해야 한다는 당위성에 아무것도 안하고 살 수는 없었다. 그래서 학문으로 겨레의 창조성을 빛내고 싶었던 것이다. 내가 학문으로 택한 수학을 연구해 새로운 이론을 창조하고, 자연과 사회에서 수학적 종자를 찾아 그들 상호간에 춤추는 아름다운 논리의 예술을 인류문화의 세계에 전개해 보이고 싶었다.

   고등학교 3학년에 들어가서 처음 배움을 받았고, 나중에 나의 은사로 학문세계의 길잡이를 해주신 스승의 강의를 들었다. 스승이 전개하는 논리의 예술에 흠뻑 취해 나는 상아탑 안으로 점차 빠져들었다. 상아탑에 푹 파묻혀 그 바깥에서 천둥이 치건 폭우가 쏟아지건 아랑곳없이 나 혼자만의 학문세계에 완전히 빠져버렸던 것이다.

1952년에 수학이라는 학문에 입문했고, 1956년에는 사범대학을 졸업해 사람들에게 수학을 가르치는 전문인이 되었다. 마치 석공처럼 새로운 창조의 논리를 조각하고, 논리의 예술품을 만드는 공인(工人)으로 인정받았다.

그때부터 학문의 전문인을 양성하는 대학에서 학생들을 가르치며 전임강사, 조교수로 성장했다. 이럴수록 나는 상아탑에 침잠해 그 바깥의 아우성, 인민들의 노성, 민중들의 몸부림을 보지 못하고 듣지 못했다. 아니 일부러 모르는 체하고 살았던 것이다.

이처럼 홀로 학문에 푹 빠져 수학적 논리로 밤이 새도록 파묻혀 있는 내게 호된 회초리를 들이대는 이가 있었다. 그것은 나보다 열 살이나 적은 후배 청소년 학생들이었다. 1960년 3·15 부정선거로 도발된 청년학생들의 의거였다.

그것은 내게는 호된 채찍이었다. 정말 정신이 뻔쩍 들도록 하는 채찍이었다. 미국 놈이 만들어준 권좌에서 영구히 권력을 휘둘러대는 무소불위의 주인인 줄 알았던 이승만이 4월의 봉기로, 그 어린 학생들의 나라와 겨레에 대한 헌신으로 그 권좌에서 들려 나가고 만 것이다.

나는 이때 알았다. 미국 놈이 만들어준 권좌도 민중의 힘으로 부숴버릴 수 있다는 사실을. 이로부터 연역되어 나오는 논리로 아무리 강력한 외세의 힘도 민중의 단결된 힘을 당하지 못한다는 것을 알았다. 미국 놈을 이 땅에서 몰아내면 남과 북으로 분단된 나라를 하나로 아울러 원래 하나였고 장차 하나여야 하는 통일된 나라로 만들 수 있다는 것을 알았다. 그래서 우리 민족은 식민지 상태로부터 해방되고, 온갖 무권리로부터, 억압과 착취로부터 해방돼 민중이 주인이 되는 나라를 만들 수 있다는 것을 나는 비로소 깨달았다.

나는 이때부터 내가 파묻혀 살던 상아탑으로부터 나올 수 있었고, 세상을 새롭게 보는 눈을 다시 가지게 됐다. 그러나 그 결과는 혹독한 탄압이었다. 하지만 이제는 당당히 맞서나갔다. 그것은 민중의 힘을 보았기 때문이다. 민중의 힘을 믿었기 때문이다.

그래서 박정희 군사깡패의 5·16 강도정권으로부터 감옥살이를 했고, 그 깡패들의 유신정권에 의해 대학에서 쫓겨나 나의 학문을 강탈당했다. 이에 맞서 조국의 민주주의와 통일을 위해 한 몸 던져 싸우다 두 번의 사형을 구형받고, 한 번의 사형을 선고받았으며, 두 번의 무기징역을 살았다. 그렇게 무작한 탄압을 여러 번 받았어도 나는 계속 민족의 통일과 민중의 해방을 위해 나의 모든 것을 바쳐 투쟁할 것이다.

일단 이야기는 여기에서 마친다. 우리들의 다음 투쟁 이야기 속에서 나의 '어떤 현대사'는 계속 이어질 것이다.

오래도록 읽어주신 독자들에게 감사드린다.

2013년 11월

안 재 구